岭南师范学院
岭南文化研究院　主办

广州湾历史文化研究【第二辑】

首届广州湾历史文化国际学术研讨会论文集（下册）

王钦峰　主编

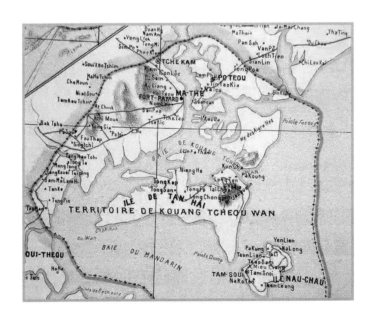

SPM 南方出版传媒　广东人民出版社
·广州·

图书在版编目（CIP）数据

广州湾历史文化研究. 第二辑 / 王钦峰主编. —广州：广东人民
出版社，2019.9

ISBN 978-7-218-13773-5

Ⅰ.①广⋯　Ⅱ.①王⋯　Ⅲ.①湛江—地方史—文集
Ⅳ.①K296.53-53

中国版本图书馆CIP数据核字（2019）第162198号

GUANGZHOUWAN LISHI WENHUA YANJIU　DIERJI

广州湾历史文化研究　第二辑

王钦峰　主编

出 版 人：肖风华

责任编辑：梁　茵　陈泽航
装帧设计：书窗设计
责任技编：周　杰　周星奎

出版发行：广东人民出版社
地　　址：广州市新港西路204号2号楼（邮政编码：510300）
电　　话：（020）85716809（总编室）
传　　真：（020）85716872
网　　址：http://www.gdpph.com
印　　刷：广州市浩诚印刷有限公司
开　　本：787mm×1092mm　1/16
印　　张：33　　字　数：400千
版　　次：2019年9月第1版　2019年9月第1次印刷
定　　价：98.00元

如发现印装质量问题，影响阅读，请与出版社（020-85716849）联系调换。
售书热线：（020）85716826

广东省宣传文化发展专项资金资助项目

岭南师范学院岭南文化研究院

岭南师范学院粤西濒危文化研究协同创新中心

系列成果

目　录　Contents

序

Preface

邵
锋

　　2016年12月10日，由岭南师范学院岭南文化研究院主办、多国学者参加的学术盛会——"首届广州湾历史文化国际学术研讨会"在岭南师范学院隆重开幕。我当时受邀参加了这次会议，可以说这是一次激动人心的学术盛会。

　　一直以来，湛江市社科联紧紧围绕市委、市政府的中心工作和决策部署，团结组织广大社科工作者特别是市内各高校的专家学者，充分发挥哲学社会科学"认识世界、传承文明、创新理论、服务社会"的作用，坚持"三贴近"的原则，以接地气的态度，扎实开展各项专题调研和学术活动，为加快湛江市的创新驱动发展提供理论指导、智力支持和文化自信。文化是城市的灵魂，一个城市只有烙上了本民族和地域特色的传统文化符号，才会更有内涵，更有发展后劲，更有生命力。基于此，湛江市社科联所追求的目标之一，就是组织开展湛江文化传统研究和湛江文化理论建设，加强中华民族地域文化研究功能，提升湛江文化软实力和竞争力，建设"理论湛江""文化湛江"。而首届广州湾历史文化国际学术研讨会，就是在这样的理论背景和现实背景下召开的。

众所周知，湛江城市的雏形可追溯至法国人统治下的广州湾时期。1899年，法国与清政府签订不平等条约，租借了广州湾。出于殖民统治的需要，法国殖民政府对广州湾进行了一定程度的建设。若干年以后，广州湾发展成为当时粤西地区的中心城市。到了抗战时期，随着广州、香港等地相继沦陷，中国对外贸易交往的海上交通线基本被切断，广州湾成为当时中国唯一可以自由通商的港口，与中国政府有贸易往来的海外、港澳船只，大多在这里进出。此时的广州湾一跃成为中国的航运中心，被当时报纸称为"中国海陆交通仅有之国际路线""硕果仅存之运输路线要冲"。1943年，在日本威胁下，法国希望在牺牲中国部分权益，而不损害自身根本利益的条件下同日本妥协，与日本签订了《广州湾共同防御协定》，日本占领了广州湾。1945年8月，日本宣布无条件投降，中法达成了《交收广州湾租借地专约》，同年9月，中国政府接管广州湾，将其改名为湛江市，广州湾随后慢慢淡出了人们的视野。对于湛江人来说，这段历史是不应该被忘记的。

从理论上说，相对于目前国内的其他租界和租借地研究而言，广州湾的历史似乎一直没有受到重视，没有得到系统深入的研究。国内不仅没有专门的学术研究著作出现，而且在有影响的学术刊物上，我们能看到的相关学术论文也是寥寥无几。广州湾研究的缺乏，不仅使外地人不了解湛江（广州湾）的历史文化，而且使湛江本地人说不清楚自己城市的历史。这确实是一件十分遗憾的事情。

十多年前，湛江市政府就提出了建设文化大市的目标任务和对本土历史文化进行研究的要求，同时，文化旅游业也在湛江受到重视，成为湛江市重点发展的产业。在这种背景下，挖掘广州湾历史文化资源成为了湛江市社科界需要完成的理论任务之一。近年来，在湛江市"校地合作"的政策框架下，湛江市社科联将《广州湾史料整理与研究》《法国租借地广州湾学术译丛》等项目作为重大委托课题，委托岭南师范学院的专家学者来完成（先后由龙鸣教授、王钦峰教授等担任项目的主持人）。经过他们的艰苦努力，广州湾的历史文化资源得到了一定程度的挖掘，部分成果已展现在人们的面前。随着相关课题的持续研究，湛江市的历史文化名片将会进一步擦亮，湛江市的历史文化潜能也将进一步彰显。

文化是推动经济发展的原动力。今天，我们希望通过深挖整理湛江本土的历史文脉，把湛江市建设成为文化大市，为湛江市的振兴发展提供积极、主动的支持和服务。同时，在首届广州湾历史文化国际学术研讨会论文集即将出版之际，我们也希望，在未来的一段时间里，湛江市以及海内外的广州湾研究取得更大的成果。

（邵锋，湛江市社会科学联合会主席）

日军占领时期

广州湾研究

论广州湾在抗战中的地位与作用

◎陈　充

　　摘　要：广州湾在抗战时期乃法国租借地。抗战胜利后中国政府收回广州湾，易名湛江市。在抗战中，由于日、法的矛盾，法国同情并默许中国在广州湾开展抗战；又由于广州湾地理环境和港口的优势，全面抗战爆发、我国港口相继陷沦之后，它成为我国唯一可以利用的通往海外的港口；再加上各地方势力在广州湾争权夺利，互相牵制，这形成了广州湾有利于抗战的局面，凸显了它在广东南路①乃至全国的重要地位，在抗战中起到的重要作用。本文从十个方面论述广州湾在抗战中的地位和作用，讴歌了在中国共产党领导下，湛江人民对抗战作出的重要贡献。

　　关键词：广州湾；抗战；地位；作用

　　广州湾（今湛江市）位于雷州半岛东北部，拥有一个水深浪静、航道深长、有其他岛屿作屏障的天然良港。它背靠大西南，是

---

　　①　历史上广东南路地区，包括高州六属（茂名、信宜、化县、电白、廉江、吴川）、雷州三属（遂溪、海康、徐闻）、钦廉四属（合浦、防城、灵山、钦县）、两阳（阳江、阳春）15个县和梅菉、北海两市及法租界广州湾（湛江市），即今广东湛江、茂名、阳江及广西北海、钦州、防城（上思除外）6个地级市所辖的区域。

大西南理想的出海口。19世纪末，法帝国主义强租硬占了这块宝地。抗战爆发后，日本的侵华战争也侵犯了法国在远东的利益，法国从自身的利益出发，默许中国的抗战，不甘心日本染指其势力范围。后来，在日威胁下，法国希望在不损害自身根本利益和牺牲中国部分权益的条件下，同日本妥协，与日本签订了《广州湾共同防御协定》。但法与日争夺殖民地的矛盾依然存在，随着日本扩大对中国的侵略，提出"建设东亚新秩序"，日法矛盾增大，特别是在太平洋战争爆发，国际反法西斯统一战线形成后，法国又转而同情中国的抗战。所以，法国在广州湾的政权对广州湾人民的抗日活动采取"睁一只眼闭一只眼"的态度。后来，日军"和平进驻"广州湾，但行政上仍由法国管理，法国对中国抗日活动仍采取视而不见的态度，甚至在某些方面提供方便。同时，在抗战时期，地方各派势也积极向广州湾渗透，如当时雷州地区的陈学谈、高在湘、戴朝恩三派都在广州湾培植势力；茂名的邓秀川也插手广州湾。这些地方势力争权夺利，互相牵制，互相消磨，矛盾尖锐。由于特殊的地理条件和经济、政治环境，广州湾形成了其抗战中在广东南路乃至全国的重要地位，发挥了应有的作用。

一、广州湾是南路抗日救亡运动最早兴起及最活跃的地区之一，推动了抗日救亡运动的开展

1931年9月18日，日本帝国主义悍然发动"九一八"事变，强占中国东北。爱国心切、满腔热血且对帝国主义侵略有切肤之痛的广州湾青年知识分子奋起反抗。12月，便有一批来自遂溪师范等校义愤填膺的进步师生组织学生宣传队，在广州湾城乡进行抗日宣传，集会游行，发表通电，声讨日本帝国主义侵占中国东北三省的

罪行，强烈要求南京政府停止内战，一致对外，武装民众，出兵收复失地。他们还发动群众抵制日货，募捐经费，支援抵抗日军的行动[1]，广州湾成了南路开展抗日救亡运动的起点地区之一。之后，广州湾城区抗日救亡运动不断深入展开。1935年春，中共党员许乃超在广侨小学的基础上创办晨光小学。他与进步教师以学校为阵地，自编教材，对学生进行抗日救国启蒙教育，利用集会的机会向学生作国内外形势报告，宣传抗日思想。夏秋间，上海中法国立工学院学生、共青团员郑星燕受聘到广州湾东海岛东海小学任校长，他把东海小学改名为觉民小学，意为使人民觉醒。任职期间，郑星燕向学生控诉"九一八"后日本帝国主义侵略中国的野心与罪行，揭露国民党当局对外不抵抗、对内打内战政策的实质，宣传反帝反封建反内战的思想，介绍抗日书报和文章和鲁迅作品及左翼文学学生阅读，号召学生投身抗日救亡斗争[2]。

1935年北京"一二九"爱国学生运动爆发后，广州湾的抗日救亡活动更是活跃。觉民小学继郑星燕之后，郑仲瑛、郑光南、黄其江等爱国知识青年先后受聘担任该校校长，他们与陈其辉、邓麟彰、沈汉英、黄明德、沈斌、庄梅寿、王玉颜等一批进步教师和青年学生一道，利用课堂向广大学生披露日本侵占华北及继续扩大对华侵略的阴谋与罪行，抨击国民党反动统治集团的对日退让屈辱政策，并通过举办学艺比赛等形式，组织学生撰写抗日救国文章，引导学生树立民族主义、爱国主义的思想，激发起抗日救国的

---

① 中共湛江市赤坎区委党史研究室著：《中国共产党赤坎历史》（第一卷），北京：中共党史出版社，2014年，第57—58页。

② 中共湛江市委党史研究室编：《中共在广州湾活动史料》，广州：广东人民出版社，1994年，第46页。

强烈愿望；同时还到乡村圩镇上进行抗日宣传，动员群众起来抵制日货[①]。东海觉民、南园、邓屋、山内和市区晨光小学、益智中学等校的进步师生组成了读书会，学习革命进步书刊。他们接受革命理论的熏陶后，加深了对民族危机的认识，激发了奋起救亡的热情和决心。与此同时，雷州师范、广州湾毗邻的遂溪七小（今麻章小学）的进步青年师生也组织读书会，一面读书学习，一面向群众宣传抗日。一些青年还自筹经费，先后赴广州、香港、广西等地寻找共产党，把抗日救亡的希望寄托在共产党的身上。

全面抗战爆发后，广州湾抗日救亡运动掀起了高潮。东海觉民小学的教师即在学校组织学生唱起了《义勇军进行曲》。他们还组织师生和校外青年扛着丑陋的日本兵画像提灯游行，沿途高呼"打倒日本帝国主义！"的口号。晨光小学校长许乃超和遂溪七小的教师何森等人发起成立"遂（溪）（广州）湾联合抗日宣传工作团"，深入市区及附近乡村宣传发动群众抗日，同时出版《救亡》《怒吼》等刊物。东海青年积极响应，也组建了"遂湾联合抗日宣传工作团东海下社（民安）分团"，深入东海乡村开展抗日救亡活动。许乃超还以广州湾商会的名义成立了"广州湾抗日赈灾会"，发动爱国资本家和群众抵制日货，捐款援助抗日，救济伤兵和难民，办理地方灾难善后。1940年3月，益智中学某些教师散布"抗战必亡论"，该校爱国青年学生即举行罢课抗议，并粘贴标语、出墙报，画漫画揭露汪精卫卖国投敌的罪行，其他学校的师生纷纷罢课响应，打击了投降妥协、分裂倒退派的气焰。

---

① 中共湛江市委党史研究室著：《中国共产党湛江历史》（第一卷），北京：中共党史出版社，2011年，第163页。

广州湾抗日救亡运动开始后，一批曾在东海觉民小学任教的青年不久奔赴南路各地点燃了抗日烈火，许乃超等与遂溪七小学校组织的青年学生联合开展抗日救亡活动的势头轰轰烈烈向外蔓延扩展，加上广州湾的特殊环境、特殊地位的影响，广州湾已成为南路地区抗日救亡运动的主要阵地，推动了南路地区抗日救亡运动如火如荼发展。中共南路组织也在抗日救亡运动中得到恢复重建。到1939年春，逐步形成了遂湾、合浦、高州几个抗日救亡运动的中心，促进了人民的普遍觉醒。

二、抗战爆发后广州湾一度成为中国的航运中心，肩负着中国战时运输物资的重任

抗战爆发后，日军为了切断海外华侨和国际反法西斯力量对中国的支援，在侵占中国沿海港口城市的同时，严密封锁我国沿海岸线。从1937年至1942年，我国天津、上海、广州等沿海港口城市都相继陷沦，海岸线已日军的控制之下，唯广州湾由于日法之间的复杂关系而幸免于难，我国政府就只好以广州湾为对外联系的窗口。这样广州湾成了我国通往海外唯一可以利用的吞吐港，可以自由通商的口岸，与我国政府有贸易往来关系的海外、港澳船只大都经这里进出。由于国民党政府迁都重庆，西南成了抗战的大后方，广州至柳州的公路开通后，广州湾成了大西南的出海口。它往北成了西南大后方与沦陷区的中转站，沟通华南、华东、华中与西南的联系；往南成了西南联系海南岛及东南亚诸国的主要通道，一跃成了我国的航运中心，被当时报纸称为"中国海陆交通仅有之国际路线"，"硕果仅存之密输路线要冲"[1]。当时单是航行于香港—广

---

[1]　1938年12月1日及1943年2月24日上海《申报》。

州湾的千吨以上的轮船就达一二十艘，1940年进出这里及附近雷州地区的经商船达7万艘次①。来往船的增多，码头得到了扩建。在中国的支持下，法国政府1939年至1941年建成了长33.7米、宽7米、末端水深3米的栈桥码头②，增强了港口的吞吐能力。

广州湾航运中心的形成，使得大部分海外华侨及反法西斯盟国支援我国抗战的物资以及西南大后方的抗日物资如武器、医药用品等源源不断地经这里顺利运往各抗日战场，西南大后方人民的生活用品如布匹煤油、西药、火柴等经这里运进，我国大量矿产品也经这里出口。据统计，从1938年至1940年三年中，每年经广州湾港口出口的物资额达一千万美元，约为战前1936年的二十倍。单是赤坎港，这期间年吞吐量达二十万吨③。1941年7月，日本与法国签订了《广州湾共同防御协定》，由日方派出海军商务委员团常驻广州湾，监督广州湾港，企图禁止中国进口抗日军需物资，但是中国政府仍使用各种办法避开日军监督。中国所需的抗日物资仍然不断地通过广州湾转运入内地。1942年，从广州湾进口的物资占整个国统区进口物资的21.7%，出口物资占38.4%④。即使日军1943年侵占广州湾后，中国政府与商人仍以各种方式与手段与日军周旋，将大批抗日物资经广州湾运往内地，广州湾同样担负转运抗日物资的重任。1943年到1945年，每年经广州湾出口入口的总值平均仍达12.9亿元（国币）⑤。

① 湛江市志办编：《湛江概览》《广州湾商业》，见《湛江文史资料》第9辑；《顺昌航业公司概况》，见《湛江文史资料》第7辑。

② 《湛江港发展回顾》，见《湛江文史资料》第14辑。

③ 《广州湾商业》《依托港口百业兴旺》，见《湛江文史》第14辑。

④ 《租借地海关之——雷州关》，见《湛江文史资料》第9辑。

⑤ 《广州湾的交通运输》，见《湛江文史资料》第9辑。

三、广州湾成为战时中国贸易重镇，对大西南物资供给起到重要保障作用

抗战爆发后，由于中国沿海沿江城市相继陷沦，广州湾成为物资迁移以及南北贸易商品转运的重要基地，大批商人涌入偏安一隅的广州湾，他们带来了资金、技术和管理方法，在这里办实业。广州湾是当时国内唯一可以自由通商的港口，大批各地土特产在这里集散，外商的物资在这里销售。故原来比较萧条的广州湾市场活跃起来，人口激增，工业迅速扩大，商业服务业飞跃发展，城市建设出现高潮，金融业也蓬勃发展，正如当时报纸所说："商贾云集，盛极一时"①。进入广州湾的货物，除了洋纱、布匹、药品、化工原料、民用五金外，还有大量军需物资。为转运抗战物资，广州湾官方和商人还成立了中国国货公司，作为战时物资和南北贸易商品转运的重要基地。中国国货公司设法避开日军监视团的监视，协调各装卸承运商号（俗称"咕喱行"）的业务。由于1938年广州沦陷后，为阻止日军入侵，广东省政府曾两次下令全面破坏公路和炸毁桥梁。这样停留在寸金桥华界的物资若要转运至大西南，只能人力解决。在各"咕喱行"劳作的人员分为装卸工和挑夫两类，挑夫就是将广州湾的货物挑运入内地，当时广州湾的挑夫人数达数千人。每天都有成百上千的挑夫们挑着重担，浩浩荡荡，向广西方向开进，寒来暑往行进在崎岖小路，还经常要避开日伪军拦截，警惕日机轰炸，防止土匪打劫。尽管他们只能赚到微薄的工钱，但觉得能为抗战出力也倍感自豪。1943年2月日军占领广州湾，不允许广州湾再转运抗战物资。历时5年的广州湾承担大规模转送抗日物资的

---

① 韦健：《大广州湾》。

使命就此终结。

广州湾人民，用人力、驳船将抗战物资搬运上岸，再用肩膀把数以万吨的军用和民用物资挑进大后方，使通过港口运到广州湾的堆积如山的货物能顺利地流通到各地，加强了陷沦区与西南后方以及海外的往来，在当时战争的环境下活跃了城乡的经济交流，对抗战胜利作出了伟大的贡献，他们的功绩将永存史册！

四、广州湾是南路各界人士进行抗日活动最活跃的舞台，展示了全民族抗战的历史画卷

面对强敌悍侵，南路儿女冒着敌人的炮火共赴国难，无论是正面战场，还是敌后战场，爱国将士浴血奋战、视死如归，各界民众万众一心、同仇敌忾，奏响了一曲气壮山河的抗击日本侵略的英雄凯歌，用生命和鲜血谱写了一首感天动地的反抗外来侵略的壮丽史诗。广州湾则成了各界人士致力抗战的缩影。

在抗日民族统一阵线的旗帜下，国民党爱国将领张炎在广州湾向公众许下了"只要一息尚存，一定同高雷人民一起，与国土共存亡"①的誓言，最后并以自己的生命实践了誓言。当在灵山等地前线抗击入侵日军的国民党军队需要支援时，广州湾商会即发动爱国商人、小商贩及市民开展义卖、募捐，大家纷纷慷慨解囊，捐出大量的钱物，有的连金银首饰也捐了出来，征得大批棉衣、军毡、雨衣供前方将士之用。卫生界、文化界成立战地救护队、战地慰劳团到抗日前线救护伤病员，慰问演出。前线官兵深受感动，纷

---

① 符铭：《中共在湛江市（广州湾）的统战工作》，见《中共在广州湾活动资料》，第146页。

纷表示决心抗战到底。当因战火涌入广州湾的难民需要救助时，各界人士纷纷成立"广州湾抗日赈灾会""中国妇女慰劳分会""广州湾华侨回国抗日救护队"等组织，举行捐款捐物、义卖义演筹款救助难民，开办保育院收容孤儿。爱国商人许爱周先生，为了不让"台山""泉州"两艘货轮落入日军手中为日本人服务，毅然将其凿穿，沉于海底，然后携带家眷返回广州湾隐居。在广州湾又将儿子的婚事从简，节省下来的钱捐给抗日前线，亲朋在他的带领下，也纷纷把准备的礼物礼金捐给抗日前线。广大僧众也投入了火热的抗日救国斗争，他们怀着"出家不出国，保卫圣地，保卫国家，是义不容辞的义务"的理念投身抗日，如西营上林寺的释海仁法师配合当地刘承泽居士以及云峰、清和等青年学僧向民众宣传抗日救国的道理，用智慧和慈悲唤醒民众的爱国情怀，起来抵抗日本帝国主义的侵略，之后上林寺以民族安危为己任，冒险机智地掩护抗日人士。很多寺、庵、庙也成了抗日活动的据点。撤退到广州湾的文化名人也利用自身的优势，采取多种形式积极开展抗日救亡活动，如画家画画义卖捐助抗日，戏剧界演出抗日戏剧，教育界办校，体育界带领群众强身健体，音乐界作歌或教唱抗日歌曲……更值得称赞的是，广州湾广大市民，用肩挑步行，硬是把大批抗日物资转运至大西南，他们是抗战队伍中不可缺少的力量。

在抗战中，广州湾人民不分阶级、不分阶层、不分党派、不分信仰，做到"有人出人，有力出力，有钱出钱，有粮出粮"，地不分南北、人不分老幼，形成了共同抗击日本侵略者的战略态势，用血肉筑成了一座长城，构成了一幅全民族抗战的历史画卷。

五、广州湾是南路抗战文化最繁荣的胜地，引领着南路抗战文化的前进方向

1940年毛泽东在《新民主主义论》中详细阐述了新民主主义文化的问题，规定了新民主主义的文化方针："民族的科学的大众的文化，就是人民大众反帝反封建的文化，就是新民主主义的文化，就是中华民族的新文化。"这个方针是党建立以后代表中国先进文化前进方向的深刻总结，揭穿并粉碎了日本法西斯麻痹、愚弄与欺骗中国人民的反人道、反人类的法西斯文化图谋，它体现中国先进文化前进方向的内涵十分清晰。

抗战爆发后，广州湾首先组建了遂（溪）（广州）湾抗日救亡宣传工作团、"七七"剧团等抗日宣传团体，在广州湾演出了一大批话剧、街头剧、哑剧、独幕剧、雷歌剧，如《保卫卢沟桥》《死里求生》《一个游击队员》等，这些以抗战为主要内容的戏剧不久便扩展到南路各地，引起强烈反响，不但使群众受到爱国主义的教育，也为南路戏剧事业的发展奠定了良好的基础。一批进步的抗日报刊如《怒吼》《救亡》《抗敌战线》《南路堡垒》《抗日剧报》等在广州湾出版然后传向南路各地，既有效地指导了抗日救亡运动，又影响推动了南路的新闻出版、宣传文化事业，各地之后也办起了大批版报、墙报。广州湾抗日团体还将当地群众喜闻乐见的雷歌、"东海嫁"等赋予抗战的内涵，组织演讲组、演唱队，走进街头商店，深入农村田间，向群众表演、教唱，这些形式很快被群众接受，出现了男女老少为抗日高歌的景象。这实际上是对当地文化进行创新，用抗日的思想激活当地传统文化中具有生命力的因素和成分。广州湾抗日团体还团结、帮助了当时流入广州湾的文化界知

名人士共同开展抗日的文化工作，建立了文化上的统一战线，使他们成为抗日文化的创造者和传播者。他们辛勤的劳动结出丰硕的成果，如著名作家黄秋耘开的"大风"书店，画家赵少昂办的岭南画苑，音乐家黄友棣在培才中学任教创办的银乐队，著名诗人胡危舟导演的《夜光杯》《春风秋雨》《凤凰城》等进步话剧，张超杰、张展鹏兄弟以益智中学校友为骨干组织的国魂音乐社并上演《国魂》，电影演员张瑛、梅绮等演出的话剧《雷雨》……这些大众化的文化，揭示了文化与人民群众的关系，体现了文化的民主性，大大提高了抗战文化的品位，吸引了广大群众对先进文化的孜孜以求，丰富了南路人民的文化生活，对抗战胜利起到了促进作用，也对南路后来文化事业的发展产生了深刻影响。1938年8月，遂溪和广州湾的进步青年93人联名发起成立"遂溪青年抗敌同志会"。"青抗会"在遂（溪）（广州）湾附近农村、东海岛等地创办群众夜校，将群众性的抗日救亡运动由城市推向农村，唤起了劳苦大众和各个阶层救亡的觉悟和激情，点燃民众的希望，也促使知识青年与农民相结合，蕴涵着代表先进文化前进方向的历史含义，先进的抗日团体与先进文化的前进方向呈现出有机的统一。

六、广州湾是中共在南路进行统战工作最主要的阵地，为壮大抗日力量作出了重大贡献

抗战时期，中国共产党组织充分认识到广州湾地位的重要，切实加强了党的工作。中共南路特委成立后，就从高州移至广州湾，此后大部分时间驻在广州湾，还在广州湾建立了中共支部。党组织利用日法两国的矛盾和地方势力争权夺利、互相牵制的政治环境，卓有成效地开展统战工作，壮大了抗战力量，掩护和配合了党组织

的活动。

南路党组织团结各阶层爱国人士，开展抗日救亡活动。全面抗战开始后，南路党组织按照党的关于建立抗日民族统一阵线的指示，派遣一批党员到广州湾开展统战工作，团结各阶层人士共同抗日。在商界，中共广州湾支部党员林其材、陈以大、林熙保等以同学、同乡关系，经常开展对殷商林华奎、陈其槐、吴有庚、黎振辉等人的统战工作，在他们的支持下，菉塘、新村、陈铁、调罗等地建立了一批进步学校。党组织利用这些学校开展抗日宣传。晨光小学支部党员许乃超、廖晃欣等利用家访形式，经常登门做广州湾商会会长陈斯静、陈澄甫的工作。许乃超还利用负责"赈灾会"日常工作之便，经常与实业家许爱周的大儿子许歧伯等"赈灾会"委员联系，从中开展抗日工作。在教育界，广州湾各党组织分别对冯凌云、吕成性、吴彬、吴克诚、林元庆、陈正森等上层知识分子开展思想工作，向他们宣传国共合作抗日的方针和共产党的抗日主张，对他们的思想产生了很大影响。以后，他们一直都对当地的抗日活动给予支持。在东海，党组织注意开展对东海中社和下社两个法公局①局长沈耀先、黄培元和开明绅士陆春雨的统战工作，使他们从一般具有爱国主义思想的人士转变为积极支持抗日救亡活动的进步绅士。1940年3月，东海觉民小学进步师生在党组织的领导下，为迫使学校辞退反动教师，举行了为期二十一天的罢课斗争，他们身为校董也在暗中支持。在经济方面，他们还通过多种形式帮助党组织开展的抗日活动。1942年黄培元根据党员沈斌的指示，出资与沈兆荣等人在赤坎海边街开办"信昌行"，作为党组织收集上层社会

---

① 公局是法国租借地广州湾区一级的行政机构。

情报的情报站。1944年底，党组织在东海成立抗日武装的后备组织徒手中队，黄培元、沈耀先积极支持，使广州湾当局发给东海各公局的一百多支枪实际掌握在共产党组织手中。

中共中央瓦窑堡政治局扩大会议指出：最广泛的反日民族统一战线不仅应当是下层的，而且应当是包括上层的[①]。因此，广州湾的党组织还通过直接或间接的渠道，对在当地有影响的高在湘[②]、戴朝恩[③]两派地方势力和陈学谈[④]亲法势力开展争取工作，动员他们在经济上资助抗日活动。出于本身的利害关系，他们在抗战初期对抗日救亡活动采取了支持、同情、资助或不加阻止的态度。在以"赈灾"形式开展的募捐活动中，他们均先后捐款，其中最大一笔达一百万元。尤其对陈学谈的亲法势力，党组织确定了"不提反法口号，避免刺激法国当局，争取他们继续保持中立"[⑤]的方针，派出党员，以同宗同乡的关系，多次与他接触，并通过调节陈学谈势力中的进步力量做工作，喻之以理，晓之以义，宣传中共抗日的路线方针政策，消除了陈学谈的顾虑，使他同情支持抗日，对南路抗日起到了一定的作用。通过他的举动，南路党组织团结争取了一批地方实力派、民族资本家、开明绅士和上层知识分子，形成并扩大了南路抗日统一阵线，使南路抗日战争获得了大量的物质支持，使中共抗战主张更获得广大人民的拥护。

---

① 中共中央党史研究室：《中国共产党历史》（第一卷，上册），北京：中共党史出版社，2002年，第529页。

② 时为国民党广东南路第二游击司令部第四大队大队长。

③ 诨名铁胆，时为国民党广东高雷警备区雷州独立挺进支队司令。

④ 时为法广州湾租借地公局长兼赤坎、西营商团团长。

⑤ 温焯华：《党陈统一战线方针、政策在南路的贯彻执行情况》，见《中共在广州湾活动史料》，第180—181页。

七、广州湾是中共地下交通的主要枢纽之一，成为沟通各地党组织、人民武装之间联系和传输情报、物资的桥梁

抗战期间，中共南路特委利用广州湾特殊的环境条件，设立了菉塘、丰厚等交通站，开辟了特委与南方局、省委及琼崖特委等党组织相联系的交通线。八路军驻香港、桂林办事处，省委、琼崖特委也根据斗争需要，先后在广州湾建立了交通站或联络点。此时期各级党组织在广州湾设立的交通站、联络点达十几个之多，遍布广州湾城乡，交通线纵横交错，四通八达，其中有南路特委（广州湾）—各县的交通线，八路军驻香港办事处—广州湾—八路军驻桂林、重庆办事处的交通线，琼崖特委—广州湾—八路军驻香港办事处的交通线，等等。在党的坚强领导下，在广大群众的支持下，在广大交通员的努力下，这些交通站、情报点在抗战中发挥了重大作用。一为机智勇敢传递情报：交通站搜集、传递了大量有价值的情报、密件，使党组织互相间联系得以顺畅，及时听到党中央及南方局的指示，也使党组织能及时掌握各种情况。二为排除万难护送干部。交通站护送了各级党组织大批干部及其他领导人、各界知名人士往来于海外、敌占区、国统区与根据地之间，如先后接待并转送了党的领导同志张文彬、王均予、冯白驹等，以及中央交通员李沛群、文化界知名人士夏衍、马来西亚共产党中央委员杨少民等人，还有海外归国的共产党员、服务团成员等革命同志数以百计。三为不畏艰险转送物资。交通站还利用港口的有利条件，转送了无数抗日急需的经费、枪支弹药、电台等军需品到各地支援八路军、新四军和华南抗日游击队，南路抗日武装起义所需的武器，很多也是通

过交通站购买和转运到各地的。四为坚贞不屈保护机密。交通员不幸被捕后，大多数经得起严峻考验，坚贞不屈，严守党的机密，甚至牺牲生命也在所不惜。

八、广州湾是南路抗日武装起义的坚强后盾，为开展敌后抗日武装斗争提供了人力物力的支持

1944年8月，中共南路特委按照中共中央南方局关于建立人民武装，开展敌后抗战的指示，在侵华日军发动打通湘桂线和粤汉线作战时，于遂溪老马村举行抗日武装起义，建立了雷州人民抗日游击大队；1945年1月在廉化吴梅等地，继而又在茂电信及钦廉地区发动抗日武装起义，起义的人民武装与雷州人民抗日游击大队组建了南路人民抗日解放军。此时，国民党爱国将领张炎在顽固派的进攻威逼下，也毅然率部起义，建立高雷人民抗日军。南路人民解放军与高雷人民抗日军并肩战斗，抗击着日伪顽的势力，牵制和削弱了打通中国大陆交通线的侵华日军。广州湾对南路抗日武装起义也发挥了重大作用。

一是组织游击小组，为武装起义作前期准备。起义前的1944年4月，广州湾河清、培才、赞化中学等校师生在党员的带领下会同市区的工人、市民组织了游击小组，开始购买武器弹药、医疗药品，为开展抗日武装斗争作准备。8月，菉塘、新村、陈铁、调罗等村的村民也组织了游击小组，搜集情报张贴传单，以准备策应南路抗日武装起义；9月，东海岛相继也有二十多条村庄建立了游击小组，开展武装巡夜和锄奸活动。二是输送人员参加武装队伍。如市区的游击小组在武装起义后动员输送了一批游击小组成员到游击区参加武装斗争，东海岛的游击小组有30多名成员往遂溪参加雷

州人民游击队。1940年冬，东海的龙舍、山内、西山等村建立了四个徒手中队，作为武装斗争的后备力量，其队员有数百人参加了雷州人民抗日游击队。三是策应起义，骚扰驻广州湾日军。1945年3月，党组织在广州湾的南寨、烟楼、乾塘等地建立的游击小组出没在市区，骚扰日军据点，破坏敌人的交通线，牵制了市区的日军兵力，这些游击小组成员后来很多参加了覃巴武装起义。四是为起义培养急需人才。如1944年冬，晨光小学举办了为期三个月医务训练班，为武装起义队伍培养了一批医务人才，缓解了部队之急。五是广州湾通过地下交通站，为起义的武装队伍提供了大量的情报，转运了大批武器，筹集了不少物资经费。六是广州湾积极救助起义伤病员。如徐闻下洋抗日武装起义后，部分战士（其中很多伤病员）被迫撤到海（康）徐（闻）边境的深山野林，环境恶劣，饥饿、疾病困扰着他们。党组织及时派人与广州湾爱国商人林华奎先生联系，林先生深明大义，慷慨解囊捐款，并把家里仅存的八两黄金和一批白银捐出来给战士买粮买药，使伤病员很快康复。

九、广州湾是侵华日军投降书签署地之一，见证了中国人民抗战胜利及收回殖民地扬眉吐气、激动人心的时刻

1945年8月15日本宣布无条件投降时，日军在广州湾寸金桥头挂起"投降""和平解决"横额。根据《波茨坦公告》的规定，国民政府主席特派、外交部政务次长吴国桢和法国临时政府主席特派、法国驻中国大使馆代办戴立堂分别代表本国政府于8月18日在重庆签订《中华民国政府与法国临时政府交收广州湾租借地专约》，宣布废除1899年11月16日中法间所订专约，将专约所划定地界内之行政与管理，归还中国政府。从此，被帝国主义侵占47年的

广州湾回归祖国怀抱。

日本投降和广州湾光复的消息传来，市民喜上眉梢，奔走相告，兴高采烈，一片欢腾，部分商店随即点燃鞭炮庆祝。大街小巷，茶楼食肆，工地学校到处都是扬眉吐气的人群，谈论着抗战胜利和广州湾回归的话题，掩饰不住内心的喜悦。培才中学的学生走上街头，张贴欢庆胜利的标语，还特制一幅大型漫画立在市中心，图上一把有力的铁扫把，扫掉雷州半岛地图上的日本侵略者，吸引无数市民围观。市民准备大量鞭炮，迎接国民政府军入城。竹棚工人接到搭建胜利大牌楼工程，日夜赶工，分别在寸金桥头、范尔登街口（今兴国路）、南华广场建起三座巨型牌楼，楼体高二层，中间高挂8个大红灯笼，耀眼醒目，"国土重光""雪洗国耻""庆祝抗战胜利"等标语悬挂牌楼四周，中、英、美、苏四国国旗和各色彩旗，在牌楼顶部迎风飘扬。8月26日，南京国民政府电令粤桂南区总指挥邓龙光负责广州湾受降和接收。8月28日雷州半岛日军派出代表夏木稔中尉，坐着插有白旗的军车，由赤坎到设在廉江那良的粤桂南区总指挥部洽谈投降事宜。民众闻讯，涌至路边，争看降使狼狈相。这一次具有历史意义的洽降，确定驻雷州半岛日军9月21日在赤坎举行投降仪式。自此，9月21日成为湛江人民浇铸着永不冷却的热血之日。

9月18日，邓龙光命令日军支队长渡部市藏，辖步兵1联队、炮兵1大队，工兵、骑兵、轻重兵各一中队集结于寸金桥、湖光岩一带候命投降。9月21日，晨光未露，已有情不自禁的市民燃放鞭炮，一些武术馆和社团陆续敲锣打鼓舞狮涌到市中心。天刚破晓，各地群众已汇聚到中国大马路（今九二一路）、法国大马路（今中山二路）两旁，摩肩接踵，人头攒动。上午9时，中国大马路的国民政府军持枪整齐列队街道两旁，日军则稀疏垂手背向马路站立。广州湾日军代表渡部市藏中佐签字并向邓龙光递交投降书。此时犹如大地重光，万众欢腾，三大牌楼、白马庙（今九二一路口）、双忠庙（今南华广场小公园）高挂的百头鞭炮一齐燃放，欢声雷动。随后进行声势浩大的抗战胜利大游行，国民政府军数台吉普车开路，第46军175师持枪列队前进，培才中学的银乐队演奏欢快乐曲，体操队表演叠罗汉，手旗队打着红、白、蓝旗帜，展示胜利手语，博得市民阵阵喝彩。河清中学、赞化中学等校师生和广州湾总商会属下38个同业公会及各群众团体游行队伍，均由中国大马路，经法国大马路游行至赤坎运动场。市内各地鞭炮不断，人潮如涌。不少赤坎市民跑到昔日警戒森严的日军司令部（今寸金路、旧海关楼）、宪兵总部（今和平路、旧中央银行）观看投降后日军的狼狈相。一批报童，在广州湾沦陷后，曾誓不卖日寇汉奸报纸，改行擦鞋，今集体重操旧业，派卖号外，沿街呼叫"中国胜利，日本仔投降跪地"。晚上赤坎运动场人山人海，数千群众集会纪念广州湾光复。此后数日，市民举行各种庆祝活动，除集会、游行外，培才中学附小及幼儿生排演庆祝胜利歌剧《锦绣河山》，新生剧团上演抗日话剧《大地回春》，香港著名艺人关德兴主演爱国粤剧《火树银花》，把庆祝活动推向高潮。欢庆抗战胜利和广州湾回归祖国的一系列活动，增强了南路、广州湾人民的自尊心和自信心，振奋了民族精神。

为纪念抗战胜利和广州湾光复，赤坎把原"中国大马路"易名为"九二一路"，"巴士基路"改名为"光复路"，这两条路一直沿用至今，成了历史见证。广州湾回归祖国后，中国政府决定就将原租借地辟建广东省辖市，改名湛江。

十、广州湾传承了各地的文明因子，为南路地区经济发展和社会进步创造了难逢的发展机遇

抗战期间，大批商贾文人涌入偏安一隅的广州湾，也把物质及精神上的现代文明带到了粤西地区，为南路地区经济发展和社会进步创造了一次难逢的发展机遇。由于中国沿海沿江城市相继沦陷，大批商人带来资金技术和管理方法，来广州湾办实业，使得原来比较萧条的广州湾市场活跃，工商业繁荣。如工业的纺织业，几年时间就建起了裕华、侨光、同光、大光、珠光等布厂，炮竹也和制盐业也非常兴旺。这些迁移至广州湾的企业，很多成为抗战的后盾，生产了大批布匹等物资，为支援抗战作出了重大贡献，而且使中国的现代化因子得到保留，由广州、香港、澳门城市，扩散到了南路的广州湾等地，充实了南路的生产力，改变了华南战前工业结构、工业布局不合理的状况，对南路工业的开拓与建设发挥了重要作用。商业和服务业方面，一批大酒店、商店拔地而起，行商星罗棋布，服务设施配套完善，各大银行纷纷设立分行，大小银号迅速崛起，多种货币并行流通，为形成南路以至粤桂边后方经济战略基地创造了有利条件，支持了长期的抗日战争。文化教育方面，我国三大出版商——商务印书馆、中华书局、世界书局等均看中广州湾租界的特殊地位，先后在广州湾开设支店，作为西南各省的图书中转站，内地众多进步作家的作品通过他们进入广州湾然后流向各地。一批名校如勷勤大学、广雅中学抗战时曾也迁至南路，贫困的广东西南部增加了琅琅书声，给南路带来了不少现代文明的基因。一批科学文化响当当的精英人物，如夏衍、黄谷柳、贺渌汀、陈寅恪、李子诵、马师曾、红线女、薛觉先……他们带着执着探索的目

光，怀着正义必胜的信念，装着爱国爱民的情怀，撤退到广州湾，在这里或作剧演出，或办学上课，或办报创作，文化巨匠的身影在广州湾显现，广州湾成为民族文化的保存地之一，使中国的文化血脉得以薪传和发展，粉碎了日本侵略者亡我中华文化之心的阴谋，也使南路受到现代化的文化熏陶，为南路带来清新的学习风气。如夏衍、小陶陶（陶行知儿子）在荔塘小学等校推行陶行知的"小先生"制教学法，改变传统的教学方式；音乐家黄友棣组建了一支享有盛誉的培才中学乐队；画家赵少昂培养了一批美术人才；留美教育硕士何中中，留美学生廖勘南在广州湾办学任教，带来了新的教育理念。

抗战时期广州湾乃至南路工商业的昌盛和文化的繁荣，为南路播下了现代化的种子，对以后南路人民摆脱贫穷落后的面貌和愚昧的状态产生了重要的影响。

（陈充，中共湛江市委党史研究室副调研员、副研究员）

译文：

Le rôle et la position de Kouang-Tchéou-Wan dans la Guerre anti-japonaise

CHEN Chong

Dans la Guerre anti-japonaise, à cause de la contradiction entre le Japon et la France, ce dernier a consenti que la Chine a pu s'engager dans la Résistance à Kouang-Tchéou-Wan. Ayant l'avantage de la position géographique et du port, ce territoire était devenu le seul port qui puisse lier à l'étranger après le commencement de la Résistance. Cela signifiait le rôle important que Kouang-Tchéou-Wan a joué dans le Sud du Guangdong et même en Chine. A cet égard, on a cité dix aspects:

1. Kouang-Tchéou-Wan était une des régions les plus dynamiques dans le Sud du Guangdong où le mouvement de la Résistance ait commencé le plus tôt. Il a poussé le développement de la Résistance.

En 1931, à Kouang-Tchéou-Wan, on a donné lieu aux activités concernant la propagation sur la Résistance, la manifestation, la dénonce sur l'occupation agressive de l'impérialisme japonais dans les trois provinces du nord-est de la Chine. On a exigé que le gouvernement chinois arrêtait la guerre civile et que les troupes armées et la masse devaient s'unir contre les ennemis pour rattraper les territoires perdus. L'organisation du parti communiste du Sud a été reconstruite dans la Résistance, en formant le centre de Résistance à Suixi, à Hepu et à

Gaozhou.

2. Après l'éclatement de la Résistance, Kouang-Tchéou-Wan, centre de navigation et du transport à un moment donné, était chargé de transporter les équipements et les matériaux pendant la guerre.

Après un éclatement complet de la Résistance en Chine, les ports côtières sont tombés successivement aux mains de l'ennemi. Comme la relation entre le Japon et la France était complexe, Kouang-Tchéou-Wan était utilisé comme un port important de chargement et de déchargement vers l'étranger. Ayant des relations commerciales avec notre gouvernement, la plupart des navires étrangers, de Hong Kong et de Macao sont entrés et sortis par Kouang-Tchéou-Wan.

3. Kouang-Tchéou-Wan était un territoire important pendant la guerre, qui a joué un rôle garanti dans l'offre du matériel.

Après l'éclatement de la Résistance, les villes côtières de la Chine sont successivement occupées par les ennemis, Kouang-Tchéou-Wan était une base importante pour déplacer les équipements et les matériaux, transporter les produits commerciaux.

4. Kouang-Tchéou-Wan est la scène la plus active dans les activités de Résistance dans la route du Sud, ce qui montrait une peinture historique de la Résistance nationale contre le Japon.

Après le déclenchement de la guerre de Guerre anti-japonaise, qu'il s'agisse des officiers patriotique, de petit bourgeois des villes, des petits négociants ou de moines, ils s'étaient engagés dans la lutte contre le Japon sous diverses formes d'appui. Kouang-Tchéou-Wan était une miniature où les personnes de tous les milieux se sont dévoués à la Résistance.

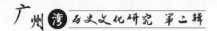

5. Kouang-Tchéou-Wan, lieu célèbre où la culture de la Résistance était la plus prospère dans la Route du Sud, a guidé la direction d'avance vers la culture de la Résistance dans ce quartier.

Après le déclenchement de la Résistance, on a d'abord organisé à Kouang-Tchéou-Wan l'équipe de propagation de la Résistance et du sauvetage de la nation, par exemple, l'équipe de théâtre « Sept sept ». On a joué des théâtres parlés, des théâtres dans la rue, des pantomime, des pièces en un acte, des opéras de Lei. En outre, les revues et les journaux sont successivement publiés.

6. Dans le sud, Kouang-Tchéou-Wan, comme une place principale dans la Résistance du pari communiste chinois contre l'agression japonaise, a apporté une grande contribution dans cette guerre.

Pendant la Résistance, quand le comité spécial du parti communiste chinois du Sud était établi, sons siège était changé de Gaozhou à Kouang-Tchéou-Wan, puis il y a résidé la plupart du temps et a crée la cellule du parti communiste chinois, en développant les lignes de la Résistance et grandissant la force de la Résistance qui ont assuré l'appui des matériaux dans la Résistance du Sud et a fait supporter les décisions de la Résistance du notre Parti par les peuples.

7. Kouang-Tchéou-Wan était un centre principal souterrain de transport du parti communiste chinois.

Il a servi d'un pont qui liait les organisations du Parti et les forces armées du peuple sur le plan de contact, de transmission des renseignements et de transportation des matériaux.

8. Kouang-Tchéou-Wan, appui puissant dans la Résistance de la Route du Sud, a garanti le fournissement des ressources humaines et

matérielles dans cette Guerre contre l'agression japonaise.

En août 1944, sous la direction du bureau du sud du comité centrale du parti communiste chinois sur le plan de la mise en place d'une armée du peuple et du développement de la guerre de Guerre anti-japonaise, on a tenu le soulèvement armé dans le village Laoma de Suixi, dans les quartiers de Lianghuawumei, de Maodianxin et de Qianliang.

9. Kouang-Tchéou-Wan était un des lieux où l'armée japonaise a signé sa capitulation, en faisant preuve de la victoire de la Résistance et du moment émouvant où le peuple chinois dressait fièrement la tête.

Le 21 septembre 1945, la cérémonie de reddition de l'armée japonaise qui avait résidé dans la péninsule Leizhou a eu lieu dans le district de Chikan. Par la suite, pour mémoriser le recouvrement de Kouang-Tchéou-Wan, on a changé de la « Rue Dama de Chine» à la «Rue 921».

10. Héritant de la civilisation de différentes régions de la Chine, Kouang-Tchéou-Wan a crée une bonne occasion pour le développement économique et social de la région du sud. Pendant la Résistance, beaucoup d'hommes de commerce et de lettre sont venus à Kouang-Tchéou-Wan.

Ils ont apporté la civilisation matérielle et spirituelle dans la régions du Guangdong de l'Ouest, en créant une opportunité importante pour le développement économique et sociale de la région de la Rue du Sud.

（CHEN Chong, des chercheur associé du bureau de la recherche de l'histoire du Parti communiste chinois，la Commission du Parti communiste chinois de la ville de Zhanjiang）

（岭南师范学院　李紫燕译）

抗战时期日法关系演变对广州湾的影响及中共南路特委的统战策略

◎符　铭

十九世纪末，腐败没落清政府统治下的中国成了任人宰割的肥羊。1840年至1900年，帝国主义列强先后在中国设立了30个租界，1894年甲午战争后，列强还争先恐后在中国划分势力范围，并以租借地形式霸占中国沿海主要海湾和要塞重镇。在瓜分中国的狂潮中，法国强占广州湾为其租借地，并将广州湾划归其在越南的殖民地一并统治。抗日战争时期，日本欲扩张领土、称霸东方的野心骤然膨胀，不可避免地与西方列强在争夺中国的势力范围中产生矛盾。这些矛盾为中国军民抗击日本侵略提供了机会。本文试就日本与法国在抗日战争时期的关系变化对广州湾的影响及中共南路特委的统战策略作一探索。

一、抗战时期日法关系演变及其对广州湾的影响

抗日战争时期，因势力范围利益之争，日本与法国之间的关系经历了矛盾、勾结、破裂的过程，这种关系的演变对当时的法国租借地广州湾产生了重大影响。

（一）抗战初期日法之间的矛盾

抗日战争初期，日法因在中国利益之争，产生了明显矛盾。

1937年7月，抗日战争全面爆发。为阻断中国与海外联系，日本宣布封锁中国的海岸线。是年8月25日，驻扎上海的日军第三舰队司令官谷川清宣布"遮断中国海岸线宣言"，接着于9月4日宣布封锁自秦皇岛以南至广西北海为止之海岸线。至1939年12月26日，日本海军省干脆宣布封锁中国全部海岸线。[①]

日军的所作所为无疑直接侵犯了法国等西方国家的在华利益。法国立即在外交上表示了对日本的不满。1937年9月20日，法国发表声明，不承认日海军在华海面检查来往商船。9月22日，法与英、美向日抗议，反对日军飞机轰炸南京。次日，法与英、美再次抗议日本军舰开炮滥炸非军事区域。11月10日，由法国与英、美、比利时等国牵头推动《九国公约》会议工作。11月13日，法国会同英美苏等国代表在《九国公约》上说明了各自的基本立场。然而，日本罔顾国际舆论，继续扩大侵华战争。不但派军舰巡航海南岛，还于1937年11月20日，派海军侵占了广东涠洲岛，控制了雷州海峡。为应对日军的扩张，法国于1938年2月25日以保护灯塔及气象站的名义，出兵占领了西沙群岛，并在西沙群岛海域布雷，禁止船只停泊。

针对日本封锁长江的行径，1938年11月7日，法国与英美致牒日本政府，要求开放长江，以供各国船只自由航行。而日本政府却复照法英美驻日大使，诡称以商轮航行长江妨碍日本军事行动，

---

① 摘自张篷舟：《近五十年中国与日本(1932—1982)》（第一卷），成都：四川人民出版社，1985年。

拒绝开放长江。1939年1月，驻汉口日军继续封锁汉口法租界。1939年1月14日，法国与英美三国政府共同发表对日声明，明确否认日本提出的所谓"东亚新秩序"。1939年2月10日，日军饭田旅团于凌晨3时侵占海南岛。日军此举被视为明目张胆侵占法国势力范围，因为法国早已把海南岛视为自己的势力范围，于是，法与英驻日本大使安利、克莱琪各奉本国政府命令，立即向日本外务省提出了交涉。3月2日，天津日军突然封锁租界，法国与英美领事随即提出抗议。1939年4月1日，日军进而侵占南沙群岛，法国立即向日本提出严重抗议。5月29日，为应对日军的步步进逼，法英美三国驻华大使及海陆军司令集会上海，讨论"对日一般问题及加强三国之合作"①。6月20日，英法在新加坡召开军事联防会议，决议双方协力保护在华租界与财产。鉴于侵华行径引起各列强强烈反应的现实，日本为集中力量应对所谓的"中国事变"也作出了应对。日本陆军省、参谋本部于6月15日作出"关于处理第三国在华活动及权益的措施要领"。该要领"以使第三国放弃援蒋态度，顺应日方处理事变之步调为方针，其中关于租界问题，可采取封锁、直接搜捕以致军事占领等措施；关于长江、珠江等内河航行权及商权问题"，可"实行加强封锁程度和扩大封锁范围"，但"当第三国有转向日本的具体表现时，只要不影响战争进行，可以逐步准许恢复其活动及权益"。②

　　以上史实表明，抗日战争初期，日法矛盾是严重的，法国为了

---

① 摘自张篷舟：《近五十年中国与日本（1932—1982）》（第一卷），成都：四川人民出版社，1985年。

② 摘自张篷舟：《近五十年中国与日本（1932—1982）》（第一卷），成都：四川人民出版社，1985年。

自己在华利益，反对日本扩大侵华范围的态度是明显的。

法国政府反对日本扩大侵华的这种基本态度，毫无疑问也左右了法属租借地广州湾当局的政治态度。抗日战争初期，法属租借地广州湾当局对广州湾的抗日救亡宣传活动采取睁一只眼闭一只眼的态度，不但不反对湾内的抗日活动，一些代理头面人物及家属还参加了某些抗日活动。1937年9月13日，还允许中国军机飞抵广州湾上空轰炸日本军舰[①]。

（二）抗战中期日法之间的勾结

1939年9月1日，希特勒德国军队大举入侵波兰。9月3日，英法对德宣战，欧洲反法西斯战争爆发。日本狂妄地以为这是其进一步全面侵华的有利时机，立即调整了对外政策。9月5日，日本政府向英、法、德、波、意、美六国提出备忘录，声明：日政府正以全力解决"中国事件"，决定对欧洲战事采取不干涉态度。然倘交战国采取与日本对华立场相反之行动或政策时，则不能担保不致发生可悲形式。因此，日政府特忠告各交战国，预先排除会引起此类意外事件之因素。[②]9月6日，日军第三舰队参谋长草鹿即拜访英法舰队司令，促请接受日本政府关于撤退英法在华驻军之要求。在日本的压力下，法国政府对华抗战之态度发生变化，随即禁止中国战略物资假道越南运送内地。为此，中国外交部于同年9月27日专门致电经济部，"告以法国禁止我方物资假道越南，显系法国政府态度变更，现正向法国政府及越南政府力争，并请英美政府转劝法仍予我

---

① 摘自张篷舟：《近五十年中国与日本（1932—1982）》（第一卷），成都：四川人民出版社，1985年。

② 摘自张篷舟：《近五十年中国与日本（1932—1982）》（第一卷），成都：四川人民出版社，1985年。

假道越南之便"①。此时的法国政府自顾不暇，根本无力顾及海外殖民地，不仅不考虑中国政府的意见，还于当年11月13日通知日本外务省，决定撤退部分在华驻军，以向日本示好。

1940年5月10日，德军入侵法国，"46天的战斗中，法国有84 000名士兵阵亡，12万人受伤、150万人被俘。法国无力再战，6月22日以贝当为首的法国政府与德军签订停战协定，不久迁往小城维希成为德国的傀儡，史称维希政府"。②维希政府成立后，法国越南殖民当局对日本的侵略要求，从开始拒绝日本最后通牒③，到谈判让步④，又从曾经的试图抵抗："法军已准备一切，入战时紧急状态"⑤，到最终妥协，与日本签订允许日军假道越南北上进攻中国西南的协定，"予日军事便利从事解决对华战争"⑥，开始了与日本互相勾结阶段。为此，中国外交部对法国提出了严重抗议⑦。在日本的压力下，法国维希越南当局完全改变了此前对中国抗战事业的同情和支持态度，不但停止对华直接援助，还全面封锁中越边界，并与日本先后签订军事、经济协定和共同防御印度支那

---

① 摘自张篷舟：《近五十年中国与日本（1932—1982）》（第一卷），成都：四川人民出版社，1985年。

② 见何杰：《抗战后期巨头角力广州湾》，载《湛江日报》2013年7月22日。

③ 见《对日所提最后通牒越南当局加以拒绝》，载《申报》（上海），1940年9月4日。

④ 见《对日谈判继续进行越南当局逐渐让步》，载《申报》（上海），1940年9月11日。

⑤ 见《越南情势张弛靡定法当局决心抵抗侵略》，载《申报》（上海），1940年9月23日。

⑥ 见《越接受日要求缔结协定日军侵越南开始北进》，载《申报》（上海），1940年9月24日。

⑦ 见《越接受日要求缔结协定日军侵越南开始北进》，载《申报》（上海），1940年9月24日。

议定书等多项协定，承诺保证与日在军事上互相合作，把越南变成日本进攻中国的桥头堡及其"南进"的后勤补给基地。此时的日法关系由于日本与德国、意大利结盟为"轴心国"，日本对盟友德国的傀儡法国维希政府自然另眼相待，因而对其在海外的一些租界和租借地也就暂时没有染指。日法双方处于互相利用阶段。而法租借地广州湾当局随着法国维希政府对日态度的变化，也对广州湾的抗日活动改变了态度。1940年6月，广州湾警察局罕见地搜查中共南路特委在广州湾的秘密联络点"大风书店"，并扣押店主、中共党员黄秋耘。致使中共南路特委不得不撤销该联络点。

上述资料虽然是零散的，但已足以证明法国政府迫于日本压力，为本国利益而改变对中国抗日活动的态度，法属广州湾当局对当地抗日活动的态度也随之发生变化，由同情、支持转为不同情、不支持。

（三）抗战后期日法之间的分裂

抗战后期的日本胃口越来越大，已不仅仅局限于中国了，而是希望尽快结束"中国战事"，继续"南进"扩大侵略范围。为确保其"南进"计划顺利实施，1941年11月15日，日本大本营、政府召开联席会议，作出了《促进结束对美、英、荷、蒋的战争内部方案》，《方案》规定："对于中国，有效地运用对美、英、荷战争的战果，积极采取措施断绝对蒋政府的支援，削弱其抗战能力，掌握在中国租界，拉拢南洋华侨，加强对蒋作战的政治、军事攻势，从而促使重庆政权投降。"[1]1941年12月7日，日本偷袭珍珠港成

---

① 张宪文：《日本帝国主义对外侵略史料选编》，上海：上海人民出版社，1975年，第364页。

功；8日袭击菲律宾、关岛以及英国在太平洋的战略基地新加坡；19日侵占香港并占领上海公共租界，称霸世界野心空前膨胀。1943年初，日本胁迫越南与其签订《日越共同防卫协定》后，又根据该协定，在法政府所谓的谅解下，于1943年2月21日下午2时，派兵"和平"进驻广州湾①。当天上午11时15分在广州湾行政长官官邸举行签字仪式②。双方签订的《广州湾共同防御现地协定案》主要内容为：

"在广州湾驻防之日本军队法国军队将共同履行防卫义务，日军主要担当竭力防守广州湾之军事责任，法军主要担当市内警戒等。法国驻地政府需给与日军执行以上任务的具体保障，包括保障日军行动及宿营给养；日军将征用港口设施仓库等；军用资金劳力要加强收集利用；必要通货提供等。"③

在此之前的2月16日，日军派出独立混成第二十三旅团强行登陆雷州半岛，当天上午10时30分占领雷州县城，19日占领遂溪县，20日下午3时10分"攻抵"寸金桥。21日"进驻"广州湾，当天傍晚，占领广州湾西营港④。此时的日法关系表明上还是盟友关系，实际上日本已成了法国在越南及广州湾政权的太上皇，法属广州湾当局除了表面维持社会治安和行政正常运转外，已完全丧失了统治主动权。

1945年3月9日深夜，日本借口越南不守信用，决定"采独力

---

① 见《在法政府谅解下日军进驻广州湾》，载《申报》（上海），1943年2月23日。

② 见《日法当局缔结广州湾联防条约》，载《申报》（上海），1943年2月25日。

③ 摘自何杰：《抗战后期巨头角力广州湾》，载《湛江日报》，2013年7月22日。

④ 见《在法政府谅解下日军进驻广州湾》，载《申报》（上海)，1943年2月23日。

防卫措置"，将越南境内军警"均解除武装"，同时组建越南新政府①。同日，日军在广州湾一举解除法军警武装，拘禁法国官员，在军事上和行政上完全接管广州湾。随后设立"广州湾自治区"②，将法国人全部排除在外。日法关系彻底破裂。

（四）抗战时期日法关系变化对广州湾的影响

由于受日法既矛盾又妥协关系的影响，抗日战争时期的法国租界地广州湾，在政治、战略、经济等方面都处于一种比较特殊的状况。

从政治方面看，法国与日本为争夺殖民地，双方存在着根本的利益冲突。而随着时局的变化，尤其是1940年法国投降德国之后，日法之间多了一层盟友关系，双方调整政策，从多方面取得妥协。日法双方这种既矛盾又妥协的，且在相当长一段时间内以妥协为主的关系，使法国租借地广州湾出现了自抗战全面爆发以来至1945年3月日军发动"3·9事变"止，长达7年时间不为日军控制或不完全为日军控制的局面，在客观上形成有利于开展抗日活动的环境条件；从战略上看，由于日军实施"遮断中国沿海所有港口"策略，中国沿海各港口城市相继沦陷。特别是1938年广州沦陷后，广州湾成为华南极少数不被日军控制的自由贸易港口和航运中心。据记载，当时仅行驶至香港一线航运的千吨以上的轮船就有"大宝石""大宝山""大金山""大中山""大顺康""凯门""永和""永华""天成"等近二十艘，英商太古洋行的船只也密集航

---

① 见《日政府发表对越声明采独力防卫措置》，载《申报》(上海)，1945年3月11日。

② 见《中共在广州湾活动史料》，中共湛江市委党史研究室编，1994年8月版。

行于广州湾至上海、香港，广州湾至海口、越南海防一线①。据有关资料统计，从1938年至1940年3年中，"每年经广州湾出口的物资额达1000万美元，为战前1936年的20倍"②。大量战略物资通过广州湾转运至内地重庆后方，可见广州湾战略地位一斑。

从社会经济方面看，由于政治、战略上形成的特殊地位，广州湾客、货运骤然频繁，市区人口"赤坎从原来四、五万人剧增到十万人左右，不到两万人的西营亦增到四、五万人"③，由原来的7万激增至近15万，还不包括居留在附近墟镇农村的人口。于是刺激了当地的手工业、商业、金融业、教育等多方面的发展，呈现出畸形的繁荣景象。

上述特殊环境客观上为中共南路特委、中共党组织开展抗日统战工作提供了有利条件。

二、中共南路特委在广州湾开展统战工作的策略

（一）中共南路特委在广州湾开展抗日统战工作的必要性和可能性

中共南路特委在广州湾开展抗日统一战线工作，尤其是重点开展争取法当局及其代理人保持"中立"的工作，不仅是必要的而且是可能的。

---

① 湛江市工商联史料编写组：《广州湾的商业》，载《广州湾（法国租借地史料专辑）》，第113页。

② 湛江市工商联史料编写组：《广州湾的商业》，载《广州湾（法国租借地史料专辑）》，第113页。

③ 湛江市工商联史料编写组：《广州湾的商业》，载《广州湾（法国租借地史料专辑）》，第115页。

必要性表现在：1．由于广州湾的特殊环境，使各种政治力量包括各地方实力派纷纷汇集其中，中共南路党组织要最大限度地团结、争取一切反日力量，就不能不在广州湾开展活动，以达到扩大抗日阵营，孤立日军的目的。而法当局及其代理人的中立态度将大大有利于这项工作的开展；2．广州湾背靠大西南，南联海南岛，东面太平洋的重要战略地位以及当时日法既矛盾又妥协的关系而形成的政治环境，使广州湾成为各地人民及海外华侨、国际反法西斯力量在人力、物力、财力上支援大后方斗争的重要中转站。中共南路党组织要利用这唯一出海口，就不能不开展争取法当局及其代理人保持"中立"的工作。3．广州湾的特殊环境有利于中共南路党组织隐蔽党员、发展抗日力量和培训骨干、建立交通站、收集情报等工作的开展。为此，必须争取法当局及其代理人保持"中立"。4．由于广州湾的特殊环境，日军也在该地大力推行所谓"怀柔"政策，日、伪、汉奸四处活动，企图拉拢法当局及其代理人为其服务。如果广州湾代理人有"亲法"变为"亲日"的话，将对南路的抗日斗争造成巨大的阻力。因此，开展对广州湾法当局及其代理人的争取工作是十分必要的。

可能性表现在：1．日法之间存在着根本利益冲突的深刻矛盾。自1899年强租广州湾后，法国就把该地划进自己在东南亚的势力范围。通过广州湾这个优良港口，法国从中国西南各地掠夺了大批宝贵资源。如此宝地，法国是不会心甘情愿地拱手让与他人的。因此，即使法国被迫对日妥协，而从根本利益出发，法当局也不会主动积极地反对抗日斗争。2．法国在湾代理人长期追随法国，自身利益与法国利益息息相关。同时，经过多年经营，已视广州湾为其私人地盘，日军的入侵无疑会损害其个人利益。从个人利用出发，他们也不会欢迎日本人。3. 国内外强大的抗日浪潮，致使法在湾代理人不会轻易走上"亲日"道路。因此，开展对法当局及其代理人的争取工作，完全是有条件、有可能的。

（二）中共南路特委在广州湾开展抗日统战工作的策略

既然有必要性又有可能性，那么中共南路特委在广州湾是怎样开展抗日统战工作的呢？据笔者所掌握的历史资料看，中共南路特委在广州湾开展抗日统战工作的主要策略至少有如下几点：

1. 不同时反对所有帝国主义。"不同时反对所有帝国主义"是抗日战争时期中共中央开展抗日统一战线工作的一项基本策略。抗日战争的爆发拉开了全世界反法西斯战争序幕。随着战争的升级，各国的关系发生很大变化。基于这一客观事实，中共中央制定了对日本以外帝国主义的策略，毛泽东明确指出："我们的统一战线应当以抗日为目的，不是同时反对一切帝国主义。"[①]"我们的任务，是不但要团结一切可能的反日基本力量，而且要团结一切可能的反日同盟者。"[②]"使用更多的办法使某些反革命力量暂时处于不积极的反对反日战线的地位。对于日本帝国主义以外的其他帝国主义的策略也是如此。"[③]据此，中共广东省委也对党组织在英租界香港的活动作出了"要争取英国的同情援助，不能给予不

---

① 毛泽东：《中国共产党在抗日时期的任务》，见《毛泽东选集》（一卷本），北京：人民出版社，1969年，第245页。

② 毛泽东：《关于目前形势与党的任务》，见《毛泽东选集》（一卷本），第245页。

③ 毛泽东：《关于目前形势与党的任务》，见《毛泽东选集》（一卷本），第245页。

安与威吓"①的指示。1940年2月，中共高雷工委撤销，中共南路特委（简称"南路特委"，下同）在高州恢复成立，不久即迁到广州湾，即对在广州湾开展抗日统战工作作出了决策。据南路特委主要负责人之一温焯华回忆，中共南路特委抵湾后，"根据广州湾特点，从南路全局出发，分析了日法在广州湾的矛盾以及各地方势力的政治倾向，确定以陈学谈、高在湘、戴朝恩为争取对象，以张炎等南路国民党爱国将领为主要统战对象，在广州湾开展统战工作，争取他们共同抗日或不反对抗日，利用广州湾的特殊环境开展抗日斗争"。② "在策略上，要求广州湾党组织不提反法口号，避免刺激法当局，争取他们继续保持中立的立场"③。实际上贯彻了中央"不同时反对所有帝国主义"的抗日统战策略。

2. 利用日法矛盾，争取亲法地方势力。广州湾亲法势力代表人物、广州湾公局长陈学谈（1882—1966），字天焕，小名妃汉，湛江市（广州湾）北月村人。抗日战争前曾任海头墟民团团长、赤坎公局局长兼赤（坎）西（营）商团团长、遂溪县县长、雷州三属民团总办、八属联军总司令部雷州善后处处长等职，经济上曾富甲广州湾，政治上实际权力仅次于法总公使。早期的陈学谈唯法当局马首是瞻，1928年12月遵从广州湾当局和国民党当局的旨意，在赤坎破获中共南路特委机关，并将抓获的中共南路特委领导人引渡到高州等地被国民党当局杀害，致使中共南路党组织活动几乎停滞10

---

① 张文彬：《广东工作综合报告》，见《广东区党、团研究史料》（上），第197页。

② 温焯华：《党的统一战线方针、政策在南路的贯彻执行情况》，见《中共在广州湾活动史料》，第180页。

③ 温焯华：《党的统一战线方针、政策在南路的贯彻执行情况》，见《中共在广州湾活动史料》，第180—181页。

年之久。陈学谈任职广州湾公局几十年，在广州湾的政治、经济、教育等部门都有他培植的势力，全湾各阶层不少头面人物在政治上都看他的眼色行事。鉴于广州湾的战略地位和陈学谈的重要作用，中共南路党组织不计前嫌，早在抗日战争全面爆发前已有中共党员在广州湾活动并对各阶层包括陈学谈等上层人物开展统战工作。1937年7月抗日战争全面爆发后，不同级别、不同地域的中共党组织纷纷到广州湾开展抗日活动，发展、扩大党组织。1939年1月至5月，中共广州湾基层组织相继成立。各党组织在开展活动时都把统战工作尤其是对陈学谈及其亲法势力的统战工作作为基本工作来部署。1939年3月，中共广东西南特委派到南路重建党组织的林林，就在刚刚成立的中共广州湾支部会议上指出："由于广州湾在地理、政治上的特殊性，必将成为敌我必争之地。广州湾支部必须注意开展统战工作，特别要注意争取当地的亲法实力派，不要让日伪势力将他们拉过去。否则，将会给抗日斗争的开展带来更大的困难。"①在林林的领导下，广州湾支部在安排工作时，即将统战工作列为一项重要任务。

1940年初，中共南路特委迁到广州湾后，为进一步贯彻落实抗日统战策略，进一步加强对广州湾党组织的领导，先后派殷杰、陈华等人统一领导中共晨光支部、中共广州湾支部等党组织的工作，同时决定派出陈以大等党员专门开展对法当局代理人陈学谈的争取工作。还专派陈信材等人利用公开的合法身份，深入上层社会，开展对广州湾上层人物的争取工作。派黄景文、谭廷栋等分别到戴

---

① 陈以大：《抓住日法矛盾，开展对陈学谈亲法势力的统战工作》，见《中共在广州湾活动史料》，第186—187页。

朝恩、许爱周、陈斯静等人家中当家庭教师，从中争取他们支持抗战。在中共南路特委的领导下，中共党组织对广州湾亲法势力陈学谈的统战工作有条不紊地逐步开展。

中共南路特委对陈学谈亲法势力的争取工作主要通过如下几方面进行：

其一，紧紧抓住日法矛盾开展对陈学谈亲法势力的争取工作。抗战爆发后，日军侵占了大半个中国，严重威胁了法国在印度支那和广州湾的殖民统治，法国与日本的矛盾是必然的。尽管1940年后法国维希政府投降了德国，日法在远东问题上取得妥协，但法国与日本争夺殖民地的矛盾依然存在。陈学谈靠法国人起家，切身利益与之紧密相连，更不愿意他人染指他视为"私人地盘"的广州湾，因而对日也抱戒备态度。中共南路特委分析了日法之间复杂关系及陈学谈的立场，认为陈学谈在历史上曾做过有罪于中共南路党组织的事，然而今日国难当头，只要他有抗日的可能或不反对抗日，都可以争取他站到抗日民族统一战线上来。基于上述分析，中共南路特委要求在开展对陈学谈亲法势力统战工作时紧紧抓住日法矛盾这一环。根据中共南路特委的指示，中共广州湾各个基层支部积极分别开展了对陈学谈亲法势力的统战工作。由于中共党组织当时处于秘密状态，不能直接做陈学谈的工作，只能通过陈学谈身边的宗族乡亲、朋友、管理人员等多种渠道间接进行。

其二，通过同宗关系对陈学谈开展统战工作。土生土长的中共党员陈以大是中共广州湾支部3个委员之一，与陈学谈是同宗叔侄关系。1940年春，中共南路特委迁到广州湾后，即派大革命时期老党员陈信材通过黄景文找到陈以大了解陈学谈的情况，并向陈以大郑重指出：南路特委迁来广州湾后，面临的斗争更加艰巨复杂，陈学谈是广州湾最大地方势力的头面人物，一定要争取他。要求陈以大迅速摸清陈学谈六方面的情况：一是抗战爆发后陈学谈对抗日的态度以及对世界大战的看法；二是陈学谈对共产党和国民党的态度；三是陈学谈与法国人、日本人的关系；四是陈学谈对汪精卫伪政权的态度；五是陈学谈对戴朝恩、高在湘的态度；六是陈派内部矛盾情况等[①]。由此可看出中共南路特委对陈学谈的重视。不久，陈以大迅速了解上述情况并向陈信材作汇报。此后，陈以大以同宗关系开始对陈学谈开展统战工作。1940年底，中共广州湾支部因故被停止组织关系后，陈以大在中共南路特委直接领导下，继续长期开展对陈学谈的统战工作。期间，陈以大利用同宗关系，开展对陈学谈的族伯陈其槐、陈连惠等人的争取工作。他们过去曾支持陈学谈，陈学谈对他们很尊重。陈以大针对他们实际情况，经常做他们的思想工作，他们均表示同情或支持抗日。这些人的观点对陈学谈产生了很大影响。

其三，通过团结、争取陈学谈势力中进步力量来开展对陈学谈统战工作的。当时围绕在陈学谈身旁的有识人士对抗战开始后的中国及广州湾政局看法不一，形成了两个观点鲜明的派别，一个是以吴彬、吴永孚、吕成性等为代表积极主张抗日的"抗战派"；一个是以陈翰华为首主张和谈的"妥协派"。中共广州湾支部的陈以大、林其材、林熙保等按照党组织的部署，主动接近"抗战派"吴彬、吴永孚、吕成性等人。这些人都是在陈学谈资助下到内地或国外接受高等教育而分别获得学士以上学位的知识分子，在社会上有

---

① 陈以大：《抓住日法矛盾，开展对陈学谈亲法势力的统战工作》，见《中共在广州湾活动史料》，第187页。

一定名气，陈学谈对他们非常器重。他们既有维护陈学谈势力利益的一面，亦有爱国的一面。陈以大等以同学关系经常接近他们，向他们宣传中共抗日救亡的路线、方针、主政策，分析日法在广州湾的矛盾，指出如果让日本控制广州湾，不但会给陈学谈及其势力造成政治、经济利益的损害，还会给广州湾人民带来深重灾难，从而激发他们的民族义愤，使他们的抗日主张更加坚决。通过长期的工作，中共广州湾党组织不但争取了吴克诚、吕成性、吴彬等上层知识分子，还争取了林华葵等广州湾爱国资本家。上述人士对抗日的积极态度，无疑对陈学谈产生了重要影响。

其四，通过陈学谈身边的管理人员来开展对陈学谈的统战工作。大革命时期中共老党员、晨光小学党支部书记许乃超，以学校为阵地，通过办学广泛联系各阶层人士，尤其是上层人士。他主要通过陈学谈身边的管理人员来开展对陈学谈的统战工作。如为陈学谈管理财会的广州人庞宝绍，其子在晨光小学读书，许乃超通过家访与他建立了友好关系。庞宝绍还有两个女儿，已过了学龄，庞宝绍却不送她们去读书，因当时广州湾还比较落后，很少女子出去读书。许乃超于是派夫人廖静莹每天到庞家，专门教他的两个女儿，庞宝绍夫妇为此十分满意。许乃超在家访时经常与他们交换对时局的看法，并从中宣传、分析中共的抗日主张，他们听了都基本认同。还有另一个广州籍知识分子文卓棠，在陈学谈"三有公司"挂名分红利，其女婿陈坚夫是法学院毕业的大学生，思想倾向进步，被聘到晨光小学任历史教师。许乃超通过陈坚夫与文卓棠取得联系，进而开展对陈学谈的争取工作。另外，许乃超还通过广州湾赈灾会成员、雷州会馆富商许爱周的儿子许歧伯，开展对许爱周、陈学谈的争取工作。此外，晨光党支部的其他党员如廖晃欣等也利用教师身份，争取了当地的著名绅士冯凌云、商会会长陈澄甫、陈斯静等上层人士对抗日活动的支持，他们对抗日的态度对陈学谈有着潜移默化的影响。

在中共南路特委的重视下，活动在广州湾的中共党组织利用各自的有利条件，通过同乡、同宗、同学、朋友等各种关系，以直接或间接的形式，多渠道、多层次、多形式地开展对以陈学谈为代表的广州湾亲法势力的争取工作，在陈学谈的周围形成了一个看不见的工作网，使其在抗战期间较长时期内，不反对或不公开反对抗日斗争。

（三）利用日法矛盾在广州湾开展统战工作的效果

1. 成功争取以陈学谈为代表的亲法势力保持"中立"立场。在中共党组织的努力下，以陈学谈为代表的亲法势力在整个抗战时期，对抗日活动始终保持了不反对态度。主要表现在：抗日战争初期，曾态度鲜明地支持广州湾境内的抗日救亡活动。陈学谈不但出席有关活动，如大张旗鼓欢迎国民党爱国将领张炎，还捐款支持抗日组织；抗日战争中期默许中共党组织在广州湾秘密活动。否则，以他多年公局长生涯养成的职业敏感，二十年代发生的中共南路特委被破坏悲剧就极有可能重演。中共党员黄秋耘因"大风书店"遭查封而被捕即很快释放也是例证；抗日战争后期，陈学谈面对驻湾日军利诱，避居庄园不肯出面主持日本扶持的伪政权，直至日本投降前一个月，才奉国民党军统之命出任伪广州湾特别行政区主任一职。上述陈学谈表现虽然有其主观作用，但中共党组织及南路特委在广州湾实施的抗日统战策略威力不可忽视。

2. 成功利用广州湾特殊环境，广泛发动群众，组建合法的群众抗日团体，开展大规模的抗日救亡活动。1937年8月，中共党员晨光小学校长许乃超与麻章七小进步教师何森，发动广州湾、遂溪县的进步青年60多人成立"广州湾遂溪联合抗日宣传工作团"。同年11月，许乃超联络爱国工商企业家，推动他们成立了"广州湾赈灾会"，通过赈灾会又分别成立了"中国妇女慰劳分会""广州湾战地救护队""广州湾华侨回国抗日救护队"。1939年冬，中共高雷工委通过"遂溪青年抗敌同志会"，组织了"遂溪广州湾各界人民慰劳团"等多个抗日群众团体。中共党组织和党员通过上述群众团体，深入城镇、农村、学校，向工人、农民、学生、商人、市民开展义卖、募捐、抵制日货，举办抗战画展、演讲等多种多样的活动，甚至组织学生、市民到前线慰问伤病员，在广州湾掀起抗日救亡活动热潮。

3. 成功利用广州湾特殊环境开展大规模的话剧宣传活动。中共党组织通过各种群众团体把从沦陷区不断逃难到广州湾的文艺人员组织起来，在广州湾开展了大规模的话剧宣传活动。从1937年9月18日，许乃超率领晨光小学进步师生到麻章圩首先演出《放下你的鞭子》开始，紧接着，党领导下的遂溪青抗会先后在广州湾成立了《春雷剧社》《七七剧团》，聘请著名诗人胡危洲为导演，公开在广州湾文化剧院、同乐戏院等剧场演出了《夜光杯》《春风秋雨》《日出》《一年间》《雷雨》《凤凰城》等进步话剧。还到农村墟镇演出了《死里求生》《夜之歌》《重逢》《流亡曲》《一个游击队员》《打城隍》等剧目，使抗日思想广泛深入人心。

4. 成功利用广州湾特殊环境开办学校、创办报纸，团结教育广大青年群众。中共党组织利用广州湾的特殊环境，开办了国本小学、光华英文补习学校等多间学校。此外，由中共党员掌握的学校有晨光小学、世基小学、韩江小学、黎明小学、启英小学、觉民小学等十多间小学。出版、发行的抗日刊物有：《南路青年》（第三期后改为《今日青年》）《救亡》《怒吼》《南路堡垒》多个刊物，其中一些刊物虽然在寸金桥华界注册，实际在广州湾编辑发行。还开办了"大风"书店，出售马列著作和进步书籍。

5．成功利用广州湾特殊环境，建立了多个情报联络点、交通站、重要交通线中转站。抗日战争爆发后，中共党组织、中共南路特委在广州湾城区、城郊建立了十数个地下情报联络站、交通站，主要有："长发庄"、"华昌行"、"合益行"、丰厚村、绿塘村、湖光铺仔墟等多个交通站。还建立了多个重要交通线的中转站。主要有：八路军驻香港办事处至八路军驻桂林、重庆办事处交通线在广州湾的中转站，分别设在赤坎的晨光小学、西营的"而信行"；中共琼崖特委与八路军驻香港办事处交通线的中转站、联络点。先后设在西营"而信行"、"裕昌行"、海头港、硇洲岛淡水镇、绿塘村等多处，后由绿塘村交通站再分别在西营、赤坎增设"公泰隆""林昌记""天和国药店"等多个交通站、联络点。通过这些秘密交通站，琼崖特委获得了八路军驻香港办事处送来的电台、药品等重要物资，大批海外援华抗日物资得以源源不断转运内地后方。

6．成功利用广州湾的特殊环境，举办学习班、培训班，隐蔽、转移外地暴露身份的党员和进步人士。抗战时期，南路特委先后在广州湾的陈屋港、丰厚村等多地举办学习班。如1942年春，粤南省委组织部长王均予即在赤坎召开会议，开展干部的整风学习。而1944年冬，南路特委在晨光小学举办了长达3个月的医务训练班，为抗日武装部队培训医务人员。此外，当国民党顽固派掀起反共逆流时，南路特委利用广州湾的特殊环境，隐蔽安排了大批外地暴露身份的党员和进步人士。

三、 结论

抗日战争是中国近代史上中华民族第一次取得完全胜利的民族战争，中国共产党在其中起到了中流砥柱的作用。中国共产党倡导并建立的抗日民族统一战线，是取得这场战争胜利的重要法宝。中共南路党组织、南路特委根据广州湾特殊的政治环境和历史条件，从广州湾的实际出发，贯彻实践中央"发展进步势力，争取中间势力，孤立顽固势力"[①]抗日统战策略，利用日法矛盾，团结争取了亲法势力和一批地方实力派、民族资产阶级、开明绅士和上层知识分子，实际上在广州湾形成了抗日统一战线阵营，为抗日战争的胜利作出了贡献。

（符铭，中共湛江市委党史研究室副研究员）

① 毛泽东：《目前抗日统一战线中的策略问题》，载《毛泽东选集》（第二卷），第703页。

抗战时期的广州湾赤坎

◎屈康慧

摘 要：抗战时期，由于是法国租借地的关系，广州湾偏安一隅。特别是赤坎作为租借地的商贸中心，更是一度商贾云集，货如轮转。中共地方组织充分利用租借地这一特殊的政治环境，在赤坎设置领导中心，领导雷州半岛和整个南路的抗日斗争；各类抗日团体将赤坎作为开展抗日救亡宣传的主阵地，掀起抗日救亡高潮。相对和平的环境，自然也成为广州、香港及珠江三角洲地区、东南亚等地战争难民的逃生处、落脚点。同时由于处在雷州半岛的核心地位，因而也是中日双方争夺、占有雷州半岛的标志地。

关键词：赤坎；中共组织；抗日救亡；领导中心

抗战时期，由于是法国租借地的关系，广州湾在长达7年的时间里不为日军控制或不为日军完全控制，客观上形成一个相对和平的环境。而赤坎作为租借地的商贸中心，更是一度商贾云集，货如轮转。中共地方组织充分利用租借地这一特殊的政治环境，在赤坎设置领导中心，领导雷州半岛和整个南路的抗日斗争；各类抗日团体将赤坎作为开展抗日救亡宣传的主阵地，掀起抗日救亡高潮。偏安一隅的广州湾赤坎，也自然成为广州、香港及珠江三角洲地区、东南亚等地战争难民的逃生处、落脚点，中日双方争夺、占有雷州半岛的标志地。

一、中共党组织的联络点、中转站，雷州半岛和南路抗日斗争的领导中心

广东南路各县的中共组织，在大革命失败后一再受到破坏。1932年斜阳岛游击根据地被国民党军队攻陷后，党的组织活动完全停止，坚持斗争的一些党员转入隐蔽活动。抗战爆发后，为重建南路各县党组织，中共南方工作委员会及其后的中共广东省委，先后通过各种途径，派党员到南路开展建党工作。广州湾赤坎就是这些党员活动的主要地点。

1938年11月，受中共广州外县工作委员会委派回遂溪恢复建党的黄其江、陈其辉等党员骨干，多次在赤坎高州会馆召开党员会议，研究部署开展抗日救亡运动、到农村建立党的群众基础、发展党的组织等问题。1938年底，受中共广州外县工委委派的林林到广州湾赤坎一带开展抗日活动和建党工作，发展了一批党员。1939年1月，黄其江又在赤坎潮州会馆主持召开遂溪县党员会议，宣布成立中共遂溪县中心支部，并建立中共赤坎四维中学支部。中共党组织在赤坎的活动在停止多年后全面恢复。

与此同时，中共南路特委、广东省委、琼崖特委以及八路军驻香港、桂林办事处等组织，还根据抗日斗争的需要，在赤坎设立地下交通站、联络站，开辟南路特委与中共中央南方局、广东省委和琼崖特委等党组织相联系的交通线，搜集、传递情报、密件，护送干部、民主人士往来于海外、敌占区、国统区和根据地之间，使各级党组织之间的相互联系得以畅顺，党中央、南方局的指示得以及

时送达。

1938年秋，受八路军驻香港办事处主任廖承志委派，中共香港海员工作委员会组织部长潘云波到赤坎活动，恢复了大革命时期中共党员、晨光小学校长许乃超的组织关系。随后，香港党组织先后派梁标、杜兰等人到晨光小学工作，建立由香港经赤坎到桂林（八路军驻桂林办事处）转衡阳、长沙到重庆的中转站。他们除主要担负接待、掩护经广州湾来往于桂林、重庆、香港之间的人员外，还协助许乃超在赤坎开展统战工作、抗日宣传和救亡、赈灾等活动，扩大共产党的影响，同时培养发展党员，建立党小组，并在晨光小学成立了中共广州湾特别支部。1938年11月，八路军香港办事处交通员李沛群到晨光小学找许乃超接头。许把李安排到赤坎宝石酒店住宿，然后设法用汽车送他到桂林。从此，李沛群经常带着密件从广州湾过往。许多从香港经广州湾赤坎到桂林、重庆、延安的党员干部、民主人士，也由许乃超负责接待、转送。著名文化人夏衍就曾先后三次走这条交通线，来往于桂林、香港之间。八路军桂林办事处主任李克农也使用这条交通线到香港。

1940年3月，中共南路特委成立后，将特委机关设在赤坎，利用广州湾特殊的环境领导雷州半岛和南路的抗日斗争。赤坎成为广东南路地区中共党组织的最高领导机关所在地。为掩护和配合领导机关开展工作，中共遂溪中心县委、中共高雷工委、中共南路特委先后派殷杰、陈华、潘云波、陈恩、杨克毅等人到广州湾加强领导。他们通过党员陈其辉、陈方等同志和亲属在赤坎的住宅和店铺建立了一批交通情报站，还开办商行、商店，购买战略物资，利用港口的有利条件运送抗日急需的军事用品，在财力、物力上支援敌后的抗日游击战争。

1942年8月，南路特委通过统战关系在赤坎开办"华昌行"作为特委在城区的交通联络点，派党员吴德中、林玉清为店员，负责交通情报工作。1943年2月广州湾沦陷后，留守广州湾特委机关的干部杨克毅通过林其材、陈以大等党员的关系，安排党员黎江与商人陈自渊、陈自鉴合股开办赤坎"公泰隆"米铺，作为南路特委的交通联络站。7月，周楠等特委领导人从廉江回到广州湾赤坎特委机关，加强了交通联络工作。10月，党组织动员统战对象黄汉超从高州回到广州湾的大同义校担任校长。不久，党组织通过他安排了林才连等党员到该校担任教师，在该校建立起交通情报站。1944年春，特委在赤坎新鱼街"协源"米铺建立交通站，作为特委领导人周楠、温焯华等与雷州半岛、廉江等地党的负责人唐才猷、支仁山、唐多慧、黄其江、莫怀等人的接头地点，同时负责特委与各地党组织文件、书信的传递，保证领导机关指挥渠道的畅通。此后，党组织在原建立的近10个交通站的基础上，又增建了"合益行""永泰祥药店""超记银庄"等一批交通联络站。1945年2月，中共南路特委在赤坎独资开办"长发庄"商行，作为特委机关的主要联络站。特委书记周楠以老板的身份住在长发庄。杨克毅、吴德中则以股东和经理、副经理的身份在长发庄领导开展工作。他们以经商为名，掩护特委主要领导人的活动，同时负责特委的交通情报工作，并收集大量的情报、药品、用品等，送进抗日游击区，支援敌后的抗日武装斗争。

二、抗日救亡的主要阵地

1937年卢沟桥事件爆发，抗战开始，抗战救亡浪潮席卷雷州半岛。由于法国在华利益受到日本的侵犯，从自身利益考虑，法国同情中国的抗战。广州湾的法国管理当局对在广州湾开展抗日救亡活动大多采取睁一只眼闭一只眼的态度，客观上提供了一个较为宽松的环境。各类抗日救亡团体充分利用广州湾这一有利条件，纷纷汇集广州湾开展抗日救亡宣传。赤坎成为雷州半岛以及高雷地区抗日救亡的主要阵地。

1937年8月，赤坎晨光小学校长许乃超和遂溪县立第七小学教师何森组织部分进步师生成立"遂（溪）湾（广州湾）青年抗日宣传团"，在赤坎文化剧院演出大型话剧《保卫卢沟桥》，在赤坎街头开展抗日救亡宣传，出版《救亡》《怒吼》等刊物，由许乃超、何森、支仁山、杨邨人、邓麟彰、陈其辉、殷宝田等人撰稿，除向雷州半岛和高州六属各县的机关、抗日团体赠送外，其余交赤坎书店和街头小摊贩代销，每份收2个铜板，是当时南路第七区较受欢迎的抗战读物之一。

11月，许乃超通过各种社会关系，推动广州湾商会在赤坎成立"广州湾抗日赈灾会"，通过赈灾会又分别成立了"中国妇女慰劳分会""广州湾华侨回国抗日救护队"等组织，发动爱国资本家、商人和广大群众开展义卖、募捐、抵制日货，捐款援助抗日前线，救济伤兵、难民，办理地方灾难善后等。是年冬，赈灾会募得棉衣2000件、棉褛1000件、军毡2000件、雨衣1000件寄付前线，以供抗日战士杀敌之用。1938年，当祖国发出救国公债之后，在赈灾会努力劝募之下，赤坎民众在短期内认购了20余万的救国公债，同时，响应广东购机会和黄河赈灾会的号召，也各捐了5000元。

1939年春，遂溪青抗会为扩大抗日宣传阵地和筹措下乡办夜校的经费，派陈其辉、殷杰、陈定清、周程等到广州湾赤坎，联合30多名爱国青年和流浪到广州湾的各方艺人，组建春雷剧社，由黄其江、陈其辉负总责。该剧社成立后，利用赤坎雷阳会馆的场地，演出抗战话剧。他们积极开展统战工作，争取广州湾各界人士的支持，解决演出服装、道具等问题，同时，除出售门票外，还进行募捐。时任广东省第七区行政督察专员兼保安司令的张炎将军亲到赤坎雷阳会馆观看演出，并捐赠前幕及一批舞台灯光器材，在演出前后发表多篇推荐文章，给剧社的活动予大力支持。

中共组织和广大党员为了使抗战宣传发动工作开展得更加灵活多样，在抗日群众团体中成立歌咏队、合唱队、演出队、剧团等组织，走上街头教唱抗日歌曲，演出抗战剧目，作报告，贴海报，出墙报，举办抗战画展，寓抗日宣传于群众喜闻乐见的形式中，推动抗日救亡运动发展。当时，在赤坎的大街小巷，到处可以听到《义勇军进行曲》《大刀进行曲》《松花江上》《黄河大合唱》《黄河颂》等脍炙人口的歌曲，形成"千百万人的歌声，高呼着抗战；千百万人的声音，为抗战而歌唱"的动人景象；抗日话剧演出空前活跃。1938年春，张炎主持领导的抗日自卫剧团，到赤坎百乐殿演出话剧《重逢》《咆哮的河北》《飞将军》等剧。1939年春，春雷剧社在赤坎、麻章、寸金桥等处演出独幕话剧《夜之歌》《死里逃生》《重逢》等，还演出长剧《夜光杯》《春风秋雨》等。春雷剧社改名为七七剧团以后，又多次在赤坎同乐戏院演出夏衍以增强抗战必胜信念为主题的《一年间》和曹禺的《日出》、吴祖光的《凤凰城》等剧目，受到观众的赞扬。益智中学、晨光小学等学校师生也纷纷组织业余抗日文艺演出队伍，常举行话剧演出。南强中学还组织学生进行班际话剧比赛。河清中学、韩江小学等也多次演出《血钱》《第七号人头》等剧，学校的演剧活动盛极一时。

1939年9月，许乃超在赤坎晨光小学举办战地救护训练班，聘请外科医生讲课，在进步师生中传授战地救护技术，准备开赴抗日前线抢救负伤的抗日将士。11月，日军入侵南宁、钦（州）廉（州）等地，抗日爱国将领蔡廷锴率部进行抵抗。12月，许乃超取得广州湾商会的支持，成立"广州湾赈灾会战地救护队"，派出30多人到灵山一带抗日前线，救护伤病员。12月24日上午，赤坎各界和遂溪文化界在赤坎同乐戏院举行欢送遂溪青抗会慰劳团暨广州湾救护队上前线抗日大会。赤坎各界群众约1000人参加了大会。许乃超以及队员代表等在会上作了热情洋溢的讲话。25早，慰劳团和救护队成员用自行车载着行李、慰问品、药品、器械等从赤坎出发。途中，敌机尾随轰炸，晨光小学梅可荃老师不幸被炸弹击中，献出宝贵的生命。此后，战地救护队先后三批50余人奔赴抗战前线救护伤员，历时一年多。

三、战争难民的落脚处和中日占领、光复雷州半岛的标志地

中国抗日战争全面爆发后，日本的扩张严重威胁到法国在东南亚和中国的利益，因而法国政府对日本发动的侵华战争曾表现出极大不满，并曾在1939年6月20日在新加坡与英国召开军事联席会议，决议协力保护在华租界与财产。而广州湾因为有优良的港口，在地理上对海南岛和东南亚各国有着重要的战略价值，自然成为日本必争之地。日、法之间在广州湾存在着尖锐的矛盾。1940年6月，法国贝当政府上台后，一再向日本妥协退让，与日本政府缔结所谓《广州湾联防协定》，允许日军"和平进驻"广州湾，掌管军事。对法国的屈膝投降，日军在表面上也相应作了某些"让步"，暂不侵占广州湾以及后来侵占广州湾时，与侵占越南一样，允许法

国政权和军警继续保留，以借助法国的力量暂时控制广州湾，直至1945年3月。日、法之间的矛盾和妥让，使广州湾在抗战时期长达7年时间不为日军控制或不为日军完全控制，成为中国南部沿海唯一仍可自由进出的国际港口，西南各省区货物的集散地、中转站。偏安一隅的广州湾成为人们逃避战火的圣地，各地难民相涌而入，一时人口猛增，其中赤坎的人口就从3万余人增到10万以上。

这些难民主要来自北部湾、雷州湾沿岸市镇、雷州半岛各县和广州、香港及珠江三角洲地区和东南亚一部分。1938年1月29日，日军一部在吴川县沿海登陆，大肆抢掠后撤退。2月6日，日军出动飞机4架次轰炸徐闻县城，在榕树园及登云塔周围投下炸弹8枚，炸死市民16人，炸毁商店8间、民房多间。此后，日军飞机经常空袭、骚扰雷州半岛沿岸乡镇和各县城镇，居民纷纷外逃。1939年11月中旬，日军在钦（州）防（城）沿海登陆，入侵钦廉、桂南，北部湾沿岸的北海、合浦、钦州、防城等地难民相继涌入广州湾。1941年12月太平洋战争爆发，香港沦陷。原来因广州沦陷而逃难到香港的广州和粤中的难民，会同香港的居民，纷纷逃离香港，南下广州湾寻求庇护。与此同时，东南亚一带的侨胞也有部分选择到广州湾驻足。

由于是租借地的关系，法当局对如此大量难民的涌入采取放任的态度，任由其自谋出路，救济和安置等大部分由民间组织实施。为此，许乃超主持的广州湾赈灾会率先在赤坎施救，多次募得大量资金和物资，除将部分所得支助抗日活动、支援抗战部队外，其余的都用于赈济流落到广州湾的难民。紧随其后，1938年，中国妇女赈灾总会广州湾分会也在赤坎宣告成立，在救亡的旗帜下，举行演剧筹款、献旗募捐，并将所得捐款悉数用于救济难民、慰劳伤兵。

与此同时，由抗日名将张炎担任行政督察专员的广东省第七区，也在梅菉、赤坎等地组织儿童团、开设保育院，收容逃难的战争孤儿。1939年12月，广东省赈济会在赤坎设立办事处，每月拨4万元救济金进行难民救济。太平洋战争爆发后，海外罹难侨胞流离转徙，相率归国。鉴于此，1942年1月，广东省政府成立紧急救侨委员会，并在赤坎设立救侨办事处，接济进入广州湾的难侨。除此之外，广州湾商会长期从越南运回大米进行平粜，对难民进行施粥。许爱周等爱国殷商也多尽个人之力进行捐助。遂溪青抗会等群众抗日救亡组织也以义演、义卖等形式筹集款项用于难民救济。

尽管如此，面对数十万之众的难民，上述的救济是非常有限的，杯水车薪只解燃眉之急，要生活下去只能靠难民自己的努力。因当时为防止日军入侵内地，粤南、粤西一带的公路交通全被毁坏，转运内地的货物须靠人力挑运到广西玉林，方可用汽车接运，所以每日从华界寸金桥外的海关楼出发的民伕（挑伕）数以千万计，从而给滞留在赤坎的难民带来了谋生的出路。难民中还有不少是来自上海、广州、香港等地的富商，他们把资金、技术和新的经营理念也带进了广州湾，客观上促进了广州湾各业的发展。作为商贸中心的赤坎在食品、土特产、竹木日什、百货、布疋、药材、旅业、酒楼等各业都因需求的增长而迅速发展，因而也有能力容纳下一批批的难民。1938年，因不堪日军飞机经常的空袭、骚扰，海康雷阳印书馆及其员工迁到赤坎，开创了广州湾大型印刷业务的先河。最具规模的照相馆从北海、桂林等地搬迁过来。大型的商店、酒楼也多为广州、香港等地的商人所建。商务印书馆、中华书局、世界书局等大出版商也相继来赤坎开设支店，作为西南各省的图书中转站，同时也为安置因广州沦陷而逃到香港频于失业的广州分局的职工寻求生活出路。

此外，难民中还有相当部分是知识分子。他们的到来带动了广州湾文化教育的发展。如音乐家黄友棣到培才中学任初中音乐教师；画家赵少昂开办美术班；获美国哥伦比亚大学教育硕士学位的何中中，在培才小学担任教务主任；同样是曾留学美国的廖勘南先生，则创办培智幼稚园。从1937年至1943年，赤坎市区新办了培才小学、培才中学、进化小学、四维中学等15所中小学，实用高级会计学校广州湾分校、高级助产职业学校、中华商业学院夜班等成人教育、职业教育也有十数所之多。

可惜好景不长，1943年2月，日本帝国主义为了进一步断绝中国的海上交通线，并利于其掠夺战略物资支持太平洋战场，派遣独立混成第二十三旅团之山田联队及小岛海军陆战队一部共约4000余人，对雷州半岛发动侵略。20日，日军由麻章袭击广州湾边界寸金桥。法方惊慌妥协，于次日与日军签订《广州湾联防协定》。日军在赤坎和西营举行所谓的"和平进驻广州湾"仪式，标志着雷州半岛大部和广州湾沦为日军占领区。

1945年春夏间，苏、美、英盟军在欧洲取得彻底战胜德、意法西斯的伟大胜利，日本法西斯陷于完全孤立的境地。世界反法西斯同盟国进一步加强合作，完成对日最后作战。中国战区的抗日战争进入最后反攻阶段。侵华日军迅速土崩瓦解。8月14日，日本政府正式表示接受波茨坦公告。8月15日，日本天皇裕仁以广播《终战诏书》的形式，向公众宣布无条件投降。9月2日，日本天皇、日本政府和日本帝国大本营的代表在投降书上签字。中国抗日战争胜利结束。国民党第四十六军一部和六十四军一部开进廉江、广州湾和雷州半岛各县，接受日伪军投降。9月21日，驻雷州半岛日军代表渡部市藏中佐在广州湾赤坎签署投降书，伪军符永茂的和平队也向国民党雷州独立挺进支队投降。以此为标志，高雷各县全部光复。

（屈康慧，中共湛江市委党史研究室副研究员）

 译文：

Le Chikan de Kouang-Tchéou-Wan en période de La Guerre anti-japonaise

QU Kanghui

Résumé: Du fait de son origine marquée par un territoire à bail français, Kouant-Tchéou-Wan était un endroit perdu en période de Guerre anti-japonaise. Surtout Chikan, était le centre commercial du territoire où se sont réunis les marchands et où est apparu un afflux de marchandises pendant un certain temps. Les centres de direction ont été mis en place à Chikan par les organisations locales du parti communiste en profitant de l'environnement politique du territoire à bail de cette région, dans le but de lutter contre les envahisseurs japonaise de la Péninsule de Leizhou et du sud de la Chine. Chikan était considéré comme la base principale par tous les groupes anti-japonais, visant à développer la propagande anti-japonaise pour sauver le pays et à atteindre son paroxysme. Les endroits qui s'annonçaient relativement pacifiques sont devenus naturellement refuges et lieux d'implantation des refugiés de la guerre venant de Canton, Hongkong, delta de la rivière des Perle et Asie du sud-est. Au cœur de la Péninsule de Leizhou, Chikan était, par conséquent, un territoire pour lequel la Chine et le Japon ont lutté et dont la conquête marquait également l'occupation de la Péninsule de Leizhou.

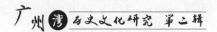

Mots-clés: Chikan; organisations du parti communiste ;propagande anti-japonaise pour sauver le pays ;centres de direction

（QU Kanghui，des chercheur associé du bureau de la recherche de l'histoire du Parti communiste chinois, la Commission du Parti communiste chinois de la ville de Zhanjiang）

（北京城市学院　惠娟译）

黎民伟与广州湾

◎凤　群

摘　要：黎民伟不仅是一个富有传奇色彩的革命志士，也是香港历史上文化名人，更是早期中国电影的拓荒者中的重要人物，他一生却与广州湾结下不解之缘。主要与他父亲黎兆昆一直在广州湾从商有关，黎民伟年轻时也在广州湾做过稻米生意。香港沦陷后，他为了摆脱日本人的纠缠，避难广州湾，在艰苦的环境下，他开饭店、演话剧、放电影，成立游乐场，始终难舍一个文化人的救国之心。日本军队占领广州湾后，他毅然携全家奔赴广西，又开始新一轮的流亡生活。

关键词：黎民伟；广州湾；日本人；电影；流亡

一、黎民伟其人与广州湾情缘

黎民伟是中国电影开拓者，香港电影第一人。他的一生就如一部电影那样精彩。他原籍广东新会，1893年出生于日本横滨。6岁去香港，16岁参加中国同盟会，演文明戏，从事革命活动，并冒生命危险用戏箱为广州起义运送枪弹，1911年与同盟会骨干组织清平乐剧社，继续宣传革命。他的未婚妻严珊珊亦参加革命军，是女子炸弹队与救伤队成员。1914年黎民伟与美国人布拉斯基合作，自编、自演香港第一部短故事片《庄子试妻》，并反串扮演女主角。其妻严珊珊在其中饰演一个使女，成为中国电影史上第一个女演员。1923年由黎民伟发起，与兄长黎海山和黎北海合作成立香港民新影片公司，他提出"电影救国"的主张。后来他亲赴北平拍摄梅兰芳的京剧艺术片时，与罗明佑结识并成为挚友。民新公司拍摄了香港第一部长故事片《胭脂》，男女主角由黎民伟与第二任妻子林楚楚主演。民新公司期间，黎民伟追随孙中山，参加北伐战争，并拍摄了大量反映孙中山早期革命活动及北伐的纪录片，成为中国新闻电影的开拓者，为此孙中山亲自送给他"天下为公"的题词，黎民伟是唯一荣获孙中山嘉奖的电影工作者。1925年他又与李应生合作，创办上海民新影片公司，1930年民新与罗明佑华北公司合并，组成联华影业公司，黎民伟担任联华付总经理兼第一厂厂长。他大胆培养新人，联华集中了一大批优秀的电影人才，导演有孙瑜、卜万苍、蔡楚生、费穆等，演员有阮玲玉、金焰等，作曲有聂耳等。联华公司拍摄了《三个摩登女性》《神女》《大路》《渔光曲》等一批优秀电影。1936年联华陷入经济困境，黎民伟退出后又恢复民新影片公司。抗日战争爆发后，他冒着生命危险拍摄记录片《淞沪抗战纪实》后回香港，日军占领香港后逃难到内地，积极宣传抗战，开展救亡活动。抗战胜利后返回香港，在永华影片公司任洗印技术顾问，引进最先进洗印技术，北京电影洗印厂曾聘请他当厂长，但因重病缠身，未能前往。1953年因病在香港去世，享年60岁。

黎民伟不仅是一个富有传奇色彩的革命志士，也是香港历史上文化名人，更是早期中国电影拓荒者中的重要人物。黎民伟以革命者的精神开创电影事业，一生对中国电影和早期新闻纪录电影事业作出了重大贡献。正如一位影评家说的那样，他"一生经历了晚清、民国、抗日战争、新中国成立，一次次重大社会历史变革，紧紧伴随着他的整个生命过程，在激烈的时代潮流和斗争旋涡中，他始终恪守自己的人生准则和生活信念，为国爱民，表现出一个正直的、进步的、爱国的电影事业家与艺术家可贵的思想品格和人格魅力"。①

而电影伟人黎民伟一生却与广州湾有不解之缘，这主要与他的父亲有关。他的父亲黎思荣，又名黎兆昆，咸丰三年（1853年）出生于广东新会。黎兆昆的父亲黎以忠十分看好这个儿子，希冀他能在功名上有些进取，偏偏兆昆对读书并不上进，而是在经商方面有很好的天分，黎以忠也就顺其自然，遂了他的心愿。兆昆十几岁就帮父亲打点生意，后来独撑门面，生意在他手上越做越好，越做越大，小小会城已经拴不住他那颗不羁的心。他终于提出对父亲提出要出去闯一闯。黎以忠早就知道儿子的不安分，也就同意了儿子的请求。于是，兆昆便应朋友之邀，辗转来到了湛江。

湛江旧称"广州湾"，此名称形成于明清时期，在十九世纪中期，湛江就是南中国海边一座非常繁荣的港口城市。黎兆昆正是以他的精明，相中了这块风水宝地，在此开始了艰辛的创业活动，并掘了自己事业的第一桶金。后来主要身份是买办，帮日本人在中国做生意。黎兆昆在此事业有成，并先后娶了两房太太。大太太邓氏，是父亲黎以忠自幼给订的亲事，邓氏婚后后一直没有生

---

① 郦苏元：《黎民伟与中国电影》，《当代电影》，2004年第3期。另见余慕云：《香港电影史话》（卷三），香港：香港次文化有限公司，1998年11月，第56页。

育。黎兆昆后来自己又娶了一门亲，女孩叫莲娣，又称黄彭氏。莲娣与黎兆昆同年，由于在贫寒中长大，不仅会当家理事，且善解人意，与黎兆昆感情甚笃，婚后不久就给黎兆昆生下大儿子黎海山。接着又生下黎东海、黎秀兴、黎北海三个儿子和长女秀凤、七女秀英。黎家这些后代绝大多数在广州湾出生。清光绪十九年八月十六日，即1893年9月25日，黄彭氏又在日本横滨164番又给黎兆昆生下第六个儿子黎民伟。1898年，黄彭氏因病去世，黎民伟才五岁，于1899年被父亲带到香港，交给在香港三井洋行的长兄黎北海夫妇代为抚养。然而，黎民伟对第二故乡的广州湾情有所系，因为父亲黎兆昆一直生活在广州湾，他的其他几个弟妹也都定居于斯，他经常来广州湾探亲。至今黎家后辈黎锡还记得，祖父黎兆昆在湛江的生意做得非常大，祖父当年的商城，在湛江赤坎的文英街，叫"万昌隆"。"万昌隆"是砖木结构的三层楼屋，有好几进，幽深气派。除了"万昌隆"外，黎兆昆在杜美路和新街市均有许多物业。黎民伟年轻时也在广州湾经商，做过稻米生意，并将赚的钱投入到后来的电影事业中。1939年10月，父亲黎兆昆在广州湾逝世，黎民伟率领全家前来奔丧，黎兆昆被安葬在广州湾一处叫青山的墓地。

1942年，香港沦陷不久后，携带全家来广州湾避难，住在父亲黎兆昆遗嘱中分给他的"杜美街10字福建街48字号屋"的房子里，并在广州湾生活了一年半，在广州湾的文化史上，留下特别珍贵的一页。

二、黎民伟何以避难于广州湾

黎民伟之所以离开香港避难广州湾，与一个日本人有关，他就是和久田幸助。

在香港许多影史学家的笔下，和久田幸助是一个日本文化特务，香港已故电影学者余慕云就这样写过："香港沦陷前，有一个原名禾久田幸助（应为和久田幸助）的日本文化特务，化名姓李，长期潜伏在香港，而且和演剧界混得很熟。"把和久田幸助当成"文化特务"，可能是因为他的战时特殊身份造成的，当民族矛盾上升为主要矛盾时，对立的一方无论是谁，都可能是另一民族的敌人，更何况和久田幸助确实负有"大东亚建设"的使命。他的特殊身份，使人望而生畏。但是，当历史的迷雾逐渐散去，和久田幸助人性的一面还是清晰可见，至少他是一个对中国人民充满友好感情的日本军人。从他战时对胡蝶、梅兰芳的态度上，就可略见一斑。在和久田幸助的努力与帮助下，上海沦陷后跑到香港避难的胡蝶梅兰芳等人都得到他的照顾，还有香港演艺界的所有人员，在他的帮助下，都领到了配给的粮食，度过了生命的难关。

与对待梅兰芳与胡蝶一样，和久田幸助对黎民伟也不无敬意，他知道黎民伟在香港电影界的分量。他请黎民伟出席东亚酒店的午宴，尽管黎民伟借故没有去参加这次会议，但和久田幸助仍然想让他主持"香港电影协会"。在这之前，日伪组织的东亚文化协会，邀请黎民伟就中日亲善问题在香港各戏院做些演说，已被黎民伟拒绝。后来，和久田幸助还是坚持想与黎民伟合作，又亲自登门拜访。当然，黎民伟知道他要来，借故出门不见他。自然，在1942年香港的喧嚣乱世，黎民伟对日本人和久田幸助有如雾里看山有些朦胧，虽然他隐隐觉得他与其他侵略者不同，富有人道之心，但他战时的特殊身份使黎民伟分外警觉。即使和久田幸助对他十分尊敬，他也不能答应与他合作。黎民伟对和久田幸助本人也许没有什么反感，但黎民伟当过革命党人，还是有一定政治嗅觉的。和久田幸助并不是代表他个人，他毕竟站在日本侵略者的一边，对中国人怀柔，目的是帮助他做事，成为宣传"中日亲善"和谐假象的工具。与他合作就等于认同了他们的侵略，有违中国人的良心，另外也有当"汉奸"的嫌疑，这是个大是大非的问题。

黎民伟觉得和久田幸助还会来找他，香港不能再待下去了。他工作的启明厂被日军炮弹炸毁已经不复存在，广州也不能去，他建的东山大屋已被日本人占据，当成了日本人的气象站。于是他决定率领全家去广州湾避难，那里不仅有父亲留下的房产，而且更重要的还没有被日本人占领，为此，黎民伟做了周密的安排。

1942年3月16日，黎民伟先安排大女儿黎兰回重庆。黎兰因为回来不久弟弟黎首明就病逝了，她便留下来陪伴悲伤过度的母亲严珊珊，结果遭遇到香港沦陷。飞机是坐不成了，黎民伟便安排女儿改道坐"白银丸"海船先到广州湾的赤坎，然后转道广西回重庆。

1942年4月28日，黎民伟让林楚楚带着黎锡和他的弟妹等一群小儿女，坐"白银丸"海轮先去了赤坎。十天后的5月8日中午，黎民伟与严珊珊带着黎铿、黎萱等几个大孩子，登上了一条去赤坎的"宜阳丸"海船，两天后到广州湾赤坎老家，与林楚楚及其他子女会合，"家人团聚，欣慰莫名"。

在准备逃离香港之前，黎民伟先让部下乘来往港粤的海轮将许多记录电影胶片先运过去，其中包括最珍贵的有关孙中山先生的四部新闻纪录片，包括《中国国民党第一次全国代表大会》纪录片的全部母片。谁知轮船刚到广州湾，就突遭日本飞机的轰炸，海轮被炸沉，结果这批珍贵的电影胶片全部失去，造成无法挽回的损失，也成为黎民伟一生最痛心的事。几年后黎民伟听说有沉船被打捞，还让林楚楚去湛江搜寻，结果无功而返。一些研究黎民伟的资料说被炸的船是往来香港与广州湾的"白银丸"号，可能有误。因为在黎民伟后来的日记中，还出现过"白银丸"船："19/4/1943乘白银丸三时往澳，终夜不能睡。"可见被炸沉的是另外一艘船。

从香港归来的黎民伟，又开始了为期一年半的广州湾流亡生活。

三、黎民伟在广州湾系列活动

1942年的广州湾的赤坎，虽然没有成为日本人的占领区，但也不是什么"世外桃源"，从香港和广州大批的难民逃到这里，使赤坎一度出现市面"繁荣"的景象，但这只是乱世幻象。人们流离失所，找不到工作，加上物价飞涨，民不聊生。黎民伟一家老少十余口人，暂时住到了父亲在文英街叫"万昌隆"的祖居，這是一间古老的大宅，入门是个大厅，内进就是用木板搭起的两层楼，往上还有一个小阁楼，黎民伟一家就挤在阁楼里，住了一段时间就搬走了，住到父亲遗嘱分给他的"杜美街10字福建街48字号屋"的房子里。但是，每天的生存问题不得不让黎民伟伤透了脑筋，虽然从香港带了一些钱物，一家人暂时得以温饱，但长此以往坐吃山空总不是办法。林楚楚、严珊珊都亲自蹲在街头摆地摊，卖些旧衣、杂物。黎民伟为生计奔走之余，也去地摊帮忙。但是，有一点黎民伟是一直坚持的，逃难时无论生活如何困难，也不能中断孩子们的学业，所以孩子们始终是快乐的。

黎民伟深知自己一个电影人在这里是找不到工作的。他东奔西走联络了一些从香港流亡过来的文化界朋友，如洪启文、金汤、朱用和及张光宇、张正宇兄弟等，大家凑在一起，计划开一家饭店。"民以食为天"，即使在乱世，老百姓还是要吃饭的。最后大家决定共同筹款合办一家"福禄寿饭店"，洪启文为董事长，金汤、张正宇、林楚楚为董事，朱用和、张光宇为监察人，黎民伟为经理。张光宇、张正宇兄弟是著名的画家，他们将自己画的大幅飞天壁画挂在饭店的墙上，给饭店营造了一种浓郁的文化氛围。

其实，就在黎民伟筹办"福禄寿饭店"的时候，1942年5月27日，他收到远在重庆的罗学濂发来邀请的电报："悉脱险归来甚慰盼能来渝工作。"罗学濂在重庆任中宣电影事业处处长，兼中央电影摄影场场长，主持抗战文宣工作。他为黎民伟逃离香港而高兴，同时希望他去重庆工作。有罗学濂的帮助，黎民伟在重庆找个工作易如反掌，还会从事自己喜爱的电影事业。

黎民伟对朋友的关心还是充满感激的，他立即给罗学濂回了电："电悉甚感俟家累稍舒即来效命。"但是，黎民伟随即在赤坎安定下来，他也没有去重庆的打算。他后来在广西颠沛流离，也没有去重庆。重庆有他的女儿女婿，并再三邀请他去，他要去重庆应该不难，后来连罗明佑也去了。黎民伟为什么不愿去重庆？至今是个谜。但我们仍然不难猜测，看到日寇的铁蹄，破碎的山河，一直张扬"电影救国"旗帜的黎民伟可能对战时的电影前景感到心灰意冷，或许对屡战屡败偏安一隅的国民党政府感到了深深的失望。否则，他不会宁愿开饭店，也不去重庆当电影人，尽管他的内心从来没有放弃过电影。

1942年9月25日，"福禄寿饭店"正式在赤坎开张，后来赤坎的《广州湾日报》为此专门做了报道："电影界先进黎民伟，港变时，他经营的启明制片厂于炸弹下牺牲了。于是买棹来湾，最近且改营业商。中国马路福禄寿全记饭店，乃黎所经营。"饭店生意之好，出乎黎民伟的意料。这主要与赤坎在战时的畸形繁荣有关，大批香港或内地的文化人都集中到这里，赤坎真正成为战时繁华的小广州。香港电影人卢敦曾经回忆过他在战时的经历："我们逃到澳门后，即转逃广州湾，因为广州湾当年仍受法国统治，又不是战略重点。……后来在广州湾，我们重遇楚帆、张瑛、白燕、黄曼梨等人，合作搞了个'明星话剧团'，专演话剧。"[①]

战时流离失所的人们更是精神苦闷，他们需要娱乐，这就给流亡演艺界的明星提供了施展才华的机会。黎民伟和家人也参加了这个行列，他们与王君伟、骆㻫琳等朋友成立了一个艺联剧团，黎民伟是演出委员会主要成员之一，林楚楚与儿子黎铿是剧团的主要演员。他们演出的第一出话剧是《秦淮河》，黎铿在其中扮演一个主要角色，该剧在赤坎文化戏院首演，受到观众的好评。后来黎民伟又组织戏剧协会又演出吴祖光著名的大型话剧《碧血忠魂》（又名《凤凰城》），将现实中东北义勇军抗日英雄苗可秀搬上赤坎的舞台，骆㻫琳饰演苗可秀，林楚楚饰演苗可秀新婚妻子夏婉冰，黎铿则演其中少年小老韩的角色。在赤坎寸金桥民众剧场演出后反响强烈。

尽管黎民伟十分热心于这些话剧的演出，但他仍然没有忘记他的电影。1942年11月12日（壬午十月五日）是孙中山的生辰，黎民伟在赤坎百乐殿戏院，隆重放映大型纪录片《建国史之一页》，观众盛况空前。本来，黎民伟还可以给观众放映其他影片，无奈大部分影片已经随日本人炸沉的轮船沉入海底。

随着时局的不断变化，来广州湾避难的人越来越多，也使得在这里生存愈加不易。黎民伟的老朋友王棠也来到赤坎，与黎民伟为

---

① 　钟宝贤：《香港百年光影》，北京：北京大学出版社，2007年7月，第93页。

邻，王棠在辛亥革命时曾任广东省代理财政厅长，这时也要用两个大缸腌制柠檬，做成小瓶的"王公柠檬酱"，售卖维生。黎民伟积极支持妻子儿女去演话剧，自然可得些演出费补贴家用，但这远远不够全家十多人的开支。赤坎的饭店如雨后春笋不断冒出，竞争激烈，生意也不如从前，便有些入不敷出。黎民伟虽然是一介书生，但年轻时毕竟当过稻米商人，也经营过地产，做生意还是很有些头脑。他于是租用了赤坎寸金桥文章村后面一片榕树林，创建了一座"文园游乐场"，内设八阵图、射击场、饮食部，黎民伟为此投入了较大的一笔资金。

"文园游乐场"选在1943年2月5日，即是年春节开张，黎民伟之所以选在这一天，是因为这天赤坎全市为取消不平等条约将举办庆祝活动。1943年正是中国抗战正处于艰苦的相持阶段，1月11日，发生了在现代史上非常重要的事件，中国同美国、英国分别签订了两个条约，即《中美关于取消美国在华治外法权及处理有关问题之条约与换文》和《中英关于取消英国在华治外法权及其有关特权条约及换文》，简称《中美新约》和《中英新约》。这个事件在历史上又被称为"四三年废约"。是年春节中午12点整，就在赤坎市中心广场鸣土炮三响，参加庆祝的民众齐唱国歌时，黎民伟在"文园游乐场"举行揭幕礼。下午镇舞堂的醒狮来贺，吸引了众多游客。初二，英武堂的醒狮队又来助兴，并伴以武术表演。正好赶上春节，又逢"废约"喜事，"连日游人极众，收入亦佳"（黎民伟日记语）。

然而，就在生意日盛之时，黎民伟听到一个不好的消息，日本人的军队已经逼近赤坎，不日将至。众声纷杂，人心惶乱，而再无娱乐的心绪，顿时门可罗雀。尽管黎民伟前期投入很大，但"文园游乐场"只开业半月便无奈夭折了。2月16日，日军已到寸金桥。2月17日，"文园游乐场"宣告停业。

1943年2月20日，日军占领寸金桥。21日，日、法签订《共同防御广州湾协议》，成立日伪政府。广州湾随被日本军队全部掌控，成为又一个沦陷地，并引发新一轮的流亡。香港电影人卢敦对此记忆犹新："到广州湾局势亦告紧张时，我们再一次分道扬镳。谢益之、楚帆等逃到越南去，我则由于欧阳（予倩）老师在桂林，蔡楚生也是，于是往桂林去。我和张瑛、梅绮、李清、容小意等，一同步行上桂林。"①"福禄寿饭店"合伙人张光宇张正宇兄弟等人，亦于19日日军到来之前，据说也去了桂林。因为黎民伟外出，他们走得匆忙，来不及告辞就走了，"福禄寿饭店"也就随即自动关闭。黎民伟当时日记便写道："赤坎福禄寿饭店，因寸金桥事变，附项无归，影响全家十六口之生活，还恐连累私人房产，现仍须负担职工生活费。"②

日本人采取了与香港同样的政策，为了制造中日亲善的和平假象，在日伪政府的协助下，广州湾市面暂时回复了平静，虽然仿佛一切如常，但人心已乱。在那些日子里，黎民伟寝食难安，他想起暂居在澳门的挚友罗明佑，还有"清平乐剧社"时的好朋友陆醒伯与罗永祥，他与他们很久没有见面了，不知道他们的境况如何？他忽然萌生去澳门探望他们的愿望，同时也想与老朋友们商量下一步的路该如何去走。

1943年4月19日下午三点，黎民伟上了那艘从赤坎去香港途径

---

① 钟宝贤：《香港百年光影》，北京：北京大学出版社，2007年7月，第93页。

② 黎民伟：《历年失败之回顾》，俞小一、黎锡主编：《中国电影的拓荒者黎民伟》，武汉：长江文艺出版社，2005年12月，第167页。

澳门的"白银丸"号海船，看到那些忧心忡忡的旅客，黎民伟在船上一夜无眠。第二天中午抵达澳门，他下船后便直奔罗明佑家，罗明佑见到老朋友的到来，又惊又喜，惊的是黎民伟在这种境遇下还敢来澳门访友。因为春节前夕，日军借口驻岛的陆、海军特务机关内讧，封锁了澳门岛，对往来游客控制甚严；喜的是老朋友相隔许久终于见面都还平安。由于罗明佑在澳门的家狭小，当晚黎民伟宿在另一朋友李烈家。第二天中午黎民伟又去探访了另外两位电影界好友罗永祥与陆醒伯，他们的状况也不是很好，罗永祥没有其他打算，他有点想回香港去，毕竟澳门太小，日本人一封锁，就陷入困境。晚饭是在罗明佑家吃的。罗明佑告诉他，香港沦陷后，陷入"孤岛"状态的澳门，日子也不好过。日军的操纵、特务及汉奸的横行，加上严重的饥荒，治安的混乱，凡此种种正窘扰着澳门弹丸之地。岛内物价飞涨，贫苦居民衣食无着。罗明佑说他不日准备独自去重庆，黎民伟赞同他的想法，但又觉得将家眷留在澳门有些不妥，罗明佑说这只是权宜之计，拖家带口路上不太平。

从澳门回来后，黎民伟首先想到的是自己的影片应该先转移他处，特别是有关孙中山的珍贵影片，千万不能让日军搜去。1943年5月9日夜，黎民伟找到第七区救济专员李琦，与他相商，将纪录片《建国史之一页》托他先带到柳州朋友处，李琦犹豫片刻，还是答应了。为了答谢李琦，黎民伟付给他两百元劳务费并到车站为他送行。

与此同时，长女黎兰给黎民伟通过中亚银行电汇来一笔钱款，共一万四千元。广州湾被日军占领的消息传至重庆，黎兰甚为担忧，她催父亲"速赴柳州，亲带片来"。女儿是最知父亲的心，钱款是给全家人作路费的。另外她知道父亲离不开他的那些影片，所以特意叮嘱，但黎兰并不知道，父亲已经将最珍贵的影片已经转移到柳州。黎民伟和黎兰之所以不约而同地想到柳州，因为柳州没有被日军占领，比较安全，又是去桂林的必经之地。另外还有个重要原因，就是当年被孙中山封为桂军总司令的刘震寰，此时就住在柳州。他是黎民伟的好朋友，也是女儿黎萱的契父（干爹），黎兰当年回重庆途径柳州就是住在刘家。

就在黎民伟秘密准备奔赴广西之时，林楚楚与儿子黎铿的话剧演出也一天没有停止。与上海孤岛时期的情况非常相似，在日本人的眼皮底下，他们只能演一些借古讽今的古装戏。林楚楚应赤坎培才学校筹款演《郑成功》一剧，她在剧中扮演郑成功的母亲。而黎铿则自行组织了一群十七岁以下的少男少女，成立了一个"长虹少年剧团"，陆续演出《葛嫩娘》《门当户对》等剧，黎铿和妹妹黎萱，是少年剧团的主要骨干。

黎民伟将全家召集到一起，将自己的想法对大家说了，立即得到了全家人的赞同，并在一起商定了去广西的路线。1943年11月1日早晨七时，在赤坎的沙环，黎民伟全家坐上了一条当地人称为"艇"的大木船，黎民伟率领全家，离开生活了一年半的第二故乡广州湾，从水路向广西的柳州进发，又开始了新一轮的流亡生活。

（凤群，广东五邑大学文学院教授）

LI Minwei① et Kouang-Tchéou-Wan②

FENG Qun

1. Le complexe de LI Minwei envers Kouang-Tchéou-wan.

LI Minwei est le pionnier des films chinois et il est considéré comme le «père du cinéma Hongkongais» dont la vie est aussi merveilleuse qu'un film. Sa famille est d'origine de Xinhui du Guangdong, pourtant il est né à Yokohama au Japon. Il est parti pour Hongkong à l'âge de 6 ans. Dix ans plus tard, il a rejoint le Tongmenghui③. Il faisait l'art brut et il s'est appliqué aux activités de révolution: il a risqué sa vie pour envoyer des balles par les boîtes du théâtre. En 1911, il a organisé l'Organisation du Théâtre de Qingpingyue avec les cadres du Tongmenghui pour propager la révolution. Et sa fiancée Yan Shanshan faisait aussi partie de l'équipe des révolutionnaires, elle était membre du groupe de bombe des Chinoises et du sauvetage. En 1914, LI Minwei et son collaborateur Braschi ont écrit et réalisé le premier court-métrage Hongkongais *Zhuangzi teste sa femme*, dans lequel il a joué le rôle de la femme et sa fiancée une

---

① Dans ce texte, ce nom se traduit selon le Pinyin de «黎民伟», il a été traduit par la prononciation du cantonais comme «Lai Man-Wei» dans certains documents.

② Egalement orthographié Guangzhou Wan ou Guangzhouwan.

③ La Société de l'Alliance.

servante, elle était la première actrice du film chinois. En 1923, LI Minwei a créé Minxin Film Company de Hongkong avec ses frères Li Beihai et Li Haishan et ils préconisaient «Sauver le pays par cinéma». À Pékin, pendant la réalisation du film artistique sur l'opéra de Pékin de Mei Lanfang, LI Minwei a noué l'amitié avec Luo Mingyou. Minxin Film Company de Hongkong a réalisé son premier film *Fard Rouge* (《胭脂》) joué par LI Minwei et sa deuxième femme Lin Chuchu. Pendant sa carrière à Minxin Film Company de Hongkong, il suivait Sun Yat-sen en participant à l'Expédition du Nord. Vu que LI Minwei a photographié de nombreux documentaires sur l'Expédition du Nord et la révolution de Sun Yat-sen, il est devenu «le père du film journalistique chinois». Sun Yat-sen a fait la dédicace «Le monde est partagé par tous» à LI Minwei qui est le seul cinéaste à recevoir cette éloge. En 1953, LI Minwei est mort à l'âge de 60 dû à la maladie à Hongkong.

Grâce à son père, la vie de ce grand cinéaste est étroitement liée avec Kouang-Tchéou-wan. Son père Li Zhaokun vivait toujours à Kouang-Tchéou-wan. LI Minwei y retournait souvent pour voir son père. Jusqu'à maintenant, Li Xi le fils de LI Minwei se souvient encore du commerce de son grand-père à Fort-Bayard (Zhanjiang). Le magasin de Li Zhaokun situé dans la rue Wenying de Tchekam s'appelait Wanchanglong qui est un bâtiment de trois étages en briques et en bois et qui est insondable et magnifique avec une grande envergure. A part Wanchanglong, Lai Zhaokun possédait également d'autres propriétés immobilières dans la rue Dumer et Xinjieshi. Quand LI Minwei était jeune, il s'est aussi engagé dans les affaires commerciales de son père

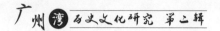

à Kouang-Tchéou-wan, et il a consacré tous ses biens à son travail cinématographique. En octobre 1939, son père Li Zhaokun est décédé à Kouang-Tchéou-wan, il est enterré au cimetière Qingshan. LI Minwei y est retourné avec toute sa famille pour les funérailles.

En 1942, peu près la chute de Hongkong, LI Minwei et sa famille se sont rendus à Kouang-Tchéou-wan pour se réfugier dans la maison 48, 10 rue Fujian, avenue Dumer, c'était un héritage de son père. Son séjour d'un an et demi laisse une page précieuse dans la culture de Kouang-Tchéou-wan.

2. Les raisons pour lesquelles LI Minwei s'est réfugié à Kouang-Tchéou-wan

Le départ de Hongkong pour Kouang-Tchéou-wan est essentiellement dû à un japonais qui s'appelle Kousuke Wakuta.

Selon beaucoup d'historiens cinématographiques hongkongais, Kousuke Wakuta était un espion culturel japonais. «Avant la chute de Hongkong, l'espion culturel japonais Kousuke Wakuta se cachait longtemps à Hongkong sous le nom de famille Li, il était très proche avec le milieu du cinéma hongkongais» a dit le chercheur du film Yu Muyun. Si on le prenait comme un espion culturel, cela est dû principalement à son identité particulière pendant la guerre. Quand la contradiction nationale se classait au premier rang de la société, qui que ce soit du côté adversaire devenait probablement l'ennemi de la nation, d'autant que Kousuke Wakuta a pour sa mission la construction de la Grande Asie de l'Est du Japon. C'est son identité spéciale qui craint. En éclairant le mystère de l'histoire, Kousuke Wakuta était un japonais humanitaire. Il était amical envers les Chinois, ce qui est relevé par son attitude envers Hu Die et Mei Lanfang pendant la guerre : grâce à son aide, ces deux artistes peuvent se refugier à Hong Kong après la chute de Shanghai. Il leur a offert des soutiens, leur a donné la nourriture et les a aidés à surmonter les difficultés. Sa gratitude a non seulement touché à Hu Die et Mei Lanfang, mais aussi à tous les artistes du milieu cinématographique d'Hong Kong.

Quant à LI Minwei, Kousuke Wakuta l'a accordé beaucoup de respect, il savait bien la place éminente de ce cinéaste Hongkongais. Kousuke Wakuta a invité LI Minwei au déjeuner à l'Hôtel de l'Asie de l'Est. Bien que cette invitation ait été refusée par LI Minwei sous un tel prétexte, Kousuke Wakuta insistait que c'était LI Minwei qui gérerait l'Association de film de Hongkong. Pourtant avant cette invitation, LI Minwei avait déjà refusé plusieurs invitations pour le discours sur la relation amicale sino-japonaise proposées par l'Association de culture de l'Asie de l'Est du gouvernement fantoche japonais. Pour la coopération avec LI Minwei, Kousuke Wakuta est même allé chez lui. Néanmoins, LI Minwei l'a refusé en ferment la porte. En 1942, c'était une époque catastrophique à Hongkong. LI Minwei ne savait pas l'attitude exacte de ce japonais, mais il trouvait qu'il était différent des autres envahisseurs et qu'il avait plus d'humanité. Etant donné son identité particulière, LI Minwei gardait une vigilance sur ce japonais, il ne pouvait pas travailler pour Kousuke Wakuta. Il est possible que LI Minwei ne le déteste pas, mais comme un ancien politicien, il était très sensible : Kousuke Wakuta ne représentait pas lui-même, mais plutôt les envahisseurs japonais, il

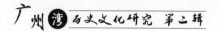

a manifesté son amitié aux Chinois pour que les Chinois puissent lui rendre service et deviennent son outil pour propager l'amitié hypocrite entre la Chine et le Japon. Etre d'accord avec Kousuke Wakuta, c'est de reconnaître l'invasion du Japon. Cela est contre le moral des Chinois et risque d'être traître de la Chine. C'est une question du vrai et du faux.

LI Minwei pensait que Kousuke Wakuta irait le chercher. Pour se cacher, LI Minwei a quitté Hongkong pour s'installer à Kouang-Tchéou-wan où il y a son héritage de son père et qui n'est pas encore envahi par les Japonais.

Après des arrangements sérieux, il a commencé sa vie en exile pendant un an et demi.

3. Une série des activités de LI Minwei à Kouang-Tchéou-wan.

Bien que le Tchekam de Kouang-Tchéou-wan ne soit pas encore occupé par le Japon, il n'est non plus un paradis aux fleurs de pêchers. Nombreux de réfugiés venant de Hongkong et Guangzhou y ont apporté un faux moment florissant, pourtant en réalité, on n'avait pas de résidence ni de travail. Le peuple vivait dans la misère à cause de l'escalade des prix. Une dizaine de personnes de la famille de LI Minwei s'installaient momentanément à WanChanglong dans la rue WenYing. WanChanglong est une demeure ancienne ayant un hall d'entrée, les lueurs peuvent traverser les tuileaux du toit. La cour intérieure est composée de deux étages en bois. En haut, il y a un petit grenier dans lequel LI Minwei et sa famille se pressent les uns contres les autres. Après un bref séjour, ils se sont déménagés. LI Minwei s'est beaucoup soucié du problème d'existence. Quoiqu'ils aient des nourritures et de l'argent apportés de Hongkong, pour être chaudement vêtu et bien nourrit, LI Minwei connaissait bien qu'il devait trouver des solutions de la vie. Lin Chuchu et Yan Shanshan ont disposé des vieux vêtements ou des objets détachés à étalage aux coins de la rue. Li les aidait de temps en temps. Il a ouvert le Restaurant Fuk-Luk-Sau avec ses amis.

Quand il s'est occupé de gagner sa vie, il n'a pas oublié ses préoccupations nationales. Il a organisé activement les spectateurs réfugiés et a créé le Théâtre de Yilian (l'association des acteurs) dans lequel LI Minwei était le membre principal de la Commission d'interprétation, Lin Chuchu et son fils Li Qing étaient les acteurs principaux. La première pièce du théâtre était *Le Fleuve Qin Huai*. Et puis, ils ont joué la fameuse pièce de Wu Zuguang *Cœur loyal* (aussi connu sous le nom *La ville de phénix*). Cette pièce est une adaptation de l'histoire de l'héroïne Miao Kexiu qui est d'origine du Nord-est de Chine et qui s'est révoltée contre les envahisseurs japonais. Cette mise en scène a provoqué de vives réactions après sa représentation.

En dépit de son enthousiasme envers les spectacles du théâtre, LI Minwei s'attachait toujours au film. Le 12 en novembre 1942 (Le 5 octobre du calendrier Ren Wu) est l'anniversaire de Sun Yat-sen. LI Minwei a projeté solennellement sur l'écran le grand documentaire *Une page d'histoire* au Théâtre de Bailedian à Tchekam. C'était une réussite sans précédent. Il aurait pu passer d'autres films, mais malheureusement, la plupart des films avaient disparu avec le navire sauté par les Japonais.

LI Minwei a beaucoup soutenu le travail théâtral de sa femme et ses enfants pour gagner la vie de toute la famille. Mais le salaire était loin

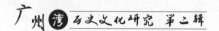

suffisant par rapport à la dépense. En plus, de plus en plus de restaurants apparaissaient à toute allure à Tchekam, la concurrence était acharnée. Leurs affaires étaient pires qu'auparavant, et ils n'arrivaient pas à joindre les deux bouts. LI Minwei a donc créé le Parc d'attraction de Wenyuan qui était fermé le 17 février, seulement 15 jours après sa création à cause de l'arrivée de l'armée japonaise au pont Cunjin le 16 février.

Par conséquent, les Li ont secrètement préparé pour s'en fuir au Guangxi. Cette décision a reçu le soutient de toute la famille, ils ont décidé le trajet après la discussion. Le premier novembre en 1943, à 7h du matin, toute la famille de LI Minwei sont montés sur un grand bateau en bois (qui est nommé *Ting* par les locaux) à Shanhua de Tchekam. LI Minwei a quitté Kouang-Tchéou-wan pour se rendre à Liuzhou du Guangxi par la voie maritime. Il a commencé de nouveau sa vie en exile.

(FENG Qun, professeur de la Faculté des lettres de l'université Wuyi)

（北京城市学院　胡庆译）

抗战时期夏衍与广州湾的交集

◎陈祥军

摘　要：此前关于抗战时期夏衍与广州湾关系的研究，多点到即止，且谬误颇多。夏衍在抗战期间曾两次来到广州湾，都是他从桂林到香港寻求爱国人士筹款时路过，广泛流传的夏衍曾于1941年夏到世基小学教书一事，实为以讹传讹，是不可信的。夏衍笔下的广州湾，既有作为西南抗战物资、人员中转站的积极一面，也有租借地内畸形"繁荣"、烟赌盛行的消极一面。

关键词：夏衍；广州湾；中转站；租借地

抗战时期，广州湾由于其突出的地理优势及作为法国租借地的特殊历史背景，成为了诸多文化名人的避难所或旅程中转站。著名文学家夏衍就曾多次借道广州湾前往香港，并在广州湾逗留多日，留下一篇反映当时广州湾文化、经济与社会面貌情况的通讯文章——《广州湾通讯》。然而，夏衍到过广州湾几次，何时、因何事到广州湾等问题，以往研究多是一笔带过，不甚明了，而且谬误颇多，如多篇文章都记叙1941年夏，夏衍与桂林"剧七"等一批革命文化人士从广西桂林撤离到广州湾，还曾在嵩塘世基小学任教两个月，并推行"小先生教学法"等①。不过笔者在梳理夏衍在抗战时期的经历时，并未能发现夏衍曾在广州湾任教一事。故而本文将在前人研究的基础上，重新梳理夏衍先生在广州湾的活动，并通过他留下的文字材料来透析抗战时期广州湾的复杂形象。

一、初次到访广州湾

自抗战爆发后，夏衍就一直在南中国从事新闻、文艺等工作。据他本人回忆，"从抗日战争开始到全国解放，我由于偶然的机缘，当了十二年新闻记者。最初是在上海、广州、桂林的《救亡日报》；皖南事变后，到香港和邹韬奋、范长江等同志一起创办《华商报》；太平洋战争发生，香港沦陷，我到重庆进了《新华日报》。抗战胜利后，回上海恢复了《救亡日报》"②。抗战时期的夏衍不单创作了许多脍炙人口的戏剧，还参与了《救亡日报》《华商报》等爱国报纸的筹办工作，积极宣传抗日救国。夏衍两次路经广州湾恰好就是发生在他于桂林筹办《救亡日报》复刊工作的时期。他每次都是从桂林出发，借道广州湾再乘船前往香港，寻找爱国人士与华侨以筹款，为《救亡日报》经费奔波。

夏衍第一次路经广州湾是发生在1938年12月上旬。1938年10月广州沦陷，夏衍与《救亡日报》同人经肇庆、柳州转移至桂林。

---

① 见于蔡进光整理：《蒙塘交通站》，中国人民政治协商会议湛江市委员会文化文史资料委员会编：《湛江文史》第27辑，2008年，第151—152页；屈康慧：《法租界广州湾的抗战文化》，《红广角》，2015年第11期，第31页；《逃难到广州湾的文化名人》，湛江市文化广电新闻出版局编：《广州湾钩沉》，广州：岭南美术出版社，2015年，第81页。

② 夏衍：《记者生涯的回忆（一）——记〈救亡日报〉》，会林、陈坚、绍武编：《夏衍研究资料》，北京：知识产权出版社，2010年，第70页。

11月夏衍只身前往长沙接受周恩来指示，谋求在桂林恢复《救亡日报》。然而重返桂林后的夏衍等人陷入经费短缺的困境，无奈之下，他只能"经广州湾赴香港，通过廖承志同志筹募经费……有必要时可以赴新加坡去向陈嘉庚先生求援"①。这次广州湾之行，具体可见于《广州湾通讯》一文②。"重新看见了南国特有的葱郁的树木，鲜艳的红花，我又想起了殷勤地居停了我们近一年的广东。过石角，受了省境的检查，我们又回到广东了"③，自1938年广州沦陷，夏衍逃离广东前往桂林后，他第一次重回广东。文中另有夏衍对广州湾的第一印象，"这地方不如我们想象的大，人口也不象我们想象的稠密"④。这都暗示，这是夏衍第一次来到广州湾。

其次，夏衍是何日自桂林出发，何日抵达广州湾，又是何时离开广州湾前往香港等时间问题，都需要作更细致的探究。现大致有三种说法：一为《广州湾通讯》中夏衍本人的说法，"我们以三十六小时的最大速度，完成了从桂林到赤坎的旅程。三日上午八时从桂林出发，下午七时至宾阳，四日七时出发，十时抵贵县（即

---

① 夏衍：《记者生涯的回忆（一）——记〈救亡日报〉》，《夏衍研究资料》，第87页。

② 夏衍：《广州湾通讯》，朱成蓉编：《夏衍选集》第三卷，成都：四川文艺出版社，1988年，第267—269页。在此声明一点，《夏衍全集》收录的《广州湾通讯》略有删改，因而本文采用《夏衍选集》收录的《广州湾通讯》全文。此外，无论是《夏衍全集》还是《夏衍选集》都将《广州湾通讯》成文时间标为1939年12月，原载于《十日文萃》第一卷第五期。笔者查询《十日文萃》总目，发现《广州湾通讯》确实刊登在《十日文萃》第一卷第五期，不过出版时间为1938年12月20日。且《十日文萃》的刊行历史，也可证明全集及选集所标成文时间有误，因为《十日文萃》在1939年5月10日出版第1卷第9期便暂时停刊，直到1940年7月7日才复刊出版新一卷，不可能在1939年12月有新一期《十日文萃》出版。由此可确定，《广州湾通讯》写于1938年12月。

③ 夏衍：《广州湾通讯》，《夏衍选集》第三卷，第267页。

④ 夏衍：《广州湾通讯》，《夏衍选集》第三卷，第267页。

今贵港），三时抵郁林（即今玉林），下午六时就到了遂溪的寸金桥（广州湾）"①，耗时约为两天，12月4日下午即到广州湾；二为夏衍事后的《记者生涯的回忆》，"在十二月三日搭乘由张云乔同志亲自驾驶的汽车南行。五日到广州湾（今湛江市）"②，历经三日才到广州湾，12月5日抵达广州湾；三为司机张云乔本人回忆所言，"由桂林到广州湾，全程700多公里，快速行驶，当天可以赶到……路上耽误了一个多小时，晚上9时才到达广州湾赤坎"③，12月3日当天就已到达广州湾，用时仅为13个小时。这三种说法虽然都是亲历者的回忆，但却存在着较大的分歧。首先，我们可以排除张云乔的说法。根据1939年《广东统计汇刊》的说法，虽"广州湾至内地公路，路基尚佳，途次亦甚安谧"，但当时汽车每小时仅能行驶三四十公里，"由西营经赤坎寸金桥，（中法交界）遂溪、廉江盘龙，（粤桂交界）至桂境郁林，约二百公里"，加上路途休息时间，行程需要一日④，可见张云乔仅用13小时便能行驶将近700公里的路程，时速已经达到了五六十公里，这显然是不合理的。另外，再比较《广州湾通讯》与《记者生涯的回忆》两文，前者成文更早，就写于抵达广州湾后的12月7日，对路程的描述最为仔细，可信度更高；后者写于1981年，年代相隔已经有四十余年，记忆恐怕有误。此外，夏衍写于1939年初的《长途》一文也可以佐证《广

① 夏衍：《广州湾通讯》，《夏衍选集》（第三卷），第267页。

② 夏衍：《记者生涯的回忆（一）——记〈救亡日报〉》，《夏衍研究资料》，第87页。

③ 张云乔：《旧梦拾零》，中国烟草博物馆主办（内部藏书），2004年，第52页。

④ 《广州湾及南路各地调查报告》，《广东统计汇刊》，1939年第一期，第323页。

州湾通讯》一说不误。该文提及，"这是一辆张云乔兄从香港带来的车，由他自己驾驶，以他从桂林到广州湾两天可以到达的速度，我计算5日也许就可以到桂林"①。由此我们基本可以断定，1938年12月3日夏衍坐车从桂林出发，4日下午抵达广州湾的说法是比较可信的。

夏衍虽在4日下午已抵达广州湾，但由于"广州湾于上月底宣布了禁止军用品入口，连运输用的卡车也不准入口，甚至于外国人士捐给我们的救护车也不能例外"，原定5号从广州湾开往香港的船因"装的货物不准在广州湾上岸，折回海口去了。所以要等四天，于九号下午开船"②。广州湾禁止车辆入境一事，可从1938年11月21日《申报》得到旁证，"最近驻港法领署，发出通告，所有汽车，无论属于军事及商用，一概不能取道法属安南即广州湾运入中国，即救护车辆，现时亦不能例外"③，然而并非所有军用品都不能进入，如药物还可照常通过广州湾输入内地，这里当是夏衍行文的一个疏忽。不过正是由于法方的禁令，夏衍被迫在广州湾逗留四天，他也才得以有机会近距离观察广州湾内货币、报业、书店、赌博等情况。12月9日下午，夏衍与张云乔"乘上一条不足两千吨的货轮，慢吞吞在海上飘着，好容易到十二月十二日才到了香港"④。据张云乔回忆，这艘"船的吨位不到2000吨，船名'大宝

---

① 夏衍：《长途》，袁鹰、姜德明编：《夏衍全集》（第8卷），原载《救亡日报》（桂林版）1939年1月15日至2月12日，杭州：浙江文艺出版社，2005年，第63页。

② 夏衍：《广州湾通讯》，《夏衍选集》（第三卷），第267—268页。

③ 《驻港法领竟突宣布禁车辆经法属运华救护车亦禁经越及广州湾》，《申报》（香港版），第266号，1938年11月21日，第4版。

④ 夏衍：《记者生涯的回忆（一）——记〈救亡日报〉》，《夏衍研究资料》，第87页。

石'"①。"大宝石"号轮船是由广州湾大商人许爱周经营,挂有法国客牌,长期往返于广州湾与香港之间。夏衍这趟旅程谈不上顺畅,路途中遇到"一艘日军军舰的汽艇驶来,吆喝停船检查",日军"从船上提了几笼鸡鸭和鸽子",才勉强放行。另外,当夏衍于12号凌晨抵达香港时,他"口袋里的小本子被扒手误认作钱包扒去了"②,失去了与廖承志的联络方式,后历经磨难才见到了廖承志,最终完成了《救亡日报》的筹款事宜。

夏衍从香港返回桂林,并没有选择来程的广州湾,而是绕道海防,经越南返回桂林。原因是广州湾与郁林之间的道路恰在此时遭到了破坏。12月8日上午,当时还滞留在广州湾的夏衍、张云乔一行人,就忽然得来消息,"说广州的日寇向南沿海进犯,电白、吴川一带公路已经被彻底破坏,广州湾往广西的公路也已开始破坏"③,以阻断日军的侵袭。根据《申报》消息,这次广州湾至广西道路的破坏是广西当局出于战略考虑的防范之举,"钦廉守备司令莫树杰:本月九日起,奉桂省当局命令,开始破坏近海之第一线铁路,防X骚扰粤南、广西。莫氏奉命,先烧桥梁、次掘断路基,至十二日,大致破坏就绪,广州湾至广西公路、交通已断纠"④,作为沟通广州湾与内地的寸金桥也在这时候遭到了破坏。无论如何,此时"从赤坎到玉林的公路就破坏了",夏衍只能"办经过安南的护照,耽搁了一星期,29日由香港上船,31日抵海防,1日

---

① 张云乔:《旧梦拾零》,第53页。

② 张云乔:《旧梦拾零》,第53页。

③ 张云乔:《旧梦拾零》,第52页。

④ 《广州湾至桂境公路交通已断》,《申报》(香港版),第288号,1938年12月15日,第8版。

往河内，接着就候车经同登、镇南关、凭祥，——1月12日回抵桂林"①。

二、因购铜模，再度路经广州湾

夏衍第二次到广州湾同样是发生在前往香港的路上，是时隔一年之后的1939年12月。此时《救亡日报》在桂林复刊已经将近一年了，有了七八千份的销量，不过由于报纸是由冯玉祥将军主办的"三户图书印刷所"代印，两者常会发生矛盾，而且"印刷厂的铅字（特别是五号字）都已经老掉牙，残缺不全"，于是夏衍决定再一次前往香港筹款，置办一副新的五号字铜模，他"于一九三九年十二月下旬，经广州湾（现湛江市）乘船赴香港。坐的当然是三等舱，而不幸的是正碰上'圣诞节'前夕，这条客船上载运到香港去的主要是家禽和猪牛，因此，在船上受难闻的臭气熏了整整两日两夜。这次到香港时间也很短，但同时达到了两个目的，其一是得到何香凝先生和廖承志同志的支持，筹款买了一幅崭新的五号字铜模；其二是向当时在港的文化界友人约定了一批关于欧洲战事的'本报特稿'"②。夏衍此次前往广州湾的具体时间，我们已经很难推断出来，只能估计大约是在1939年12月25日圣诞节前几天。这次夏衍在广州湾的逗留时间很短，几乎是马不停蹄地赶往香港。在香港购置铜模后，他又匆匆地从香港返回了桂林。

与上一次返程相似，夏衍此次回程也没有经过广州湾，再次通过海防返回桂林。虽然夏衍并没有正式提及他是从海防返回桂林

---

① 夏衍：《长途》，《夏衍全集》（第八卷），第57页。

② 夏衍：《记者生涯的回忆（一）——记〈救亡日报〉》，《夏衍研究资料》，第97页。

的，但我们可以通过旁人记述来验证。如张云乔回忆道，当他1939年末前往海防购置车辆时，在海港码头的法国检查大屋，"看到海轮舷梯上，有位旅客扶梯而下，仔细一看，竟然是夏公！他后面跟着的是丁聪、周克和郑应时夫妇"[1]。丁聪回忆她在香港的岁月时，也提及到，"1939年，我跟随夏衍从香港来到越南，然后到达广西桂林"[2]。返回桂林的夏衍就立即自铸了一副铅字，并在漓江南岸的白面山建立起"建国印刷所"，作为《救亡日报》的印刷单位，保证了《救亡日报》的定期印刷与出版工作。这一次广州湾之行是夏衍抗战时期第二次也是最后一次到访广州湾。

此外不少文章还认为夏衍不止两次来过广州湾，多认为夏衍曾于1941年夏逃难至广州湾，并在世基小学任教两个月，推行"小先生教学法"。然而这一说法并不可信，只是以讹传讹罢了。自1940年初从香港返回桂林后，夏衍便一直待在桂林，继续从事《救亡日报》的编辑工作。1941年1月"皖南事变"爆发，因《救亡日报》拒绝按国民党官方口径来报道事变经过，夏衍遭到了中统敌视而面临着人身安全的威胁，《救亡日报》也岌岌可危。无奈之下，他只能"于一九四一年二月初（农历除夕那一天）离开桂林赴香港，搭的是欧亚航空公司的只有二十个座位的小飞机，傍晚起飞，到香港已经是午夜了"[3]。即1941年2月14日当天，夏衍由张云乔开车"送他乘搭去香港的班机"[4]，并于当天成功抵达香港。由于

---

① 张云乔：《旧梦拾零》，第71页。

② 蒋晔：《丁聪：我是个老小孩》，《丁聪》，石家庄：河北人民出版社，2014年，第2页。

③ 夏衍：《记者生涯的回忆（二）——记香港〈华商报〉》，《夏衍研究资料》，第103页。

④ 张云乔：《旧梦拾零》，第76页。

事发紧急，作为《救亡日报》主要负责人的夏衍、范长江是特地乘坐班机直接前往香港，而非借道广州湾乘船前往香港。另外，1941年2月28日《救亡日报》被正式查封后，《救亡日报》剩余人员开始分两批先后抵达广州湾，再乘船前往香港。《救亡日报》第一批撤离人员有"高灏、高汾、高静、华嘉、叶北华、王仿子、水声宏等"，"先是坐船到梧州，然后由梧州搭自行车到广州湾（即今湛江市）"①；第二批的林林、廖沫沙、张尔华处理完后勤事务，"一路背着简单的行李，向南步行，日行八九十里，经广西玉林、广州湾，与先期离桂的一批《救亡日报》同人王仿子等相会"②，于三月中旬一并乘船至澳门转到香港。从《救亡日报》人员撤离情况来看，的确是有部分成员是借道广州湾前往香港，但夏衍、范长江两人于1941年2月便已撤离到香港，途中没有经过广州湾，是直接飞抵香港，自然不存在夏衍于1941年夏从桂林逃亡至广州湾的可能性。另外夏衍到了香港后，根据周恩来的指示——要在香港建立一个面向"南洋"和西方各国的宣传据点。不待安稳妥当，夏衍就立即投入到《华商报》的筹办工作当中。夏衍与邹韬奋等人"组成了一个社务委员，实际上就是编委会，每星期开会一次"。除此之外，夏衍还参与了《大众生活》的撰稿工作，"主要是'周末笔谈'和散文、随笔"③，每周均有工作摊派。按照《华商报》每周开会、为《大众生活》"周末笔谈"供稿等工作安排，我们很难想

<hr />

① 于友：《报人往事》，北京：群言出版社，2013年，第158—160页。

② 魏华龄、李建平主编：《抗张时期文化名人在桂林》，桂林：漓江出版社，2000年，第464页。

③ 夏衍：《记者生涯的回忆（二）——记香港〈华商报〉》，《夏衍研究资料》，第105-107页。

象，在这种安排、工作压力之下的夏衍怎么可能有时间和精力分身到广州湾从事教学工作呢？

夏衍在《华商报》《大众生活》充当撰稿人的生活一直持续到1941年底的太平洋战争爆发。1941年12月25日香港沦陷，面对日军的嚣张气焰，夏衍一行人于1942年1月末匆忙从香港逃离。当他们逃离至澳门时，夏衍也曾寄希望能够搭乘从澳门前往广州湾的船借机返回内地，"最初决定了走澳门，一是为着在这儿可以得到一些香港所不能得到的消息，其二是为着期待着也许可以有到广州湾的定期船只"，然而事情并未能如愿，由于当时日本已实质上封锁包围了澳门，"中立国和葡萄牙的船不能开，日本船忙于搬运香港掠夺来的赃物，所以从澳门到各口岸的交通一律中断了"①，自然也无法搭乘到从澳门至广州湾的班轮。无奈之下，夏衍一行人只能坐船冒险经上水、下水、台山、都斛、柳州等地，在东江纵队的保护下，最终于2月5日成功抵达桂林。返回桂林的夏衍也不再逗留，于同年4月9日前往重庆，直到1945年才离开重庆返回上海。

三、夏衍笔下的广州湾：中转站、"繁荣"的租借地

抗战期间，夏衍曾于1938年12月、1939年12月两次路经广州湾，其中第一次还在广州湾逗留了四天，对广州湾作了短期的观察，留下了他对抗战之初广州湾的直接印象。

从上两节的内容，我们大致可以知道夏衍笔下的广州湾，首先是作为沟通桂林与香港、海外与内地的重要交通枢纽而存在的。夏衍两次到香港，都是选择从桂林到广州湾，再到香港的这样一条

---

① 夏衍：《走险记》，《夏衍全集》（第八卷），第229页。

路线。在当时，这一路线是救亡物资及人员从香港乃至海外来往内地的极为便捷的通道。1938年，夏衍第一次从桂林到广州湾全程耗时仅为36小时，若不是由于轮船返航而耽搁了四天，以从广州湾至香港仅需两天班轮来计，从桂林经广州湾至香港其实仅需4天时间。而夏衍返程绕道海防则耗费15天之久，尚不计因办理入越南护照而在香港耽搁的时间。不过这种便利在1938年底遭到了某种程度的破坏：因桂、粤战事紧张，广州湾至玉林一段公路被国民政府刻意毁坏，汽车难以通行。这导致一段时间内香港与内地的主要交通线只能绕道越南，"过去由桂赴港沪者，多取道广州湾，自公路破坏后，现须改由邕宁、龙津出镇南关，经河内赴港沪"①、"华南战事爆发后，香港与我国内交通根本转移，及X占海南，北海受威胁，广州湾之路，更走不通，因之商旅欲赴广西、云南、贵州、四川，均须取道海防"②。情形到了1939年下半年发生好转，虽广州湾至玉林一段公路仍然不通，但来往商旅可雇佣民工搬运或骑自行车前行，运力稍有恢复。广州湾作为西南抗战物资、人员中转站的地位不堕。"行李笨重、件数过多者，多从广州湾之线，盖因广州湾方面道路安全，且有粤桂联运站之设置，雇用夫役以输运笨重货物及行李，可以一呼而集，比较别处为容易也。近时由香港输转入桂之通常货物，大都以广州湾入郁林者为最多数。无形中，广州湾遂为桂省之通商口岸矣"③。正因此，1939年末夏衍再次赴港

① 《粉碎日军的华南侵略》，《申报》（香港版），第336号，1939年2月2日，第2版。

② 《海内外交通要道》，《申报》（香港版），第410号，1939年4月24日，第5版。

③ 《广州湾为入桂要冲》，《申报》（上海版），第23501号，1939年8月3日，第8版。

时，仍选择广州湾一线。1941年《救亡日报》一行人逃离桂林也是选择乘船先至梧州，再搭自行车逃至广州湾的。据于友回忆，"骑车的是广西的商贩，他们经常到广州湾贩运内地需要的商品，去广州湾时趁便载送旅客。他们让旅客坐在货架上，还允许乘客携带一件小行李放在车头上……车队一天也走一二百里"①。这样一计，即便是在公路不通的1941年，仅需四天即可从桂林抵达广州湾，从桂林至香港整个旅途时间合计尚不及一个星期，还省去了办理入境越南护照的程序，选择广州湾到香港终究要是比绕道越南要快捷得多。另外，1941年已然身处香港的夏衍还关注到广州湾作为香港牲畜进口转运地点的消息，"本港居民数盈百万，每日所需之牲畜为数之多，而又绝鲜牲畜，端赖粤桂两省运出，广州湾转运来港供给"②。

在夏衍笔下，广州湾除了是西南抗战物资、人员流转的重要中转站，还是因战事发展而出现短暂"繁荣"的法国租借地。作为爱国报人、文化人，夏衍在广州湾的短短几天，就细致观察了广州湾的出版业与报业。"连新近开设的商务印书馆在内，全市我只看见过三家书店，出售的书籍也和目前的形势离得很远，最使我觉得异样的是全市找不出一份与抗战有关的杂志"，"报纸有在遂溪出版的《南路日报》，每天一小张半，老五号印，编辑印刷都很不错，还有半张副刊，态度很严肃，在这地方有这样的一张报纸，也已经很难能了。除此之外，还有一种在梅菉出版的《南声日报》，但是销数不多。在平时，大部分人都是看香港报的"③。夏衍唯独

---

① 于友：《报人往事》，第159页。

② 夏衍：《人·畜·鬼》，《夏衍全集》（第八卷），第120页。

③ 夏衍：《广州湾通讯》，《夏衍选集》（第三卷），第269页。

称赞的《南路日报》是由国民党地方系统的戴朝恩在1938年3月创办的，"一、二版为国内时事、消息、专电及广告；三版为本省要闻、地方新闻及赤坎烟酒行情；四版为副刊及广告……该报副刊一度为共产党所控制，辟有《青年阵地》专版，刊登进步文章，宣传抗日"①。因为《南路日报》副刊当时由共产党员主办，积极宣传抗日，具有进步色彩。身为《救亡日报》主编的夏衍自然称赞其"态度很严肃"，认为它与广州湾内低迷的抗战气氛有很大的不同。

相比他在广州湾观察到的出版业、报业爱国气氛低迷的景象，夏衍更痛恨他所目睹到广州湾内畸形的租界"繁荣"。即便当时全面抗战已经进行了一年多，广州也业已沦陷，但广州湾内的抗战情绪并没那么浓厚，宛如"世外"，反而因沿海港口相继沦陷而出现了前所未有的繁荣景象。"因为是租界，所以表面上没有任何的救亡活动的可能，没有标语的，也没有壁报，市面上也还泛滥着冒用'欧美制造'的敌货"②。当时广州湾内的烟赌娼行业也出现了病态的繁荣，夏衍就尖锐地指出，"烟赌娼三者都公开营业，赌场的顾客出于意外的多，下注的数目也意外的大，烟馆也不少，'皇家熟膏，灯局常便'的对联，随时都可以看到。这，才使我真实地感到了这是'世外'的租界！"③其实这也是很多抗战初途经广州湾的旅客一种最为直接的感受。1939年记者金叶前往广州湾时，就直言道，"广州湾二件事最触目，一是鸦片很公开，一是赌博极繁

① 雷刚：《广州湾新闻业简况》，中国人民政治协商会议湛江市委员会文史资料研究委员会编：《湛江文史资料》（第九辑），1990年，第154页。

② 夏衍：《广州湾通讯》，《夏衍选集》（第三卷），第268页。

③ 夏衍：《广州湾通讯》，《夏衍选集》（第三卷），第269页。

荣。鸦片的气味能笼罩全镇；而赌博的赌具声也可闹遍全市"[1]；
"当地烟赌公开，居民染此癖者不鲜，娼妓之风甚盛"[2]。身处广
州湾内，夏衍还感受到一种强烈的耻辱感。从他一进入广州湾所看
到飘扬的法国三色旗，就感到了一股难以消极的义愤。尤其当夏衍
看到一群颈上套着铁环、双脚套着铁链的中国囚徒，天尚未亮就和
牛一样抱着沉重的碾地机，被"两个安南巡捕荷着上了刺刀的枪押
着"修筑马路，他便是一声长叹，"这是殖民地，这是使我眼睛发
热的情景"[3]，深切为广州湾作为法国租借地、中国同胞惨遭奴役
的情形感到极大愤慨。

作为中国著名文学家、报人，夏衍抗战期间长期奔波在上海、
广州、桂林、香港等地，以《救亡日报》《华商报》《新华日报》
为阵地，从事团结抗战、反对日军与国民党反动派的工作。夏衍在
此期间，曾两次路经广州湾，并撰有《广州湾通讯》一文，在广州
湾名人史上留下了浓烈的一笔。在他的笔下，广州湾既是抗战期间
中国联系海外的重要物资、人员的交通枢纽，也是畸形"繁荣"
的法国租借地，这提示我们需要客观看待广州湾历史的多样性。另
外，我们也要客观对待名人史，不可一味夸大名人对于广州湾的意
义，如误认夏衍曾在广州湾逗留两月，并推行"小先生教学法"，
强调为广州湾、湛江历史添光。夏衍与广州湾的交集不是偶然的，

---

① 金叶：《由广州湾转道》，《旅行杂志》，1939年第13卷第12期，第9页。

② 《广州湾及南路各地调查报告》，《广东统计汇刊》，1939年第1期，第
326页。

③ 夏衍：《广州湾通讯》，《夏衍》（第三卷），第269页。

它反映出当时广州湾独特的历史特点：抗战"第三号孤岛"[①]的法国租借地、优越便利的地理位置。这些独特因素共同塑造了一个多样的广州湾，也使得这个偏居中国大陆南端的法国租借地第一次进入到夏衍等名人视野之内。

（陈祥军，北京大学历史学系硕士研究生）

---

① "第三号孤岛"的说法出自杨仲伟的《在广州湾》（杨仲伟：《在广州湾》，《旅光》，1941年第2卷第10期，第9页。），1940年七月份他曾到广州湾。"吃与住在这儿是挺舒适的，还有娱乐，虽然只有蕞尔的一块市区，戏院倒有五六家，设备比不上港沪，映的也是陈年的古董，像《梁山伯与祝英台》一类，然而据说天天客满，真奇怪，那里来怎么多的观客呢？后来，我终于得到了解答，因为这里和港沪一样。非但是'冒险者的乐园'，也可称为'富有者的天堂'，它具备着租界种种的便利与特点，假使上海被称为孤岛，香港可算是第二号孤岛，那么广州湾该排行第三了！……在七月十三日毫无留恋的离开了这'第三号孤岛'！"

 译文：

XIA Yan et Kouang-Tchéou-Wan pendant la Guerre anti-japonaise

CHEN Xiangjun

Pendant la Guerre anti-japonaise, l'écrivain XIA Yan[a] se rendait à Hongkong en passant par Kouang-Tchéou-Wan maintes fois. Mais les recherches sur son séjour à Kouang-Tchéou-Wan ont été abrégées avec des fautes apparentes, y compris le nombre de fois, le temps précis et les raisons exactes de ses escales. À partir des recherches antérieures, cet article consiste à élucider les histoires de M. XIA lors de son séjour à Kouang-Tchéou-Wan afin d'analyser les images complexes de cette région sous la plume de l'écrivain.

Quand la guerre a éclaté, M. XIA s'est engagé en premier temps à la fondation des journaux tel que *le journal JIUWANG* pour la propagation «sauver la Chine contre le Japon». Lorsqu'il dirigeait *le journal JIUWANG*, il s'est rendu deux fois à Hongkong de Guilin en passant par Kouang-Tchéou-Wan afin de faire un appel de fonds nécessaires pour le mouvement antijaponais. Sa première visite à Kouang-Tchéou-

---

① Xia Yan (chinois: 夏衍) (30 octobre 1900, Yuhang-6 février 1995, Pékin) était un dramaturge, scénariste, journaliste et homme politique chinois. "Homme aux soixante pseudonymes", il est également connu sous les noms de Shen Naixi, Duanxuan ou Duanxian (*annoté par le traducteur, source:* https://fr.wikipedia.org/wiki/Xia_Yan#cite_note-CCNT-2)

Wan remonte aux premiers jours du décembre 1938. Quand Kouang-Tchéou-Wan était tombé dans les mains des Japonais, XIA est venu à Guilin pour chercher la reprise du *journal JIUWANG* mais avec des fonds insuffisants. Il a dû aller à Hongkong pour la collecte des fonds à l'aide de M. Chengzhi LIAO. Trois hypothèses de son séjour à Guang zhou : premièrement, selon la *Communication de Kouang-Tchéou-Wan*, le voyage a duré 2 jours, c'est-à-dire il y est arrivé le 4 décembre ; deuxièmement, selon le *Mémoires de la carrière journalistique*, le voyage a duré 3 jours avec la date d'arrivée le 5 décembre ; troisièmement, selon le souvenir du chauffeur M. Yun Qiao ZHANG, le voyage n'a duré que 13 heures et il y est arrivé le jour même, le 3 décembre. Après la vérification, la première hypothèse semble plus convaincante. Bien que M. XIA arrive à Kouang-Tchéou-Wan dans l'après-midi du 4 décembre, le bateau pour Hongkong a été retardé jusqu'à l'après-midi du 9 décembre suite à la découverte des marchandises illicites à bord. Et M. XIA est arrivé à Hongkong à minuit du 12 décembre, le jour même où il a rencontré M. Chengzhi LIAO et a réalisé la collecte des fonds. Il est rentré à Guilin en passant par Haiphong, ville vietnamienne, au lieu de Kouang-Tchéou-Wan, parce que les routes entre Kouang-Tchéou-Wan et Yulin ont été sabotées par Kuomintang. M. XIA a dû demander le passeport d'Annam et est rentré à Guilin plus de deux semaines après.

C'était en décembre 1939 que M. XIA a fait sa deuxième visite à Kouang-Tchéou-Wan. A cette époque-là, *le journal JIUWANG* a repris l'activité pendant un an. En tentant de récolter des fonds, M. XIA a décidé de revenir à Hongkong afin d'acheter une moule en cuivre pour caractère chinois avec police 5. Du fait que l'ancienne moule était très

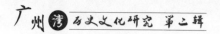

usée dans l'imprimerie de livres avec laquelle M.XIA s'entendait mal à l'époque. Il est arrivé à Hongkong juste avant Noël et a acheté une moule toute neuve avec des soutiens de M. Xiangning HE et M. Chengzhi LIAO. Comme la fois dernière, il est rentré à Guilin par Haiphong. Au retour de Hongkong, il a moulé une nouvelle série de caractères chinois et a fondé son propre atelier d'imprimerie Jian Guo situant sur la montagne Baimian, la rive sud de la rivière de Lijiang pour *le journal JIUWANG*. C'était non seulement la deuxième fois, mais aussi sa dernière visite à Kouang-Tchéou-Wan pendant la Guerre anti-japonaise.

De nombreux articles citaient la troisième visite éventuelle de M. XIA à Kouang-Tchéou-Wan. C'était en 1941 quand il y a réfugié durant lequel il a enseigné à l'école primaire de Shi Ji pendant deux mois en pratiquant sa propre méthodologie dite *les méthodes Petit Maître*. Cependant, cette hypothèse est peu probable. M. XIA est resté à Guilin jusqu'à l'incident Wannan en 1941 depuis sa rentrée de Hongkong en 1939. *Le journal JIUWANG* n'a pas cédé à la pression de Kuomintang qui imposait à la presse d'être en ligne avec ces politiques gouvernementales. La vie de M. XIA a été en danger. C'est pour cela qu'il se rendait à Hongkong par un vol direct d'Eurasie. Ses collègues, divisés en deux groupes s'y rendaient en passant par Kouang-Tchéou-Wan par la suite. A l'arrivée de Hongkong, dirigé directement par M. Enlai ZHOU, il a créé un centre de propagande vers les pays sud-est. Il s'est engagé d'un côté tout de suite à la fondation du journal *Chinese Business View*. Avec ses camarades comme M. Taofen ZOU, il a créé un comité interne avec des réunions hebdomadaires. Il était responsable de l'autre côté la *rédaction* pour la revue *la vie du peuple*. Son emploi du temps très chargé ne pouvaient donc pas lui permettre d'enseigner à Kouang-Tchéou-Wan. Si M. XIA y était resté pendant 2 mois, pourquoi il ne citait guère cette expérience dans ses mémoires?

M. XIA s'est échappé de HongKong quand la ville était tombée aux mains des Japonais en janvier 1942. Il aurait voulu prendre le bateau de Macao à Kouang-Tchéou-Wan, mais les Japonais ont bloqué Macao. Faute des moyens, il a dû prendre un grand détour en bateau en passant par Shangshui, Xiashui, Taishan, Duhu, Liuzhou et il a réussi finalement à arriver à Guilin le 5 février. Il est allé à Chongqing le 9 avril et est rentré à Shanghai jusqu'en 1945.

M. XIA a formé ses premières impressions de Kouang-Tchéou-Wan grâce à ses deux visites : C'est une ville importante qui relie la Chine continentale, Hongkong et les pays étrangers, cependant, c'était aussi une concession française avec une prospérité « anormale ». En 1938, M. XIA est arrivé à Hongkong de Guilin en passant par Kouang-Tchéou-Wan en seulement 4 jours. Mais il lui a fallu 15 jours pour rentrer en passant par Haiphong. Néanmoins, il faut compter une semaine de plus pour la demande du visa d'Annam. Mais cet avantage a été détruit dû au sabotage des routes par Kuomintang pour empêcher la facilité des déplacements des troupes japonaises. Par conséquent, des voyageurs ont dû se rendre en Chine continentale de Hongkong en passant par le Vietnam. La situation s'est améliorée jusqu'en deuxième période de l'année 1939. Bien que les routes soient barrées pour les voitures, les voyageurs pouvaient se déplacer en vélo et payer des services du transport des affaires assurés par des paysans. Par conséquent, il est parti pour Hongkong à la fin de l'année 1939 en passant toujours par Kouang-Tchéou-Wan.

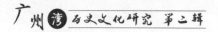

Sous la plume de M.XIA, l'enthousiasme antijaponais à Kouang-Tchéou-Wan était assez bas : il n'y avait que trois librairies dans lesquelles qu'on ne trouvait presque pas de publications antijaponaises. Il n'existait que deux publications tels que le *Quotidien de Nanlu,* le *Quotidien de Nansheng*. M.XIA n'a qu'apprécié des efforts de *Quotidien de Nanlu*, *Quotidien de Nansheng* pour leurs campagnes antijaponaises dans leurs suppléments. Il détestait davantage la prospérité « anormale » que cet enthousiasme bas : des drogues, des casinos et des maisons de prostitution étaient en plein essor ; des drapeaux tricolores flottaient au dessus de Kouang-Tchéou-Wan. Des prisonniers chinois construisaient des chemins sous les ordres des gendarmes d'Annam. M. XIA se sentait stigmatisé et frustré en voyant ces scènes.

Il a visité Kouang-Tchéou-Wan deux fois pendant la Guerre anti-japonaise. En rédigeant *Communication de Kouang-Tchéou-Wan*. Il a laissé ses empreintes dans l'histoire de cette ville. Ses perceptions sur Kouang-Tchéou-Wan en double face à cette époque nous rappellent l'importance de l'objectivité sur la diversité de l'histoire de Kouang-Tchéou-Wan. La rencontre entre M. XIA et la ville de Guangzhou n'est pas une coïncidence ; elle reflète des spécificités historiques de cette ville : une concession française qui se jouissait de ses avantages géographiques et qui servait de « la troisième île isolée » anti-japonaise.

(CHEN Xiangjun, l'étudiant de master à département d'histoirede l'Université de Pékin)

（北京城市学院　张瑾译）

抗战时期广州湾至遂溪国际邮路

◎何　杰

摘　要： 抗日战争期间，日寇相继占领我国大中城市，上海、南京、武汉、广州等沦陷，我国沿海出海口也遭到日军的封锁，海外邮路多处阻断。广东是海外华侨侨眷的聚集地，海外侨胞寄往家乡的书信和侨汇常常被日军截获和检查。为了维持海外邮路的畅通，支持抗战，从1938年12月15日起，遂溪邮局成立了国际邮件总包互换处，到1945年抗战结束，广州湾—遂溪的邮路成就了一条抗战国际邮路。这条邮路不仅是一条军事秘密邮路，也是海外华侨银信进入广东的重要邮路。

关键词： 广州湾；遂溪；国际邮路；互换国际邮件总包

一、遂溪—广州湾互换国际邮件总包的开办

在1938年10月广州沦陷后，广东邮政管理局撤至广宁成立办事处，11月迁往遂溪，主要是因为遂溪是广东南部的交通要衢，比邻广州湾，东达香港，西通越南海防，有利于国际邮件的沟通。至1939年5月，因战事的需要，广东邮政管理局北迁到广东战时省会曲江。

广州沦陷，大量的国内和海外邮包阻滞在广州湾，据统计，共847袋。在广东邮政管理局迁往遂溪期间，中华邮政总局训令把遂溪局改为国际邮件互换局，与法属广州湾互换国际邮件总包。广东邮政管理局派内地业务股股长黎仪燊负责邮路的办理事项。据《为□遂溪局改为互换局办理情形及应请核办各节分别呈报察核备案由》记载：

查我股此次到达遂溪即先行着手调查广州湾转运我国邮件情形并认定遂溪一处应即改为互换局与广州湾邮局交换总包。其时广西管理局亦已电呈总局表示同一意见。我股到遂溪，经再实地调查明确电请总局迅与越南邮政局商洽实行。现奉总局本年十二月六日第一八四七/三六六二三号训令略开：

查该区梅箓邮局应改为国际邮件互换局业由二十七年十一月九日第一八三九/三六四八三号训令（饬）知在案。兹□广西管理局电请予核示将遂溪改为互换局等情。除电复照准。业分在越南邮政及国际邮政公署查照外，合行令仰知照。即将该区遂溪局改为互换局。前令该梅箓为互换局一节着即注销。又遂溪寄往国外函件应向何处直封总包，并仰查明呈核。

查广州湾西营局原存有寄往我国川陕滇黔等省邮包八百四十七袋，悉经我股分次起卸。并乘第二九九号广东局车由遂溪开往梁村接运员工公件及广西管理局代雇之汽车（接）运办事处员工及公件□到达遂溪后，驶回柳州之便将该项邮包一百袋至柳州转□。继雇佣商车运至遂溪保存者，计共七百九十五袋。……现正设法与广州湾邮局磋商，改由赤坎接收遂溪局邮包。又广州湾局现时仅向梅箓局直封总包，仍未向遂溪封发。据谓须俟奉到安南总局命令方能实行等语。[①]

从此汇报材料来看：我国发往大后方川陕滇黔等省的邮件经过广州湾中转，由于邮路的阻隔，有847袋存在广州湾西营邮局；同属南路地区的梅菉局曾短时间成为国际邮件互换局，由于广西邮政局的电请，梅菉局撤销，在遂溪设立国际邮件互换局，与广州湾邮局交换总包；遂溪和广州湾互换总包是从赤坎直封还是从西营直封，还不确定，等待总局的指示。

黎仪燊还开辟了一条完整的从内地与广州湾的互换国际邮件的线路：

> 因遂溪及南路一带入桂公路路基及桥梁均已破坏，无法由汽车袋运入桂，前经多方设法（疑）雇佣牛车运至安铺（每车可载四百华斤约五袋，车费毫券六元五毫）转用民船（每船可载重三千华斤，每华斤运费毫券六毫）装至两广交界之盘龙地方。听候广西管理局设法接运。盖我股方面将该项邮件运至盘龙已极困难。其盘龙以上，应如何继续驳运，由广西区之玉林二等局就近策划。或由广西指派巡视员办理，较有把握。经我股于十二月二十日电请广西管理局查照办理，最近复查悉北海有内地河道可达离玉林十五公里之船埠（设有邮政代办所），计由北海起程，光雇民船至合浦属之总江口（设有邮政代办所）再由总江口转船至船埠，由船埠至玉林一段，即可畅行汽

---

① 广东邮政管理局1939年呈文第一号《为□遂溪局改为互换局办理情形及应请核办各节分别呈报察核备案由》。邮政总局全宗代码137，中国第二历史档案馆。

车，合共由北海至船埠约需十日至十五日。由船埠至北海回程，则民船可顺流而下，五日即达北海。但因民船船身过小，仍需在总江口换船方能出海。每船一艘由船埠往来总江口，约可装运包裹一百袋。船费单程约国币五十元（双程费用需另调查）由总江口往来北海船身较大，可多容百数十袋。船费单程约为毫券二十元。经于梗日电北海局长设法试运，现再分电北海、合浦两局查明办理电复。如改水运运输无阻，即可毋庸实行。①

中国第二历史档案馆存有一份路线图，其线路为：梅菉—东营（现麻斜）—西营（现霞山）—赤坎—寸金桥—麻章—遂溪—安铺—北海—总江口—合浦—石康—船埠—玉林。其中梅菉到遂溪为汽车线路；遂溪到安铺为牛车线路；安铺到北海为海运；北海到玉林为水运。

又据中国第二历史档案馆邮政总局的另一份《案奉》陈述：

钧局二十七年十一月九日第一八三九/三六四三八号训令，饬知梅菉邮局应改为国际邮件互换局。旋又奉十二月六日第一八四七/三六六二三号训令，饬将遂溪局改为国际邮件互换局，并将遂溪局应向何处直封总包查明呈核。同时时前令梅菉局改为互换局一节注销。又奉本年二月九日第三六六五/六四一八八号指令后开：《遂溪发广州湾之函件，前据该局

---

① 广东邮政管理局1939年呈文第一号《为□遂溪局改为互换局办理情形及应请核办各节分别呈报察核备案由》。邮政总局全宗代码137，中国第二历史档案馆。

二十七年十一月二十二日第六一四九/三八二六五呈称，拟向赤坎直封总包，究于何日开始封包，是否向西营局直封总包，仍仰查明具报》各等因，先后奉次，当经分别转饬梅菉遂溪两局遵照办理具报。兹将办理情形胪陈如次：

（一）梅菉局曾于二十七年十一月二十三日开始改为互换局，旋于十二月二十二日取消，其首次封发及接收国际邮件总包日期如下：

封发		接收		
国际邮局名称	日期	国际邮局名称	日期	原寄局封发日期
香港	1938.11.23	广州湾西营局	1938.11.24	1938.11.23
广州湾西营局	1938.11.23	Base 12	1938.12.16	
		Dublia	1939.1.13	1938.12.1（由遂溪局开拆办理）
		Sanfrancisoo	1939.1.13	1938.12.10（由遂溪局开拆办理）

（二）遂溪局系于二十七年十二月十五日开始改为互换局，并向广州湾西营局（fort-bayard）及香港澳门两局直接对封总包，前拟向赤坎直封总包一节，因广州湾方面不予同意，卒未实行。兹将遂溪局首次封发及接收国际邮件总包日期，开列如下：

国际邮局名称	日期	国际邮局名称	日期	原寄局封发日期
广州湾西营局	1938.12.15	广州湾西营局	1939.1.2	1939.1.2
香港	1938.12.15	澳门	1939.1.22	1939.1.18
澳门	1938.12.22			

所有梅菉局一度改为互换局，及遂溪互换局首次收发国际邮件总包地点及日期理合备文呈请，鉴核备案。谨呈

从此《案奉》我们得之，广州湾——遂溪互换国际邮件总包的具体时间为1938年12月15日。遂溪和广州湾赤坎直接互封总包，由于广州湾方面不同意，改为广州湾西营局接互封总包。香港、澳门和广州湾西营局首次封发及接收国际邮件总包日期分别为1938年12月15日和1938年12月22日。

二、太平洋战争爆发以前的邮路

1938年10月21日广州沦陷，为了保证大后方邮路畅通，避免海外邮件经广州转发而被日军检查与扣留，于同年12月22日在香港成立"广州邮局香港分信处"[1]。该分信处充当"国际邮件互换局"的作用，与各国各地区互换国际邮件总包。次年6月，港英当局不同意香港分信处封发出口邮件。于是部分联邮组的员工迁往深圳处理封发出口邮件。由于深圳形势危急，1939年8月16日深圳邮局关闭，不久日军占领深圳。这段时间的信件广东周边省份如广西、湖南、江西、福建的相当部分海外邮件转至遂溪寄递。

在1939年的《广东邮区国际邮件半年报》列出了遂溪邮局互换的普通国际邮件业务量[2]：

---

① 《广州湾经转邮路与华侨抗战领袖》，载《南粤集邮》，2015年第4期，第19页。

② 余耀强主编：《烽火中的海外飞鸿》，广州：广州出版社，2005年，第71页。

时间	接收进口	封发出口
1939年上半年	4583	42985
1939年下半年	279941	22082

在1939—1941年期间，遂溪邮局主要与广州湾西营（FortBayard）互换邮件，并通过广州湾西营中转，与香港（Hongkong）、澳门（Macao）交换邮件。

1939年广州湾与香港、澳门互换邮件表

互换邮局	邮路	平均花费时间	国外中转局
广州湾西营	直接	3小时	
香港	经过广州湾西营	1.5天	广州湾西营
澳门	经过广州湾西营和香港	2天	广州湾西营和香港

（图表来源：《1939—1940年互换国际邮件局名表》[1]）

1940年广州湾与香港、澳门互换邮件表

国外互换邮局	邮路	平均花费时间	国外中转局
广州湾西营	直接	0.5天	
香港	经过广州湾西营	4天	广州湾西营
澳门	经过广州湾西营和香港	5天	广州湾西营和香港

（图表来源：《1939—1940年互换国际邮件局名表》[2]）

---

[1] 广东省档案馆，档案号：29-2-507。

[2] 广东省档案馆，档案号：29-2-507。

1941年广州湾与香港、澳门互换邮件表

国外互换邮局	邮路	平均花费时间	国外中转局
广州湾西营	直接	0.5天	
香港	经过广州湾西营	4天	广州湾西营
澳门	经过广州湾西营和香港	6天	广州湾西营和香港

（图表来源：《广东邮区1941—1945年度后方邮政事务年报》①）

从上述三个表可以看出，广州湾西营和遂溪交换邮件的平均花费时间最多为半天，我们可以推断遂溪邮局（或代办处）应该搬到广州湾租借地的赤坎寸金桥附近（或麻章），要不然，花费的时间不可能半天。据黎仪燊汇报：

查广州湾邮政局之组织以西营局为为管理局，其他太平营（与海康交换邮包），东营（与梅菉交换邮包）及赤坎与遂溪局最近均系支局，而遂溪与赤坎局相距仅二十四公里，赤坎至西营局须再行一十二公里。现广州湾方面仅指定由西营局接收遂溪局邮件总包。邮差到达赤坎后，如果步行至西营，则当夜无法赶回遂溪（因每日由遂溪开往寸金桥——中法分界点——之汽车系上午十时至十一时之间启行，而回程则下午三时启行，每单程行车约需四十五分钟，如遇车辆过多，候雷州关分卡检查，则需时无定，邮局需给予旅店费用，方能渡宿。如果乘车来往，则每日需车费为毫银六角（广州湾当地以银为本

---

① 广东省档案馆，档案号：29-1-279。

位）约值国币七角五分，殊属耗费。①

根据历史记载，同期搬到寸金桥附近的还有雷州海关。

1939年7月，曲江与广州间邮件统发由广州湾经转。1939年8月，新会沦陷，西江各邮局出海邮件由广州湾经转，为加快邮件运输速度，玉林与遂溪间邮路，将自行车与夜班混合组成昼夜兼程班。1939年11月，大量日军军舰驶入钦州湾，在企沙和龙门登陆，北海、合浦沦陷，北海邮路中断。这时，广州湾到玉林的邮路发生了变化。路线改为：西营—赤坎—寸金桥—麻章—遂溪—廉江—石角—良田—陆川—玉林。全程约七天②。 自然，这条线也是一条秘密的军邮线。"再一条由柳州经迁江、来宾，东南行至贵县、玉林，越境至广东的广州湾（现湛江市）""我接任后，……先后利用电船拖大船分批载运大宗邮包千余袋，及总局由广州湾订购的美孚洋行小桶汽油1000桶。" ③

1940年3月前山沦陷，导致运往港澳邮件中断，邮件改发广州湾经转。

1940年5月10日，德军入侵法国，法国政府向德国投降。广州湾法国当局也被日本控制，广州湾的局势紧张万分。6月28日，广州湾和香港之间的货轮停开。"但与香港之间的汇驳和电报俱如常收发，而邮件则因轮船阻滞，不能运往。"

---

① 广东邮政管理局1939年呈文第一号《为□遂溪局改为互换局办理情形及应请核办各节分别呈报察核备案由》。邮政总局全宗代码137，中国第二历史档案馆。

② 韦健：《大广州湾》，南京：东南出版社，1942年，第70页

③ 张人权：《西南军邮概况》，《抗战时期的西南交通》，昆明：云南人民出版社，1992年，第438—450页。

7月8日，军邮局派驻麻章视察的冯乃骐电报称，该方面情势严重，敌机载监视员已抵赤坎，敌舰亦窥视西营，为预防计，遂溪局票款已转移安全地带，出海邮路恐难继续利用。[1]冯乃骐认为邮路恐难继续利用，应该是指军邮中断。

7月12日，日本海军统制广州湾的货运。由于香港市场粮食紧缺和法英当局积极交涉，7月15日，"广州湾与香港的航运解禁，大批粮食、猪、牛、羊等输港"。[2]

至1940年底，广州湾和香港的邮路虽出现过波折，但总体还算平稳。此年不排除有邮件经过沦陷区广州出境。

1941年2月4日，日军攻占沙鱼涌。2月7日，国民政府邮政总局派驻香港专员慕雷至总局电报："沙鱼涌邮路已告绝。今后寄香港、上海邮件请分别封成总包。轻件（函片）发仰光转，重件（书刷）由广州湾转。"[3]

这时寄出广东自由区内只余下遂溪一处为国际邮件互换局，香港的货物、邮件大批转道江门等地到广州湾转遂溪，再流入华南地区和抗战大后方。

尽管有日方监视下，但二十多个日本人监视整个广州湾的货物进出是十分无力的。货运物资仍由广州湾大量地运送到抗战大后方。1941年3月3日拂晓，日军6个支队入侵雷州半岛，在绵亘500公里正面的沿海各重要地点登陆，并对周围地区进行扫荡，掠夺物

---

[1]　《广州湾经转邮路与华侨抗战领袖》，载《南粤集邮》，2015年第4期，第19页。国内的邮政史专家张永浩认为，由于日军监视广州湾，其后偶见有信件从遂溪通过。（见其著《抗日战争时期之中国国际邮路》一书）本人认为，这是一个误解，此时的邮路有短暂的中断，其后马上恢复。

[2]　《广州湾对运港粮食解禁》，载《大公报》，1940年7月16日。

[3]　沈敦武：《冲破封锁线》，中国邮史出版社，2014年，第145页。

资，但未切断广州湾的对外航线，仍有大宝石、永华、永和三艘轮船航行港湾线。5月，广州湾所有轮船改航澳门，广州湾和香港间仍可到达，但货物运输又多一转折。[①]

由于沙鱼涌的沦陷，广州湾至遂溪的邮件大量增加，广东省邮政局将若干邮路改组并增加邮班次数，以期加速邮递。兹分别列表如下：

增加自行车班次加速邮递之各路：

邮路地名	邮路公里数	开班日期
麻章—遂溪	17.3	1941.8

由逐日班增为逐日四班。[②]

同年12月7日，太平洋战争爆发。25日，香港沦陷，广州邮局香港分信处停止工作之前，将最后一批邮件通过广州湾发往遂溪。

广东邮政管理局曲江办事处于1941年9月2日发出《为关于港战爆发前由港启运广州湾转遂溪之邮政公件先后两批均经运达及分别转出电复鉴核由》代电，广东邮政管理局曲江办事处主任黎仪燊向在重庆的邮政总局汇报了这批邮件的去向：

重庆邮政总局钧鉴：案奉钧局本年八月十三日第四九九/一六二五七号代电以□□驻港广州邮局分信处于战前一日在港启航运广州湾转遂溪公件一百大件，内装一千零数十袋，饬查明是项公件已否全部运达分寄各局列表呈核等因，奉此，查遂溪局前于去年十二月七日至十日间及同月十四日曾先后收到驻

---

① 《广州湾轮船拟改航澳门》，载《大公报》，1941年5月13日。

② 广东邮区1941年后方邮政事务年报，广东省档案馆，档案号：29-1-279。

港广州邮局分信处与港战爆发前交捷福公司运来邮政公件两批计第一批一百大包，内载有一四九六袋，第二批亦一百大包，内载有一零六五袋，均经该局分别收妥即周内先后转出。①

三、太平洋战争爆发以后的邮路

太平洋战争爆发以后，香港沦陷，广州湾成为了我国通往海外的唯一港口，大批的货物和难民涌入广州湾，对外贸易和经济繁荣一时。"迨中日战起，继之广州沦陷，此位居西南沿海之自由港湾（按指广州湾），一跃成为正当出入口之商业重镇，商贾云集，盛极一时，由寸金桥以迄雷州海关，曾一时期沿途堆满货物，无一隙地"②。此时，广州湾只能直接与澳门通邮。档案显示：

1942年邮政事务年报

国外互换邮局	邮路	平均花费时间	国外中转局
广州湾西营	直接	4小时	
澳门	经过广州湾西营和海路	2天	广州湾西营

（图表来源：《广东邮区1941—1945年度后方邮政事务年报》③）

广州湾到澳门的邮路时间只有两天，比1940年、1941年缩短了4天。可见邮路畅通了许多。

广州湾对大后方的货运、邮路也增加了，分为甲线和乙线：

---

① 沈敦武：《冲破封锁线》，中国邮史出版社，2014年，第159页。

② 韦健：《大广州湾》，南京：东南出版社，1942年。

③ 广东省档案馆，档案号：29-1-214。

甲线：赤坎—遂溪—廉江—石角—良田—陆川—玉林→重庆大后方。到玉林共需六天。

乙线：西营—梅菉—水东—电白—织篢—阳江—那隆—恩平—开平—高明—肇庆（西江前线）→曲江。到肇庆共需八天。

另一种走法：西营—梅菉—茂名（走水路）—镇龙（信宜属）—东镇—怀乡—贵子—四伦—罗定—南江口—肇庆（西江前线）→曲江。此路到肇庆需十天。①

1943年2月，日军入侵了广州湾，同时遂溪沦陷，广州湾-遂溪的邮路中断。

遂溪沦陷后，为了维持国际邮件的渠道，遂溪邮局想方设法与广州湾保持互换，但为时不长。在广东邮政管理局曲江办事处1943年6月的《广东邮政管理局办事处卅二年六月份工作报告》中叙述了此事的经过：

> ……
>
> 其他
>
> ……
>
> 组设化县至广州湾邮路维持后方出海邮政路线：自雷州半岛战事发生后，海康遂溪相继沦陷，遂溪局移设石角，该局与广州湾法邮局邮运联络，随告中断，为维持国际互换邮件（因职区后方寄澳门香港及中立各国邮，多发由广州湾转递）通道

---

① 韦健：《大广州湾》，南京：东南出版社，1942年，第85—86页。

起见，几经设法组成化县至广州湾邮路，该路系由化县经平坦绕越石门出海偷进广州湾，一部分途程邮差须通过敌寇蹂躏区域行走，颇为艰苦，后以石角距离广州湾较远，对于邮递管理上有鞭长莫及之虞，故并在化县邮局组设遂溪局收发处，仍以遂溪名义与法邮局互换函件总包，以资适应。[①]

日本入侵广州湾之后，日本方面采取了各种手段，意图迫使维希法国将广州湾归还给汪伪政权。维希法国不顾我国政府的多次警告，在对华政策上采取"模糊"策略，我国政府采取断然措施，于1943年8月1日，宣布与法国维希政府断交，中国与法国及法属印度支那各地直接互换邮件事务均告暂停。遂溪邮局接到邮政总局的指令："……该线组通运未久，旋奉令以我国政府宣布与维希（vichy）政府断绝交外交关系，并停止直封法国邮局函件总包互换，该线遂无维持之必要，现予裁撤，合并陈明。"[②]

1943年8月5日，总局通知后方各邮局，停止收寄寄往法国及法属印度支那的挂号邮件。1944年1月13日，又以第二九七八号通代电通知停止接受寄往广州湾的挂号邮件。

1945年8月15日，日本宣布无条件投降。8月18日，中国国民政府外交部政务次长吴国桢与法国驻华使馆代办戴立堂代表中法政府在重庆签订《中华民国国民政府与法国临时政府交接广州湾租借地条约》，广州湾租借地归还中国。1945年10月3日，邮政总局规定湛江与国内各地的邮件按国内邮件资费标准办理。

① 沈敦武：《冲破封锁线》，中国邮史出版社，2014年，第158页。
② 沈敦武：《冲破封锁线》，中国邮史出版社，2014年，第160页。

四、来自实物的证迹——经广州湾-遂溪中转的实寄封片

图1是一封抗战时期的侨批，刚好记录下这一段邮路。这封帖伦敦一版孙像2角票2枚、香港大东版3角票2枚，邮资合计1元，是国际水陆路挂号邮件邮资。开平"楼冈金祥源"号交邮局销1941年1月1日楼岗戳挂号寄出—1月4日新昌—1月10日水东—1月12日遂溪—广州湾—香港—2月20日到美国旧金山。

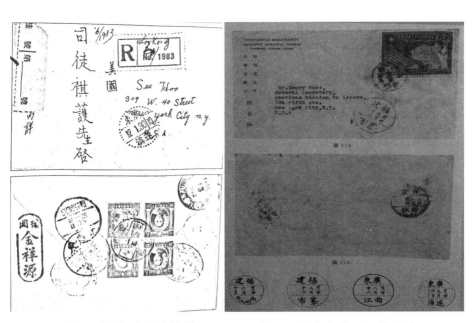

图1　抗战时期的侨批　　　图2　福建寄往美国的平信

图2是一封在1939年8月10日由福建延平寄往美国的平信，延平位在福建省的西北部。此信是先由步差送至该省西南部之峰市，跨过粤北至曲江，由火车经衡阳到桂林，再由步差送至遂溪。

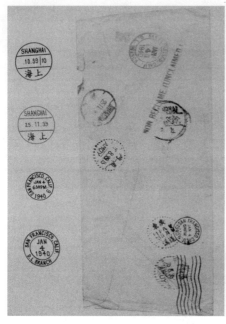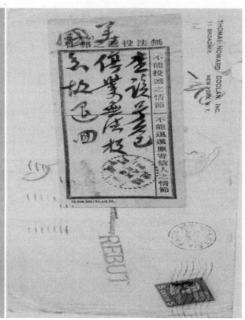

图3 纽约寄往厦门的平信   图4 广东赤磡寄往美国的挂号信件

图3是一封在1939年7月5日由美国纽约寄往厦门的平信。在运至香港后，本可由海道直运至沦陷区内的厦门，但却依照中国邮政局的指示，把此信经法广州湾租界运至自由区内遂溪的国际邮件互换局，在8月10日抵达。然后途经桂林、衡阳、曲江、粤北至福建厦门，在8月18日抵达。

可惜当时收信的商店经已闭业，故封面上见贴有退信条。但厦门邮局也不曾把它从原路退回，而是把它送至上海，交给沦陷区的邮政总局处理。经过一个多月的停留后，上海邮政局终于在11月25日盖上该地退信局的红戳，然后把此信退回美国，在1940年1月4日抵达旧金山的死信部门。幸而此信是被退回美国，因而避过战乱，既完成一条有趣的邮路，更为从广州湾—遂溪进口的邮件留作一个史证。

图4是一封在1941年3月31日由广东赤磡寄往美国的挂号信件。日军在1940年3月间攻陷前山，又在1941年2月间攻陷沙鱼涌，故在此信寄出时广东省自由区内便只余下遂溪一处为其国际邮件互换局。故邮局便尝试把此信送至遂溪，由于日军封锁雷州半岛不能通行。

此信走回头路，返回沦陷区内之广州出国，在1941年5月27日抵达旧金山。此封是一件由沦陷区出国的例子。

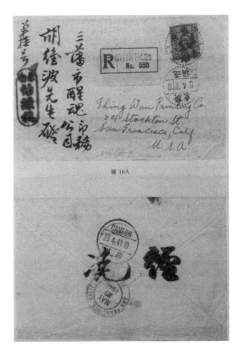

图5　遂溪寄往加拿大的航空信件

图5是一封在1942年3月22日由广东遂溪寄往加拿大的航空信件。在寄出时太平洋战争经已爆发，仰光也在1942年3月8日失陷，故这封信是先送到昆明，才全程航空经印度运至目的地。

此封的奇妙处是它之寄出地实为广州湾法租界内之赤坎（见封面左上方的英文地址）而非遂溪。在1941年12月8日太平洋战争发生时，广州湾只和澳门对外通海运，航空邮件走澳门困难，广州湾反而要把遂溪作为寄至欧美邮件的转运站。

（何杰：《湛江日报》社主任编辑，湛江市广州湾研究会原会长）

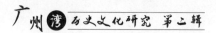

La route postale internationale de Kouang-Tchéou-Wan – Suixi durant la Guerre anti-japonaise

HE Jie

Pendant la Guerre sino-japonaise, non seulement les métropoles chinoises telles que Shanghaï, Nankin, Wuhan et Canton ont été successivement prises, mais aussi les accès à la mer le long de la ligne côtière de Chine ont été bloqués par les envahisseurs japonais: plusieurs routes postales vers l'international ont été coupées. Comme la province du Guangdong est une agglomération où les Chinois d'outre-mer se rassemblent, leurs lettres et mandats envoyés à la famille étaient souvent intersectés et contrôlés par l'armée japonaise. Le Service d'échange des courriers internationaux a été créé, dès le 15 décembre 1938, au sein de la poste de Suixi en faveur de maintenir une route postale internationale accessible et de soutenir la résistance contre les envahisseurs. Considérée comme une voie très importante de logistique durant la guerre, la route postale internationale de Kouang-Tchéou-Wan – Suixi fonctionnait jusqu'à la fin de la guerre en 1945, ce qui était un fait loin d'être connu.

La création du Service d'échange des courriers internationaux Suixi – Kouang-Tchéou-Wan

Après la chute de Canton en octobre 1938, une partie du personnel de la Poste de la province du Guangdong avait déménagé à Guangning afin de créer une nouvelle agence. En novembre, ils se sont finalement installés à Suixi pour le fait que la ville, le carrefour du sud de la province, était à côté de Kouang-Tchéou-Wan et avait, vers l'est, un accès direct à Hongkong, et vers l'ouest, une liaison commode à Haïphong de Vietnam. Autrement dit, la localité de Suixi était favorable à la communication postale avec l'international. Menacée par la guerre, la Poste de la province du Guangdong a été de nouveau déménagée vers le nord jusqu'à Qujiang, la préfecture temporaire du Guangdong, en mai 1939. Mais le Service d'échange des courriers internationaux de Suixi restait toujours ouvert.

Comme la ville de Canton a été occupée par l'armée japonaise, un grand nombre de courriers vers la Chine et vers l'international étaient bloqués à Kuang Tchéou Wan. Selon les statistiques, il y avait 847 paquets au total. Pendant la période où la Poste de la province du Guangdong restait à Suixi, le Bureau général de poste de la Chine a ordonné la Poste de Suixi de se transformer en Service d'échange des courriers internationaux qui s'occupait d'échanger les colis avec la Poste du territoire à bail français Kouang-Tchéou-Wan. Le responsable du service des affaires quotidiennes LI Yishen a été envoyé par la Poste de la province du Guangdong prendre en charge tout ce qui concerne cette route postale.

LI Yishen a créé un itinéraire complet pour les échanges de courriers internationaux entre l'intérieur du pays et Kouang-Tchéou-Wan. Cet itinéraire s'étendait dans le sens suivant : Meilu – Pointe-Nivet (appelé

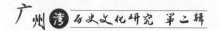

Maxie aujourd'hui) –Fort Bayard (appelé Xiashan aujourd'hui) – Chikan – le Pont Cunjinqiao–Mazhang–Suixi–Anpu–Beihai–Zongjiangkou–Hepu–Shikang–Chuanfu–Yulin, y compris une partie en voiture entre Meilu et Suixi, une partie en chariot à bœufs entre Suixi et Anpu, entre Anpu et Beihai par la voie maritime et entre Beihai et Yulin par la voie fluviale.

La date précise de l'échange des courriers internationaux entre Kuang Tchéou Wan et Suixi était le 15 décembre 1938.

La route postale avant l'éclatement de la guerre du Pacifique

Vu que la ville de Canton a été prise le 21 octobre 1938, pour maintenir l'ouverture de la route postale vers le grand-arrière de la guerre et éviter le transfert des courriers internationaux à Guangzhou qui causerait le contrôle et la saisie de l'armée japonaise, le Centre de tri de Hongkong de la Poste de Canton a été fondé à Hongkong le 22 décembre. En tant que «Service d'échange des courriers internationaux», ce centre de tri se charge d'échanger les courriers avec le monde entier. A partir du juin 1939, le gouvernement colonial britannique a interdit au centre de tri de Hongkong d'expédier les courriers internationaux. Ainsi a-t-il déménagé une partie du personnel de la section des affaires internationales à Shenzhen pour poursuivre les expéditions à l'international. A cause de la situation tendue, la Poste de Shenzhen a été également fermée à partir du 16 août 1939, et la ville de Shenzhen a été occupée par l'armée japonaise peu après. La plupart des expéditions et des arrivées des courriers internationaux des provinces aux alentours du Guangdong telles que le Guangxi, le Hunan, le Jiangxi et le Fujian ont été déménagées à Suixi.

Selon les statistiques, les échanges de courriers entre Suixi et Fort Bayard prenaient en moyenne une demie journée maximum, ce qui nous indique que la Poste de Suixi (ou l'agence temporaire) devrait être déménagée vers le Pont Cunjinqiao de Chikan (ou vers Mazhang) de Kuang Tchéou Wan, sinon, il était impossible de s'échanger les courriers avec autant d'efficacité.

Comme indiqué dans le «Journal semestriel des courriers internationaux de la zone postale de Guangdong» de l'année 1939, jusqu'à 350000 courriers internationaux ont été transités par la poste de Suixi.

A cause de la chute de la commune de Qianshan en mars 1940, l'envoi des courriers à Hongkong et à Macao a été interrompu, les colis sont donc détournés par Kouang-Tchéou-Wan.

Le 10 mai 1940, l'armée allemande a brisé la défense française. Le 22 juin, le gouvernement français à l'époque, dirigé par Maréchal Philippe Pétain, a signé un accord d'armistice avec l'armée allemande. Le gouvernement français a déménagé à Vichy peu après, devenu fantoche de l'Allemagne, ainsi est-il dénommé le «Régime de Vichy».

Dès la prise du pouvoir de Philippe Pétain, le gouvernement français a changé son attitude compatissante et favorable pour la résistance du peuple chinois contre l'agression japonaise. Sous la pression du gouvernement japonais, la France a interrompu l'assistance directe pour la Chine, et la frontière sino-vietnamienne a été dès lors complètement bloquée. Le 20 juin, la route logistique sino-vietnamienne a été coupée,

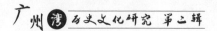

autrement dit les services postaux ont été totalement suspendus. Tous les courriers internationaux ne pouvaient passer que par Kuang Tchéou Wan servant de point de transit.

La capitulation de la France au Japon a extrêmement aggravé la situation à Kuang Tchéou Wan. Le 28 juin, les cargos entre Kuang Tchéou Wan et Hongkong ont été brusquement annulés. «L'expédition et la réception des devises et des télégrammes restaient normales, mais la communication postale est devenue très chargée à cause du blocage des bateaux postaux.»

Jusqu'à la fin de l'année 1940, la route postale restait globalement stable malgré quelques péripéties. On n'excluait pas la possibilité qu'il y a eu des courriers sortis de la Chine via Kuang Tchéou Wan.

Le 7 décembre 1941, la guerre du Pacifique a éclaté. Hongkong est tombé dans les mains du Japon. On a imposé la fermeture au Centre de tri de Hongkong sous la direction de la Poste de Canton. Avant l'interruption du service, les derniers courriers ont été envoyés à Suixi en passant par Kouang-Tchéou-Wan.

La route postale après le déclenchement de la guerre du Pacifique

A cause de la chute de Hongkong dès le déclenchement de la guerre du Pacifique, Kouang-Tchéou-Wan est devenu le seul port donnant accès à l'international de la Chine. Le territoire a vu affluer un très grand nombre de marchandises et de réfugiés. Le commerce international et l'économie était en pleine prospérité pendant un temps. Comme Wei Jian, envoyé spécial du *Journal d'Industrie et de Commerce de Hongkong,* a mentionné dans son œuvre *le Grand Kouang-Tchéou-Wan* :

«Depuis le déclenchement de la Guerre sino-japonaise et la chute de Canton ensuite, Kouang-Tchéou-Wan, le port ouvert dans le sud-ouest de la Chine au bord de la mer, est devenu du jour au lendemain une zone importante d'import-export où les commerçants se sont rassemblés, ce qui a fait fureur à l'époque. Les marchandises ont encombré pendant un temps, sans laisser aucun espace, la route entre le pont Cunjinqiao et la douane de Leizhou.»

A ce moment-là, il n'y avait que des liaisons postales entre Kouang-Tchéou-Wan et Macao.

En février 1943, l'armée japonaise a occupé le territoire, et a signé avec le Régime de Vichy l'«Accord local franco-japonais pour la défense commune du Territoire de Kouang-Tchéou-Wan». En même temps, la ville de Suixi a été également occupée, la route postale Kouang-Tchéou-Wan-Suixi a été ainsi bloquée.

Depuis l'invasion des Japonais à Kouang-Tchéou-Wan, le gouvernement japonais a pris toutes les mesures nécessaires pour forcer le Régime de Vichy à rendre Kouang-Tchéou-Wan au gouvernement national réorganisé de la République de Chine dirigé par WANG Jingwei. Néanmoins, le Régime de Vichy ignorait les avertissements du gouvernement chinois, et insistait la «stratégie indistincte» envers la Chine. Le gouvernement chinois a donc pris des mesures résolues d'annoncer, le 1er août 1943, la rupture des relations diplomatiques avec le Régime de Vichy. Les échanges directs de courriers entre la Chine, la France et l'Indochine française ont été suspendus.

Le 15 août 1945, le Japon a prononcé sa capitulation sans condition.

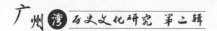

Le 18 août, WU Kuo-cheng, ministre adjoint des affaires étrangères du gouvernement national a signé à Chongqing avec le représentant de l'Ambassade de France en Chine, Jean DARIDAN, la «Convention de passation de la concession de Kouang-Tchéou-Wan par le gouvernement temporaire de France au gouvernement national de la République de Chine». Jusqu'à ce moment là, le territoire à bail Kouang-Tchéou-Wan a été finalement rendu à la Chine. Le 3 octobre 1945, le Bureau général de poste de la Chine a ordonné, dans le document officiel N°123, que les envois des courriers entre la ville de Zhanjiang (ancien territoire à bail français de Kouang-Tchéou-Wan) et les autres villes chinoises devraient respecter les tarifs standards intérieurs.

(HE Jie, ancien rédacteur en chef de l'Agence de Presse de Zhanjiang, et président de l'original de l'Institution de recherche de Kouang-Tchéou-Wan)

（北京城市学院　李亚萌译）

广州湾前史研究

古代港航史视角下的广州湾

◎陈立新

摘　要：广州湾的名称最早出现在明代嘉靖年间的方志和图经上，是以渡口形式展示给世人的，它的频频出现与海防密切相关。广州湾自唐初以来就是海上丝绸之路的重要节点，它的前身是"九州湾"，陆名沿革于九州岛，"九州岛石"作为"广州通海夷道"的航海地标至今已有1300多年。在广州湾坊都，法人已于百年前设立引导灯桩，新中国成立后，湛江商港在建港时又对之予以修复，使其至今仍然发挥着重要的海上导航作用。

关键词：古代港口　广州湾　考证

广州湾作为一个历史地名，它出现在什么时候？原来叫什么？数十年来不少专家学者对此作过考究，但至今尚无定论。

一、广州湾明清地名考证综述

阮应祺先生的《清末广州湾地理位置考》（《学术研究》1982年第5期），认为广州湾是指广东高州府吴川县南三都田头汛以南的一个村坊及其附近港汊海面。阮文仅论证了广州湾作为陆上坊都名称使用，其上限时间不晚于道光六年（1826年）。但未对广州湾作为一个历史地名最早出现在什么时候进行进一步的考证。1984年阮应祺先生在《湛江文史资料》第一辑发表《广州湾——湛江市》一文时，提出："现在能见到最早纪录广州湾这一个地名的书籍，是明朝的郑若曾写的《筹海图篇》。"但阮说"《筹海图篇》成书于嘉靖十四年（1535年）"有误，实际上《筹海图篇》成书于嘉靖三十四年（1555年），最早的刻本是嘉靖四十一年（1562年）。

刘佐泉等教授认为"'广州湾'的名字自宋朝起一直沿用下来"[①]，但无据可依。

龙鸣教授《广州湾地名小考》一文云："从国内所能查到的资料来看，'广州湾'最早出现在舆地图、海防图上的年代是明万历年间（1573—1620）。在欧阳保修纂的《高州府志》刊印的高州府全图上，在化州正南偏东方向，石城县的东南方向的一个海岛上标识有'广州湾'。"[②] 龙鸣与景东升先生主编广东人民出版社出版于2013年12月的《广州湾史料汇编》亦将"广州湾"一词最早出现定在明嘉靖四十年《筹海图编》中。此两说都不准确。

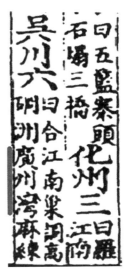

图1　明嘉靖十四年（1535年）《广东通志初稿》卷三十八中的"广州湾"地名

广州湾地名文献的查考，近年有了一些新的进展。

---

① 见刘佐泉、韩子华、张文光：《广州湾村坊》，载于2007年2月17日《湛江晚报》。

② 见2011年9月6日《湛江晚报》17版。

　　陈灵教授2013年9月《"广州湾"的"州"有没有三点水？》一文中指出："广州湾"地名最早出现于明嘉靖十四年（1535年）《广东通志初稿》。①此说甚是。（见图1）

　　但其又说"明万历九年（1581年）《苍梧总督军门志》中的'全广海图'第四图吴川县南仙门港外为'广州湾'，这是目前能见到的广州湾最早出现在地图上"。此说有误。

　　唐有伯教授发表于2015年8月第36卷第4期岭南师范学院学报的《广州湾地名考辨——明清方志舆图中的广州湾》一文作了新的考证，指出"我们发现，成书在1542年（嘉靖二十一年）以前的《岭海舆图》虽然没有举出若莲头港、广州湾等具体海澳名称，却在《高州府舆地图》中画出了广州湾，……上述《嘉靖广东通志》即是复制的这张图。这应该是迄今所见最早标出广州湾名称的地图"。这是继阮应祺先生之后的广州湾地名考证又一篇力作。

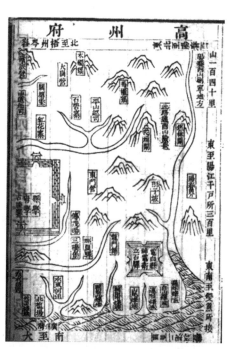

图2　嘉靖二十一年（1542年）《岭海舆图》之《高州府舆地图》

　　《岭海舆图》出自御史姚虞之手，郑若曾在《筹海图篇》卷首列出参考过的图经中，也有《岭海舆图》。

---

　　①　见2013年9月23日《湛江新闻网》。

图3 嘉靖四十年（1561年）《广东通志》卷二复制的《高州府舆地图》

姚虞字泽山，莆田人。嘉靖壬辰进士，官至淮安府知府。《岭海舆图》乃其官监察御史时巡按广东所作。

二、广州湾在方志及图经上频繁出现的原因

综上所述，根据目前所能查到的文献，"广州湾"文字最早出现于明朝嘉靖十四年（1535年）《广东通志初稿》卷三十八的《渡》中，其后出现于明嘉靖四十一年（1562年）郑若曾刻本《筹海图篇》上。出现在地图上最早是明代的《岭海舆图》，《岭海舆图》没注明成书时间，人们根据明代名臣湛甘泉为其作序时间推定为嘉靖二十一年（1542年）。其后广州湾出现在嘉靖四十年（1561年）黄佐刻本《广东通志》卷二《高州府舆地图》上，位置在吴川县城右下方近海中，是《岭海舆图》的复制版。

目前广东通志存世最早的为戴璟主修的《广东通志初稿》，明嘉靖十四年（1535年）刻本首一卷藏于北图，广东只有影印本，上图、湖北有抄本。明嘉靖十四年广州湾已是吴川县的六个主要渡口之一，亦称得上是重要港埠。更早时期宋人撰《高州旧图经》，刘棠撰《高凉志》七卷，明宣德五年知府富敬修《高州旧志》十七卷，都已散佚。宋人撰《化州图经》（宋代吴川县属化州），现亦已散佚。增加了考证的难度，使我们如今不能确定广州湾地名是否出现于更早方志图经。但很可能广州湾在方志及图经上频繁出现就是在明嘉靖开始的。

明嘉靖年间广州湾开始出现在方志、图经上，有其历史原因，它与海防密切相关。

《广东通志初稿》卷三十八记载，吴川县城"洪武二十七年立宁川守御千户所以防倭寇，筑土城，永乐元年以砖砌之"。从《广东通志》卷二十一《海道江道哨兵》中可以看到广州湾的位置和驻兵：在南三都地方，东南滨海，吴川县广州湾，"离县四十里。宁川所旗军七十七名，民壮：电白县四十名、吴川县六十名。驾哨船二只防海寇"。卷二《高州府舆地图》上广州湾的位置标在宁川巡司右边。广州湾行政上归高州府吴川县管辖，海防上属神电卫管辖，由宁川所旗军负责巡防。正德十三年（1518年）广州市舶司移驻高州府电白，使粤西在海上丝路中的地位得到提高，同时广州湾的重要性也开始彰显。

自正德十六年（1521年），对于葡萄牙的挑衅，明廷下决心武力驱逐，严格执行海禁政策，命令广东"敕镇巡等官亟逐之，毋令入境"。[1]明嘉靖初，爆发了与葡萄牙人的屯门之战和西草湾之

---

① 见《明武宗实录》卷二。

战，嘉靖二年倭寇又开始为患江浙、福建、广东等沿海地区，罹乱尤深，故守土者以海防为首务。郑若曾的《筹海图编》即为此类著作，卢镗跋称"《筹海图编》者，筹东南之海以靖倭寇也"。其实不止靖倭寇，还有防葡萄牙人和海盗。在郑若曾的《筹海图编》中所画的第一辐《万里海防图》[①]在石城（今廉江市）"两家滩"地名旁注有"番舶多在两家滩，乃遂、石二县要害，宜严防。"（见图4）郑若曾的《筹海图编》《序》中云："乙卯秋稿成。" 乙卯为嘉靖三十四年（1555年），嘉靖四十年（1561年）附梓，嘉靖四十一年（1562年）刻本问世。此图南三都群岛只列特程山（今特呈岛）。

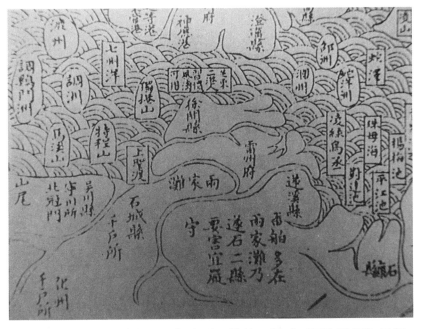

图4　郑若曾的《筹海图编》中所画的第一辐《万里海防图》局部

① 见曹婉如等编：《中国古代地图集·明代》，北京：文物出版社，1995年，第197图。

　　嘉靖年间绘制的《万里海防图》摹本《乾坤一统海防全图》更为详细，①雷州府局部图中在湛江港湾位置上也注有"两家滩海湾为石城、遂溪二县要害，番舶多泊于此，遇警轮 注防守"等字句。（见图5）

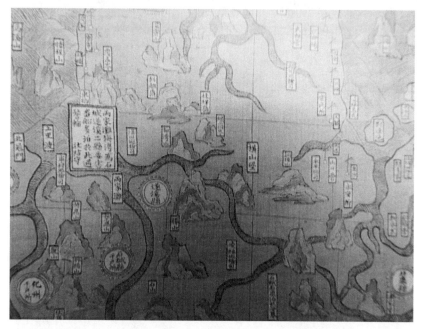

图5　嘉靖年间绘制的古地图《乾坤一统海防全图》雷州府局部图

　　两家滩在今廉江市新华墟，即今湛江港湾底部，入两家滩必经广州湾，故《筹海图编》等录入广州湾也就因理成章了。

　　嘉靖以降，粤西一带海患不断：

　　嘉靖十三年（1535年）广州市舶司由高州府电白移驻豪镜（澳门），诸国互市"移之壕镜（香山澳），岁输课二万金，佛朗机遂

---

　　① 见曹婉如等编：《中国古代地图集·明代》，北京：文物出版社，1995年第一版，第39图。

得混入"。其间番舶多停泊在湛江内港。

嘉靖十九年（1540年），海上走私集团王直、叶宗满在高州造大海盗船："巨舰联防，方一百二十步，容二千人，木为城为楼橹，四门其上，可驰马往来。"①

隆庆二年（1568年）冬，海贼曾一本突犯雷州，擒参将缪印。南头守备李茂才与曾一本夜战达旦，因援兵不至，终战亡。

隆庆五年（1571年）倭寇攻陷锦囊城，左所千户黄隆战死。

隆庆五年冬十二月晦（1572年初），倭贼突掠雷西南郊，掳掠男妇，地方几破。②

隆庆六年春（1572年），倭寇进犯徐闻城，知县谢朝爵扶病率领军民奋勇抗击，杀退来犯，保卫县城。

"广东巨寇曾一本、黄朝太无不引倭为助。隆庆时，破碣石，甲子诸卫所。犯化州石城县、陷锦囊所、神电卫，吴川、阳江、茂名、海丰、新宁、惠宁诸县，悉转焚掠，转入雷、廉、琼之都境，亦被其患。"③

顾祖禹《读史方舆纪要》卷一百四吴川条里边引用的"《海防考》：县南四十里有广州湾，海寇出没处也，向设兵戍守"。该书成稿在清顺治、康熙年间，但内容以明代末年以前的疆域政区及史事为断限。

顾炎武《天下郡国利病书》云："仅放鸡山下面，限门则有新门、三合窝、硇州、广州湾等处可扎船。"指明广州湾是个港埠。

洋匪海贼侵犯广州湾的有关记载，在顾炎武摘录的明代海防书

① 见《明世宗实录》。
② 参见道光《遂溪县志》。
③ 参见道光《遂溪县志》。

中也有很多案例，不一一引述。

《筹海图编》撰者郑若曾（字伯鲁，号开阳，嘉靖初年贡生）之籍江苏昆山即曾屡遭倭患，故发愤考察海岛地形险要，采用计里画方之法绘制沿海图，茅坤序称他"首括诸道之缩海而州，与其诸岛之错海而峙者为图"，"次之为事略"。其中对于沿海诸岛的绘图和描述则为全书之重，诚如书中凡例所云："不按图籍不可以知阨塞，不审形势不可以施经略。边海自粤抵辽延袤八千五百余里，皆倭奴诸岛出没之处，地形或凸入海中，或海凹入内地，故备倭之制，有当三面设险者，有当一面设险者，必因地定策，非出悬断。"所绘海防图有《广东沿海山沙图》《福建沿海山沙图》《浙江沿海山沙图》《直隶沿海山沙图》《山东沿海山沙图》和《辽东沿海山沙图》。

明嘉靖以前曾姓已在广州湾沙腰村居住。传说当年广州湾沙腰村有一位曾姓渔民出海捕鱼，他一连几网下去，捞起就只有一块石头。起初，这位曾姓渔民并不在意，捞起了又重抛入大海，到了第三网又捞起了这一块石头。此时，那曾姓渔民就甚感奇异，把它供奉在船舱的一侧。接着，他又重新抛网入海进行捕捞作业。说来也奇怪，这天，那位曾姓渔民抛网下去，每网捞起的都是鱼，喜获丰收。归航以后，曾姓渔民没有忘记他许下的诺言，就很慎重的在村子的四周察看了一遍，最后选了一个他自认为是上好的地方，在广墩坡的沙丘上把这块石头立于其上，并奉其为网主公，逢初一十五就来上香朝拜。后来，广州湾附近几条村坊的乡亲看到那位曾姓渔民自从在广墩坡立石头神为网主公后，事事顺心顺手，出海打渔网网丰收，于是也纷纷前来上香朝拜，结果众乡亲都大吉大利，年景风调雨顺。自此，广墩坡便香火鼎盛，香客不断，祈祷之声不绝于耳。康熙年间，吴川县南三都田头村陈上川（南明总兵）因反清复明失败带兵远走安南。据族谱记载，陈上川同村族兄弟陈如川因参加反清复明，将家属子女安置到湖光山豪村，后潜回田头时被清兵发现捕获，被押到遂溪县城五马分尸。另一同村族兄弟陈圣志（著名清代清官陈瑸即其三弟圣德的遗腹子）也因反清欲避安南，到了交趾茅坡（今防城茅坡）时不幸随行老母病逝，守孝暂居茅坡，9年后"海禁"解除，追捕反清志士的风声已弱，方扶灵回乡安厝。陈圣志生六子：长子一龙、次子一凤，五子一韬（排辈为乾塘陈氏19世）。一龙、一凤两兄弟迁到广州湾沙腰村，沙腰村现仍为曾、陈杂居。陈一韬生于康熙三十六年丁丑（1697年），字颖略，以地名广洲为号，后封赐修职郎。陈一韬子孙分居广州湾雷锡村，为广州湾雷锡、沙头两村陈氏的肇基祖。康熙五十五年丙申（1716年）陈一韬19岁时曾写过一首《广州湾晚景》诗，诗云："遥从碧海辨青山，日暮船家鱼贯还。无数灯光欢笑处，渔歌晚唱广州湾。"清代南三都管辖18个坊都（即村落），最南部有个广州湾坊都，《吴川县志》记载：广州湾坊都位于县城吴阳"南六十五里，殷，曾，陈杂居，分四、五村"。即今沙腰村、雷锡村、沙头村、伦兴村一带。

自明崇祯十五年（1642年），法国东方公司成立，法国商船开始活动于东方。清康熙三十七年（公元1698年3月6日），法兰西国王路易十四派遣三桅帆船安菲特里德号（L'AMPHITRITE，即海洋女神号，一译安菲特里特）船主洛克为使者来华，该船从拉罗舍尔港口起锚，到达广州，清政府予以特别的优待。自此年始，法国在广州和澳门设置商务代理人。法兰西国王路易十四于1698年2月8日从凡尔赛向洛克颁发敕令，敕令中说明这艘船是经国王批准驶往中国，但不是皇家御船，只是普通的商船。敕令还要求该船一旦在中国港口停泊后，就要特别注意观察那里的季风、潮汐、气候以及与航海有关的一切资料情报，调查中国是否有港口、抛锚地、海岸地图以及航海指南。如能找到这一切，那就必须将它们呈奏国王陛下。他们还必须调查中国与欧亚各国之间经商的方式，特别要调查中国的风俗习惯，以利于法国政府将来方便时派船驶往那里。敕令特别要求，当该船返航时，必须准确全面地向国王禀报一切搜集到的情报。[1]

康熙四十年（公元1701年3月7日），安菲特里德号离开法国第二次航海来华，途中连续遭遇台风，9月9日到了中国，[2]本来船已接近上川岛，风暴把他们那没了主锚、桅杆被摧毁而损坏得无法操纵的船卷至了电白。得知安菲特里特号船上装载着贡献给康熙皇帝的珍贵礼物处境危险时，电白清朝官员李都司派去了救生小船，优先抢运贡品，却引起法国人的愤怒，杀了一个清朝的小吏。李都司将该船救离险地，让该船在放鸡岛维修，然而半个多月后又遭遇了一场风暴，把安菲特里特号向西方向推移。随后，清朝官员派船把安菲特里特号拖带入广州湾，在一处有8法寻水深（约13米）的港埠停下。后来，因为修船，船员登陆，羁留此地六个多月，看到此湾地势险要，港湾极佳，便私自测量水道，窃绘地图。6个月之后，修补好的安菲特利特号于1702年5月10日起航开往广州。1703年该船回国后将地图献给法政府，自此广州湾这一良港引起了法政

---

① 见耿升：《从法国安菲特利特号船远航中国看17～18世纪的海上丝绸之路》，载《西北第二民族学院学报》（哲学社会科学版），2001年第2期。

② 参见严锴、吴敏：《贸易与宗教同行——以"安菲特里式"号中国之行为中心》，载《法国研究》，2013年第3期。

府觊觎。

清代晚期广州湾仍是海防重地。

同治《广东图说》卷五十九《吴川县图》记述："广州湾一望汪洋，最为险阻。"

道光十八年的《广东海防汇览》有广东东、中、西"三路海图"，在"西路图"中，"广州湾"被标注在海面上。该书指出，广州湾是广东西下路沿海巡防的重要地点，并明确记载了巡防会哨的时间，"硇洲营与雷州右营八、十、十二各月每月二十日在广州湾会哨"；"雷州营与硇洲营二月初十在广州湾会哨""吴川营与雷州营右营每年九月初十日在广州湾会哨"，会哨指的是各营房兵士及船队的联合出洋巡防，自然是在海面进行。另外，该书还记载："广州湾前临大海，一片沙滩，沙性松浮，难于建造炮台营汛"，"（洋匪）每上岸抢得男妇，即贴字限日，或于雷州所属之涠洲，或于高州所属之广州湾，或于廉州所属之江平各地面，泊船候赎"。

三、广州湾在明嘉靖前的古名考析

广州湾在明嘉靖前的古名应为"九州湾"。

唐代贾耽在《皇华四达记》（已佚失）中记载的"广州通海夷道"如今留存于《新唐书·地理志》中，它详细描述了从中国广州到波斯湾的航程："广州东南海行二百里，至屯门山（今香港新界青山湾），乃帆风西行二日，至九州岛石。又南二日，至象石。又西南三日行，至占不劳山（今越南中部的占婆岛），山在环王国东二百里海中。又南二日行，至陵山（今越南归仁以北的燕子岬）。又一日行，至门毒国（今越南芽庄）。又一日行，至古笪国（今越

135

南庆和省）。又半日行，至奔陀浪洲（今越南藩朗）。又两日行，到军突弄山（昆仑岛）。又五日行，至海硤（即马六甲海峡），蕃人谓之'质'，南北百里，北岸则罗越国（今马来西亚南部），南岸则佛逝国（即古代室利佛逝国，今苏门答腊东南部）。佛逝国东水行四五日，至诃陵国（Java，今印度尼西亚爪哇），南中洲之最大者。又西出硤三日，至葛葛僧祇国（Kakap Sengi，今马六甲海峡南部的不罗尔华群岛Brouwers中的一岛），在佛逝西北隅之别岛，国人多钞暴，乘舶者畏惮之。其北岸则个罗国（今克拉地峡）。个罗西则哥谷罗国（克拉地峡的西海岸）。又从葛葛僧祇四五日行，至胜邓洲（今苏门答腊岛北部东海岸）。又四五日行，至婆露国（即苏门答腊西海岸的婆鲁师洲）。又六日行，至婆国伽蓝洲（今尼科巴群岛）。又北四日行，至师子国（今斯里兰卡），其北海岸距南天竺大岸百里。又西四日行，经没来国（似指今南印度的魁郎），南天竺之最南境。又西北经十余小国，至婆罗门西境。又西北二日行，至拔狄国（似指今布罗奇）。又十日行，经天竺西境小国五，至提狄国（在印度河口西部，今巴基斯坦），其国有弥兰大河，一曰新头河（即印度河），自北渤昆山（似指今中国的昆仑山脉）来，西流至提狄国北，入于海。又自提狄　国西二十日行，经小国二十余，至提罗卢和国（在今伊朗与伊拉克交界的阿巴丹处），一曰罗和异国。国人于海中立华表，夜则置炬其上，使舶人夜行不迷。又西一日行，至乌剌国（即奥波拉），乃大食国之弗里剌河（即幼发拉底河），南入于海。小舟溯流二日，至末罗国（即伊拉克的巴士拉），大食重镇也。又西北陆行千里，至茂门王所都缚达城（即巴格达）。自婆罗门南境从没来国至乌剌国，皆缘海东岸行，其西岸之西皆大食。其西最南谓之三兰国。自三兰国正北二十日行，经小国十余，至设国。又十日行，经小国六七，至萨伊瞿和竭国，当海西岸。又西六七日行，经小国六七，至没巽国。又西北十日行，经小国十余，至拔离謌磨难国。又一日行，至乌剌国，与东岸路合。"

"广州通海夷道"后面的路线与本文无关，我们只考察开始的几段路程。

首先是屯门山。屯门唐代开始形成广州的主要外港之一，扼珠江口交通要冲，是一个天然避风良港。屯门自唐代起驻有军队，主要是防海盗保护商船。凡有外国商舶来广州贸易，必先集聚在屯门，然后才进入广州；广州海舶出洋时亦经过屯门出海。屯门原属东莞，现归香港新界青山湾，今名犹存，无争议。

再看占不劳山：唐代占不劳山，即今占婆岛，这也是没有争议的。（见图6）占婆岛又名劬劳占（越南语：Cù lao Chàm）、占不劳山、不劳山、占毕罗、尖笔罗等。是越南中部的一个群岛，位于广南省会安市以东20公里的南中国海中。

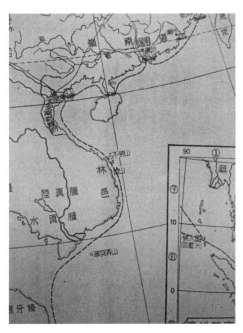

图6 唐代占不劳山位置图

对于象石地名，根据伯希和的考证：海南岛东北角的Taya岛；象石即明代的独珠山，今Tinbosa岛。海南岛东南岸的独珠山，海南史志中称独洲山、独州山，即今万宁市大洲岛。大洲岛即双石，由双岛组成，今名又称燕窝岛、大洲岛。大洲岛有二岛三峰，面积4.36平方公里，主峰高289.3米，是海南沿海最大的岛屿。唐宋以来，一直成为航海的标志。象石地名的来源，可能是因为大洲岛外形有点象大

图7　海南大洲岛（象石）

象，见插图7。对象石地名，国内外学者的意见也基本一致。

　　存疑的是九州岛石地名。法国汉学家、探险家伯希和认为九州岛石就是后来的七洲岛，海南岛东北角的Taya岛，国内一些学者也认同了这一见解。此论笔者不能苟同。首先让我们分析一下广州至象石之间的卫星图：（见图8）

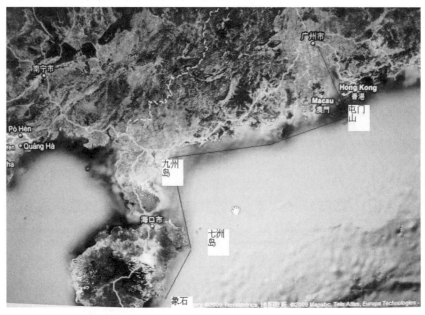

图8　"广州通海夷道"广州至象石段航线图

从图上可见，屯门山至七洲是七洲至象石的航程的3倍，绝不可能同为"二日"程。

七洲列岛由南峙、对帆、赤峙、平峙、狗卵脬、灯峙、北峙等7个岛屿组成，今中国地图上又标作南士、双帆、赤士、平士、丁士、北士7岛。未见过有历史文献称七洲列岛为"九州岛石"。如果航船在东北季风季节由屯门山至七洲岛取坤未针也是可以的，但那就不叫"西行"而应叫"西南南行"了，并非贾耽所描述的航线。

此段航线雷州半岛是必经之路。其实如果稍具航海知识，都会知道屯门山、九州岛石、象石等皆为航线标志，过屯门后"西行二日"的拐点应在今湛江港湾口门外，即南三岛附近。广州西行船到此必须90度调头南下，或经硇州岛，或经东头山左转阿斯德水道经通明港南下，以同样二日程计算南行应可到达万宁外海的象石，即今之大洲岛即双石岛。

从海图上看，屯门山西行至湛江港口门约230海里，湛江港口门南行至象石约210海里，象石西南行至占不劳山约290海里。比例大致上正是2∶2∶3。屯门山至湛江港口门有一股顺岸恒流，海流时速屯门至湛江港口门上半段0.5～0.8海里，下半段0.3～0.5海里，全段日均流速13海里，在同样利用帆风的情况下，顺流行船比其他路段更快一些。明代郑和第三次下西洋的船队，自福建闽江口五虎门开航，航行十日到达占城，[①]亦即占不劳山海域，平均每日达100海里，与上述唐代广州船航速也是相当的。郑和船队由占城七日开抵暹罗国（今泰国），由于顺风，竟每日达130海里。唐代航海家

---

① 见费信《星槎胜览》占城国条。

张支信驾驶双桅帆船东渡日本，也创造过日均135海里的纪录。[①]这
是以帆船先进程度及掌握季风与海流的规律的经验为决定因素的。

那么南三岛历史上与"九州岛石"是否真的有联系呢？

我们已确知南三岛东北有坊都及海域明代以来均叫"广州
湾"，而民间传说中，南三一带古时亦叫"九州湾"。据南三岛族
老陈生说，南三凤辇村旧族谱记载，当地名为"九州湾"。吴川林
召棠道光三年（1823年）癸未科状元及第。皇帝阅其卷未批："今
科得一佳元，一字笔误偏旁，非关学问。"授职翰林院修撰。故老
相传：林召棠廷对时，道光皇帝奇吴川边陲小邑竟出一状元，问吴
川风土地理，林召棠答曰"吴川有千山岭、九州湾、三柏墟。"这
一故事在吴川地流传很广，也间接说明吴川地自古有"九州湾"。

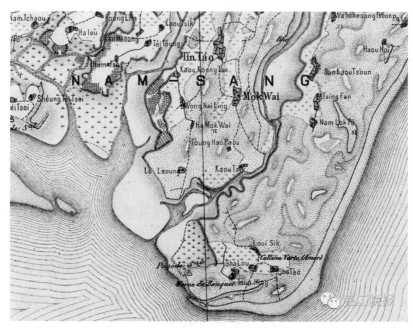

图9　法国人于1908年测绘的广州湾军事地形图

———————

① 见日本·木宫泰彦《中日交通史》。

　　南三岛是新中国成立后才由10个大小洲岛联成的，未筑堤联岛之前，退潮时有些洲岛也是连在一起的，经千多年鉴江口水流冲积，很难再考证古时这一带到底有多少个岛屿。"九"为数之大者，九州岛可能是古时航海水手将此列岛取其大者泛称之。而"九州湾"域名则由此衍生而成。现在南三10岛连同附近的东海岛、硇州岛、特呈岛、东头山等共有十数个岛，东海岛海拔111米高的龙水岭，硇州岛海拔81.6米的马鞍山，南三岛最高处海拔30.5米的大岭，都是最显眼的航海标志，"九州岛石"应当是指广州湾坊都近旁的大岭。（见图9）法国军事地图中右中部高地即大岭，上标有数字"32"，应为当时测量的海拔高度。法国人强租广州湾后，曾在九州湾村坊处建成前后和西前引导灯桩。新中国成立后，湛江商港建设时修复了这些灯桩，因此当地又将灯桩所在的村庄称为"灯塔村"。为海上丝路导航了一千多年的古港"广州湾"，至今仍夜夜辛劳为国内外航船指引航向。

　　（陈立新，原交通部湛江港务局策划发展处处长、湛江市人民政府规划专家组成员，广东省珠江文化研究会学术委员）

Kouang-Tchéou-Wan vu sous l'angle de l'histoire de ports maritimes de la Chine antique

CHEN Lixin

Ancien responsable de Conseil d'administration du Groupe de sociétés du port de Zhajiang, ancien membre de Groupe d'experts de l'aménagement urbain du gouvernement de Zhanjiang

Cet article se compose en trois parties.

La première partie concerne un résumé sur le nom de Kouang-Tchéou-Wan sous les dynasties des Ming et des Qing. L'auteur montre que le nom de Kouang-Tchéou-Wan est apparu sous forme de point de passage pour la première fois dans les chorographies écrites et illustrées de la période Jiajing des Ming. L'apparition fréquente de ce nom est étroitement liée aux défenses navales. Aujourd'hui, on a obtenu de bons résultats dans les études du nom de Kouang-Tchéou-Wan, représentées par RUAN Yingqi, CHEN Ling, TANG Youbo, LONG Ming etc.

Dans la deuxième partie, nous nous intéressons aux raisons de l'apparition fréquente du nom Kouang-Tchéou-Wan dans les chorographies écrites et illustrées. L'auteur montre que sa naissance est liée à la défense navale, particulièrement à partir de la dynastie des Ming et des Qing en basant sur les documents historiques qui font état de noms comme «Shendianwei», «Liangjiatan» pour décrire Kouang-Tchéou-Wan.

Dans la troisième partie, on étudie l'ancien nom de Kouang-Tchéou-Wan avant la période Jiajing de la dynastie des Ming. En analysant les «Routes de navigation étrangères de Guangzhoul» de la dynastie des Tang à l'aide des images satellites, nous observons que la Péninsule de Leizhou est le passage obligé pour la route de la soie maritime. Anciennement connu sous le nom de «Jiuzhouwan», Kouang-Tchéou-Wan qui se trouve au milieu de la Péninsule est le point primordial de la route de la soie maritime depuis la dynastie des Tang. Cela fait déjà 1300 ans que la «pierre de l'île de Jiuzhou» est considérée comme le point de repère pour la navigation sur la route de la soie maritime. Les phares construits à Kouang-Tchéou-Wan par les Français il y a une centaine d'années et remis en état au cours de la construction du port commercial de Zhanjiang de la Chine nouvelle jouent encore un rôle important dans la navigation maritime.

(CHEN Lixin, ancien directeur du Service de la Planification et Développement, Administration Portuaire de Zhanjiang)

（北京城市学院　董嘉硕译）

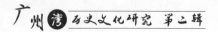

The glorious beginning and dismal end of the French frigate "l'Amphitrite"

［USA］ Joel Montague， ［CHN］ Angel Xiao

Acknowledgements

This monograph has been possible largely through the cooperation and advice of many individuals–far too many to thank personally. That having been said, we would like to single out a very few whose assistance was essential for the completion of our research. Of great importance was the information from David Eltis at the Transatlantic Slave Trade database at Emory University in Atlanta, GA whose records on the latter years of the "l'Amphitrite" are important. The materials provided by Marie-Helene Taisne, Bibliothecaire documentaliste, Service Recherche, Musee Nationale de la Marine, Paris were incredibly important as she provided considerable detail on both the French frigates named the "l'Amphitrite" as well as leads to other valuable information and citations on French sailing vessels. Thanks also to Michel Petard for his advice on French naval officers' uniforms between 1697 and 1702. The Musee Dobree de Nantes provided wonderful illustrations from "La soie et le canon." Christian Regnier, M.D., a noted authority on the various diseases afflicting sailors and others in the early years of the slave trade, was valuable. Among other useful information, he provided was a wonderful table by Sol Tejada compiled from the "Archives of

Argentina" on the slave ships that debarked slaves in Buenos Aires. Patrick Conner helped find an image of Canton with the French factory showing the French (white) flag–the French flag from pre-revolutionary times. Thanks to Ms. Shannon Edwards at the National Museum of the Royal Navy for her advice on the Amphitrite when it was under the overall command of the flotilla of Dugay Trouin. Max Guerout provided extraordinarily valuable information on the demise of the "l'Amphitrite" in Latin America in two letters with reference to rare information on the last days of the "l'Amphitrite." Both Angel and I appreciate the encouragement of the Curator of the Chinese National Museum in Zhanjiang and the Chairman and members of the Kouang-Tcheou-Wan Historical Association. The authors are unable to overstate the tremendous assistance of the Interlibrary Loan department of the Wellesley Free Library which brought in much of the essential literature seen in the bibliography of this book.

The translation of French documents was left in the hands of superbly qualified Marie-Helene Arnauld. Thanks to Lorraine Maxwell as usual yet once again for typing and editorial assistance, Jason Tranchida for design and wise advice and lastly, to Jim Mizerski, an authority on historic images and oft-time co-author.

Table of Contents

Acknowledgements

1. Introduction: The historical importance of the French frigate, the "l'Amphitrite" which made two "officially" sanctioned trips to mainland

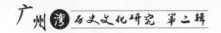

China: 1698-1702

    2．What factors gave impetus to these two remarkable voyages?

- The intense interest in China by King Louis XIV

- The privatization of the French navy

- The potential for French trade and cultural exchange with China and vice-versa

- The very key role played by the Jesuits in overcoming Chinese diplomatic and commercial barriers to opening up French commerce with mainland China

    3．The construction and early service of the "l'Amphitrite"

- The history of the "l'Amphitrite"

- The officers and crew

- Cargo of the "l'Amphitrite" on its return voyage from China in 1702

    4．The two important occasions in the twentieth century when the second voyage of the Amphitrite to Chinas was recalled by French authorities to justify its territorial hegemony in Kouang-Tcheou-Wan

    5．The demise of the "l'Amphitrite"

- The return of the "l'Amphitrite" to service in the French Royal Navy

- The slave trade and the "l'Amphitrite's" role in it

    6．The sorry end of the "l'Amphitrite"

    7．Conclusion

Bibliography

Plates

● List of plates

1. French Frigate 1672–1674.

2. Light French frigate in full sail.

3. King Louis XIV.

4. Emperor Kangxi.

5. Cover of Gio Ghirardini's book on the first voyage of the Amphitrite 1698.

6. Earliest painting of the harbor of Canton.

7. Painting of Canton with its "French" factories showing a white French flag of the time.

8. French "factory" staff in Canton.

9. The Amphitrite "look-alike."

10. Image of the "l'Amphitrite" as depicted on the monument in Zhanjiang.

11. Uniform of a French naval officer at the end of the eighteenth century.

12. Monument to the Amphitrite inaugurated on the occasion of the Japanese visit to Kouang-Tcheou-Wan in 1940.

13. Portrait of Duguay Trouin.

14. Map of Buenos Aires.

PLATES FOR APPENDIX:

A. The earliest detailed map made by the French of Kouang-Tcheou-Wan. Rene de Cosquer. "De la baie d'Along a Quang-Tcheou-Wan en 1899."

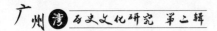

B．Modern map of Morne de Bouquet.

C．The pagoda at Morne de Bouquet.

D．The pagoda at Morne de Bouquet.

E．The beach at Morne de Bouquet.

F．The authors and those responsible for the pagoda.

1．Introduction: The historical importance of the French frigate, the "l'Amphitrite" which made two officially sanctioned trips to mainland China: 1698-1702

The first French commercial vessel known to go directly to a port in mainland China was a naval frigate on loan to the private commercial sector in France. (See Plates 1 and 2, typical French frigates in the late 1600s). It was named the "l'Amphitrite," the name of a mythological sea goddess. It sailed from the port of La Rochelle on the French Atlantic coast on the 6th of March 1697 bound for Canton in China. It was under the command of a member of the French nobility, the Chevalier de la Roque. It returned to France on the 26th of January 1700 with a sumptuous cargo of exotic and valuable Chinese goods of all kinds. These were all totally in vogue in Europe at that time and thus quickly auctioned. Six months later, with a new captain (Froger de la Rigaudiere) in command, the "l'Amphitrite" sailed yet once again to Canton and after many difficulties and delays returned to France on the 17th of August 1703 with another very fine cargo of goods. During its second voyage, there was a six month hiatus as the vessel was almost totally crippled having lost its masts in a series of dreadful storms off the coast of China.

With good fortune, it took refuge in a tiny cove on an island in what was then called the Bay of "Kouang-fou" in the province of "Kouang-Toun."Ultimately, the masts were located, towed with considerable difficulty to the vessel which was grounded on the beach and there, on the spot, its masts were put in place. The "l'Amphitrite" then completed its much delayed voyage to Canton. This cove, well protected and strategically located, was later, BY PURE CHANCE, to become part of a 400 square kilometer French leasehold in China which became known as Kouang-Tcheou-Wan after a French invasion of the territory in 1898. The entire territory leased from the Chinese (Kouang-Tcheou-Wan), now some 300 years later, in a totally free and independent China, comes under the municipal jurisdiction of the area known as Zhanjiang in Guangdong Province in southeastern China.

Although these two difficult but momentous voyages of the "l'Amphitrite", mentioned above, are now long forgotten, they can, if recalled, be easily seen as a glorious page in French naval and commercial history for the French vessels' owners and operators, the "Compagnie Royale de la Chine" whose extraordinary courage and determination, opened up, for the first time, formal diplomatic relations between the French King (Louis XIV) (See Plate 3) and the Chinese Emperor of the time, Kangxi (1661-1722) (See Plate 4). The vessel's two voyages also paved the way for the gradual growth of formal commercial relations between China and France. Interestingly enough, the "l'Amphitrite," which had been leased from the navy for commercial purposes, besides its crew, carried as passengers on both voyages to

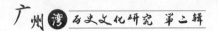

China a contingent of learned Jesuit (Catholic) priests, who in the guise of providing much desired technical assistance to the Chinese court in mathematics and other skills, were subtly at work on the evangelization of the Chinese. The leaders among the Jesuits, because of their vast knowledge about China and their fluency in Chinese, were largely responsible for promoting and then managing France's initial diplomatic relations with the Chinese on both of the "l'Amphitrite's" voyages. Indeed, the Jesuits can be credited for much of what was initially achieved on the commercial and diplomatic fronts for France in China. What do we know of this famous ship, the "l'Amphitrite", of whose two voyages to China the British wrote with admiration, "The French were in the first rank in breaking down the barriers of Asia which have kept China isolated for 300 years"? ①

2. What factors gave impetus to these two remarkable voyages to China?

Given the profound interest that the Chinese academics now have in the extraordinary dismemberment of coastal China by many of the great foreign powers (including the United States) in the 18th and 19th centuries,② the now yet once again forgotten history of the two voyages of the "l'Amphitrite" appear of some considerable interest for

---

① See Francois Froger, *A Journal of the first French embassy to China, 1698-1700*, Saxe Bannister trans. London: T. C. Newby, 1859, p. xxxix.

② *Robert Neald, China's foreign places: the foreign presence in China in the treaty ports era, 1840-1943. Hong Kong: Hong Kong University Press, 2015.*

they represented the beginning of what became a bitter contest over hegemony in China between France and England and more importantly, they unknowingly perhaps at that time planted the earliest seeds of what became a huge French imperialistic venture in much of Southeast Asia and China centuries later. For this very reason and perhaps some others, it is worthwhile to add details and new accounts of French inroads into China and of course, all the many voyages of this obscure vessel, the "l'Amphitrite", in both its "China years" and well afterwards.

To start with, at the very beginning of the ship's career and well before it was launched, there was indeed a very strange and complicated convergence of events in France and in Europe (in the 1680s) which made the two trips to China by the "l'Amphitrite" virtually inevitable. The four factors of importance follow:

• The intense interest in China by King Louis XIV

The first and most important of all factors prompting and then enabling the two voyages by the "l'Amphitrite" to China was the growing fascination among the nobility in France and indeed in the rest of Europe with China in the seventeenth century and well before that.[1] Louis XIV and his court were besotted with thoughts about China and its culture. Strange as it might seem, Louis XIV was dubbed the "most Christian King of France" and it was he who turned to the Catholic order

---

[1]   See H. Belevich-Stankevich. *Le gout Chinois au France ou Tempe de Louis XIV*. Paris, 1910.

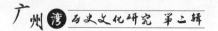

(the Jesuits), who were already engaged in Southeast Asia and in China, to help satisfy his interest. Not only was the King interested in promoting Catholicism, which in his old age and profligacy may have seemed important to him, but he more importantly badly wanted commercial and diplomatic ties with China which, like France, was an important monarchy. His very capable Secretary of the Navy (Colbert) also for much of his own reign was determined that France would play a major role in the opening up of China to France and the West and in so doing learning from its Chinese savants and at the same time imparting western wisdom and religion to the largest, most sophisticated, but then largely unknown country in the world.

• The privatization of the French Navy

Louis XIV reigned over France for 72 years. Throughout his reign, he wished to enhance the maritime power of his kingdom; to defend its coasts from marauders and invaders; and to develop trading links with the world. As a result, Louis XIV undertook a number of obvious but dramatic measures to improve the size and capabilities of his navy. One of them was that he ordered the creation of an entirely new naval dockyard on the Atlantic coast. The site chosen was Rochefort, then in the 1600s, a tiny coastal village centrally located on the Atlantic coast where it was well protected by small islands and was linked by the Charent River to inland forests planted to supply wood for shipbuilding. Partly as a result of his enormous efforts, by 1690 the French Royal Navy boasted the largest fleet in Europe with 110 "ships of the line" (warships) and 690 other vessels of various sorts crewed by 100,000 men. Indeed, as a result of the King's zeal from 1666 and well into the next century, some 1300 ships were built and commissioned at the port of Rochefort alone and one of those vessels by happenstance, was the frigate, the "l'Amphitrite", whose marine vicissitudes are the subject of this monograph.[1]

However, the King it turned out had a major problem with his Royal Navy which became dramatically apparent in the 1690s. The problem was that notwithstanding the maritime and military ambitions of the King, the French Government, rich in vessels and sailors, was actually bankrupt! The perilous state of French finances in the 1690s was at least partly the result of the nation's many wars and other important factors but of course, aggravated by the excesses of the King himself at Versailles. In sum, as a result of the budgetary crisis, the mighty French Royal Navy was largely "laid up" after 1692.[2] This particular dilemma is a factor almost entirely overlooked by historians pondering the why and how of the initial overtures related to China by the King took place and in the somewhat bizarre fashion which they did. Not only could Louis XIV not afford to build new warships in the 1690s, he could not find the money to support his navy or to fit out those vessels he had already built or was building. It became imperative for him to find another way to

---

[1]　Details are provided in Maria-Martin Acerra, *Rochefort et la Construction Navale Francaise, 1661-1815*. Vol. 2. Thesis: 16 Nov. 1992. University of Paris IV, Sorbonne.

[2]　Geoffrey Symcox, *The Crisis of French Sea Power 1688-1697: From the Guerre D'Escadre to the Guerre de Course*. The Hague: Martinus Nijhoff, 1974.

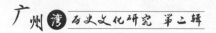

be the great naval power that the French navy had been and one which might still cause fear and trembling among his enemies without having actually having to financially support the existing navy, his navy, by the French Government's depleted budget.

The solution found was a novel, dramatic and calculated movement away from what was then called the "guerre d'escadre," that is traditional warfare, in which large fleets with larger and larger well-armed naval vessels often engaged in huge battles. This new tactic devised was called a "guerre de course" which was based upon the premise that France could achieve victory over its enemies through a sort of commercial domination through the utilization of armed vessels which were in effect leased out by the Royal Navy to the private sector to do battle and/or engage in commerce. This "guerre de course" (a "public private" partnership, if you will) took two basic forms though there were many, many variations: either the ships of the fleet were contracted to the private sector and leased to single contractors or small squadrons with some lighter more maneuverable vessels (such as frigates) utilized to raid enemy commerce. This activity often included the capture and re-naming of enemy ships which were then put into the service of the French navy. Alternatively, lighter, well-armed naval vessels were sometimes contracted out to private entrepreneurs for mercantile purposes with part of the profits in all instances going to the Palace. Not only were vessels which were laid up utilized for this new and less costly adventure in sea warfare (often just "piracy," if you will) but private commercial investments even helped to build a substantial number of (new) ships of the line (naval vessels) including less well armed vessels then and now called frigates, a byproduct of huge growth of French mercantile power particularly in the coastal areas.

- **The potential for French trade and cultural exchange with China and vice-versa**

Another factor promoting French interest in the hitherto unknown China is that it was seen by French entrepreneurs as potentially fertile ground for possible commercial expansion for both China and France.

In the early seventeenth century, the Dutch and the English had already tried to gain trading routes with China as the Portuguese had already done in Macau, but the Chinese rulers denied regular access to European vessels to mainland China itself. Slowly, the Chinese and the European powers began to negotiate regular terms of trade at several different ports on the mainland. However, by the early eighteenth century, the port of Canton had emerged as potentially the most convenient site for both the Chinese and foreigners. (See Plates 6, 7, 8 for images of Canton.) The importance of Canton for trade with China and the European nations cannot be overstated. It soon became a major sole gateway to the Chinese mainland for the Europe.

Canton was visited twice by the "l'Amphitrite." The city was described (translated from the French) in those very early years as follows by a member of the crew of the "l'Amphitrite" in the 1690s. Canton, also called Kouangchou or Kouang-ning, is the capital city of the province to which it gives its name; Canton is enclosed by very high

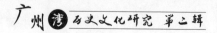

mountains on the eastern, northern and western side, and, on the southern side, by a big river along which it is located. The river is divided in several arms which run into the sea along an infinity of canals, five or six leagues from the town. Canton did not seem to me to be more than three or four leagues in circumference, including the suburbs which are very big and enclosed with a wall too, on the inland side. It is surrounded by a wall along which are four or five castles or kinds of forts strategically placed on the slopes of very high and steep mountains whose roads are almost inaccessible on the side of the river. It is protected by a double wall fortified by very high and thick crenelated towers with cannons on top of them. There are two other forts in the middle of the river, in just as bad a state as the rest of them. The town's streets are long, narrow, badly paved and flooded when it is raining; most of them are covered with 'niches' to protect the inhabitants from the heat of the sun; the merchants' shops are at ground level, are almost the same size and stocked with the types of goods which can be found in China. They are painted in different colors and quite clean, just as those which can be seen in the arcades of Palais-Royal in Paris, or in the streets of the fair in Saint-Germain. In the town there are a large number of pagodas, three of them were magnificently built; there are also some very pretty houses of Mandarins; the ones for the inhabitants are more basic, they have only one floor. The town is extremely populated, most people who have lived there happily say that it is as populated as Paris; I do not agree with them.[1]

It should be noted the Chinese court at that time favored foreign trade of all sorts with Canton as long as it was conducted in a stable and predictable fashion under government regulations. They appointed the superintendent of customs, or "hoppo," as the official responsible for collecting customs duties and managing orderly trade in China. Since the Cantonese had over a century of commercial experience dealing with the Portuguese in Macau, they could take care of the new arrivals to mainland China without much difficulty. Still, even with an identifiable port open for trade on the mainland, getting ships there and back to Europe was still perilous principally because of the constraints of weather and winds, unpredictable shoals and of course pirates which preyed upon poorly armed or unarmed merchant ships with impunity and Chinese customs bureaucracy.

• The very key role played by the Jesuits in overcoming Chinese diplomatic and commercial barriers to opening up French commerce with mainland China

The project which Louis XIV's Secretary of the Navy Colbert had had to send missionaries with special skills of all sorts to the other side of the world to promote France had in the instance of China only been carried out well after his death. In 1687, the Jesuit Father Le Comte, left Siam (where the Jesuits were ensconced) for China, the "Celestial

---

① Claudius Madrolle, *Les premiere voyages francaises a le Chine: La compagnies de la Chine 1698-1719*. Paris: Challamel, 1901, p. 73 and 77. Translated from the French.

Empire," as it was known. There in China he set up the Observatory of Peking and equipped it with an armillary sphere, an equinoctial sphere, an azimuthal horizon, all mounted on symbolic dragons. Indeed in China, the Jesuits played the unique role of introducing the West to the East. As one scholar concluded, "They learned to speak Chinese fluently and write classical Chinese; the language used by the scholarly class. Although they had arrived in China with the purpose of bringing the Christian message to the vast empire, the Jesuits were remembered especially by the Chinese, more for their role in transmitting contemporary European science to the foreign land than for their religious messages. Science was, as the foreigners realized, the best way through which they could impress the Chinese *literati*. In doing this, the Jesuits hoped that the Chinese would become interested in the religion that they had brought with them as well. Science was the bait that the missionaries used to guide the Chinese to the Christian faith. The most important goal for the Jesuits was the conversion of the people."[1] The Jesuits' knowledge in optics, geography, mathematics and astronomy won them the favor of the then Emperor Kang-xi, to the extent that a certain Jesuit Father Bouvet, who had gained extraordinary favor with the Chinese Emperor for his good works and acting on his behalf, was sent back to France by the Emperor with the Chinese title of "Imperial Delegate" to recruit new Jesuit scientists to bring European knowledge to China. Those chosen to

---

[1]　Hui Li, "Jesuit Missionaries and the Transmission of Christianity and European Knowledge in China." In *Transnational Encounters in Asia*, Vol.4. Emory College, Department of History, not dated, Unpaged.

return were six Jesuits quickly nominated as members of the "Academy of Science." Among those chosen to go to China was an Italian painter, Giovani Ghirardini, well-known among Jesuits for having shown his talent in the decoration of their church in Nevers, France and their library in Paris. His book on his trip to China became a "best seller."[1]

But how were they going to get to China? The French East India Company ("La Compagnie des Indes"), the trading company entrusted with a trading monopoly in the Far East and set up for purely commercial purposes, refused to carry the Jesuits to China despite the promise of the Jesuit "Imperial Delegate" (mentioned previously) that their company would receive a trading post in China if they did. A quandary! To solve the problem, a new organization (the "Compagnie Royale de la Chine") with assets of half a million from rich backers was created. An arrangement with the French East India Company, dated 4th January 1698, was made that assured them the monopoly of the trade with China, although it was limited to two trips only, for direct trade with the mainland.[2]

Although the French King wanted to establish diplomatic relations with China and the commercial sector was of course interested in trade and the naval vessels (which could be leased) were available for

---

[1] Ghiradini's book on his voyage to France on the "l'Amphitrite" is described in detail in *Giradini:Relation du voyage fait a la Chine sur le vasseau l'Amphitrite en l'annee 1698*. Paris, 1700. Also see Plate 5.

[2] Charles de la Ronciere. *History of the French Royal Navy in the South Seas*, 3rd ed., Paris: Librairie Plon, 1932.

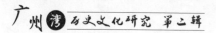

trade with China, there remained a major bureaucratic problem to his taking the first step. This was the Chinese Emperor would not provide Chinese goods and services to any foreign merchantmen without the owners of the vessels first adhering to strict protocol which meant that first a formal request from the head of that nation involved (in this case France) to initiate commerce had to be made and that request in this case had to come from the French King himself.[1] The French King was reluctant to give permission as it appeared that the King's ministers did not believe at all that the Chinese could have insisted on such a strange protocol[2] and they felt it was a ruse by Father Bouvet to get free passage for his Jesuits. Yet, the Jesuits indeed said the Chinese protocol was strict. There was indeed, they said, a Chinese law establishing that the Emperor himself neither sent either presents or a mission to any prince as (in doing so) they would be equal or allied in rank to him and that the Emperor received presents from other princes (or kings) elsewhere only as homage or as tribute that inferior powers could render to him.

The problem was solved as the Jesuit fathers on their first visit to China on the "l'Amphitrite" (a visit which we will describe later in this text) pretended when they went to China that the "l'Amphitrite" was officially the King's vessel which Louis XIV had himself sent to China with the Jesuits on board. In short, the vessel could not be seen by the

①   Claudius Madrolle, *Les premiere voyages francaises a le Chine: La compagnies de la Chine 1698-1719*. Paris: Challamel, 1901, p. 68.

②   Paul Pelliot,"L'origine des relations de la France avec la Chine: Le premiere voyages de 'l'Amphitrite' en Chine", *Journal des savants*(Paris), 1928 décembre, p.450.

Emperor as a mere commercial vessel (which it was) but rather a vessel bringing tribute to the Emperor (which it did). The wily Jesuit Father Bouvet, on the second journey of the "l'Amphitrite", made a point of confirming what their predecessors on the first voyage had declared, namely, that they too actually were sent by the French King although they were (besides bring gifts to the Emperor) picking up huge quantities of goods and bringing them back to France. It is also certain that all the Jesuits who took up positions in China and the gifts sent in the two journeys of the "l'Amphitrite" that arrived in China, were presented under the name of the French King although it appears that the French King had no idea that this duplicity was going on. Father Bouvet, confirming his subterfuge, insisted that the gifts which he took to Peking were entitled "Presents sent by the King of France to the Emperor of China," and at the top of the list there was a large portrait of the King. There were gifts of also Damascened sabers and pistols and muskets, magnificent clocks, golden-framed mirrors and numerous books from the King's own library.

The upshot of this ruse was the Chinese Emperor felt his requirements had been met at the time of the first trip of the "l'Amphitrite" to China and gave the French company the right to buy a house in Canton (to establish what was known as a "factory" for trading purposes) and the Emperor accepted the presents given to him as tribute though a careful reading of the literature on the first voyage by ourselves would lead us to believe that the Emperor suspected a ruse so his permission for the "l'Amphitrite" to ship goods back to France had to be given somewhat secretly and the presents were given to the Emperor via the mandarins.[①]

Francois Froger, a ship captain and scholar, sums up the duplicitous machinations surrounding the vessel's two trips to China quite nicely:"In fact, the mounting of this operation rested on a continuation of misunderstandings: Jourdan (the main investor in the voyage) armed his frigate because he was counting on earning money; Louis 14th wanted the 'l'Amphitrite' to remain a simple merchant ship; Father Bouvet, for the prestige of his mission, presented it (the 'l'Amphitrite') as a Crown vessel, and the Chinese regarded it as a *gonchuan*, that is a tributary vessel. The distance between the different protagonists, their complementary vessels and Father Bouvet's diplomatic skill allowed the project to be realized."[②] In short, there was a masterful piece of treachery from which all the parties involved benefited in one way or another.

1. The construction and early service of the "l'Amphitrite"

• The History of the "l'Amphitrite"

It is quite clear that the captain, crew, owners' representatives and the Jesuit passengers of the "l'Amphitrite" must have been and were indeed, if the literature about the two voyages is to be believed, quite exceptional and remarkably intrepid. They were brave, long-suffering,

---

① Francois Froger, *A Journal of the first French embassy to China, 1698-1700*, Saxe Bannister trans. London: T. C. Newby, 1859, p. 134.

② Francois Froger, *A Journal of the first French embassy to China, 1698-1700*, Saxe Bannister trans. London: T. C. Newby, 1859, p. 1.

innovative, loyal and of course crafty. But what about the ship itself which had been drafted into representing France on two somewhat perilous voyages? The vessel chosen by the commercial powers was and is called in naval parlance a frigate. It was a perfect choice. A somewhat smaller vessel of war, thus a middle-sized warship, it was an ideal compromise between a merchant ship and a large warship with many canons on three tiers. In effect, it was a well-armed merchant ship.

The "l'Amphitrite" we write about was at the start of its naval career listed as a fourth rank vessel, built in Rochefort in 1696 by master ship-builder Pierre Masson, with a capacity of 510 tons, measuring 122 feet long by 32 feet wide and drawing between 13 and 15 feet and 6 inches of water. Equipped with about 42 to 44 guns (between 20 and 22 cannons weighing 12 pounds, 22 eight pound cannons, 2 four pound cannons) and armed later on with 30 to 34 guns. It had a crew made up of 240 men plus between 130 and 200 men to man the cannons.[1]

As one might expect there is no image of the "l'Amphitrite" in the French maritime archives.The authority on naval vessels at the National Marine Museum in Paris[2] suggests that the "l'Amphitrite" constructed in Rochefort (the "l'Amphitrite" used in the China trades mentioned by us above was quite similar to another vessel with exactly the same name

---

[1]　Jean Boudriot and Hubert Berti, *The History of the French Frigate, 1650-1850*, English Translation By David H Roberts, Jean Boudriot Publications, England, East Sussex: Jean Boudriot Publications, 1993, p.398.

[2]　Letter from Marie-Helene Taisne, Bibliothecaire documentaliste, Service Recherche Musee Nationale de la Marine, 5th December 2013, providing details on both Amphitrites.

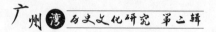

which was built in Dunkirk soon after. The sketch of the "l'Amphitrite" constructed in Dunkirk (which we include herewith) it seems is a "virtual look-alike" of the "l'Amphitrite" built in La Rochelle (used in the China trade) but it was built in 1700. The previously cited authority (her letter translated from the French) states, "You can suppose that these two ships might have had similar plans but not exactly the same." The vessel built in Dunkirk, also the "l'Amphitrite", had an overall length of 116 feet with a gun deck armed with 20 twelve pounder cannons and an upper deck armed with 28 pounders. (See Plate 9 for the "l'Amphitrite" "look-alike." See also image 10, the "l'Amphitrite" on an important monument in Zhanjiang, China.)

• The officers and crew of the l'Amphitrite

For the purposes of this monograph, the most interesting of the officers on the "l'Amphitrite" in the second voyage was its commander, namely, Froger de la Rigaudiere, who was a first mate on the first voyage. He was obviously an individual of very considerable skill and fortitude and may have, and it seems he was, responsible for drawing a detailed map of the Chinese coast between Canton and Tonkin, a map which he drew after his first voyage. He made no detailed map, that we know of, of the territory that became Kouang-Tcheou-Wan though the French authorities (Madrolle) claimed that he did and stated that a copy was available.

A generalization about the officers of the "l'Amphitrite" might be as follows though the quote is actually about naval officers on active duty rather than naval officers working on contract in the private sector. "Like their men, the officers who commanded Louis XIV's ships were tough and hard-bitten, frequently arrogant and heedless of authority ... The higher nobility were not represented in the naval office corps ... for most grandees preferred to serve in the Army, traditionally the more prestigious branch of the Armed Forces."[a] In this particular instance, we may assume that the captains or rather those in charge of the "l'Amphitrite" on both voyages were actually naval officers on loan to the private sector and thus perhaps individuals who when meeting with Chinese mandarins were likely to have dressed resplendently in some sort of naval uniform. (See Plate 11 for the uniform of a French naval officer – something possibly worn by the "l'Amphitrite's" first officer.)

In terms of the lives of ordinary sailors, such as those on board the "l'Amphitrite", life was extremely hard. The names of those crew members who died in the service of the "l'Amphitrite" are unknown. A rough estimate by the author based on the literature in both voyages would lead us to conclude that at least a dozen men died on the two voyages, either through accidents or sickness. The same number deserted at ports of call. There was an attempted mutiny on the second voyage during which one officer was killed. Dr. Regnier discussing the sanitary and health conditions on these French naval vessels (presumably somewhat better than those in private commercial vessels) acidly notes,

---

① Geoffrey Symcox, *The Crisis of French Sea Power 1688-1697: From the Guerre D'Escadre to the Guerre de Course.* The Hague: Martinus Nijhoff, 1974, pp. 23-25.

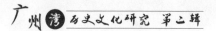

"Hygiene was woeful. Rationing of fresh water meant sailors could wash neither their bodies nor their clothes. They slept in steerage, cramped quarters choked with the stench from buckets of excrement. Poor preservation of food and drinking water, lack of space for foodstuffs, often led to shortages at sea. Atlantic crossings were interminable, since a squadron of ships could sail no faster than its feeblest laggard. With no ports of call to take on supplies, want of fresh produce led to vitamin deficiencies, first and foremost scurvy. And to add insult to injury, unlike Spanish sailors, who were issued with warm woolen clothes, French mariners had slow-drying linen garments which soon wore out. Captains reported that by the end of a long voyage their men were in rags, chilled by the rain and cold. On arrival, the sailors, their immune defenses already much weakened, fell victim to endemic and parasitic diseases."[1]

In sum, the two voyages of the "l'Amphitrite" to China were amazingly successful in spite of multiple hazards, delays, pirates, trouble between the owners and the ship's officers and misunderstandings with the Chinese as well as friction between the ship's officers and the Jesuits. Not to be discounted was the incipient rivalry between France and England with each nation wishing to be the first to initiate commerce on the Chinese mainland. An example of the rivalry between the French and the British was as follows: When the French were on the mainland in

---

① Christian Regnier, "Sickness and health on the high seas in the 18th century: The Former Rochefort School of Naval Medicine and the birth of the French Navy Health Service", www.medicographia.com, 2013. (https://www.medicographia.com/2013/04/a-touch-of-france-sickness-and-health-on-the-high-seas-in-the-18th-century/)

1699, some English from a British vessel which had not yet been given permission to trade in China went ashore to pitch a tent. "The French sent several boats against them, containing near 80 men, ... who beat them most unmercifully ... the French captain stood on the stern gallery of the ship and called to his men to beat them more... to kill the dogs if they were resisted."[1] Some idea of the sumptuous cargo brought to France from China on the second voyage follows in the next section. Also, the Jesuits were delivered free of charge to China as planned and diplomatic relations were established between China and France largely because of their hard work. The company that sponsored or rather allowed the trip in the first place financed 11 more voyages to China with other vessels prior to 1713. Unhappily, largely because of internal religious dissensions in Europe, the Jesuits had to withdraw and the Chinese authorities became increasingly suspicious of their motives. Unhappily also over time, the British came to dominate the "China trade," not the French. Part of the reason was the British had a huge appetite for tea and in those days, it came from China.

• Cargo of the "l'Amphitrite" on its return voyage from China in 1702

The cargo brought back to France on the second voyage of the "l'Amphitrite" (1701-1703) was quite impressive. Besides copper, raw

---

[1]   E.H.Pritchard, "The Struggle for Control of the China Trade during the Eighteenth Century ", in *Pacific Historical Review*, Vol.3,No.3 (Sep.,1934, University of California Press), p.283.

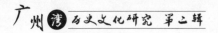

silk, tea and drugs, there were 93 crates of china, 45 crates of folding screens, 22 crates of varnish cabinets, 12 crates of lanterns, 4 crates of fans, 7 coffers of embroidery, beds, perfumes and gowns, and 1 crate full of samples or displays of china and varnish boxes (note 2), clothes and dressing gowns, 1 crate full of samples of china and boxes of varnish. The "l'Amphitrite" was also carrying the effects left behind in Canton at the time of the first journey, among which were 30 crates of china, 35 crates of varnish cabinets, 1 crate of enameled copper of Nankin, and 2 crates containing the presents of the Tsong-to (2 bows with 2 quivers filled with arrows and all their set), 1 saddle with its Chinese style harness, 2 swords made of golden copper, 4 pieces of old china. The Jesuits, for their part, sent 19 crates of china, 8 or 9 crates of raw silk and silk material.[a]

1．The two important occasions in the twentieth century when the second voyage of the "l'Amphitrite" to China were recalled by France to justify its territorial hegemony in Kouang-Tcheou-Wan

Not surprisingly, there have only been two (relatively recent) occasions when the just- mentioned two pioneering voyages of the "l'Amphitrite" (1697-1702) were resurrected from their totally obscure past for the world (or more accurately Europeans and then Japanese) to remember and properly admire.

---

① H. Blevich-Stankevich, *Le gout chinois en France au temps du Louis XIV*. Paris, 1910, p. 67.

In both instances, the modern recollection of the ship's two early voyages to China were part of a larger twentieth century imperial agenda by France in Indochina and China. The first and less significant instance was at the time when the French had just occupied (with considerable bloodshed) and then leased (rented) the very same territory near where the "l'Amphitrite" had taken refuge 200 years previously. There was at that time in 1898 some muted fuss recalling the second voyage by the "l'Amphitrite" by the French as a way of a justifying their initial occupation and the leasing from China of what became known as the leasehold of Kouang-Tcheou-Wan.[1] (The actual motives for the conquest of the territory were France's interest in having a naval base and coaling station somewhat near French Indochina; France's jealousy of the successful British leasehold in Hong Kong; and the race by all the great powers subsequent to the Boxer Rebellion to control coastal cities in China because of their potential for commerce.)

These colonial musings showing France's ancient ties with China as an excuse for invading China were made at the time by the great scholar and explorer, Madrolle. In his writings at the turn of the twentieth century he pointed specifically to the second of the two voyages of the "l'Amphitrite" as somehow paving the way for the French invasion 200 years after the "l'Amphitrite's" unhappy visit when it was a de-masted vessel in the very same geographic area. Madrolle wrote that the

---

[1]　Cl. Claudius Madrolle, Lei-K'Ioung Tao, *L'Empire de Chine. Hai-Nan et la cote continentale voisine*. Ouvrage contenant plusieurs planches et un preface par Le Cte R. De Marguerye, Paris, Augustin Challamel, Editeur, Librairie Maritime et Coloniale, 1900, p.33.

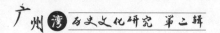

crew had mapped and "made the name of France known on the littoral so that the descendants of the great Chinese Emperor would feel that it (what became Kouang-Tcheou-Wan) belonged to France." Madrolle felt that the French had in effect staked out some sort of vacuous moral, if not legal, claim to that very territory because they had mapped it 200 years earlier! Inasmuch as the map in question said to have been drawn by the ship's officers (principally Froger) of Kouang-Tcheou-Wan, has apparently been lost or perhaps more charitably, cannot be found, it seems possible that it never existed. Indeed, there is nothing in the voluminous literature of these two voyages by the "l'Amphitrite" which leads one to believe that the captain and his business colleagues in those early years when the ship was stranded far from their destination (Canton) had any interest of any sort in staking a claim in China for France in that particular area at that particular time. What the representatives of the vessel's owners on the ship and the ship's captain wanted was to be on their way to Canton to deliver gifts purported to have been sent to the Chinese Emperor from Louis XIV and after that to carry back Chinese goods to France for sale. There was no other agenda. In short, Madrolle's claims that somehow Captain Froger de la Rigaudiere had the foresight to see that there would be a French empire in Indochina almost 200 years later than when he was on the beach on his way to Canton appear quite bogus and an obvious example of revisionist history.

The second and far more important occasion when the memory of the two visits by the "l'Amphitrite" to China was resurrected was on the 21st of November 1940. At that time, a courageous (if not outrageous) ploy took place by the French in the port city of Kouang-Tcheou-Wan (Fort Bayard,) the then-capital of the leased territory. (See Plate 12 for photographs taken on the occasion of the Japanese visit to Kouang-Tcheou-Wan in 1940.) On that particular occasion, the new Governor General of Indochina (Admiral Decoux, based in Hanoi in what is now Vietnam) who had been named by Marshall Petain, the leader of Vichy France, flew into Fort Bayard to meet the high level Japanese delegation. In the port, facing the sea, the French Governor-General inaugurated a splendid monument paying homage to the frigate of King Louis XIV, the "l'Amphitrite". On the monument, there were two bronze plaques, one of which contained the image of then totally forgotten frigate. The other plaque listed the names of the senior members of the crew who had participated in the second and it read (translated from the French): "The 'l'Amphitrite' of the 'Compagnie Royale de la Chine' was the first French vessel sent to China where it lay awaiting new masts from 16 November 1701 to May 1702."

The objective of the French at that time was to prevent or delay the takeover of the French leasehold (Kouang-Tcheou-Wan) by the Japanese invaders of China by resurrecting the memory of what they said was a long French history in China in that territory (Kouang-Tcheou-Wan) then in 1940 considered by France to be part of French Indochina even though it (Kouang-Tcheou-Wan) was on the Chinese mainland far from French Indochina. The leasehold's only ties with French Indochina which remained under French (Vichy) control allowed by the Japanese was that historically for purely administrative purposes, the administrator

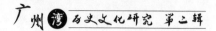

and budget of Kouang-Tcheou-Wan came under the jurisdiction of the Governor of Tonkin which was till the bitter end one of the territories of French Indochina.

A moving if somewhat longwinded speech was read by the distinguished Jean-Yves Claeys on behalf of the Governor General in which it was stated emphatically that "our ship, (the French ship) the "l'Amphitrite", was without doubt the first French merchant vessel that came to these faraway seas."He noted that since then French vessels had brought regularly to China all the products "de la civilisation..." For that reason he said, the plaque was a useful way to remember the first effort in the area of friendly and political commerce in the territory which was to become in 1898 a French leasehold.

As the scholar Matot has pointed out, the inauguration of the monument just mentioned "etait un pretexte" (was a pretext).[1] Matot felt, not without good reason, that the French objectives at the ceremony were subtly making a case for the French to stay in charge and to prevent the occupation by the Japanese as they somehow had historical rights to safeguard the territory for France. Left unsaid was the French wish to safeguard the incredibly important and profitable opium trade by France with China–a trade over which the French had, in theory anyway, total control. Interestingly enough, just as the French feared that the Japanese might control Kouang-Tcheou-Wan (as they did the rest of China), the

---

①　Matot, Bertrand. *Fort Bayard: Quand la France vendant son opium*. Paris. François Bourin, 2013, p. 195.

Japanese themselves had no intention of actually taking over Kouang-Tcheou-Wan or any part of French Indochina. Indeed, the Japanese were totally overextended in Asia during World War II and were anxious to avoid taking over the complicated task of day-to-day governing the huge area of French Indochina – including Kouang-Tcheou-Wan. Indeed, "The Japanese government," foreign minister Yosuke Matsuoka informed the Vichy ambassador to Tokyo, "has every intention of respecting the rights and interests of France in the Far East, particularly the territorial integrity of Indochina and the sovereignty of France over the entire area of the Indochinese Union."[1]

Whatever the intentions of the two governments, the Japanese in February 1943 invaded Kouang-Tcheou-Wan though they formally informed the Vichy government that they needed to strengthen the defense of Kouang-Tcheou-Wan Bay. From then on, Kouang-Tcheou-Wan was *de facto* under the military occupation of the Japanese and the French civilian administration was reduced to a total façade. It seems (already likely at that time) the Japanese were becoming apparent that their stranglehold on that part of the world was greatly threatened and indeed in March 1945, the Japanese after having attacked French garrisons throughout Indochina finally took total control of the small French garrison in Fort Bayard-which was disarmed and imprisoned.

The article (which included the entire speech) covered the meeting

---

[1]   F.Logevall, *Embers of War: The Fall of an empire and the making of America's Vietnam.* New York, Random House, 2012, p.30.

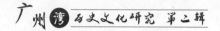

noted[1] in great detail the second voyage of the "l'Amphitrite", the one previously mentioned where it spent six months grounded on a remote cove in China, a cove which became part of Kouang-Tcheou-Wan and which is now part of Zhanjiang.

A brief summary of the speech translated from the French follows:

The second voyage of the "l'Amphitrite" (1701-1703) was much more arduous than the first. It took the frigate five months to arrive near China's coastline, and it took her four months to touch land.

Having arrived, despite everything, four hours away from Macao, the vessel hit an area first with no wind and then affected by a typhoon which pushed her rapidly South-West. Urged without doubt by Mr. Figerald, Mr. de La Rigaudière became worried about his cargo. He planned to send Reverend Father Fontaney on a first occasion, on a Chinese junk, to take these presents to Peking via Canton. The Jesuit Father had also, for his company, taken on board a rather big quantity of goods in principle destined to the Emperor. But a third storm came beating down on the vessel already in bad condition. Mr. de La Rigaudière attempted to go back to his first shelter, below the island of Sancian but he failed to reach it. The vessel suffered multiple damages.

The vessel remained precariously moored for fifteen days south of a small island called Fanki-Chan trying to find a solution to her misfortune. Reverend Father Fontaney was then able to leave the "l'Amphitrite",

---

①   Jean-Yves Claeys,"L' Amphitrite à Kouang-tchéou-wan (16 novembre 1701-10 mai 1702)", *Indochine* (*Hebdomadaire Illustré*), 28 novembre 1940, pp.1-4. (The entire text is included in our Chapter 4).

accompanied by Father Porquet, on two galleys with part of the presents destined to the Emperor. It is then that the vessel suffered another patch of bad weather which can be qualified as her fourth storm.

Reverend Father Fontaney, after having sailed all the way to Canton, came back and for twenty-five days looked for the "l'Amphitrite" which had been pushed off course towards the West. He was bringing back masts, from over sixty leagues away, which had been dragged along the coasts, with all the pain and energy that one can imagine, by galleys and rowboats. Also, for Mr. de La Rigaudière, he had news of the certainty of good moorings where they could spend the winter and rest. He himself went to reconnoiter that mooring place in order to test the routes and make sure the mandarins were benevolent.

The moorings were in Guang-Zhou-Wan. The map of the bay, kept in the Archives of the Marine, drawn and signed by La Rigaudière-Froger is quite clear and precise, there is no mistaking as to the location of the confinement.

It is on the beach named 'Le Morne du Bouquet' that they settled. A pagoda still marks that site.[1]

It is therefore neither by chance nor completely at a loss that the

---

[1] In the book entitled *The Territory of Quang-Zou China)* published on the occasion of the colonial exhibition of Marseille, 1906 in its Historical Outline, it is stated, "The officers of the *Amphitrite* drew the map of the whole coast and the documents written by them were handed to the Marine Department where they had forgotten for two centuries. It is only in 1895-1896, just after the war between China and Japan, when all the foreign fleet were busy studying the Chinese coastline, that a French squadron, composed of the cruiser "Alger" and the gunboats "Lion" and "Lutin" rediscovered the Bay of Quang-Zhou."

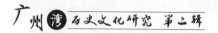

ship reached that shelter after the fourth storm but on the advice and with the help of the missionary. Soon after Mr. de La Rigaudière arrived in Guang-Zhou-Wan, he wrote to Father Fontaney in the following terms: 'At present, dear Reverend Father, we owe you our life, my crew and myself, for you provided us with masts and a good port of call... Our vessel is safe there... we are already feeling the effects of our zeal. The mandarins in the neighborhood came to see us and offered all they could. They put to our disposal galleys to facilitate the transportation of our supplies. Joy prevails among our crew; we can get a big chicken for one sou, a steer for four francs and all other kinds of commodities proportionally.

The crew quickly got over the fatigue and diseases caused by the long sailing journey. The stay was pleasant, the local people friendly, life was easy.

Hunting and fishing provided healthy sources of entertainment in between the numerous difficult periods of repair of the ship. After six months, the "l'Amphitrite" was ready to sail again. She was cast off on 10th May 1702 to go to Canton.

Our 'l'Amphitrite' therefore was without doubt the first French merchant vessel to come to those remote seas. Since then, the stem of our ships has more and more regularly cut a safe route toward the Pacific Ocean, bringing all the products from civilization. Today, when new orders upset the established values, when no one can tell what the future will allow to stabilize and regularize, it was necessary to materialize the memory of our first action, of our first commercial, friendly and political link with China on a piece of land which they leased to France.

The monument of Fort-Bayard, in the shape of a seamark, as if to say to uncertain pilots 'It is here', stamped with a bronze cartouche reproducing the image of the "l'Amphitrite" with on its sides a list of names of French men who surmounted typhoons and storms in order to assert our sovereignty, is better than a commemoration, it is a symbol. It is the symbol of an active and brave force which an adversity can drive onto the reefs, which contrary winds can cause to drag anchor, but which cannot and never will be defeated."

1. The demise of the "l'Amphitrite"

• The return of the "l'Amphitrite" to service in the French Royal Navy

After its two agreed-upon trips to China were completed, for a brief period, the "l'Amphitrite" reverted to its natural home, the French Navy in 1704 as a warship. It then participated, we read, in the Squadron commanded by Duquay Trouin to capture the British vessels, "HMS Falmouth", "Salisbury" and "Jersey." Rene Duguay-Trouin (1673–1736) was an extremely colorful and successful French privateer and naval officer. He won great respect from his men and his repeated successes against British naval vessels and merchant men as well as the Dutch in the wars of Louis XIV brought him fame and additional promotions. In the period just before 1709, he was reported to have captured 300 merchant men and 20 warships or privateers. His greatest victory was that in 1711, in the War of Spanish Succession, he captured Rio de Janeiro after an

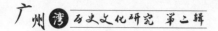

11 day bombardment and forced the city to pay a huge ransom which pleased the cash-strapped Louis XIV no end.① In that year, he was "ennobled" by Louis XIV and commissioned finally a lieutenant general in 1728. He left his memoirs but in them, there is no mention of the "l'Amphitrite" and the British vessels the "l'Amphitrite" was supposed involved in capturing. There is no record available of the exact activities performed by the captain and crew in their work with Duguay Trouin. It should be noted, however, that according to the National Museum of the Royal Navy (letter to the authors dated 6 March 2015) the "Falmouth" (58 guns) was captured by two French privateers in the Mediterranean; the "Salisbury" (24 guns) was captured by the French ship, the "Adroit" and the "Jersey" (48 guns) was captured off Dominica by a squadron of Duguay Trouin of which the "l'Amphitrite" was part. In the memoirs of Duguay Trouin,[b] there is a brief mention of the "Falmouth, vaisseau de guerre anglais." Duguay Trouin died penniless and was forced on his deathbed to write to the King asking His Highness to take care of his family. (See Plate 13 for a portrait of Duguay Trouin and Plate 14 for the sack of Buenos Aires by Duguay Trouin.)

In late 1704 after it service as a warship with Duguay Trouin, the

---

① "Le Raid de Duguay-Trouin sur Rio de Janeiro." http://www.netmarine.net/bat/ fregates/duguay/celebre4.htm, In this particular instance, there was another variation of a public-private partnership where the state (Louis XIV) provided the naval vessels and the troops but the private sector provided the funds (700,000 livres) and shared in the profits realized along with the Palace.

② Duguay-Trouin, *Memoires de M.Du–Gue Trouin chef d'escadre des armees des M.T.C. et grand croix de l'ordre militaire de S. Louis*, Amsterdam: chez Pierre Mortier, 1730, p. 38.

"l'Amphitrite" was chartered to the Royal Navy in Rochefort for the Societe Royale de Guinee as a slave ship.

• The slave trade and the "l'Amphitrite's" role in it

A good example of the activities related to the slave trade undertaken by French vessels from French ports can be seen in the excellent article "Memorial to slave trade: France confronts its brutal past"[a] using as a case study, the port of Nantes. The article states that the ships buying slaves weren't bartering in "cheap trinkets" to purchase slaves. A case study of one vessel states that "original loading lists a three-masted ship from Nantes and the document states that up to 80 percent of the cargo consisted of textiles, with the rest made up of pistols, swords, pearls and mirrors. It took the heavily laden ships a good two months to reach their destination in Africa, where at the time there were around 400 trading outposts between the port of Bissau and Mozambique set up to provide slaves. Here, white traders negotiated with representatives of African kings regarding the purchase of slaves utilizing their cargo as barter – a process that could sometimes last up to six months."

Following the purchases, the ships were refitted so they were ready to carry their human cargo. An 18th century plan in the Nantes History Museum shows a horrific diagram of one ship, "La Marie Seraphique."

---

① Stefan Simmons, "Memorial to the slave trade. French city confronts its brutal past." http://spiegel.dc/international/europe/nantes-opens.memorial-to slave trade a 829447.

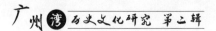

Supplies were stashed in barrels in the bilge just above the keel, as well as on the upper deck. In the decks in between the slaves would be held under horribly confined conditions. Men and women were held in separate pens, bound in pairs in leg irons and manacles. Depending on the type of ship, about 300 or more slaves could be transported to South America, the Caribbean and elsewhere in this inhuman way. Around two-thirds were men and one-third women, between 13 and 19 percent of the captured perished at sea through sickness, suicide or in quashed rebellions.

6. The sorry end of the "l'Amphitrite"

Most of the detail on the final years of the "l'Amphitrite" has been kindly provided in correspondence with Max Guerout, a distinguished French authority. His remarkable saga is footnoted below.[1]

"At the end of October 1704, two vessels left Port-Louis (on the coast of France) together, both chartered by the French Royal Navy to the "Company of the Assiento." The Medemblick was a Dutch 510 ton vessel commanded by Charles du Fay and the other was the "l'Amphitrite", commanded by Jean duCazalis."

"During the "l'Amphitrite's" visit to buy slaves on the coast of Guinea, they also captured a Dutch slave ship. Without doubt, this was

---

[1] Max Guerout, "La traite francaises vers Buenos-Aires durant la guerre de succession d'Espagne." Derroter *derroter de la mer del sur,* No.9, 2001, pp. 31-44. See also a brief but absolutely complete short summary in *repertoire des navires de guerre francais,* L'Association des Amis des musees de la marine ed. Paris, 1967, P. 28.

the "Rachel" d'Amsterdam. The Medemblick sailed across the Atlantic more quickly than the "l'Amphitrite" and arrived in Buenos Aires on 4th May 1705. One week later, 197 slaves were disembarked. As for the crossing of the "l'Amphitrite", it lasted 77 days which because of its length meant that its passengers were prey to fevers and scurvy. The enumeration of diseases found on board is instructive: small pox, ring worm/tinea, phthisis, parotitis fever, edemas, scurvy. But besides disease, administrative procedures in Rio de Janeiro played their role in the disaster. The "l'Amphitrite" was first seized by the Spanish authorities in Buenos Aires, and then following the protestations of its captain, it was returned to its owners but the slaves it had carried from Africa were only disembarked a considerable time later on 1st August 1705 – some 5 days after its arrival. Out of 563 slaves embarked on the African coast, 275 had died at the time of discharge. Among the slaves that were sold, 138 were bought by two officers of the Spanish crown, without doubt the very two who had delayed the transaction in the first place. Despite that sordid drama, however, the voyage for the "l'Amphitrite" was profitable for the shipowners no doubt made money from the capture of the Dutch boat by the "l'Amphitrite" and its slaves.

The "l'Amphitrite" sailed twice more to Buenos Aires 1709 then in November 1712 and it was equipped both times in La Rochelle for its sorry exploits. Its third journey was its last one. In July 1713, upon leaving Buenos Aires it capsized following a fire onboard. An attempt to refloat it one year later failed. Thus came to an end the last and most sordid adventures of the once famous "l'Amphitrite".

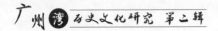

As Max Guerout states, "The role played by the French Royal Navy in this (slave) traffic is one of its most astonishing characteristics. In it one should probably see the illustration of a common practice at a time when the State's and private sector were often entangled. Indeed one remembers multiple reminders made to officers who had gone beyond the limits. But here one sees that the example is coming from above. The share (25%) which His Catholic Majesty takes on the profit of the operation also shows how too few questions were raised, at the head of the State and the Church, about the moral nature of the trade of black people."[1]

He writes also, "It was not without a certain irony, more than a century later, from 1814 to 1848, that on the coasts of Africa the French Royal Navy was seen conducting the repression of the slaves' trade which had then become illegal. Yet, the real goal of this piece of work is to shed light on one of the little known paths used by the massive traffic of the trade. If we thought our capacity of astonishment had been reached, we now find out some most unimaginable journeys."

7. Conclusion

When looking at the record of the "l'Amphitrite"(described in this paper), one cannot help but be struck by two interesting factors. The first is the duplicity which was associated with the first two trips

---

① Max Guerout, "La riate francaises vers Buenos-Aires durant le guerre de succession d'Espagne." Revue *Derroter de la mer del sur*. No.9, 2001. Two informative letters on the "l'Amphitrite" were sent to the authors one on 6 January 2015 and one on 10 January 2015.

of the Amphitrite to China. There were a multitude of white lies which legitimated these early voyages and yet without them, Louis XIV would not have been able to open up China to France. In addition, the French historians such as Madrolle maintained the myth that France had drawn a map of Kouang-Tcheou-Wan on its second voyage and by doing so they somehow planted the French flag on the territory which later on became the French leasehold. This map is nowhere to be found in spite of the serious efforts by the authors to find it in the French Archives. Secondly and much more importantly, one should note the amazing contrast between the beginning and the end of the vessel's life. In its early years, because of the extraordinary imagination of the "Compagnie Royale de Chine" and Louis XIV, the vessel was instrumental in opening up China to the French and (though we have not discussed this), the French to the Chinese. This was a historic landmark whose importance cannot be overstated. However, to some extent, because of the vessel's use by the private sector, it was very much the prisoner of its time moving from one exciting business adventure to another which involved the exploitation and degradation of human beings without a thought being given by its owners to the morality of its activities.

(Joel Montague, American scholar, the former president of the global organization "Partners for Development". Angel Xiao, English assistant lecturer at Zhanjiang School of Finance and trade，China)

译文：

法国护卫舰"安菲特里特号"兴衰史

◎［美］乔尔·蒙塔古　　［中］肖丹

鸣谢

本文的完成，归功于许多人的合作与建议，我们不能一一致谢。在此，我们要特别挑选出以下几个对我们的研究给予特别大力支持的人来表达谢意。首先要感谢佐治亚州亚特兰大埃默里大学提供跨大西洋奴隶贸易数据资料的大卫·艾提斯（David Eltis），他让我们找到了有关"安菲特里特号"后期服役情况的重要记录。巴黎国家海事博物馆研究服务处的图书馆资料员玛丽·海伦·泰纳的材料非常重要，因为她提供了两艘同样叫做"安菲特里特号"的法国军舰的详细信息，另外还提供了其他法国帆船的有价值信息和引证线索。感谢米歇尔·皮塔尔（Michel Petard）对1697—1702年间法国海军军官制服的建议。法国南特多布里博物馆提供了关于"丝绸与大炮"的插图。该馆的医务部权威人士克里斯汀·雷尼耶（Christian Regnier）提供了在奴隶贸易早期各种影响水手及其他人疾病的有关资料，非常有价值。围绕其他有用的信息，他还提供了一个非常好的图表，由索尔·特哈达（Sol Tejada）根据阿根廷档案里有关在布宜诺斯艾利斯运送黑奴上岸的资料编撰而成。帕特里克·康纳（Patrick Conner）帮助我们找到了在广州飘着白色法国国旗的法国工厂的图片，这是在法国大革命之前使用的法国国旗。感谢法国皇家海军博物馆香农·爱德华兹（Shannon Edwards）提供的有关"安菲特里特号"在杜居·土路因（Duguay Trouin）指挥下的小舰队服役的资料。马克斯·格鲁提供了"安菲特里特号"在拉丁美洲惨淡下场的珍贵信息，他的两封资料信记录了"安菲特里特号"后期服役情况的罕见信息。我和肖丹要感谢湛江市博物馆的钟莹馆长和广州湾研究会会长林国伟先生及研究会的成员们。还要感谢帮了我们大忙的韦尔斯利免费图书馆的馆际互借部门，是他们给我们提供了本文所需的重要参考文献或文史资料。

另外，是玛丽-海伦·阿尔诺给我们提供了高质量的法文资料译文，还要谢谢洛琳·麦斯威尔（Lorraine Maxwell），她一如既往地帮助我们进行文字的输入和编辑，也感谢杰森·陈基达（Jason Tranchida）在文章设计方面给出的建议。最后要感谢吉姆·米哲斯基（Jim Mizerski），他是历史图片的权威人士，经常与我们合作编写。

一、引言：1698—1702年间两次正式造访大清帝国的法国护卫舰"安菲特里特号"的历史重要性

有史料记载的第一艘直接到达大清港口的商船，是一艘法国海军租借给法国私营贸易机构的军舰。（见图1和图2，十七世纪晚期法国典型的护卫舰）这艘军舰名叫"安菲特里特号"，是以希腊神话传说中海洋女神的名字命名的。它于1697年3月6日从法国靠近大西洋的拉罗谢尔（La Rochelle）港出发，驶往中国的广州，由法国贵族德·拉·霍克（de la Roque）骑士指挥航行。军舰满载着华丽

而珍贵的、充满异国风情的中国舶来品，于1700年1月26日回到法国，这在当时的欧洲霎时引起时尚界的轰动，很快，这些珍品便在欧洲各地拍卖。6个月后，在另一位新船长弗罗热·德·拉希戈迪埃尔（Froger de la Rigaudiere）的带领下，"安菲特里特号"再次起航，向广州出发；在经历了重重磨难和延误后，于1703年8月17日回到法国，同样带回了满船的珍宝货物。在第二次航行当中，由于在中国的离岸遇上了一连串可怕的风暴，船的桅杆丢失了，几近瘫痪，他们耽误了近六个月时间，幸运的是，他们在广东的一个名叫"广府"海湾的小岛的沿岸避难。最后他们终于找到了船的桅杆，很艰辛地把它拖到搁浅在滩涂的船上，然后把桅杆接上去。虽然航程比原计划延迟了很多，但"安菲特里特号"最终得以完成到达广州的任务。这个小海湾一直保存完好，且在地理位置上具有重要的战略地位，纯属偶然的是，在1898年被法国侵略后，此地变成了800多平

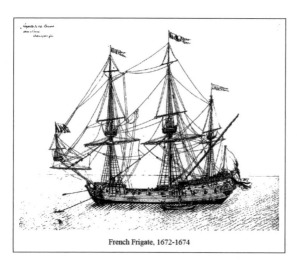

French Frigate, 1672-1674

图1

图2

方公里的法国在华租借地"广州湾"的一部分。在300多年后的今天，广州湾这块从中国得来的租借地，现归属于中国南海沿岸广东省湛江市的管辖范围。

尽管"安菲特里特号"的这两次艰难而又意义重大的航行早已被人们遗忘，但是，它一旦被提起，无论对于法国船主还是对于船员来讲，都将被视为法国海军和商业史上辉煌的一页。有着非凡的勇气和决心的"皇家中国公司"，第一次展开了法国国王路易十四（见图3）与大清皇帝康熙（1661—1722，见图4）的正式外交。"安菲特里特号"的两次远航，也为中法两国日渐增长的正式商务往来铺平了道路。有意思的是，"安菲特里特号"是以商业为目的向海军租来的商船，除了全体船员外，还有一群精通数学的天主教耶稣会士同行，他们打着为大清朝廷传授其迫切需要的数学和其他技能的旗号，微妙地向中国人传教。由于对中国较为了解，

Louis XIV. This plate shows a youthful Louis XIV. Artist Charles Le Brun (1619-1690). 1661. Medium oil. Current location Palace of Versailles.

图3

Kangxi. Official court portrait of Emperor Kangxi (1654-1772). Qing dynasty. Hanging scroll; H 290 cm x W 169 cm. This official court portrait is currently part of the collection of the Forbidden City Palace Museum in Beijing, China. It shows Kangxi in summer court dress.

图4

中文流利，耶稣会士的领袖在"安菲特里特号"两次航行中的要任务，就是促进和管理法国与中国最初的外交关系。确实，这些耶稣会士在为法国发起与中国商务往来及建立外交关系方面所做出的贡献是功不可没的。对于法国人的这两次中国远航，英国人曾经不无羡慕地写道："法国人打破亚洲壁垒的本事是一流的，这个壁垒已经让中国与外界隔绝了300年。"[①]那么我们究竟应该如何认识"安菲特里特号"的这两次中国之行呢？

二、促使该舰两次不同寻常的中国远航发生的因素是什么？

现在中国学术界对于18到19世纪西方列强（包括美国）瓜分中国沿海地区的历史怀着浓厚的兴趣，[②]而如今他们对曾经一度被遗忘的"安菲特里特号"之航，也变得非常有兴趣，因为它呈现了英国和法国后来争夺在华支配权的最初的激烈竞争状态。更重要的是，他们不知道，也许那时法国人就已为几个世纪后法国帝国主义在东南亚和中国的大历险埋下了早期的种子。出于这个原因（可能还有别的原因），我们很值得去把"安菲特里特号"不太为人所知的几次航行（尤其是在中国和后来的航行）的细节，加入到法国侵略中国的研究中来。

首先，在"安菲特里特号"服役的早期，以及在它下水之前，欧洲和法国发生了一连串非常奇怪而复杂的事件（在17世纪80年

---

① 弗朗索瓦·弗罗热：《1698—1700年第一批到达中国的法国外交使团日志》，萨克森·班尼斯译，伦敦：T.C.纽比出版社，1859年，第39页。

② 廖乐柏：《中国涉外地方：条约港时代的外国在中国，1840—1943》，香港：香港大学出版社，2015年。

代），它们汇集到一起，促使"安菲特里特号"的两次中国之行不可避免地发生了。以下是四个主要的因素：

（一）法国国王路易十四对中国的极大兴趣

促使"安菲特里特号"两次中国远航发生的首要因素，是十七世纪及其之前，法国乃至欧洲其他国家的贵族对中国产生了日益增长的痴迷，路易十四和他的朝廷也被中国思想和文化迷住了。[①]也许这个看起来是件怪事：路易十四被称为"法国最信奉基督教的国王"，但他却又转向天主教耶稣会，让他们帮他满足自己的欲望，其时耶稣会已在东南亚和中国有所发展。不仅是因为路易十四想宣扬天主教（他在晚年时肆意挥霍也许对他来说比较重要），而且更重要的是，他很渴望和中国在经济和外交上有联系，因为中国和法国一样，是一个非常重要的君主立宪制国家。为了巩固自己的统领地位，路易十四的得力海军部长库尔贝（Colbert）也认定法国在使中国向法国和西方开放这件事情上可以发挥重要的作用，同时在两国建交后他们可以向中国的上层士大夫学习，并把西方的智慧和宗教传授给这个世界上最庞大、最世故，但又鲜为人知的国家。

（二）法国海军的私有化

路易十四统治法国共达72年之久。在其统治期间，他希望能够增强海军的军力，来保护法国的领海不受强盗和侵略者的侵扰，以及发展与全世界的贸易联系，于是路易十四便采取了大量的和效果显著的措施，以扩大海军的阵容，提高军力。其中一项就是下令在

① H. 别列维奇·斯坦克维奇：《路易十四时代法国的中国风情》，巴黎，1910年。

大西洋沿岸建立起全新的海军工厂。在十七世纪，他们把海军工厂选址在罗什福尔（Rochefort），一个地处大西洋沿岸中央的一个小小渔村，它被周围的小岛包围着，好好地保护着，渔村被夏朗德河（Charent River）连接到一个满是森林的小岛，那里可以提供造船的木材。在他的巨大努力下，到1690年，法国皇家海军便成为了欧洲最大的舰队，拥有可在一线作战的军舰110艘，还有其他各种类型的军舰

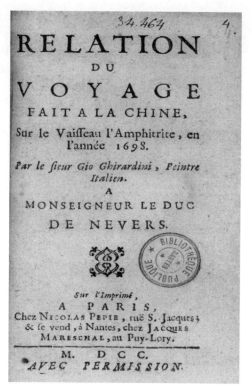

图5

690艘，舰队总人数达到100,000人。确实，源自路易十四1666年的那股热情，在接下来的那个世纪里仍在延续着，法国海军大约造出了1300艘船只在罗什福尔服役。很巧，其中有一艘护卫舰就是"安菲特里特号"，它的变迁兴衰就是本文的主题。①

　　然而，路易十四和他的皇家海军舰队出现了一个很严重的问题，这个问题在十七世纪九十年代变得非常突出。这个问题就是，尽管法王对于海事和海军充满豪情壮志，军舰和水手数量充足，但是法国政府却处于破产状态！十七世纪九十年代，法国财政处于累

---

　　① 详情参见马莉亚·马丁·阿切拉：《罗什福尔港与法国海军的建立：1661-1815》第2卷，索邦：巴黎第四大学，博士论文，1992年11月16日。

卵之危状态，部分原因是由于法国的战事太过频繁，以及其他一些重要因素，但是，最主要的还是与路易十四在凡尔赛宫的过度挥霍有关，它加剧了法国财政状况的恶化。总而言之，在1692年后，法国的财政预算危机导致了阵容强大的法国皇家海军的大量船只的闲置。[①] 这一困境几乎是历史学家完全忽略了的一个因素——他们一直想知道，为什么法王最初会发起与中国的外交往来，他是怎么发起的，其做法多少有点匪夷所思。到了十七世纪九十年代，路易十四不但没有财力再造更多的军舰，而且找不到资金来支持他的海军，配备那些已经建好和在建的军舰。在法国政府不需要耗尽预算来供养现有海军的情况下，在海军仍有威力震慑敌人的时候，寻求其他途径来维持法国海军既有的实力成了国王的燃眉之急。

他们最终获得的解决方案既新颖又精明，充满了戏剧性，这个解决方案与传统的大型海战不一样。这一新的战略叫做"贸易战"，即法国通过把皇家海军的船租赁给私营机构来打仗或经商，以充分利用这些配备了武器的军舰，并通过一种商业占领来打败敌人，取得胜利。尽管"贸易战"（公私合伙）有很多不同的形式，但是基本形式只有两种：一种是把军舰外包给私营机构或单个承包商，一种是外包给一些拥有更方便操作的舰只（如护卫舰）的小型舰队，用以袭击敌人的商船。他们通常掳获商船，重新给商船命名，然后让这些掳获的商船为法国海军服役。或者他们把轻型的、装备精良的军舰外包给私营企业家用于商业用途，部分利润上缴法

---

① 杰弗里·西姆科克斯：《1688—1697年法国海军力量的危机：从海战到贸易战》，海牙：马丁努斯·奈霍夫出版社，1974年。

国王室。这样在这种海战中，不仅所有闲置的军舰在一种新的低成本的历险活动（通常是"海盗行为"）中被利用起来，而且私有化的商业投资对于建造大量的新军舰（包括一些装备不太精良的军舰，这种军舰一直被称作"护卫舰"）起了很大的助推作用，这是法国商业势力快速增长的一个副产品，尤其在沿海地区。

（三）法中贸易和文化交流的潜力

另外一个促使法国对一直默默无闻的中国产生兴趣的因素是，在法国企业家看来，从中法两国的贸易扩展趋势来看，中国是一片有发展潜力的沃土。

在十七世纪早期，荷兰人和英国人已经开始尝试获得与中国进行贸易的路线，因为葡萄牙人已经成功地在澳门开启了先河，尝到了甜头，但中国的统治者拒绝欧洲的船只定期访问中国大陆。慢慢地，中国和欧洲列强开始在大陆的几个不同的港口，围绕定期的贸易条款进行谈判。到了十八世纪初，广州港呈现出最方便于中国和外国商人进行贸易的港口的潜力（参见图6、7、8，广州图像）。广州对中国和欧洲国家的贸易重要性不容忽视，很快，该港就成为了欧洲到达中国大陆的唯一一个主要通道。

"安菲特里特号"曾经两次到达广州。早在十七世纪九十年代，"安菲特里特号"的一名船员就描述了广州早期的景象："广州，是广州府府城，它被东、西和北面的高山从三面包围着，南边有一条大河珠江流过，珠江支流众多，顺着河道一直流入大海，从广州城到入海口约有五六里格（league，长度单位，1里格约为3英里或3海里）。在我看来，广州方圆不超过3到4里格，包括大片的郊区，内陆还有一道城墙包围着。城墙上有四五个炮台或要塞之类的东西，这几个炮台都建在高坡和陡峭的山上，具有战略价值，沿河的山路似乎难以抵达。城墙有双层的墙基保护着，墙基高而厚的雉堞上配有大炮。在珠江中间还有两个要塞，和其他的炮台一样差。城里的街道又窄又长，铺砌得很差，一到下雨就会水浸街；大部分街道被'骑楼'的过道壁龛遮住，这样，炎炎的夏日可以遮阳；商人的店铺位于底层，大小基本一样，店铺堆满了可以在中国找到的各种货物。房子被粉刷成各种颜色，比较干净，就像巴黎皇家宫殿的拱廊，或者圣日耳曼区的商业街。城里有大量的佛塔，其中三座佛塔很宏伟；还有一些很漂亮的中国官邸；平民的房子比较简单，只有一层楼高。广州的人口极其密集，大部分居住在此的人都很高兴地说，广州和巴黎的人口密度一样大，但是我不同意。"①

我们必须说明，当时的大清朝廷比较支持外邦和广州的各种外洋贸易，只要遵守朝廷的规矩，稳定而可控就可以。他们设立了关税监督衙门，叫做"户部"，负责在海关收税和管理中国的贸易秩序。由于广东人跟澳门的葡萄牙人做生意已经超过一个世纪，因此他们不需太费力气就可以处理好与新来大清的外国人的贸易关系。但是，即便大陆有一个明确开放的贸易港，当船行至广州，然后再回到欧洲，总的来讲都还是比较危险的，这主要是因为天气和风暴变幻莫测，以及不可预测的浅滩，当然还有海盗，他们常常掠夺那些武器装备较差或者没有武器装备的商船，而大清海关当局也不会追究他们的责任。

---

① 克劳狄乌斯·马德罗列：《法国的首次中国航行：1698—1719》，巴黎：沙拉梅勒，1901年，第73页、第77页。引文译自法语。

图6

图7

These two images of French residents in the French factory were done by a Chinese artist – unnamed – they are in an appendix in Henri Cordier's <u>Le Consulat de France a Canton au XVIII siècle</u>. Paris, 1908.

图8

（四）耶稣会在打破中国外交和贸易壁垒、建立法中贸易联系过程中所起的关键作用

路易十四的海军部长库尔贝（Colbert）认为，需要派遣懂得各种特殊技能的传教士，到世界另一头的中国去推广法国，这个计划在他死后才有顺利的进展。1687年，耶稣会的神父勒孔特（Le Comte）从暹罗（泰国，耶稣会的安置地）出发到达天朝（封建时期中国的旧称）。他在北平（北京）建立了一个观象台，并配备了浑天仪、赤道经纬仪、地平经仪，这些仪器都被安装在了作为中国象征物的龙身之上。确实，在把西方文化引进到东方这方面，耶稣会起到了独特的作用。正如一位学者所总结的，"他们学说流利的汉语，用文言文写作，而这些古文只有士大夫阶级才会使用。尽管他们肩负着把基督教传播到这个地大物博帝国的使命，但是让中国人铭记住耶稣会士的，却主要是他们把欧洲的现代科学传播到这里，而不是他们带来的宗教福音。洋人意识到，科学是最能够吸引中国士大夫的方式。通过传播科学，洋人们希望中国人也会'爱屋及乌'，对伴随他们而来的西洋宗教产生兴趣。至少在一开始，科学是传教士们用以引导中国人信教的诱饵，耶稣会最重要的目的就是传教"[1]。耶稣会士在光学、地理、数学和天文学方面的研究赢得了当时的皇帝康熙的青睐，有个耶稣会神父白晋（Bouvet）更是由于不凡的成就而获得大清皇帝的特别赏识，后来他以朝廷"钦差大臣"（帝国代表）的中国头衔，回法国招募新的耶稣会科学家，把欧洲的知识带到中国。随后被选中的6位耶稣会传教士很快成为

---

[1] 李辉：《耶稣会传教士与基督教和欧洲知识在中国的传播》，见埃默里学院历史系编《亚洲跨国碰撞》（第4卷），出版时间未详，页码未详。

大清科研机构（钦天监）的成员，其中有一位是意大利画师聂云龙（Giovani Ghirardini），此人因在法国纳韦尔教堂和位于巴黎的教会图书馆的装潢中展露才华，而在教会赢得名声，他把自己的中国之旅写成了书，曾畅销一时。①

但是他们是怎么来到中国的呢？受远东地区贸易垄断公司委托的法国东印度公司——它的设立纯粹是为了盈利——自一开始就拒绝运送耶稣会传教士到中国来，尽管那位"钦差大臣"会士已经答应过该公司，说事成之后他们可以留在中国做贸易。这是一个窘境，为了解决这个问题，他们建立了一个新的机构"皇家中国公司"（Compagnie Royale de la Chine），这个公司背后拥有富裕的赞助人，资产多达五十万法郎。1698年1月4日，他们与法国东印度公司签订了一个协议，保证东印度公司拥有在中国的垄断贸易权，与中国进行直接贸易，②尽管这种垄断的贸易只限于这两次航行之内。

尽管法王想与中国建立外交关系，而且商业部门也当然地在乎贸易，以及海军军舰（可租）也可用于与中国做贸易，但仍然有一个重要的官方政治问题有待解决，以迈开第一步。那就是，如果船主不主动严格恪守外交礼节，大清皇帝是不会给外国商人提供中国的商品和服务的，这就意味着贸易发起国的元首（此处指法国国王）必须首先向康熙皇帝递送国书，而且这份国书必须来自法王本

---

① 聂云龙在他的书《聂云龙：1698年"安菲特里特号"中国旅行记》中详述了他乘坐"安菲特里特号"返回法国的经历，巴黎：1700年版，见图5。

② 夏尔·德·拉隆西耶尔：《法国皇家海军在中国南海的历史》第3版，巴黎：普隆出版社，1932年。

人[①]。法王犹豫了，因为他的大臣们似乎完全不相信大清会坚持要一份不可思议的国书[②]，而且他们怀疑这是白晋神父的诡计，因为他想为他的耶稣会士们到中国来争取一个免费通道，这对于耶稣会来说是一件更为有利的事情。但是耶稣会方面说，给中方的国书是必须的。他们确实没说谎，因为大清有律例规定，大清皇帝本人不会给某一国君送礼，也不会派遣使团去会见某一国君，否则他们的身份就会平等了，或者该国国君就会与他平级了。反之皇帝会把别国亲王或国王送来的礼物视为他们对他的尊崇，或是作为藩国的下属向他的进贡。

　　"安菲特里特号"到中国的首航解决了这个问题（此航我们会在后文论及）。当耶稣会的神父们来到中国时，他们借口说是法王路易十四亲自御批派遣了"安菲特里特号"舰将耶稣会士们护送到中国的。简言之，这艘船不可以被大清皇帝视为一艘纯粹的商船（事实上它就是商船），而应该是一艘给大清皇帝运送贡品的船（事实上它也是贡船）。在"安菲特里特号"第二次中国之行中，颇有心计的耶稣会神父白晋，主张坚持首航的先驱们所声称的话，即他们也是法国国王派来的，尽管除了给大清皇帝带来贡品外，他们还挑选了大量的商品运回法国去卖。而且可以确定的是，所有受聘到中国的传教士，以及通过"安菲特里特号"的两次航行运送到中国的货物，都是以法王的名义送来或进贡的，尽管法王似乎对这一两头欺瞒的诡计毫不知情。在中国这边，白晋神父则坚称，他带

---

　　① 克劳狄乌斯·马德罗列：《法国的首次中国航行：1698—1719》，巴黎：沙拉梅勒，1901年，第68页。

　　② 保罗·伯希和：《法中关系的起源："安菲特里特号"首航中国》，见巴黎《学者报》（月刊），1928年第12期，第450页。

到北京的礼物是"法国国王给大清皇帝的礼物"，其中在礼品单里打头炮的就是法王的大画像。其他礼物还有雕花的军刀、手枪、步枪、华丽的时钟、镶金的镜子和来自路易十四私人图书馆的书籍。

白晋的这一计谋的结果是，他成功地让大清皇帝感觉到，在"安菲特里特号"首航中国时，自己的要求得到了完全的满足，于是他给予了法国公司在广州买房的权力（以建立"工厂"，达到实现贸易的目的），而且他也接受了贡品，尽管如果我们在仔细阅读首航的记载时会发现皇帝曾经怀疑这是一个计谋，所以他给"安菲特里特号"返回法国的批准多少有点不公开地进行，而贡品也是通过官员上呈的。[1]

弗朗索瓦·弗罗热（Francois Froger），一位船长兼学者，很好地总结了"安菲特里特号"两次远航中国时的阳奉阴违的计谋："事实上，这种运作的升级是基于不断的误解之上的：儒尔丹（Jourdan，两次远航中国的主要出资人）武装这艘护卫舰的目的在于赚钱；路易十四则想'安菲特里特号'保持其单纯的商船性质；而白晋神父则为了自己传教的声望，把'安菲特里特号'当作一艘皇家御船呈现给大家；但中国人却只把它看作一艘贡船，一艘来自附属国的船。这些不同的当事人之间的距离，一艘能够把众人的利益进行互补的船，加上白晋神父的精明的外交手腕，使得这个项目得以实现。"[2]总而言之，这是一次惊世的不忠行为，然而所有涉入的各方都在某种程度上得到了好处。

---

[1]　弗朗索瓦·弗罗热：《1698—1700年第一批到达中国的法国外交使团日志》，萨克森·班尼斯译，伦敦：T. C. 纽比出版社，1859年，第134页。

[2]　弗朗索瓦·弗罗热：《1698—1700年第一批到达中国的法国外交使团日志》，萨克森·班尼斯译，伦敦：T. C. 纽比出版社，1859年，第1页。

三、"安菲特里特号"的建造和早期服役情况

（一）"安菲特里特号"的历史

有一点是非常清晰的，即"安菲特里特号"的船长、船组人员、船主代理人和那些耶稣会士们是不凡的，他们非常无畏而卓越，如果大家相信历史上真有这两次远航的话。他们坚韧不拔，历经重重磨难，忠诚而富有创新精神，当然，他们也非常精明能干。那么，这艘被征用来代表法国进行两次冒险远航的"安菲特里特号"自身又如何呢？这艘被商人挑中的船只，用海军用语来讲一直都是一艘护卫舰，这是一个完美的选择。在某种程度上，它是一艘小一点的，或一艘中等大小的战舰，是商船和大型战舰的最好折衷。事实上，它是一艘武器装备完好的商船。

我们这里所写的"安菲特里特号"，在其海军生涯之初是一艘四级军舰。该舰于1696年由造船大师皮耶·马松（Pierre Masson）建造于罗什福尔（Rochefort），排水量为510吨，长122英尺，宽32英尺，吃水13到15.6英尺，装备有42～44门舰炮（其中有12磅炮20～22门，8磅炮22门，4磅炮2门），后来又加装了30～40门。据估约有船员240名，外加炮手130～200名。[①]

人们或许觉得，在法国海事档案馆里不会有"安菲特里特号"的图片。巴黎国家海事博物馆军舰管理部门提出的意见是，在罗什福尔建造的"安菲特里特号"（即本文所论的与中国进行贸易的"安菲特里特号"）和另一艘不久之后在敦刻尔克（Dunkirk）建

---

① 让·布德里奥、于贝尔·贝尔蒂：《法国护卫舰的历史：1650—1850》，大卫·H·罗伯茨英译，英国，东萨塞克斯：让·布德里奥出版社，1993年，第398页。

造的同名军舰非常相似。① 在敦刻尔克建造的那艘船的素描（我们在本文中所用的图片），看起来与罗什福尔建造的、用于与中国贸易的"安菲特里特号"是基本一样的，但它却显示建于1700年。前文提到的军舰管理处的工作人员说（这里译自她的法语信函）："这两艘船有着相似的轮廓，但并非完全相同"。在敦刻尔克建造的"安菲特里特号"，总长度为116英尺，甲板炮台上配有12磅炮20门，上层甲板上还配有 28门。（见图9，同名的"安菲特里特号"，及图10，湛江纪念碑上的"安菲特里特号"）

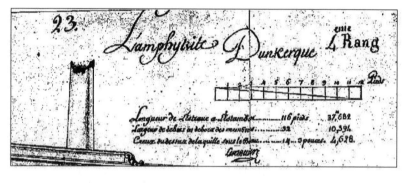

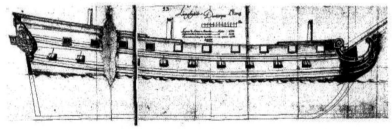

This image shows the "l'Amphitrite" constructed in Dunkirk in 1700. It bears the same name of the "l'Amphitrite" which is the subject of this monograph which was built two years previously. In virtually every respect, the two vessels are exactly the same. These images of French frigates are all used with permission from History of the French frigate: 1650-1850. "l'Amphitrite": Frigate of the First Order. Illustration pp. 26-27. Jean Boudriot with the collaboration of Hubert Berti. 1993.

图9

① 该意见来自玛丽·海伦·泰纳的来信。玛丽是国家海事博物馆档案服务处管理员，2013年12月5日，她为我们提供了两艘"安菲特里特号"的详细信息。

第一幅　1701年法商船"安菲特里德号"因台风驶入广州湾，发现广州湾优良港口条件

In 1701, the French cargo ship Anfeite Reed put in at Kouang-Tchéou-Wan due to typhoon, discovered its excellent port conditions.

This monument in classical style located in Zhanjiang, China (previously called Kouang-Tcheou-Wan) has small friezes of the major events in the history of Zhanjiang. This excellent frieze shows the Amphitrite and is dated 1701. At that time the vessel became grounded in Morne de Bouquet which was part of what became Kouang-Tcheou-Wan.

图10

（二）"安菲特里特号"上的官员和船员

在第二次远航中国时，"安菲特里特号"上最有意思的官员是船长弗罗热·德·拉希戈迪埃尔（Forger de la Rigaudiere），他在第一次远航中国时是该船大副。显然，他是一个拥有各种本事而又坚韧不拔的人，而且，他似乎是那位在第一次航行结束后负责绘制从广州到东京（越南）之间中国海岸详细地图的人。据我们所知，他没有绘制什么后来成为租借地的广州湾详细地图，尽管法国权威人士马德罗列（Madrolle）声称他曾绘制该图，而且声明能找到副本。

有关"安菲特里特号"上的官员的大致情况可能是这样的（尽管这里所举证的实际上只是当时服役的海军军官，而不是与私人机构有合同签约的海军官员）："和其他船员一样，指挥路易十四船只的军官们也是吃苦耐劳、坚忍不拔的，他们时常很傲慢，也不理会权威……海军队伍里没有高级别的贵族……因为大部分的贵族更喜欢在陆军服役，从

This image shows dress uniforms worn by some French naval officers on important ceremonial occasions during the period 1697-1702. Although the "l'Amphitrite" was in actuality a commercial vessel, not a naval vessel, it seems likely that the ship's senior officers when dealing with the Chinese mandarins (who believed the ship was sent by the French King) wore something resembling their official naval uniforms. The great authority on the French navy, Michel Petard, "We can assume that the uniform worn in the navy at that time was blue clothing with red details adorned with golden and silver tassels."

图11

传统上讲，陆军比海军在三军中更有名望"[①]。在这个特殊的例子里，我们可以推测，船长或者更准确地来讲，那些在两次航行中指挥"安菲特里特号"的海军官员，事实上是被借调到私营机构的，因此也许在作为个体面见大清官员的时候，他们可能会穿上光鲜的海军模样的军服。（见图11法国海军军官制服，"安菲特里特号"首航中国的大副很可能就穿这样的军服）

至于一般的水手，比如说"安菲特里特号"上的那些水手，生活就极其艰苦了。在"安菲特里特号"上服役而死亡的船员是无名的，根据笔者从两次航行史料看到的大概数据，两次航行至少死了

---

① 杰弗里·西姆科克斯：《1688—1697年法国海军力量的危机：从海战到贸易战》，海牙：马丁努斯·奈霍夫出版社，1974年，第23—25页。

十二人，有些死于意外，有些死于疾病。在停靠港被遗弃的也有这么多人。在第二次远航中发生了一场未遂的暴动，导致一个官员被杀。雷尼尔（Regnier）博士在谈到这些法国军舰的卫生和健康状况时（据推测这些军舰的条件比一般的私营商船还要好些）讽刺地写道："卫生条件不尽人意，定量分给水手的淡水意味着他们既不能洗身子也不能洗衣服，他们睡在统舱里狭窄的角落，那里排满了粪桶，不时地发出恶臭。食物和饮用水保存条件差，没有存放食物的空间，以至于经常导致海上缺粮。横渡大西洋的时间非常漫长，整个船队行进得比乌龟还慢。没有停靠港来装载物资，船员缺乏新鲜的水果蔬菜，导致患有多种维生素缺乏症，最严重的还是坏血病。更糟的是，他们不像西班牙的士兵那样，配发了保暖的羊毛衣服，法国船员的亚麻衣服很难干燥，而且磨损得很快。船长的报告里提到，在远航结束的时候，他们的船员因衣服变成了破布而在凛冽的寒风中瑟瑟发抖。靠岸的时候，这些水手们的免疫力已经非常差，易于染上地方疾病和寄生虫病。"①

总而言之，撇开各种危险、延误、海盗袭击，船主和船上官员之前的矛盾，以及和中国人之间的误会，还有船上官员和耶稣会士的摩擦不说，"安菲特里特号"到中国的两次远航是非常成功的。值得一提的是法国和英国之间的早期竞争，这两个国家都希望成为第一个首先开始和中国大陆进行贸易的国家。以下是英法两国敌对的一例：1699年，当法国人在中国大陆的时候，一些从英国船上下来的英格兰人，由于还没有得到在中国做生意的许可，而被迫到岸

---

① 克里斯琴·雷尼尔：《18世纪的海上疾病和健康：前罗什福尔海军医学院与法国海军卫勤处的建立》，文见：www.medicographia.com, 2013. https://www.medicographia.com/2013/04/a-touch-of-france-sickness-and-health-on-the-high-seas-in-the-18th-century/

上去搭营帐，这时"法国人派了几艘船过去，船上差不多有80人，毫不留情地把他们打了一顿……法国船长站在船尾的瞭望台上，让他的人再打多几下……如果他们敢反抗的话，就把他们这几条狗给杀了"①。有关第二次远航时从中国装载昂贵货物运往法国的构想，我们会在下一节论及。按照原定的计划，耶稣会士搭乘顺风船到中国是免费的，很大程度上说，正是在他们的努力下，中国和法国的外交关系才得以建立。首航成功之后，资助这次航行的公司在1713年以前又资助了11艘船到中国。但不幸的是，由于欧洲内部的宗教冲突，耶稣会士们不得不撤回，导致中国的官员们愈发怀疑他们的动机。同时，随着时间的推移，英国人最终过来控制了"中国的贸易"，而不是法国人。部分原因在于，当时的英国人极其嗜好茶叶，而在那时，茶叶是来自于中国的。

（三）1702年"安菲特里特号"从中国运回法国的货物

1701—1703年，"安菲特里特号"第二次远航带回法国的货物令人叹为观止。除了铜器、生丝、茶叶和药物外，还有93箱瓷器、45扇屏风、22箱漆柜、12箱灯笼、4箱扇子、7箱刺绣，以及床、香料和长袍，满满一箱的瓷器样品或展品，还有漆盒、衣物和便袍。"安菲特里特号"还运回了第一次航行时暂存在广州的一些物品：30箱瓷器、35箱漆柜、一箱南京漆包铜、2箱来自总督的礼物（2副弓箭，附带配有2个装满弓箭的箭囊）、一个配有中国式马具的马鞍、2把镀金的铜剑、4件古瓷。而耶稣会士也借此机会顺便运走了

① E.H.普里查德：《十八世纪中国贸易控制权之争》，见《太平洋历史评论》（加利福尼亚大学出版社），1934年第3卷第3期，第283页。

19箱瓷器、8到9箱生丝和丝绸回法国。①

四、两个重要契机：20世纪法国重提"安菲特里特号"的第二次中国之行，以证明其对广州湾租借地的支配权

"安菲特里特号"在1697—1702年间的两次开拓性远航被人们从遥远而模糊的过去重新向世界提起，仅仅只有两次。准确地讲，先是向欧洲提起，再是向日本提起，以便让人们记得和钦佩法国当年的荣耀和成就，其实这并不让人感到意外。在这两种情况中，重提"安菲特里特号"早期到达中国的两次远航，其实是二十世纪法帝国在印度支那和中国计划中的重要一环。

第一种情况（虽然不是那么重要）发生在法国占领和租借广州湾初期（大肆杀戮后再租借），该地毗邻200多年前"安菲特里特号"避难的港湾。那是在1898年，法国人提起"安菲特里特号"的第二次航行以及在中国南海搁浅之事，目的是为之作无声的辩解，以证明是他们首先发现并从中国租借了这个后来为世人所知的广州湾租借地（法国占领广州湾的动机是想在那里建立军港，以及获得邻近法属印度支那的囤煤之所；法国妒忌英国在租借香港后取得的成功；继义和团起义之后，列强争相在中国沿海地区夺取港口，是因为这些港口有发展贸易的潜力）②。

这是当时伟大的学者和探险家马德罗列（Madrolle）对这一殖

---

① H. 别列维奇·斯坦克维奇：《路易十四时代法国的中国风情》，巴黎，1910年，第67页。

② 克劳狄乌斯·马德罗列、雷坤涛：《中华帝国：海南与附近的大陆沿海地带》，巴黎：沙拉梅勒，1900年，第33页。

民主义行为的深思，他阐明了旧时法国与中国的联系，指出法国把这种联系当作了侵占中国的借口。他在出版于十九世纪末二十世纪初的著作中特别指出，"安菲特里特号"的第二次远航为法国在200年后占领这个不幸丢失了桅杆的"安菲特里特号"停靠过的地方铺平了道路。马德罗列写道："船上的船员绘制了地图，也令那一带沿海地区都知道法国这个名词，这样大清皇帝的子孙后代就会觉得，广州湾这块地方是属于法国的。"马德罗列感觉到，法国人实际上已经非法地设立了一些无意义的道德标准，声称那块领地是他们的，因为他们早在200多年前就已经绘制了那里的地图。这份令人存疑的地图，据说是由广州湾船上的官员（主要是弗罗热）绘制的，很明显它已经丢失了，或者更加委婉地说，找不到了，但也有可能它根本就不存在。实际上，在记录"安菲特里特号"两次航行的大量历史资料里，没有什么可以令人确信，船长和他的商业同事们在那时——即当船只在离他们的目的地（广州）那么遥远的地方搁浅的时候，在那个特定的时间和特定的区域，能够有任何的兴趣在中国的领土上为法国声称对这个地方的所有权。船主的代表和船长只想赶路去广州，把传说中法国国王路易十四送给大清皇帝的礼物送达，然后把中国的货物运回法国去卖，除此以外再没别的更重要的事情了。简言之，马德罗列认为，当船只在驶往广州的途中搁浅在海滩上时，弗罗热·德·拉希戈迪埃尔船长就能够富有远见地预测到差不多200年后法帝国会出现在印度支那的土地上，这是一个谬论，一个很明显的修正主义历史观的例子。

第二种情况要重要得多。在1940年11月21日，"安菲特里特号"两次远航中国的旧事再一次被提起。当时法国人在广州湾的首府白雅特港策划了一个大胆的阴谋（见图12，拍摄于1940年日本人访问广州湾时的照片）。正是在这一特殊场合，被法国维希政府的元首贝当（Pétain）元帅任命为印度支那新总督的海军中将德古（Decoux，驻河内）飞往白雅特城，会见日本高级代表团。在面向大海的港口，法国总督主持了"安菲特里特号"纪念碑——为纪念法王路易十四的护卫舰"安菲特里特号"而设——的隆重的揭幕仪式。纪念碑上有两块铜匾，一块上面刻有那艘已被全然忘却的护卫舰图像，另一块则刻有参加了第二次中国远航的资深船员的名单，牌匾上用法语写着："'皇家中国公司安菲特里特号'是法国派往中国的第一艘商船，于1701年11月16日至1702年5月在此滞留，以等待它的新桅杆"。

This illustration is taken from the long article published in the *Indochine Hebdomadaire* published in Indochina on November 12, 1940.

图12

当时法国这样做的目的，是为了防止中国土地上的日本侵略者接管他们的广州湾租借地，或者拖延其接管的时间，他们通过重新唤起大家的记忆，强调法国在中国这块租借地（广州湾）上已有很长的历史，后来在1940年，法国人将它视为印度支那的一部分，尽管广州湾在中国大陆，离法属印度支那距离遥远。租借地与法属印度支那（经日本人允许被继续置于维希政府管理之下）的唯一联系，就是在历史上，出于纯粹的管理的目的，广州湾的公使和财政预算均是由东京政府来指派和批准的，而东京也是法属印度支那以痛苦收场的领土之一。

赫赫有名的让–伊夫·克拉埃斯（Jean-Yves Claeys）代表总督朗读了一篇感人肺腑的演说辞，篇幅有点长，强调"我们法国的船'安菲特里特号'无疑是第一艘来到这片远海的法国商船"。他提到从那时起，法国的船只便定期地把来自所有"文明"的商品运到中国来。他说正是因为这个理由，那块匾额才变得非常有用，以便让人们回忆起法国人在这块1898年时成为法国租借地的友好和进行官方贸易往来的地区所作出的最初努力。

正如法国学者马托（Matot）所指出的，纪念碑的揭幕仪式只是一个借口。[1]马托的观点有一个很好的支持理由，就是法国围绕纪念碑的这一举动是想微妙地阐明，法国人仍然拥有对广州湾的控制权，他们企图阻止日本人占领广州湾，因为从历史渊源来讲，法国多少是有权力来保护他们的领地的。还有不可点明的是，法国希望保护这个地方的非常重要的、在中国盈利极其丰厚的鸦片贸易，

---

① 波特兰·马托：《白雅特城：法兰西帝国鸦片销售时代的记忆》，巴黎：弗朗索瓦·鲍林出版社，2013年，第195页。

从理论上来讲，法国在其中有绝对的控制权。有意思的是，当法国人害怕日本人会像控制中国其他地方一样控制广州湾时，日本人自己却没有什么真正控制广州湾或法属印度支那任何一部分的欲望。事实上，二战期间日本人在亚洲已经过度扩张，正在尽量避免接管像印度支那这种大片的、需要每日管理的法国殖民地，包括广州湾，这些目标太复杂。确实，日本外相松冈洋右通知驻日本东京的维希大使，"日本政府非常尊重法国在远东的权力和利益，尤其是印度支那的领土完整和法国在整个印度支那联邦地区的主权"①。

不管这两个政府各自打的是什么算盘，日军还是于1943年2月入侵了广州湾，尽管他们已经知会维希政府说，他们需要加强在广州湾海域的防御。自那时起，广州湾的军事控制权实际上已经落到了日军手里，而法国民政管理当局的权力却减弱到只是一个幌子。当时似乎已经很明显，日本对于世界的这一部分的控制极大地受到了威胁，于是在1945年3月，他们向印度支那全境的法军展开了袭击，随后也拿下了法国在白雅特城的这个小小要塞——法国人被缴了械，扣押起来。

《印度支那》插图周刊上有篇文章，记载了"安菲特里特号"第二次远航中国的大量细节（包括在"安菲特里特号"纪念碑揭幕式的演讲）②。前面提到，在第二次远航中国时，船只在中国的一个小海湾停留了6个月，该文指出，这个小海湾后来变成了广州湾（也就是现在的湛江）的一部分。

---

① F.罗格瓦尔：《战争的余烬：法兰西殖民帝国的灭亡及美国对越南的干预》，纽约：兰登书屋，2012年，第30页。

② 让-伊夫·克拉埃：《安菲特里特号在广州湾（1701.11.16—1702.5.10）》，见《印度支那》插图周刊，1940年11月28日，第1—4页。

以下是译自法文的演讲概要：

"安菲特里特号"在1701—1703年的第二次远航，比第一次要艰辛得多。他们航行了5个月时间靠近了中国的海岸，然而到达陆地却又多花了4个月。

撇开一切不说，在到达时，在离澳门约有4个小时航程的地方，这艘船首先到达了一个风平浪静的地方，然后一股猛烈的台风迅速把它刮到了西南边。无疑，在公司代理人费热哈勒（Figerald）的催促下，弗罗热·德·拉希戈迪埃尔船长开始担心船上运载的货物。他决定让洪若翰神父（Fontaney）首先乘坐中国的帆船，借道广州把礼物运往北京。这位耶稣会神父为了自己的教会，也带了一大批礼物上船，要献给大清的皇帝。但是第三次风暴把本来已经损坏的船只破坏得更严重了。弗罗热·德·拉希戈迪埃尔船长想回到原来那个避风的地方，即位于上川岛（台山）旁边的那个避风港，但是他们已经无法回到那里。船只经过多次破坏，已经变得千疮百孔。

船只终于坚持下来，摇摇晃晃地在放鸡山（即放鸡岛，位于茂名电白县）南面的港湾停泊了15天，试图想办法走出这个困境。在卜文气（Porquet）神父的陪同下，洪若翰神父使用两艘桨帆船，带上送给皇帝的礼物，离开了安菲特里特号。而后安菲特里特号又经历了一次恶劣的天气，遭遇到了"第四次风暴"。

洪若翰神父一路扬帆向广州进发，到达后又折回来，花了25天时间寻找"安菲特里特号"，由于偏航，这艘船已经被刮到西边去了。他从6里格（18英里）以外的地方带来了新的桅杆，用两艘桨帆船和划艇沿海岸一路拖过来，试想象这一路的痛苦，该需要付出多少的精力？！同时，弗罗热·德·拉希戈迪埃尔船长也打听到了附近哪里有好地方可以停靠，以便过冬和休息调整。他亲自去勘察那个锚地，测量航道，并确保那里的大清官员是友善的。

这个锚地就是广州湾。广州湾的地图已被保存在海事档案馆，该图由弗罗热·德·拉希戈迪埃尔绘制和签名，相当清晰和准确，关于他们的位置没有任何错漏。

他们就停靠在一处名叫"花丘"（Le Morne du Bouquet）的海岸，那里的大王庙至今还在，标志着当年停靠的地点。①

因此，既不是偶然，也不是完全迷失，在遭受了4次风暴后，"安菲特里特号"到达了那个避风港，这地方是在传教士的帮助下找到的。在德·拉希戈迪埃尔到达广州湾之后，他给洪若翰神父写信，他写道："尊敬的神父，现在，我和我所有的船员都欠你一条命，因为你给我们带来了桅杆，指引我们来到一个好的停靠港……我们的船现在安全了……我们已经感受到我们的热情所带来的结果：附近的官员们来看我们了，他们尽其所能，给我们提供帮助。他们移开我们的船，以便于我们运输必需的物资。我们所有的船员都沉浸在欢乐之中；我

---

① 在1906年马赛殖民地大展举办之时，他们出版了一本题为《广州湾租借地（中国）》的历史概况类书籍，书中这样说："安菲特里特号上的军官们绘制了海岸地图，并起草了文件上报到海军部，但这些文件躺在海军部，被遗忘了长达两个世纪之久。直到1895至1896年间，在中日甲午战争结束后不久，当所有外国舰队都忙于研究中国沿海之时，由阿尔及尔号巡洋舰和狮子号、精灵号炮艇组成的法国舰队才重新对广州湾进行了勘察。"

们用1个苏（旧制法国货币单位，1法郎等于20个苏）就可以买到一只大鸡，4个法郎就可以买到一头牛，还有各种生活用品。"

所有船员很快就克服了疲劳和因长期航行引起的各种疾病，得到了舒缓，他们在岛上的日子很愉快，当地人民很友好，生活很容易。

在无数次修补船只的艰难过程中，打猎和捕鱼成为他们健康的娱乐形式。6个月后，"安菲特里特号"已准备好再次上路。1702年5月10日，他们起锚向广州进发。

我们的"安菲特里特号"无疑是第一艘从法国远航到中国的商船。自此以后，我们的船逐渐走开了一条定期往来太平洋的安全航线，从文明世界带来所有的商品。如今，当新的世界秩序扰乱了原有的价值观，没人知道未来会否带来稳定和秩序，这就有必要在中国租借给法国的这片土地上实现我们最初行动的记忆，记住我们与中国的第一次友好的商业合作和政治联系。

白雅特城的这座"安菲特里特号"纪念碑，就像一座航标在对一个难以确定方向的领航员说："我在这里。"碑上刻有"安菲特里特号"图像，图像镶嵌以青铜漩涡装饰，它的两边有一个名单，上面刻有那些战胜台风和风暴等各种困难以维护我们统治权的法国人的名字。这碑比纪念更好，它是一个象征，象征着一种积极而勇敢的力量。恶浪可以压倒暗礁，逆风可以拔起船锚，但这股力量却不能、也永远不会被打败。

五、"安菲特里特号"的终结

（一）"安菲特里特号"回归法国皇家海军服役

在完成了两次约定的中国之旅后，"安菲特里特号"于1704年回到它的老家——法国海军做短期服役，恢复了军舰身份。后来它加入了由杜居·土路因（Duquay Trouin）指挥的一支小舰队，俘获了英国船只"HMS法尔茅斯号（HMS Falmouth）""索尔兹伯里号（Salisbury）"和"泽西号（Jersey）"。勒内·杜居·土路因（Rene Duguay Trouin，1673—1736）是一个极其有趣而又成功的法国海盗船船长和海军军官。他一次次地打败英国海军，俘虏他们的商人，他在路易十四发起的法荷之战中立下赫赫战功，得到名望和额外的提拔，备受船员们尊敬。据报道，在1709年之前的那段时间，他一共俘虏了300个商人和20艘军舰或私掠船。他最成功的胜利是在1711年，在西班牙王位继位战争中，他在11天里轰炸并攻陷了里约热内卢，强逼这个城市赔偿了大量的赔偿金，极大地讨好了财政受困的路易十四。[①]那一年，他被路易十四授予爵位，并于1728年擢升为海军中将。他留下了回忆录，但是在回忆录里，他丝毫没有提到"安菲特里特号"和该舰俘虏英国船只的事情。就是说，这个由船长、船员和杜居·土路因合作执行任务的具体活动没有被记录。但是应该注意到，根据法国海军博物馆（2015年3月6日写给本文作者的信），"'法尔毛斯号'（拥有58门舰炮）

---

① 参见http://www.netmarine.net/bat/fregates/duguay/celebre4.htm，《杜居·土路因对里约热内卢的洗劫》一文。在这一特例里，存在另一种公私合伙的变体，其中国家（路易十四）提供军舰和海军部队，私营公司提供70万里弗的资金，至于利润则实行均分共享。

在地中海被法国的私掠船俘虏；‘索尔兹伯里号’（拥有24门舰炮）被法国的船只俘虏；‘灵敏号（Adroit）’和‘泽西号’（拥有48门舰炮）在多米尼加外海被杜居·土路因的舰队俘虏，而‘安菲特里特号’是舰队中一员”。杜居·土路因的回忆录，[①] 简要地提到了“英国军舰法尔毛斯号”。杜居·土路因临终前身

Portrait of Duguay Trouin. Duguay Trouin was the leader of the squadron in which the "l'Amphitrite" participated after it left the China trade and reverted to its normal situation as a warship in the French navy.

图13

无分文，被迫在灵床上写信给国王，求国王照顾好他的家人。（见图13，杜居·土路因（Duguay Trouin）的画像；图14，杜居·土路因洗劫过的布宜诺斯艾利斯地图）

1704年下半年，在杜居·土路因指挥下完成战舰的服役期后，“安菲特里特号”被罗什福尔的皇家海军承包给皇家几内亚公司，做了运奴船。

（二）“安菲特里特号”在奴隶贸易中的角色

有一篇极佳的文章，标题是《奴隶贸易纪念馆：法国如何面对

---

① 杜居·土路因：《杜居·土路因回忆录》，阿姆斯特丹：皮埃尔·莫尔蒂埃出版社，1730年，第38页。

其野蛮的过去》①，该文围绕法国军舰如何从法国港口出发从事奴隶贸易的相关活动展开案例研究，所用案例是南特港（Nantes）。文章讲述这些贩奴船在购买奴隶时，并非使用"廉价的小饰品"（cheap trinkets）以物物交换的形式来购买奴隶。其中关于一艘运奴船的案例分析提到，"一艘从南特发出的三桅帆船的原始的装载清单和文件显示，有80%的货物是纺织品，剩余的是手枪、剑、珍珠和镜子。载重货的船要花两个月才能到达非洲的目的地。当时在比绍港（Bissau，几内亚）和莫桑比克（Mozambique，非洲东南部国家）之间，大概设了400个贸易点来提供奴隶。在这里，白人贸易者和非洲的国王和酋长代表谈判，利用他们的货物来做物物交换，购买奴隶，整个过程有时可以持续6个月之久"。

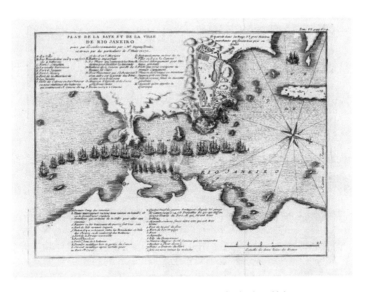

Map of Buenos Aires. Captured by Duguay Trouin soon after the "l'Amphitrite" was burned.

图14

---

① 斯特凡·西蒙斯：《奴隶贸易纪念馆：法国如何面对其野蛮的过去》，http://spiegel.dc/international/europe/nantes-opens.memorial-to slave trade a 829447.

购买之后，这些船只被加以改装，以便于运载活人。在南特历史博物馆，有一份十八世纪的平面图，该图展示了一艘名叫"拉·玛丽·索拉菲克（La Marie Seraphique）号"船的令人毛骨悚然的景象：供应的物资贮藏在船底的桶里，刚好及膝，还有的堆放在上层的甲板。在甲板的中间层，奴隶们被塞入非常狭窄的空间。男女奴隶的船厢被从中间隔开，他们在巴黎时就被戴上了铁镣和手铐。根据船型的不同，每趟大概有300或者更多的奴隶被以这种非人的方式运送到南美、加勒比海或其他地方。约有三分之二是男奴，三分之一是女奴。大概13%–19%的奴隶在海运过程中死亡，有病死的，有自杀的，或是因为反抗而被镇压致死的。

六、"安菲特里特号"的遗憾收场

有关"安菲特里特号"最后几年的详细情况，基本与法国的一位著名的权威人士马克斯·格鲁（Max Guerout）所说相符，它的引人关注的故事就在下面这些作为脚注的文字里：

1704年10月末，两艘由法国皇家海军外包给阿先托（Assiento）公司的船，从法国的路易港（Port-Louis）出发了。"梅登布利克号（Medemblick）"是一艘510吨的荷兰船，由查尔斯·杜菲（Charles du Fay）指挥，而另一艘则是"安菲特里特号"，由让·杜卡利斯（Jean du Cazlis）指挥。

"安菲特里特号"在几内亚沿岸购买奴隶期间，还虏获了一艘荷兰的运奴船。无疑，那就是阿姆斯特丹的"瑞秋号（Rachel）"。"梅登布利克号"比"安菲特里特号"更快地穿过大西洋，在1705年5月4日到达阿根廷首都布宜诺斯艾利斯，一周后，197个奴隶上岸。而"安菲特里特号"花了77天才穿过大西洋，由于在船上待得太久，那些奴隶患上了坏血病和高烧。船上能罗列出来的各种疾病是有启发性的：天花、癣、肺结核、腮腺炎、水肿、坏血病，我们能看出船上的卫生条件有多恶劣。但是除了疾病以外，里约热内卢的管理程序也对这场灾难产生了影响。首先"安菲特里特号"在布宜诺斯艾利斯被西班牙官方抓住，在船长的抗议下，船只得以归还，但是那些从非洲运来的奴隶，在船到岸大约5天后才得以上岸，那是在1705年8月1日。在从非洲港口上船的563个奴隶中，有275个在被放出时已死亡。在卖出的奴隶当中，有138个被西班牙国王的两名官员买下，无疑，那两个人自一开始就在拖延船只靠岸的时间。然而，撇开这些肮脏的情节不谈，"安菲特里特号"的航行对船主来讲无疑还是有利可图的，他们从俘虏荷兰人的船以及奴隶买卖中获利。①

"安菲特里特号"还在1709年和1712年11月份，两次驶往布宜诺斯艾利斯，这两次都是在法国的拉罗谢尔港为这种可耻的剥削航程装备军火。第三次航行是最后的一次：1713年7月，在离开布宜诺斯艾利斯时，船只遭遇大火并最终沉没。一年后有人曾经想打捞，但最终还是失败了。曾经辉煌一时的"安菲特里特号"的最后一次航行，也是最肮脏的一次历险，就这样拉下了帷幕。

---

① 马克斯·格鲁：《西班牙王位继承战争期间法国在布宜诺斯艾利斯的人口贩卖行为》，见《南海航线》杂志，2001年第9期，第31—34页。另外在法国海事博物馆之友协会编的《法国战舰名录》里也有一个简要而完整的总结，参见该书第28页，巴黎，1967年。

就像马克斯·格鲁（Max Guerout）所说的，"法国皇家海军在奴隶走私中所扮演的角色是最令人惊讶的。在这里面，你应该能看到当时的一个常见的惯例——官商勾结。确实，我们记得曾经对那些越过底线的官员作过多次提醒，但是我们看到，这种做法其实是来自于上层。天主教国王（历史上西班牙国王的称号）在这种操作中所得到的利润达到了25%，这也说明了在当朝政府和教会的高层中，为什么会极少有人提及有关黑人贩卖的道德问题"①。

他还写道："并非没有讽刺意味的是，在一个多世纪后，从1814年到1848年，有人看到法国皇家海军在岸上镇压奴隶贸易，那时奴隶贸易已经成为非法的。然而本文的真正目的是为了透露被用以进行大量贸易运输的一个鲜为人知的途径。如果我们以为我们的令人惊讶的能力已经达到，那么我们现在就找到了一些最令人难以想象的航行。"

七、结论

当人们看到本文所叙写的"安菲特里特号"简史时，会发现其中存在两个有意味的因素。第一是存在于"安菲特里特号"最初两次中国远航中的的两头欺骗行为。其中有很多善意的谎言，正是这些谎言促使这两次早期的航行合法地发生了，否则路易十四是不可能敲开中国的大门的。此外，法国的历史学家如马德罗列，还留给我们一个谜没能解开，即法国人在第二次航行时绘制了一副广州湾地图，并通过这种做法、以某种方式早早地在这个后来成为法国租

---

① 马克斯·格鲁：《西班牙王位继承战争期间法国在布宜诺斯艾利斯的人口贩卖行为》，见《南海航线》杂志，2001年第9期。笔者于2015年1月6日和10日相继收到了他关于安菲特里特号的两封来信。

借地的地方插下了他们的国旗。尽管我们在法国档案里非常努力、非常认真地寻找这张地图，但仍然找不到。第二，更为重要的一点是，我们可以看到这艘船的风光起航和惨淡收场，两者相比有天壤之别。在早期的几年里，由于"皇家中国公司"和路易十四的非凡想象力，"安菲特里特号"成为促使中国向法国敞开大门以及法国向中国敞开大门（尽管我们没有讨论这一点）的工具。这是一个具有历史意义的里程碑，其重要性不容忽视。然而在某种程度上说，由于这艘船是由私营机构来运营的，因此，从一种激动人心的商业冒险，到另一种涉足剥削、人性堕落和船主罔顾道德从事奴隶买卖的冒险，足以证明这艘船已经蜕变为它那个时代的罪犯。

附录：广州湾地图及图片

1. 最早的广州湾详图：由广州湾的法国人绘制

（来源：勒内·德·科斯基著《1899年从下龙湾到广州湾》）

2. "花丘"现代地图（湛江市南三岛）

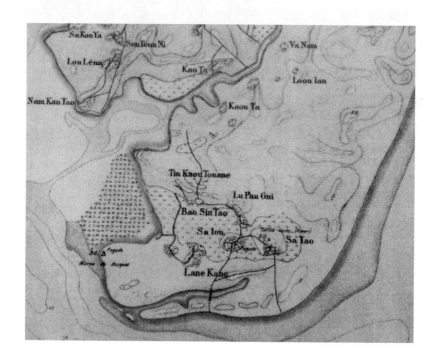

3. 位于"花丘"的大王庙（正面）

4. 位于花丘的大王庙（新貌）

5. 花丘周围的沙滩

6. 本文的两位作者与大王庙的庙祝与解签人

（作者：乔尔·蒙塔古，男，美国学者，前全球组织"Partners for Development"主席。肖丹，女，广东湛江人，湛江财贸学校英语助理讲师）

（湛江财贸学校　肖丹译）

从广州湾到白雅特

◎何斯薇

摘　要： "广州湾"一词最早在明代的文献中已有记载，且有"广州湾"与"广州澳"两种不同的写法，最初是指广东吴川县南三都附近的水陆地域，随着1898年法国提出租借广州湾的要求并派兵强占，"广州湾"的地名内涵发生了根本变化，其面积比明清时期扩大了很多，并从模糊的没有明确界限的水陆地域变成了具有明确边界的行政区。1898年法军强行登陆广州湾占领海头炮台的野蛮行径遭到了激烈的反抗，但法军以少胜多，故以法国军人崇拜的白雅特（Bayard）骑士的名字来命名所占炮台乃至租借地的首府，即白雅特城（Fort Bayard）。

关键词： 广州湾；广州澳；法国；白雅特

广州湾，是闻一多先生《七子之歌》中的"七子"之一[①]，1899年11月，在法国的胁迫下，清政府与法国签订了《广州湾租界条约》，1943年又为日军所占，迟至1945年才从日本、法国手中收回，并改名为"湛江"（范围略小于今湛江市市辖区）。

---

① 七子分别是：香港、澳门、台湾、九龙、威海卫、旅大和广州湾。

与其他"六子"相比，广州湾的名气无疑要小很多，甚至还有人以为广州湾是广州附近的一个海湾，实则两地相距遥远（400公里左右）。"广州湾"一词最早在明代的文献中已有记载，且有"广洲湾"与"广州湾"两种不同的写法。随着法国租借要求的提出，"广州湾"的地名内涵发生了变化，学术界已就此问题进行考证辨析，本文将对这一过程进行梳理。

一、法国租借前的广州湾

（一）广洲（州）湾的内涵

阮应祺最早进行这方面的考证，他在《清末广州湾地理位置考》一文中"根据地方志书（各书均修于光绪二十四年以前）、实地调查和参考有关历史文献"[①]，认为广州湾原有陆地和海面二义：

清末广州湾是广东吴川县南三都上面的一个"坊都"（现在湛江市郊区南三公社灯塔大队所辖村落[②]）及其附近港汊海面，范围相当狭小，不是指今天的湛江港，更不包括雷州府遂溪县所属的任何陆地或海面。

这一结论基本成为学界共识，直至21世纪初，众多谈及法国租借前的广州湾的研究中，都持类似观点。如龙鸣与景东升在《风雨沧桑广州湾》（简称《风雨》）中认为："当时的广洲湾应为吴川南三群岛附近靠近外海的一个小岛，某种程度上也指示近岛水域"[③]。余燕飞在《近代"广州湾"地名内涵的变化》中，通

---

① 阮应祺：《清末广州湾地理位置考》，《学术研究》，1982年第5期，第92页。

② 大约位于今坡头区南三镇东南部的灯塔行政村一带，著名地标为广州湾靖海宫。

③ 龙鸣、景东升：《风雨沧桑广州湾》，《珠江水运》，2011年第19期，第83页。

过对史料的考证，也得出了与阮文相同的结论："'广州湾'与'广洲湾'均指吴川县南三都的村坊及附近海域，水陆面积都很有限"①。

在此基础上，唐有伯对这一观点进行了完善和补充，并明确了地名内涵的演变过程，认为清末之前的广州湾：

> 其最初所指当为吴川南三都田头岛、北颜岛南端与地聚岛所形成的一个海澳、海湾，其地势险要，极易成为海盗洋匪盘踞的基地，是高州府南部海防要地。因广州湾及其所属海域重要的海防地位，如今湛江港（湾）之原来吴川县所属的海域部分，又被笼统称为广州湾或广州湾洋面。这是广州湾一名含义的引申和扩大。广州湾之东岸北颜岛南端靠海的几个荒僻小村组成的行政村，也以广州湾为名，但这个陆地上的广州湾之名来自海上的广州湾，而不是相反。②

即是说广州湾有海澳（见图1）、海域（见图2）和行政村（见图3）三层含义，且陆上的广州湾之名来自海上的广州湾。另外，唐有伯认为在古汉语中，"村坊"和"坊都"的意思为"村与坊""村或坊"和"坊与都"，而没有连用"村坊"或"坊都"来指定某一"村庄"的语言习惯，所以用"广州湾行政村"这一名称

---

① 余燕飞：《近代"广州湾"地名内涵的变化》，《史学月刊》，2014年第1期，第128—129页。

② 唐有伯：《广州湾地名考辨：明清方志舆图中的广州湾》，《岭南师范学院学报》，2015第4期，第155页。

来代替"广州湾村坊"或者"广州湾坊都"更确切一些①。

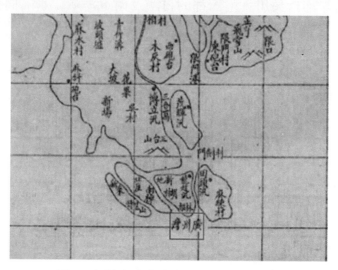

图1　广州湾（海澳）的实际地理位置

（来源：张人骏：《广东舆地全图》，石经堂书局1897年版，第68页）

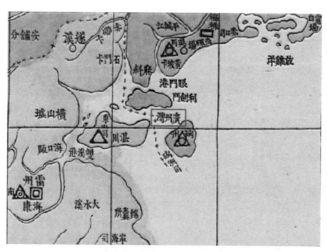

图2　广州湾（海域）的位置

（来源：1887年《广东全省水陆舆图》）

---

① 唐有伯：《广州湾地名考辨：明清方志舆图中的广州湾》，第161页。

图3　陆上之"广州湾"①（2016年　何斯薇摄）

综上，这一方面的研究主要是利用明清方志和舆地图来考证明清时期广州湾的地理位置，先是挖掘更多且更早的史料来佐证深化前人的观点，而后又不满足于已有的结论，开始进行更精深更细微的研究，唐文则反映了这一研究继续深入的趋势。

在阅读文献的过程中，笔者发现了个别论文文章在引用史料时产生的一些分歧，故在此列出，谨供读者参考。

1. 陈强《广州湾村坊与广州湾租借地》②："现在能见到最早记录广州湾这一地名的书籍③，是明朝嘉靖十四年（1535年）郑若曾写的《筹海图编》，读书卷三·广东事宜条载：'高州东连肇

①　"中国广州湾村"命名应源于阮应祺所说之"广州湾村坊"

②　陈强：《广州湾村坊与广州湾租借地》，中国人民政治协商会议湛江市委员会学习和文史资料委员会编：《湛江文史》（第二十六辑），2007年，第221页。

③　曾经学者多认为对广州湾一词最早出现于嘉靖四十年（1561年）完成的《筹海图编》（参阅龙鸣、景东升主编：《广州湾史料汇编》（第一辑），广州：广东人民出版社，2013年，第1页），但也有学者认为"广州湾"最早可见于明朝嘉靖十四年（1535）的《广东通志初稿》（参阅唐有伯：《广州湾地名考辨：明清方志舆图中的广州湾》，第161页）。

广，南凭海渤，神电所辖一带海澳，若连头港、汾州山、两家滩、广州湾，为本府之南瀚'"。①

2. 余金养《鲜为人知的"广州湾"版本》②："广州湾地名最早见于明嘉靖十四年（1535年）《筹海图篇》，行政上归吴川县管辖，海防上属电城（镇）管辖。《惯州府志》卷四十八订误指出：此州在吴川境，字从水旁，乃洲诸之洲，凡作州郡之州皆误"。③

---

① 关于《筹海图编》完成的时间，比照以下两个版本，可知《筹海图编》完成于嘉靖辛酉年（1561年）："会少保公征辟赞画，参预机宜，且获从幕下诸文武士闻所未闻，越数月，而书竣事……时嘉靖辛酉冬十有二月朏日，崑山郑若曾伯鲁氏寓武林通玄山房谨识。"（郑若曾：《筹海图编序》，李致忠点校，北京：中华书局，2007年，第9—10页）"无何少保公以主口来召发蒙启聩，且获从幕下诸文武士闻所未闻，数越月，而书竣事……嘉靖辛酉冬十有二月朏日，崑山郑若曾寓武林通玄山房谨识。"（郑若曾：《筹海图编·郑若曾引》，中国兵书集成编委会：《中国兵书集成（第15—16册）》，北京：解放军出版社、辽沈书社，1990年，第27—30页）作者在论述中，将"广州湾"写作"广洲湾"，然而考诸史籍，一般的写法都是"广州湾"。例如："故高州东连肇、广，南凭滇渤，神电所辖一带海澳，若连头港、汾州山、两家滩、广州湾，为本府之南瀚，兵符重寄，不当托之匪人，以贻保障之羞也。"（郑若曾撰，李致忠点校：《筹海图编》卷3《广东事宜》，北京：中华书局，2007年，第245页）"故高州东连肇、广，南凭滇渤，神电所辖一带海澳，若连头港、汾州山、两家滩、广州湾，为本府之南瀚，兵符重寄，不当托之匪人，以贻保障之羞也。"（郑若曾撰：《筹海图编》卷3《广东事宜》，中国兵书集成编委会：《中国兵书集成》（第15-16册），北京：解放军出版社、辽沈书社，1990年，第314—315页）

② 余金养：《鲜为人知的"广州湾"版本》，《广东史志（视窗）》，2008年第1期，第55页。

③ 出现了四处错误：第一处，《筹海图篇》应为《筹海图编》；第二处，同上，《筹海图编》应成于明嘉靖四十年（1561年）；第三处"《惯州府志》"应为"《高州府志》"，"卷四十八"应为"卷末"；第四处，此文写作"广州湾"，联系其下文"字从水旁，乃洲诸之洲"之意，可知"州"应为"洲"，再比照以下版本，可确认："此洲在吴川境，字从水旁，乃洲诸之洲，凡写作州郡之州者，皆误。"（杨霁修，陈兰彬纂：《高州府志》，光绪十五年影印本，成文出版社，1967年，第847页）

3. 余燕飞《近代"广州湾"地名内涵的变化》①："明代郑若曾《筹海图编》记载，'高州东连肇广，南凭海渤，神电所辖一带海澳，若连头港、汾州山、两家滩、广洲湾，为本府之南瀚'（郑若曾撰，李致忠点校，《筹海图编》卷三，《广东事宜》，中华书局2007年，第245页）"，但经笔者比对原文，发现"广洲湾"应为"广州湾"。

（二）广州湾与广州湾写法的分歧

余燕飞认为，"从清初开始，广州湾用法才有'州'和'洲'的不同"②。实际上，这一用法的不同，明代时即有，学术界在二者谁为先后这一问题上有不同见解。

认为"广洲湾"出现在先而后演变成"广州湾"的原因有二：其一，在古代方志舆图和档案中，"广洲湾"出现的频率比"广州湾"高，如阮应祺"曾查阅地志舆图十二幅和故宫档案有关广州湾划界谈判文献原抄件影印件八份，共四十五见，作'洲'二十六，作'州'十九"③。其二，水中可居者曰"洲"，按照广州湾的地貌（包括水中小岛和近岛水域）而言，"广洲湾"更能概括这片区域的地理特征。如《风雨》中所述"'广州湾'和'广洲湾'只是一字之差，即'洲'和'州'的差别，前者在古汉语字典中的解释为'水中陆地'。后者'州'字有两种解释，一解为古代的一种居民组织；一解为古代行政区"④。在法国租借之前，广州湾是自然区域，而不是行政区划，所以用"州"字不如用"洲"字恰当。其

---

① 余燕飞：《近代"广州湾"地名内涵的变化》，第128页。

② 余燕飞：《近代"广州湾"地名内涵的变化》，第128页。

③ 阮应祺：《清末广州湾地理位置考》，第93页。

④ 龙鸣、景东升：《风雨沧桑广州湾》，第82页。

三，划界租借后"广州湾"一名遂成定制，如"1899年，法国迫使清政府签订《广州湾租界条约》。在这个条约文本中，该地名一律写为'广州湾'。自此，这一用法便以正式条约文件的形式得以固定"①，"原来指示地理概念的'广洲湾'便演变成了表达行政区划概念的'广州湾'"②。

唐有伯对以上观点一一进行了反驳：其一，明清史志中"广州湾"出现的频率比"广洲湾"更高，"在一包含数万册古籍的在线阅读网站上，用关键词'广洲湾'搜索仅得13笔，而'广州湾'搜索得133笔，后者是前者的10倍"③。其二，"洲"与"州"可以互通，"州"的本意就是"水中陆地"，且"广州湾"比"广洲湾"使用得更早，1535年的《广东通志初稿》即开始使用"广州湾"，到了1614年的《万历高州府志》才使用"广洲湾"④。其三，"广州湾"是官方认可的写法，查历朝《大清会典》和法国强租广州湾

① 余燕飞：《近代"广州湾"地名内涵的变化》，第128页。

② 龙鸣、景东升：《风雨沧桑广州湾》，第83页。

③ 唐有伯：《广州湾地名考辨：明清方志舆图中的广州湾》，第161页。笔者在"中国基本古籍库"上用关键词"广洲湾"搜索仅得18笔，而"广州湾"搜索得112笔。直到清朝，这两种写法仍然同时存在，甚至在同一本书中，也有两种写法并用的情况，如《天下郡国利病书》（稿本）与《那文毅公奏议》（清道光十四年刻本）。在《那文毅公奏议》中，"广洲湾"出现了17次，绝大部分表示"海湾、海域"的意思，其中有三处写作"广洲湾洋面"；而"广州湾"出现了4次，其中"又在广州湾、放鸡尾各洋面抗拒舟师三次"（两广总督奏议卷十二），说明此时"广州湾"也有"海域"的意思。因此，直到清朝道光年间，"广州湾"的用法仍未达到一致，且两种写法可通用。

④ 唐有伯：《广州湾地名考辨：明清方志舆图中的广州湾》，第161页。

事件中的相关历史档案都写作"广州湾","可见'广州湾'①乃清政府对内对外正式认定的地名"②。因此,也就无所谓法国租借后,"广洲湾"演变为"广州湾"一说。

《说文解字》中"州"字的解释是:

> 水中可居曰州,周遶其菊,从重川。昔尧遭洪水,民居水中高土,或曰九州。《诗》曰:"在河之州。"一曰州,畴也。各畴其土而生之。臣铉等曰:今别作洲,非是。职流切。③

可见"州"的本意就是江河中央可以居住的陆地,北宋徐铉注,意即"洲"为"州"的别字。清代段玉裁注"州本州渚字,引申之乃为九州,俗乃别制洲字"④,亦此意。又《康熙字典》中"洲"字的解释为:"《说文》水渚也。《尔雅·释水》水中可居曰洲……《诗·周南》在河之洲……《说文》本作州,后人加水以别州县字"⑤。由此可知,"州""洲"两字相通,但"州"又

① 广州湾的法文写法有多种,包括:Kouang Tchéou Wan、Quang Tchéou Wan、Kuang Tchéou Wan、Kouang Tchéou Ouan、Quan Chau Wan、Kouang Tchéou Bay、Kwangchowan、Kwang Chow Wan、Guangzhouwan(参阅沈紫音:*Youth in the forgotten colony*:*orphans*,*elites and arrivistes in French Kwang Chow Wan*(*1919-1940s*),master thesis,The University of Hong Kong,2015,pp.198),其中Kouang Tchéou Wan的写法最为普遍,缩写为"KTW"。

② 唐有伯:《广州湾地名考辨:明清方志舆图中的广州湾》,第161页。

③ 许慎:《说文解字》,北京:中华书局,1963年,第239页。

④ 许慎撰,段玉裁注:《说文解字注》,郑州:中州古籍出版社,2006年,第569页。

⑤ 张玉书:《康熙字典》,上海:汉语大词典出版社,2002年,第569页。

可表示行政区划，故以"洲"来特别指定"水中可居"这一含义。

"广州湾"既可突出这片区域的地理特征，又可揭示这片区域为海防要地的行政意义，且书写更为简洁，因此"广州湾"比"广洲湾"更广泛地见于各类文献记载也就不足为奇。

综上所述，阮应祺考证所得的清末广州湾的地理位置，已为学界广泛认可和接受，唐有伯则在其基础上梳理明清时期广州湾这一地名的多重内涵，并对阮应祺提出的"广州湾村坊"或"广州湾坊都"这一概念进行纠正，认为广州湾的陆地概念称作"广州湾行政村"更为确切。学界主要的争论点和疑惑点仍是"广州湾"与"广洲湾"的不同写法，由于"州""洲"二字相通，都有"水中陆地"之意，因此这两种写法无对错之分，常交错见于明清方志和舆地图中，只是"广州湾"较之"广洲湾"出现得更早。而中法互订《广州湾租界条约》后，广州湾的地名内涵发生了根本变化，面积比明清时期扩大了很多，并从模糊的没有明确界限的水陆地域变成了具有明确边界的行政区。由于"州"字又有"州县"这一层可表示行政区划的含义，且出现在中外正式签订的租界条约中的是"广州湾"一词，因此"广州湾"与条约中规定的租借地范围最终画上等号。此后，"广洲湾"这一写法逐渐淡出人们的视野。

二、法国租借后的广州湾

虽然法国租借前的"广州湾"的名称和地理位置尚存在争议，但是国内对于议租阶段和1899年11月两国签约后的"广州湾"的地名内涵的意见则较为一致。

如余燕飞在文中说道"4月9日，法国驻清朝大使致总署照会指定：'因和睦之由，中国国家将广州湾作为停船趸煤之所，租与法国国家九十九年'。4月10日，清政府迫于法方'不准改动一字'的压力，原文不动地回复法国照会，答应租借要求。照会中，清政府所谓的'广州湾'即吴川南三都陆地村坊及其附近港汊海面，也是一直以来清朝地方和中央官员所理解的广州湾的地理范围……在清政府看来，法国通过照会索要的'广州湾'不过弹丸之地"[1]。实际上，法国不仅希望得到"遂溪县属新墟至吴川县属黄坡村二百余里的地盘，连同东海、硇洲二岛也欲划归法国版图"，妄图实现"由东向西横贯雷州半岛，实现与东京湾（也就是今天的北部湾海域）贯通"的目的[2]（见图4）。最后在遂溪人民的反抗下，法国人的如意算盘没能完全实现，但面积也远超原来的"广州湾"的地理范围，占据几乎整个海湾、诸多岛屿和两岸的大片土地，包含：

（1）东海全岛。

（2）硇州全岛。硇洲岛与东海岛中间水面，系中国船舶往来要道，将来仍允许其通过租借地或停泊，无需缴纳任何税费。

（3）其租借地以雷州地带为南面边界，直至通明河；西面以从雷州经新圩至遂溪的官道为界；在北部，边界从志满开始，一直向东北延伸至赤坎，并从赤坎和福建村中间穿过，而赤坎、志满和新圩则划入广州湾境内。黄略、麻章、新埠、福建各村均归中国管辖。边界从赤坎以北福建村以南，向东延伸至海面，穿过调神岛以北海面至兜离窝达到吴川县。自西向东

---

① 余燕飞：《近代"广州湾"地名内涵的变化》，第129页。

② 景东升、龙鸣：《广州湾简史》，景东升、何杰主编：《广州湾历史与记忆》，武汉：武汉出版社，2013年，第9页。

穿越吴川县至西炮台河面，河床中部出海三海里处（即中国十里），黄坡仍归中国管辖。距岸达三海里的海域边界，由吴川县海口外三海里水面起，经过通明河，直至遂溪县[①]。

全面积约为二百英方里，位北纬线20.45与21.17度，与东经线107.55与108.16度之间[②]。

图4　议租时期法国图谋的广州湾

（来源：《法国要求广州湾图》，《知新报》光绪二十四年闰三月十一日第五十一册附图）

---

① 李嘉懿校译：《法中互订广州湾租借地条约》，伯特兰·马托著，李嘉懿、惠娟译：《白雅特城：法兰西帝国鸦片销售时代的记忆》，广州：暨南大学出版社，2016年，第194—195页，附录一。

② 韦健：《大广州湾》，东南出版社，1942年，第4页。

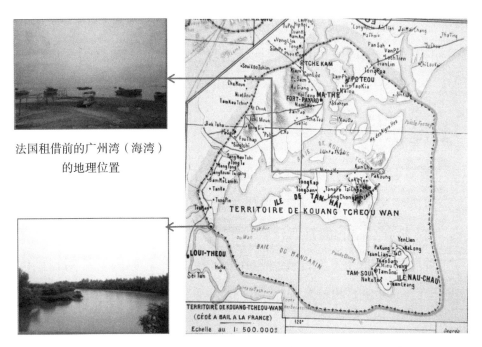

法国租借前的广州湾（海湾）
的地理位置

洋村渡：通明河入海口　　　　　法国租借地广州湾地图 1909年

图5　笔者参加"2016年广州湾历史文化考察行"所见之"广州湾"

此时，广州湾的地名内涵发生了根本变化，原来只是一片模糊的没有明确界限的水陆地域范围，而今成为具有明确界限①的行政区，并成为法国租借地的代名词，法国还在此设置了行政中心，称为白雅特城（Fort Bayard）。

三、"Fort Bayard"得名由来

在《风雨》一文中，作者提出了"有一个比较特殊的地名值

---

① 租借地条约第二款第三条："待本条约签订且地图在双方认可绘制后，最终的边界线会由双方政府指定的官员通过勘测后确立。"（参阅李嘉懿校译：《法中互订广州湾租借地条约》，195页）因此，由于租借地条约的模糊性，中法双方对于广州湾租借地的边界线仍存在争议，并在日后引起多次纠纷。（参阅郭康强：《租界条约与中法广州湾纠纷》，《中国社会科学报》，第60期，2016年5月25日，第4版，"人文岭南"）

得关注，那是一个被称为'Fort Bayard'的地方，在海头[①]东边，麻斜的对面，法国方面的地图标识为黑色正方形，解释为'广州湾行政中心'……其地点就是今天霞山保存下来的'广州湾总公使署'。首府的命名则源于1701年法国'白雅特'号军舰首次抵达今天湛江近海"[②]。

余燕飞则通过王铁崖《中外旧约章汇编》中收录的中文本《交收广州湾租借地专约》与《当代文献》上该条约的中英文本相对照，确定Fort Bayard即是西营。[③]

而肖玮则更进一步，探讨Fort Bayard的命名原因。针对目前国内对于这一问题的两种常见解释，他一一作出了反驳：

---

① 海头港是遂溪县的沿海要塞，位于今霞山区海头港村一带，当时小船可以驶入。海头圩在西营城区西北几公里外，由于港汊多，海头港与海头圩可以通过水路（现已不存）连接。由于海头港的海防地位极为重要，清军即在附近的沿海陆地设有防守营汛，即海头汛（Hoi Teou Sun，见图6），有海头炮台与对岸吴川县的麻斜炮台（Mathcé）隔海相对。1898年4月法军在正式签订租借条约之前即派兵在海头汛强行登陆，并占领海头炮台。强占之初这里仍沿称海头炮台，后来才将其命名为"Fort Bayard"，而且逐渐成了租借地首府的名称。

② 龙鸣、景东升：《风雨沧桑广州湾》，第84页。

③ 余燕飞：《近代"广州湾"地名内涵的变化》，第130页。音译为白雅特城，但较为少见，笔者所见的"白雅特城"的最早的中文记录为"白雅特城为广州湾之首府，位于马溪河之左岸"（参阅《法人广州湾之经营》，《时事汇报》1914年第5期，第16页）。时人一般称之为西营，"缘法兵驻湾之初，始扎于北挨、麻斜（即今之东营）两地，其后分兵驻扎西岸之海头港（即今之西营），故迄今遂沿称为东营、西营"（参阅《湛江市基本概况》，1946年，湛江市档案馆藏，全宗号：001，目录号：A12.1，案卷号：003，顺序号：001）。关于"西营"的中文记录则广泛见于报刊文章等，如"证身当由西营之属地事务室造就，发给时每张收身税银一元其五角"（参阅《再志广州湾之华民身税》，《申报》1914年3月3日，第6版）；又如"西营至香港，海程242里"（参阅蒋学楷：《广州湾贸易结汇及取缔走私调查报告》，《贸易半月刊》1940年第23、第24合期，第1045页）。一开始租借地的首府是设在东营（即麻斜）的，1911年首府才迁往西营，从此，西营才成为租借地的政治中心。

第一种解释，如《风雨》一文所述，"白雅特城"的命名源于1701年法国军舰白雅特号首次抵达广州湾。对此，肖玮举出中法文资料相互印证1701年登陆广州湾的商船是安菲特里德号（l'Amphitrite）而非白雅特号。

第二种解释，法国人为纪念最早登陆广州湾的军舰白雅特号（见图9），故将首府命名为白雅特城，此说未明确指出白雅特号的首次登陆时间。对此，肖玮首先对白雅特骑士和白雅特号的经历都做了一番详细的梳理，指出巴亚尔①的经典形象是完美的骑士，是具有骑士精神的中世纪荣誉观念的继承者，巴亚尔号战舰的命名含有"忠勇无畏地战斗"之意，但是纵观它在中国的征战，找不到它曾到过广州湾的确切记载。而且值得注意的是，1898年4月22日，法军强行登陆广州湾时巴亚尔号早已退役②。最后，梳理中法文资料里，法军在登陆广州湾时遭到遂溪人民的顽强抵抗过程，"在法方资料对这次战斗叙述的末尾还有这样一句话：'由于这支小股驻军对兵力几乎超过自身20倍的敌人所进行的出色阻击，这个防御工事正式得到巴亚尔堡（Fort-Bayard）的称号（le titre）'"，说明为了炫耀1898年胜利占领广东遂溪海头营讯炮台（见图6、7、8），法军用"白雅特"命名所占领的中国炮台甚至是强租来的广州湾租借地首府，从而向法国历史上与圣女贞德齐名的白雅特骑士致敬。③

①　音译的不同。

②　肖玮：《法国租借地广州湾首府巴亚尔堡（Fort-Bayard）命名原因初探》，《乐山师范学院学报》，2015年第11期，第76页。

③　肖玮：《法国租借地广州湾首府巴亚尔堡（Fort-Bayard）命名原因初探》，第78页。

　　然而，肖玮却没有举出明确的史料证实"巴亚尔号于（1885年）6月23日驶离澎湖列岛将孤拔的遗体运回法国"①后从此退役，不再远征中国。王钦峰根据1898年的法国海军档案文献指出此时的法国远东舰队拥有10艘舰只，包括白雅特号（旗舰）、笛卡尔号、帕斯卡尔号、杜居土鲁因号、让·巴特号、狮子号、袭击号、尖兵号、布鲁斯号和沃邦号。②由此可见，直至1898年，白雅特舰仍在服役。而对于白雅特号与广州湾之间的历史因缘，王钦峰则转引了法国学者波特兰·马托的著作《白雅特城》③中，参加过1899年11月黄略与麻章之战的法国海军陆战队下士乔治·于班（George Hubin）所写的战地日记：

　　　　这是个充满阳光、明亮的早上，景色非常美丽。我们在所有的船舰面前依次通过，辨认出了白雅特号、帕斯卡尔号、笛卡尔号，以及其他几个小炮舰。④

　　王钦峰并强调这是仅有的一份能证明白雅特号曾登陆广州湾的证据，驳斥了肖玮"找不到白雅特号曾到过广州湾的确切记载"的

---

①　肖玮：《法国租借地广州湾首府巴亚尔堡（Fort-Bayard）命名原因初探》，第76页。

②　王钦峰：《1898—1899年参加强占广州湾法国军舰考——兼论法舰白雅特号与广州湾的历史因缘》，伯特兰·马托著，李嘉懿、惠娟译：《白雅特城：法兰西帝国鸦片销售时代的记忆》，广州：暨南大学出版社，2016年，第221页，附录五。

③　Bertrand Matot：*Fort Bayard*：*Quand la France vendait son opium*，Paris：François Bourin，2013.

④　王钦峰：《1898—1899年参加强占广州湾法国军舰考——兼论法舰白雅特号与广州湾的历史因缘》，第235页。

观点。然而，这也并非铁证如山，原因有三：首先，王钦峰使用的是第二手史料，是转引他人著作中的材料；其次，仅有一份证据，孤证不立；最后，这份证据还是主观性较强的史料——日记，囿于诸多主观因素极有可能发生偏差。因此，白雅特号是否真的登陆过广州湾，仍待更多的史料支持论证。

但是，王钦峰使用这份证据，并不是用来论证常见的第二种解释，相反，他认为白雅特城的命名与白雅特舰曾登陆过广州湾无关，因为"在乔治·于班下士记载白雅特舰来到广州湾参加1899年11月的黄略之战时，白雅特城已经获得命名有一年多的时间了"[①]。尽管白雅特号是在白雅特城命名之后才登陆广州湾的，但孤拔上将及其白雅特战舰在中法战争中建立了赫赫战功，1898年白雅特舰也临近退役，因此以"白雅特"命名海头炮台，是对它们的最好纪念。除此之外，还有另一层纪念意义，即是为了纪念白雅特骑士，这与肖玮的看法一致。

综上所述，1898年，法军强行登陆广州湾，占领海头汛炮台，这一野蛮行径在南柳村、海头港村等地遭到了激烈的反抗，但法军最终"以少胜多"，为了炫耀这一"辉煌胜利"，以法国崇拜的白雅特骑士的名称来命名所占领炮台乃至广州湾租借地的首府，是为白雅特城的命名原因，对此肖玮和王钦峰的观点相同。但他们在白雅特舰到底有没有来过广州湾这一细节上产生了分歧，肖玮认为白雅特舰未曾来过，王钦峰则认为白雅特舰曾于1899年登陆广州湾，尽管是在白雅特城命名之后。但由于材料限制，这一问题仍值得作进一步的探讨。

----

① 王钦峰：《1898—1899年参加强占广州湾法国军舰考——兼论法舰白雅特号与广州湾的历史因缘》，第237页。

图6 海头汛和海头炮台的地理位置图（1900）

（来源：陈灵：《被时间遗忘的广州湾历史影像》，景东升、何杰主编：《广州湾历史与记忆》，武汉：武汉出版社，2013年，第130页）

FORT-BAYARD ET BARAQUEMENT D'HAI-TÉOU.

图7 刊登在法国《世界报》（Le Monde Illustre）上的海头炮台和升起的法国国旗（1899）

（来源：陈灵：《被时间遗忘的广州湾历史影像》，景东升、何杰主编：《广州湾历史与记忆》，武汉：武汉出版社，2013年，第125页）

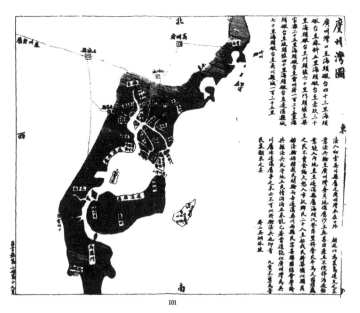

图8　海头炮台的具体位置及其至广州湾、麻斜、赤坎等地的距离

（图片来源：曾广铨译：《广州湾图》，见《昌言报》1898年8月27日第二号第十九）

图9　法国军舰"白雅特"号驶过台湾海峡（1885）

（来源：陈灵：《被时间遗忘的广州湾历史影像》，景东升、何杰主编：《广州湾历史与记忆》，武汉：武汉出版社，2013年，第131页）

四、结语

总而言之，"广州湾"一词最早在明代的文献中已有记载，且有"广州湾"与"广州湾"两种不同的写法，直到清朝道光年间，用法也尚未达到一致。1899年《广州湾租界条约》签订后，"广州湾"才成为固定用法。其地域范围，最初是指广东吴川县南三都附近的水陆地域，1898年法国强租广州湾后，"广州湾"的地名内涵发生了根本变化，面积比明清时期扩大了很多，并从模糊的没有明确界限的水陆地域变成了具有明确边界的行政区。同年法军强行登陆广州湾占领海头炮台的野蛮行径遭到了激烈的反抗，但法军以少胜多，为了炫耀这一"辉煌胜利"，故以法国军人崇拜的白雅特（Baybard）骑士的名字来命名所占炮台乃至租借地的首府，即白雅特城（Fort Baybard）。

2011年景东升与龙鸣开始远赴法国收集资料，此后，保存在法国海外档案中心（Archives nationales d'Outre-Mer）的有关广州湾的资料基本上已回归中国，影响了广州湾研究的各个方面，广州湾地名内涵问题的研究也不例外，史料的运用呈现出从单一的明清方志舆图到中法文资料相互印证的趋势，打开了研究的新视野，促进了研究的深度和拓宽了研究的领域。但由于语言障碍，法文材料翻译缓慢，很多问题由于材料的不足尚存疑问，随着更多的法文史料逐渐被引入广州湾研究之中，或许会有更多新的发现。

（何斯薇，中山大学历史系硕士研究生）

译文：

De Kouang-Tchéou-Wan à Ford-Bayard

HE Siwei

I. Kouang-Tchéou-Wan avant la concession de la France

1. La connotation de Kouang-Tchéou-Wan

Monsieur YUAN Yinqi a identifié d'abord le nom du territoire Kouang-Tchéou-Wan. Dans son article «La recherche sur la position géographique de Kouang-Tchéou-Wan dans les dernières années de la dynastie Qing», il pense que Kouang-Tchéou-Wan étant un toponyme continental, puis utilisé comme un nom de la zone littorale , englobait un «Fang Du» du «Nansan Du» du «Xian Wuchuan» de la province du Guangdong et la mer des petits affluents voisins. Cette conclusion était un consensus académique. Jusqu'au début du 21e siècle , parmi les recherches sur l'histoire de Kouang-Tchéou-Wan avant son prêt-bail à la France, on avait des avis pareils que Monsieur TANG Youbo a complétés dans son article de «La vérification du toponyme Kouang-Tchéou-Wan». D'après lui, avant la dernière période de l'Empire Qing, Kouang-Tchéou-Wan comprenait la baie, le parage et le village administratif. Et en chinois classique, «Cun Fang» et «Fang Du» indiquaient «Cun et Fang», «Cun ou Fang» et «Fang et Du». On n'utilisait pas deux mots en même temps «Cun Fang» ou «Cun Du» pour désigner un certain «village». Donc, au lieu de « Kouang-Tchéou-Wan Cun Fang» ou «Kouang-Tchéou-Wan Fang Du», il est plutôt «le village administratif de Kouang-Tchéou-Wan». Il a aussi éclairé le cours de changement de la connotation de ce toponyme, en expliquant que le nom de Guangzhou sur le continent venait de celui sur la mer.

2. La différence de l'écriture entre "广洲湾" et "广州湾"

Au point de vue de YU Yanfei, «Au début de la dynastie Qing, Kouang-Tchéou-Wan ne s'écritvait en chinois qu'avec deux mots pareils '州' et '洲'. En fait, cette différence existait dans la dynastie Ming. Dans le domaine académique, on a des opinions divergentes sur l'ordre d'utilisation de ces deux mots.

Certains pensent que l'existence de "广洲湾" précède "广州湾"pour trois raisons: premièrement, dans les monographies locales et les archives, la fréquence de l'utilisation de "广洲湾" est plus haute que celle de "广州湾". Deuxièmement, le lieu habitable s'appelle "洲". Selon le relief de Kouang-Tchéou-Wan (y compris les petits îles et les zones voisines de la mer), "广洲湾" peut plutôt exprimer les caractéristiques géographiques de ce quartier. Troisièmement, "广州湾"n'était fixé qu'après son prêt-bail à la France.

TANG Youbo a rétorqué à ce point de vue: premièrement, dans les cartes et les annales de l'histoire des dynasties Ming et Qing, la fréquence de l'utilisation de "广州湾" est plus haute que "广洲湾". Deuxièmement, ces deux caractères "洲" et "州" sont interchangeables. Le sens originel de "州" indique le continent entouré de l'eau. En outre, "广州湾" est utilisé plus tôt que "广洲湾". En 1535, on a utilisé "广

州湾" dans «Le premier brouillon des annales générales du Guangdong», mais jusqu'en 1614, "广洲湾" dans «les annales de la préfecture Gaozhou de l'Empereur Wanli». Troisièmement, "广州湾" est l'écriture reconnue par les autorités officielles. Donc, il ne serait pas raisonnable que "广洲湾" est devenu "广州湾" après son prêt-bail à la France.

Comme ces deux caractères chinois "洲" et "州" qui expriment tous «le continent entouré de l'eau» sont interchangeables, deux façons de l'écriture n'ont pas de différence entre vrai et faux. "洲" et "州" sont tous apparus dans les cartes et les annales de l'histoire des dynasties Ming et Qing, "广州湾" est enregistré seulement plus tôt que "广洲湾". Jusqu'aux années de l'Empereur Daoguang de la dynastie Qing, le caractère chinois de Kouang-Tchéou-Wan n'était pas fixé. D'ailleurs, "州" signifie aussi un département administratif de l'Antiquité. C'est "广州湾" qui est utilisé dans «le traité de Kouang-Tchéou-Wan» signé entre le France et la Chine, donc, "广州湾" correspond finalement à la concession limitée dans le traité. D'ici, "广洲湾" est disparu petit à petit de l'utilisation habituelle du chinois.

II. Kouang-Tchéou-Wan après la concession de la France

Le nom chinois simplifié et la position géographique de Kouang-Tchéou-Wan sont litigieux avant le bail de France, mais la connotation de ce toponyme était arrivé à un consensus pendant la discussion du bail et après la signature du traité entre deux pays en novembre 1899.

En avril 1899, la France a demandé à l'Empire Qing de prêter Kouang-Tchéou-Wan qui était très petit pour son Gouvernement. En fait, la France avait l'ambition d'occuper non seulement une territoire

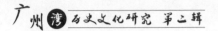

de «Xinxu» au village «Huangpo», avec une superficie de 100km^2, mais aussi l'île Donghai et l'île Naozhou. La France a voulu utiliser ce comptoir pour traverser la péninsule Leizhou de l'est à l'ouest et réaliser la liaison avec la baie du tonkin (maintenant la baie Beibu). A cause de la résistance du peuple de Suixi, les projets d'extension des Français n'ont pas été pleinement atteints, mais la superficie occupée qui dépassait de loin à celle du Kouang-Tchéou-Wan limité au début comprenait presque toute la baie, de nombreux îles et deux grandes terres de deux côtés: Donghai, deux îles Naozhou, Chikan, Zhiman, Xinxu, Puzi, Taiyuan du xian Suixi, Nan'er et Nansan du xian Wuchuan. Cette territoire occupée s'est trouvé entre 20.45 et 21.17 de latitude nord, entre 107.55 et 108.16 de longitude est, avec une surface de presque deux cents lieues.

A ce moment-là, la connotation du toponyme Kouang-Tchéou-Wan a complètement changé. Sa surface est plus grande que celle de la dynastie Qing, d'une territoire vaporeuse sans frontière précise à une région administrative avec frontière précise, en devenant la concession de la France qui y a institué le centre administratif baptisé Fort Bayard.

III. L'origine du nom de «Fort Bayard»

Pour l'origine du nom de «Fort Bayard», il y a deux explications communes en Chine, Xiaowei a présenté son avis différent dans «La recherche sur l'origine du nom de Ford Bayard, centre administratif de Kouang-Tchéou-Wan, concession de la France»:

La première explication: La nomination de la ville «Fort Bayard» est d'origine du bateau de guerre «Fort Bayard» arrivé premièrement à Kouang-Tchéou-Wan en 1701. Pourtant, Xiaowei a confirmé avec les documents chinois et français que le bateau de commerce qui avait débarqué à Kouang-Tchéou-Wan en 1701 était «l'Amphitrite», non «Fort Bayard».

La deuxième explication: Le centre administratif a été baptisé la ville Fort Bayard, parce que la France voulait consacrer le souvenir du bateau de guerre qui avait débarqué d'abord à Kouang-Tchéou-Wan. Pour analyser ce point de vue, ayant fait un recherche en détail sur l'expérience du chevalier Ford Bayard et du bateau de guerre Ford Bayard, Xiaowei a remarqué qu'il n'y avait pas d'écrit sur l'arrivée du bateau Ford Bayard à Kouang-Tchéou-Wan. A travers les dossiers chinois et français, il a conclu que la France avait débarqué par la force à Kouang-Tchéou-Wan et avait vaincu la Chine avec moins d'hommes en avril 1898. Pour mémoriser cette victoire et rendre hommage au chevalier Ford Bayard aussi connu que Saint Jeanne d'Arc, la France a nommé les forts occupés et même le centre administratif «la ville Fort Bayard». WANG Qinfeng est d'accord avec Xiaowei sur ce point de vue, mais leurs opinions sont divergentes sur l'arrivée du bateau Ford Bayard à Kouang-Tchéou-Wan. Xiaowei croyait que ce bateau de guerre n'y était jamais venu, mais WANG Qinfeng a expliqué que ce bateau de guerre avait débarqué à Kouang-Tchéou-Wan en 1899, bien que ce soit après la nomination de la ville Ford Bayard. A cause des dossiers limités, cette question reste encore à analyser.

IV. La conclusion

Depuis ces dernières années, de plus en plus d'archives français sont introduits à la recherche du Kouang-Tchéou-Wan. Sur le plan de

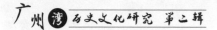

la connotation du nom de lieu Kouang-Tchéou-Wan, on a tendance à vérifier les dossiers chinois et français, au lieu d'analyser seulement «la recherche sur la position géographique de Kouang-Tchéou-Wan dans les dernières années de la dynastie Qing», en ouvrant de nouveaux vues, approfondissant l'analyse et élargissant des domaines.

(HE Siwei, l'étudiant de master de département d'histoire à l'Université Sun Yat-sen, Guangzhou)

（岭南师范学院　李紫燕译）

宋至近代硇洲岛开发的历史考察

◎钱源初

摘 要：湛江硇洲岛经过了宋朝至近代的长期开发过程。宋元时期属开发的早期，以军事驻防为主，经济和文化发展不足，在南宋二王驻跸之后有所改观；明清时期仍保留优越的军事战略地位，成为两朝抗击海盗的前沿阵地，同期经济和文化建设有长足发展，在迁界和复业等历史事件中与朝廷有复杂的互动；到了近代硇洲岛开发有所拓展，表现为修整道路和振兴教育等计划及实施；法国租借硇洲岛后由于其强烈的建设军港计划，硇洲岛的开发实际上有所停滞和转变。全面梳理其开发历程对今天硇洲岛的建设具有借鉴意义。

关键词：硇洲岛；海岛开发；海盗；广州湾

近几十年来，学界对于中国海洋社会经济史的研究日渐加强。中国海洋社会经济史强调对中国海洋发展区域的经济变迁和社会变迁作有机的历史考察，内涵包括海岸带开发史、岛屿带开发史、海洋国土开发史、海洋贸易史、海洋移民史、海洋社会组织变迁史、海洋社区发展史、海洋科技史、海洋政策演变史、海洋思想文化史等综合或者个案研究。①随着研究推进，明清时期中国近海海岛开发引起学者的关注，其中李德元指出明清时期中国近海海岛的开发由传统单一的开发模式开始转向以渔业、农业、海上走私贸易为主的多样并举的开发模式。②其主要讨论明清时期海岛经济开发模式。陈贤波以涠洲岛为例研究华南海岛开发则更加关注国家政权扩张对近海岛屿的影响，呈现开发过程中多元因素的复杂纠葛。③这些学术成果为我们研究历史时期中国海岛的开发提供了启迪。

在前辈研究基础上，本文拟对同属华南地区的湛江硇洲岛在宋至近代的开发历史进行考察，因为我们注意到硇洲岛自身历史具有其特殊性，一是宋朝末年硇洲岛曾经作为南宋二王行朝之地，二是近代硇洲岛曾被割让给法国成为广州湾租借地一部分。2016年8月，笔者参加"广州湾历史文化考察行"活动再次来到硇洲岛进行考察，发现现存的多份碑文为探讨硇洲岛开发历史提供不少信息。因此，本文试图结合文献记载、考古发现和实地考察所得，从军事驻防、社会管理、经济开发、文化建设等方面考察宋至近代硇洲岛的开发历史。

一、宋元时期硇洲岛的早期开发

今天的硇洲岛隶属于湛江经济技术开发区，距离市区约40公

---

① 杨国桢：《关于中国海洋社会经济史的思考》，《中国社会经济史研究》，1996年第2期。

② 李德元：《明清时期海岛开发模式研究》，《中国边疆史地研究》，2005年第1期。

③ 陈贤波：《从荒岛贼穴到聚落街庄——以涠洲岛为例看明清时期华南海岛之开发》，《中国社会历史评论》第12卷，天津：天津古籍出版社，2011年，第275—297页。

里，海岸线长43.99千米，面积49.89平方千米，[①]是湛江港外最南的海岛，也是广东著名渔港。硇洲岛旧称为硇洲，"硇洲"即得名自火山喷发后所产生的矿物药石"硇砂"。[②]文献上"硇洲"的"硇"有时写作"䃶""硵""硇"或"碙"等，"洲"写为"州"，实质都是指今天的硇洲。硇洲岛和大陆地质构造一致，岛屿上有山有水，有平原、台地等大陆地貌特征。[③]因此硇洲岛是一个面积大且适合人类居住的近海海岛。1977年和1985年，湛江文物部门收集到在硇洲扫屯村出土的两批战国青铜器，有鼎、剑、镞、匕首、斧等。[④]证明硇洲岛的人类活动不会晚于战国时期。

宋元以前中国王朝统治中心在于陆地，相对忽视海岛的开发与运营。宋代随着经济中心南移，航海技术和造船术的进步，王朝加强海洋控制。宋代隶属化州路吴川县的硇洲岛处于早期的开发阶段，国家在此设立军事驻防单位，作为中国沿海海防的一环。北宋初年《太平寰宇记》关于化州路"四至八到"的记载提及"东南至碙州镇大海二百二十里"，[⑤]显示宋代硇洲岛曾设"镇"。元人黄溍在《陆君实传后叙》中引述《填海录》记述南宋陆秀夫史事时也提到"（帝昺）欲往占城，不果，遂驻碙州镇。碙州屹立海

---

① 曾昭璇、黄伟峰主编：《广东自然地理》，广州：广东人民出版社，2001年，第93页。另一说是56平方公里。

② 饶宗颐：《九龙与宋季史料》卷5《附论碙州因产硇沙而得名》，香港：万有图书公司，1959年，第83页。

③ 曾昭璇、黄伟峰主编：《广东自然地理》，广州：广东人民出版社，2001年，第84、93页。

④ 湛江市文化局编：《湛江市文化志》，天津：天津古籍出版社，1995年，第202页。

⑤ 乐史撰、王文楚等点校：《太平寰宇记》卷167《岭南道十一·化州》，北京：中华书局，2007年，第3195页。

中，当南北道，隶化州"。①清代《读史方舆纪要》记载"宋置硇洲寨，后为翔龙县"。②这里的"寨"疑即"砦"，因为宋代曾在县以下基层地方设立"镇砦官"预防盗贼，处理基层事务，"镇砦官，诸镇置于管下人烟繁盛处，设监官，管火禁或兼酒税之事。砦置于险扼控御去处，设砦官，招收土军，阅习武艺，以防盗贼。凡杖罪以上并解本县，余听决遣"。③由于镇置于"人烟繁盛处"，砦设在"险扼控御去处"，无论硇洲岛设立的是镇还是砦，都表明表明硇洲位置重要，在此设立镇砦以屏护内地。秦闻一认为砦官或名知寨、寨主，其实就是巡检，宋代镇制开启元、明、清镇制的先河。④宋代砦官和明清巡检的功能相似，这些机构充当了海岛早期开发过程中的管理机构。宋代在硇洲岛设置军事单位，是有必要的，因为文献显示宋代硇洲岛被官方批评为容纳"海贼"的场所：

（隆兴元年）十一月十二日，臣僚言："窃见二广及泉、福州多有海贼啸聚，其始皆由居民停藏资给，日月既久，党众渐炽，遂为海道之害。如福州山门、潮州沙尾、惠州溧落、广州大奚山、高州硇州，皆是停贼之所，官兵未至，村民为贼耳目者，往往前期告报，遂至出没不常，无从擒捕。乞行下沿海州县，严行禁止，以五家互相为保，不得停隐贼人及与贼船交

---

① 黄溍：《陆君实传后叙》，李修生主编：《全元文》卷961《黄溍·二七》，南京：凤凰出版社，2004年，第21页。

② 顾祖禹撰、贺次君、施和金点校：《读史方舆纪要》卷104《广东五》，北京：中华书局，2005年，第4744页。

③ 脱脱：《宋史》卷167《志第一百二十·职官七》，北京：中华书局，1985年，第3979页。

④ 秦闻一：《宋代镇制考》，《史学月刊》1998年第5期。

易。一家有犯，五家均受其罪，所贵海道肃清，免官司追捕之劳。"从之。①

这段材料被学者广为引用，总体上讲述了南宋官员眼中的福建、两广沿海海贼情况。值得注意的是，如前述南宋时期硇洲隶属化州，何以称"高州硇州"？实际上，这段引文出自清代徐松辑自《永乐大典》而成的《宋会要辑稿》，极有可能是此时将已改隶高州府的硇洲改称"高州硇州"。从引文可见，对于这些"海贼"，官府和村民持有不同态度，官府设法整治打压，村民为其通风报信。官员不准村民与"贼船交易"，村民与"海贼"之间存在某种商品经济贸易关系，从而冒险为他们提供线报。暗示这些"海贼"有可能是进行海洋经济贸易的走私者。研究表明，宋代海盗开创中国古代海盗"亦商亦盗"活动的先例，具有民间自由贸易性质，"在中国，海盗用武装船只在海上进行商业活动，始于宋代"。②并且，宋代海上丝绸之路的延续，使华南地区的海洋商业经济快速发展，海外贸易更加兴旺。宋代泉州、广州是著名外贸港口、海防要地，从广州前往海南岛或东南亚等地，都要途径雷州半岛。唐宋时期雷州半岛已有不少福建海洋商人移民前来。③硇洲岛在宋代发挥着海上交通枢纽的作用，因为钦州、廉州是宋代近海贸易的主要港口，从廉州经海路可通雷州，雷州向东可到化州，然后由化州

① 徐松辑、刘琳等校点：《宋会要辑稿》兵一三《捕贼三》，上海：上海古籍出版社，2014年，第8862—8863页。

② 郑广南：《中国海盗史》，上海：华东理工大学出版社，1998年，第106页。

③ 刘正刚：《唐宋以来移民开发雷州半岛探析》，《岭南师范学院学报》，2015年第4期。

入恩、广州，通江、浙、福建等路。[①]王元林对宋元岭南港口与内地、海外交通关系的研究也指明这点，即以广州为中心，其中一条贸易路线是西行或海行到达雷州半岛和海南岛。[②]硇洲岛正好位于从雷州到化州的海路之上，《太平寰宇记》"雷州"条记载："东至海岸二十里，渡小海抵化州界地名硇洲泛海，通恩等州并淮、浙、福建等路"。[③]因此，通过硇洲岛可以北上闽浙，下达雷琼。2000年6月，湛江太平镇通明港村民在硇洲岛南部海域处打捞到元代瓷瓶，同时出土一枚非洲大象牙。[④]这是宋元时期雷州半岛对外贸易的反映。

由于硇洲岛位于雷州、化州犬牙交错处，具有优越的军事战略地位，因此宋元鼎革之际，硇洲岛一度成为南宋二王即益王赵昰、广王赵昺的行朝之地。《宋史》记载云：

（元至元十五年，即南宋景炎三年，1278年）三月，文天祥取惠州，广州都统凌震、转运判官王道夫取广州。昰欲往居占城不果，遂驻硇洲。遣兵取雷州。曾渊子自雷州来，以为参知政事、广西宣谕使。

四月戊辰，昰殂于硇洲，其臣号之曰端宗。庚午，众又立卫王昺为主，以陆秀夫为左丞相。是月，有黄龙见海中。

---

① 黄纯艳：《宋代近海航路考述》，《中华文史论丛》，2016年第1期。

② 王元林：《内联外接的商贸经济：岭南港口与腹地、海外交通关系研究》，北京：中国社会科学出版社，2012年，第100页。

③ 乐史撰，王文楚等点校：《太平寰宇记》卷169《岭南道十三·雷州》，北京：中华书局，2007年，第3230页。

④ 陈立新：《湛江海上丝绸之路史》，香港：南方人民出版社，2009年，第162页。

五月癸未朔，改元祥兴。乙酉，升硇洲为翔龙县。遣张应科、王用取雷州，应科三战皆不利，用因降。①

这里的"硇洲"一般认为是今天的硇洲岛，也有学者认为是宋时属广州东莞的大屿山，②还有学者主张硇洲既指硇洲岛也指大屿山。③但是饶宗颐曾撰写长文《论硇洲非大屿山》通过原始史料比对和充分论证，力主硇洲在化州。硇州即硇洲几已成定论，得到大多数学者认同。④硇洲屹立海中，优势突出，饶宗颐先生判断以为"宋时于硇洲设镇，其地为海防要塞，原非荒岛，宋帝移驻此间，正有其军事意义，非偶然也"。⑤景炎三年五月，赵昰去世后，赵昺继位，改元祥兴，"升硇洲为翔龙县"。但是，不久之后赵昺君臣便从硇洲东返崖山，"以广郡为形胜之区，谓雷化之交既非善计，而硇州之地亦不可居"。⑥不可居的原因一方面是战争局势的变化，另一主要方面是当时硇洲岛经济开发不足，粮食不足以供应大军。由于硇洲缺粮，各地支援军运送粮食到硇洲，如时任文昌县

---

① 脱脱：《宋史》卷47《本纪第四十七·瀛国公二王附》，北京：中华书局，1985年，第944页。

② 参见：简又文：《硇州何在》，载《宋辽金元史研究论集》，大陆杂志社，1959年，第75—85页。

③ 王颋：《边海绝祚——南宋二王流落广东史事考辨》，载《西域南海史地探索》，北京：中国人民大学出版社，2010年，第119—120页。

④ 参见：曾庆瑛、刘耕荒：《宋帝列传·南宋末三帝》，吉林文史出版社，2004年；邱树森：《南宋二王南奔对岭南经济文化的影响》，《北方民族大学学报》（哲学社会科学版），2011年第2期。

⑤ 饶宗颐：《九龙与宋季史料》卷5《论硇洲非大屿山》，香港：万有图书公司，1959年，第53页。

⑥ 陆秀夫：《宋左丞相陆公全书》卷5《赞论》，《宋集珍本丛刊》第89册，北京：线装书局，2004年，第732页。

尹的陈惟中在景炎中"转饷艘至井澳，将趋碙州"。①同时，宋将王用投降元军后，主动向元军报告说："昰已死，世杰等立昺，改元祥兴，士卒止万人，而碙州无粮储，闻琼州守臣欲给粮二万石，海道滩水浅急，难于转运，止有杏磊浦可通舟楫，宜急以兵守之"。②可见，当时到达硇洲岛的士兵约在万人左右，而硇洲本土无法供应这些粮食，暴露了硇洲岛农业开发有限，粮食储备不足的社会经济状况。此外，据传南宋君臣前来此地，因井水不足而开凿淡水井，此井后称宋皇井，"宋皇井，在硇洲宋皇村南，泉味甘冽，不增不减"。③生活基础设施的不足也说明当时硇洲岛开发程度非常有限。

元末，中原各地纷纷起兵，岭海随之骚动。至正年间，麦福来（麦福、麦伏）、罗仲仁等聚众为寇，"元至正二十五年冬十月，海寇麦福来、罗仲仁等劫掠石城县，复攻信宜，入城劫虏人民，抢去印信。惟时本县牌兵黄子寿率民兵战退，又得完印归县。贼惧，复入海为寇"。④麦福一伙"入海为寇"后攻占硇洲岛。实际上，与麦福来同伙的罗仲仁正是硇洲人，并且早在至正四年已经成为地方恶霸，事迹见于元代虞集给曾担任海北海南道肃政廉访司使的山西太原人吕流的神道碑记上：

---

① 康熙《高州府志》卷6《贤能》，广东省地方史志办公室辑：《广东历代方志集成》，广州：岭南美术出版社，2006年，第285页。本文所用广东方志均为《广东历代方志集成》版本，以下不再标注版本信息。

② 苏天爵：《元文类》卷41《杂著》，《文津阁四库全书》第457册，北京：商务印书馆，2005年，第336页。

③ 光绪《吴川县志》卷1《地舆上》，第291页。

④ 嘉靖《广东通志初稿》卷35《海寇》，第583页。

雷境有谭福旺者，据险远，擅脧剥其民。或忤已，必因官府文致其死，或竟杀之。

其势延水陆数百里，有司莫敢问。帅府悬捕盗之赏，谭持檄遍虐其乡，俘平民以献，曰，此盗也。又执傍近之人，以告曰此贼党也。凡百十人，有司通为奸利，狱久不可决，会陈斗柄被追摄，与捕卒相拒，谭大煽其虐，无辜甚众，吏更蔽之。公亟命捕谭至，罪如山积，一一欵服。硇州民罗仲仁，与谭并称二豪，逮治之，罪尤甚于谭。二酋服辜，海民始得安。[①]

这里显示，硇洲岛民罗仲仁与谭福旺"并称二豪"，谭福旺"其势延水陆数百里"，鱼肉乡民，为非作歹，官府也不敢将其治罪，而罗仲仁"罪尤甚于谭"，因此罗仲仁的劣迹更多，危害更大。罗仲仁是硇洲本土岛民，他的恶势力已经影响到海岛的经济发展，他伏法后"海民始得安"。可见到了元代，硇洲岛仍是"海贼"的聚集之所，甚至出现势力大到可以控制"海民"的土豪。硇洲岛的开发由于这些土豪的干涉而进展缓慢。

宋元时期硇洲岛在文化开发中建造了祥（翔）龙书院，《明一统志》载："翔龙书院，在吴川县南一百三十里，宋景炎中宰相陈宜中建"。[②]宋元井澳之战后，宰相陈宜中去占城借兵途经吴川，并留下"颠风吹雨过吴川，极浦亭前望远天"两句诗。[③]所以陈宜

---

① 虞集：《吕简肃公神道碑铭》，李修生主编：《全元文》卷890《虞集·七七》，南京：凤凰出版社，2004年，第492页。

② 李贤：《明一统志》卷81《高州府》，《文津阁四库全书》第161册，北京：商务印书馆，2005年，第669页。

③ 万历《高州府志》卷8《诗抄》，第122页。

中到过吴川并参与建造祥龙书院也是有可能的。元朝末年，翔龙书院基本已经荒废，"海寇麦福僭据（祥龙书院）废址"。[①]由于宋元时期硇洲岛文化建设刚刚起步，很可能还没培养出本地读书人。元代大德年间硇洲岛建造了作为航标指示的石塔，[②]时人刘耿阳为此塔赋诗一首云："卓耸奇观障碧川，势吞宝丽与云连。几来高处抬头望，撑起高凉半壁天。"[③]现存明清方志中对刘耿阳的身份没有记载，却记载硇洲石塔为"乡民谭伯裘"所建。[④]比对之下，可以推测刘耿阳应非硇洲乡民。但是不管怎样，刘耿阳的诗作可以看做硇洲的早期开发已经引起士大夫的关注。

总之，宋元时期的硇洲岛得到了早期的开发，在海上丝绸之路的海外贸易中发挥中转站作用，由于海上商人的聚集贸易，王朝在此地进行初步的军事驻防。同时通过建设石塔等措施进行航海港口建设，在海洋经济发展的同时暴露了农业发展不足的问题。南宋二王逃奔于此，对硇洲岛开发具有促进作用，明清时期多次重建的翔龙书院即始建于此时。

二、明清（鸦片战争前）硇洲岛开发的多种面相

明清时期，随着海外贸易的发展和海岛移民的迁徙，硇洲岛开发程度日渐加深，发展更为充分，开发过程中也呈现出不同的面相。

---

① 乾隆《吴川县志》卷4《古迹》，第510页。

② 李贤：《明一统志》卷81《高州府》，《文津阁四库全书》第161册，北京：商务印书馆，2005年，第670页。

③ 光绪《高州府志》卷12《建置五》，第175页。

④ 道光《高州府志》卷2《建置志》，第75页。

明代对于近海海岛的管辖布防更为重视，在沿海地区建立卫所、设置巡检司等，构筑海疆壁垒，规定"凡天下要冲去处，设立巡检司，专一盘诘奸细及贩卖私盐、犯人、逃军、逃囚、无引、面生、可疑之人，须要常加提督"。[1]明初，硇洲岛已经设立巡检司，初设在文字村，正统年间按察使郭智将其迁到他处。[2]因此《明史·地理志》记载为"硇洲巡检司，在洲南滨海，后迁洲上"。[3]明末张萱认为将巡检司迁到内地不利于防护，"国初设巡司于硇州，所以控扼海道，北捍高州也。正统间移入内地，致使硇州无兵防守，是撤其南面之藩篱也，似当修复。"[4]明代硇洲巡检司的设立，目的之一是抗击"海寇"。明代硇洲岛成为海上武装者的巢穴，政府多次在硇洲进行抓捕海寇行动。洪武年间，广州卫指挥佥事杨璟令雷州卫千户王清等"于吴川县东硇洲获贼首谭南受等三百八十五人"。[5]隆万时期著名海盗林凤曾逃亡到硇洲岛，汤开建对此已有研究。[6]万历十六年陈良德等聚众反抗政府，地方政府对其展开追捕，"追至硇洲洋，大破贼，焚其舟，擒贼首陈良德、陈良辅、李朝华等"。[7]林承芳《平南碑》对此战役过程有详细记

① 万历《广东通志》卷9《藩省志九·兵防总下》，第218页。

② 郭棐撰、黄国声等点校：《粤大记》下册，广州：广东人民出版社，2014年，第834页。

③ 张廷玉等撰：《明史》卷45《地理六》，北京：中华书局，1974年，第1144页。

④ 张萱：《西园闻见录》卷57《兵部六·海防前》，《续修四库全书》第1169册，上海：上海古籍出版社，2002年，第403页。

⑤ 万历《广东通志》卷6《藩省志六·事纪五》，第127页。

⑥ 汤开建：《明隆万之际粤东巨盗林凤事迹详考——以刘尧诲〈督抚疏议〉中林凤史料为中心》，《历史研究》，2012年第6期。

⑦ 王弘诲：《天池草》卷9《碑记·清海碑》，《四库全书存目丛书》第138册，济南：齐鲁书社，1997年，第185—188页。

述。①万历二十年夏"海贼万廷桂啸聚硇洲，分守道盛万年遣将抚
之"。②因此顾炎武认为"新门、三合窝、硇州、广州湾等处皆可
剖船，贼每寄椗其中，窥伺货艘往来，即为掩袭剽掠之事"。③正
如李庆新所指出，"明朝中叶以后，倭寇、海盗从浙闽海域南
移到粤海，广东西路海域到北部湾成为国际性走私与海盗活
动中心"。④明代朝廷对于"海贼"征剿行动此起彼伏，硇洲
岛由于位置险要成为海盗聚集地，军事驻防的存在又使其成为
剿灭海寇的理想场所。朝廷与海寇在硇洲进行"藏"与"捕"的
斗争。

康熙初年实行"海禁"政策，规定沿海地区画界内迁。雷州
半岛三面环海，迁海者众，杜臻《闽粤巡视纪略》记载吴川县沿海
村庄都要迁界，"广州湾、青训村、麻练村、木㥁村、特呈村、
新沟村、凤辇、田头、黄村、木历村、地聚村暨硇洲俱移"。⑤时
吴川人陈舜系记述："吴川自限口天妃庙起，横至坡头、博立、
其硇洲及南三都俱为界外"。⑥当时硇洲属于吴川南四都，"去城
一百三十里，孤悬海际，乡集四处，北村、南村、中村、文字村合

---

① 屈大均辑、陈广恩点校：《广东文选》下册·卷17《碑》，广州：广东人民出
版社，2008年，第26页。

② 康熙《高州府志》卷7《纪事》，第305页。

③ 顾炎武：《天下郡国利病书》，《续修四库全书》第597册，上海：上海古籍出
版社，2002年，第354页。

④ 李庆新：《滨海之地：南海贸易与中外关系史研究》，北京：中华书局，2010
年，第269页。

⑤ 杜臻：《闽粤巡视纪略》卷2，《近代中国史料丛刊·续辑》第971册，台北：
文海出版社，1987年，第1页。

⑥ 陈舜系：《离乱见闻录》卷下，李龙潜等点校：《明清广东稀见笔记七种》，
广州：广东人民出版社，2010年，第34页。

四村统名硇州，康熙元年俱迁界外。"①可见整个硇洲都在迁界范围之内。康熙二十三年其他界内地方已经陆续复界，但是此时涠洲岛和硇洲岛尚未复界，主要原因是朝廷考虑到硇洲远在海中，难以到达，"外有钦州所属之涠洲、吴川所属之硇洲隔远大洋，非篷桅大船不能渡，仍弃勿开"。②针对硇洲岛迟迟未能复界的情况，硇洲岛原居民谭福臻在康熙三十四年、四十年两度请求开复：

> 硇洲田粮自康熙元年迁界豁免，二十三年展界，大人以硇洲与钦之涠洲俱在海外，非舟不渡，仍不给民耕。后因原迁硇民谭福臻于三十五年、四十年间呈请复业，时复议以孤悬海外，非设营立官不足防御中止，后酌改沿海营制题准特设专营防汛。四十三年知县杨名彩复据硇民呈请复业。四十五年咨部，准其开垦，原额田粮八十一顷二十五亩零。③

康熙四十五年七月，时任广东巡抚范时崇上疏言：

> 高州府吴川县属硇川一岛，原有田粮户口，载在版籍。自康熙元年迁界，户迁田废，丁粮豁免无征。二十三年展界，又因孤悬海外，仍未给民耕种。近奉旨酌改沿海营制，硇川岛已设专汛，迁民来归故土，已有谭福臻等九十余家呈请复业，应

---

① 康熙八年《吴川县志》卷1《王制志》，第28页。

② 杜臻：《粤闽巡视纪略》卷3，《近代中国史料丛刊·续辑》第972册，台北：文海出版社，1987年，第34—35页。

③ 雍正《吴川县志》卷2《赋役》，第317—318页。

查明原额钱粮、户口，听开垦升科，下部议行。[①]

结合这两段史料来看，政府由于硇洲"孤悬海外"，所以未能"给民耕种"，在谭福臻等九十余家的原迁民请求之下批准复业，并在硇洲建立专门的水师兵力。官府的担心不无道理，事因硇洲在迁界期间仍有"海贼"占据。康熙十九年夏，李积凤、谢昌等联络福建海寇剽掳东莞、顺德、新会等沿海乡寨，水师副将张瑜率领舟师前往剿贼，结果"积凤、谢昌遂率其党走于吴川之硇洲，而闽贼尽为授首"。[②]王潞指出清初广东海上军事防御最重要的部署是在海岛设立了龙门协、南澳镇和硇洲营，并认为"海岛开发对海洋军事防御向外拓展有促进作用。海岛开复同样以军事防御为前提，赴岛居住之人合法身份的获得取决于政府在岛屿建立军事管辖。"[③]换言之，海岛开发与军事防御实际上互为促进。康熙四十二年，在原为白鸽寨分哨口的硇洲改设为硇洲营。硇洲营建立之初，设守备一员、千总一员、把总二员，有津前、淡水、南汛、北汛、那娘汛、潭埠湾六处营汛，全部士兵为160名，安炮25位，营房37间。[④]清代硇洲军事布防的加强仍和打击海上不法活动有关。乾嘉时期华南海盗寇掠活动相当活跃，郑一主持的海盗大联盟一度以广州湾

---

① 《钦定八旗通志》卷192《人物志七十二》，《文津阁四库全书》第222册，北京：商务印书馆，2005年，第385页。

② 康熙二十年《阳江县志》卷3《事纪》，第99页。

③ 王潞：《清初广东迁界、展界与海岛管治》，李庆新主编：《海洋史研究》(第六辑)，北京：社会科学文献出版社，2014年，第92—121页。

④ 雍正《吴川县志》卷6《武职》，第370页。

和硇洲岛为据点。①刘平根据《靖海氛记》的记载"惟涠洲、硇洲孤悬海外，往来人迹罕到，其他四围高山拱峙，中一大渚，可容洋舶数百号，遇飓风浪滚，入于其中，自无倾覆之患。内有肥田、美地、鸟兽、花果、草木，一仇池岛也。贼遂据之以为剿穴。凡装船器，皆聚于此"，指出涠洲、硇洲两岛成为海盗理想巢穴的原因是其人迹罕至和巡海官船无法远航外海进剿海盗。②嘉庆元年吉庆奏称拟将广东沿海长达二千余里海防分为东、中、西路巡防捕盗，"西路高雷廉琼所属洋面每有盗匪伺劫商旅"，于是派兵船三十号赴龙门、硇洲、涠洲等处加强巡缉搜拿。③嘉庆十五年总督百龄为了进剿乌石二，将原隶雷州参将的东山汛雷州右营，"移雷州右营守备于东山墟，不隶雷州参将，就近归硇州都司兼辖"④，增强硇洲岛的军事力量。清代硇洲岛出现有杨元超、招成万、窦振彪、陈辉龙等将军，郭寿华指出"综观清代，硇洲武将辈出，均以海战著绩，足见硇洲滨海人民，擅于水性，海战乃其特长"。⑤

明清时代，沿海地区民众与海盗的身份通常难以区分，也经常互换。"海盗非别有种类，即商渔船，是商渔非盗也，而盗在其中。我有备，则欲为海盗者，不得不勉为商渔。我无备，则勉为商

① （美）穆黛安著、刘平译：《华南海盗：1790—1810》，北京：中国社会科学出版社，1997年，第55、69页。

② 刘平、赵月星：《从〈靖海氛记〉看嘉庆广东海盗的兴衰》，《国家航海》，2016年第1期。

③ 《仁宗睿皇帝实录》卷11，嘉庆元年十一月壬戌，《清实录》第28册，北京：中华书局，出版社，1986年，第174页。

④ 嘉庆《雷州府志》卷13《海防》，第340页。

⑤ 郭寿华：《湛江市志》，台北：大亚洲出版社，1972年，第43—44页。

渔者，难保不阳为商渔而阴为海盗。"①明清时期硇洲岛在不断开发当中，形成了本岛的聚落形态。约在明清之际，吴川简村简氏"十三世夺俊迁硇州，其州在海心，今吴川"，"十四世达仁迁硇州"。②招成万也在清初从电白县迁到硇洲定居，成为招屋村开村始祖。移民的进入使硇洲岛人口增加，康熙十一年修纂的《高州府志》记载硇洲这个海中小岛"上住千余家"。③如前所述，此时硇洲尚未复界，因此"千余家"应是明末至康熙前硇洲的大概户数。屈大均认为"廉之龙门岛，高之硇洲，雷之涠洲、蛇洋洲，皆广百里，开辟之可以为一县，皆广南之余地在海中者也"。④即认为硇洲面积宽广，可以升级建县。从现存乾隆《高州府志》中的硇洲岛"舆图"可以看出当时硇洲岛是一个有军事驻防、村落、庙宇的地方，硇洲营位于硇洲岛中心，形成一座城，有东南西北四个门。岛上四周有汛口环绕，中心地带形成硇洲街，分布众多村落。除了巡检司，还有天后庙、武庙、雷神庙、演武厅等建筑。这些建筑直到光绪年间仍存在，如武庙，"一在硇洲街"；天后宫，"一在硇洲北港"。⑤硇洲舆图的说明文字可以使我们进一步认识当时的情形：

> 硇洲孤悬海中，宽广百里，桑麻井闾，自成一区，仿佛南

---

① 嘉庆《雷州府志》卷13《海防》，第339页。

② 简宝侯等修：民国《粤东简氏大同谱》卷2《宗支谱·列系》，北京图书馆编：《北京图书馆藏家谱丛刊·闽粤（侨乡）卷》第42册，北京：北京图书馆出版社，2000年，第195页。

③ 康熙《高州府志》卷1《山川》，第169页。

④ 屈大均：《广东新语》卷2《地语》，北京：中华书局，1985年，第29页。

⑤ 光绪《吴川县志》卷3《建置》，第334—335页。

溟奇甸。周环怪石激湍冲遏，舟舶独开一而以通往来，亦天设之险也。在宋诸臣，间关险阻，万死一生，以翼幼主于此，宁谓草树行朝翼，兹岛之或有可守乎。我国家因地设防，专营控制，哨船艇桨，与限门诸口声势相通，虽缥缈涛间而俨如接壤矣。①

这里提供了两点当时硇洲岛开发的情况，第一是种植经济有所发展，即"桑麻井间，自成一区"；第二是军事驻防更加紧密，与内地"俨如接壤"。尽管如此，由于硇洲岛自然条件是"周环怪石激湍冲遏"，并不利于船只行走。因此乾隆二十一年两广总督杨应琚奏称"龙门至硇洲海道危险、沙礁错杂"，因此对海防会哨制"酌量变通"，会哨地点改为广州湾洋面。②而且考古证明，清代是有商船在硇洲岛附近沉没的。2005年11月，广东省文物考古研究所、广东省首届水下考古培训班在硇洲岛海域进行水下考古实习，从乾隆时期的沉船上共采集和发掘遗物如铜钱、银锭、陶瓷器等468件，其中不乏打上商号印记的外国银币。③事实上，硇洲正是清代粤海关的一个稽查口，负责稽查走私物品业务。《粤海关志》绘有"溮州（应指硇洲，引者注）口图"，并加案语云："此系稽查港口，在高州府吴川县，为梅菉总口所辖，距水东口八十里，距总口一百四十里，距大关一千二百六十里"。④不过，谭启浩研究指

---

① 乾隆《高州府志》卷2《舆图》，第407页。

② 道光《廉州府志》卷23《艺文一·奏》，第562页。

③ 中国考古学会编：《中国考古学年鉴2006》，北京：文物出版社，2007年，第327—328页。

④ 梁廷枏撰，袁钟仁点校：《粤海关志》，广州：广东人民出版社，2014年，第98页。

出，此幅插图并非硇洲口图，而应是电白口图。[①]

明末清初硇洲巡检司一度荒废，雍正八年广东总督郝玉麟上言称："洲民生齿日繁，商贾辐辏，易滋奸弊，武职未便兼理民事，而邑令相距一百四十里，中阻重洋，请设巡检驻劄安辑"，于是建议设立硇洲巡检。[②]胡恒也注意到雍正八年十月张廷玉上奏认为硇洲赴县投纳钱粮不便，复置巡检就地代征，并指出这是仅见的巡检代征钱粮的案例，主要是因为该地孤悬海中的特殊地理形势所致，不具一般性。[③]正是因为硇洲岛孤悬海中，硇洲营驻军既是海防防卫者，也是海岛的开发者和建设者。嘉庆三年，硇洲营水师刻《千秋著美碑》鼓励全营相亲相爱，"互相扶助为先"，立下9条"公帮"细则。魏珂对此解读认为硇洲营营兵收入非常有限，签订帮银条例是作为生活自保的一种方式。[④]尽管营兵收入有限，但是他们积极捐资建设硇洲北港，道光八年《捐开北港碑记》[⑤]记录了当时的建造情形，全文如下：

硇洲营阎府序

尝谓雨旸时若，固圣世之休征；烈风怒涛，亦天时之不测。兹硇洲孤悬一岛，四面汪洋，弭盗安良，必藉舟师之力。且其水道绵澳，上通潮福，下达雷琼，往来商船及采捕罟渔，不时湾聚。奈硇地并无港澳收泊船只，致本境舟师商渔各船坐

① 谭启浩：《〈粤海关志〉的一处辨误》，《海交史研究》，1995年第1期。
② 乾隆《高州府志》卷5《事纪》，第469页。
③ 胡恒：《"司"的设立与明清广东基层行政》，《清史研究》，2015年第2期。
④ 魏珂：《清前期广东绿营兵生存状况之考察——以硇洲营为中心》，《湛江师范学院学报》（哲学社会科学），2008年第4期。
⑤ 碑存北港村镇天帅府庙前，2016年8月笔者抄录。

受其飓台之害者，连年不少。本府自千把任硇而陞授今职，计茬硇者十有余年，其地势情形可以谙晓。因思惟北港一澳，稽可湾船，但港口礁石嶙峋，舟楫非潮涨不能进。于是商之寅僚，捐廉鸠工开辟，数越月厥工乃竣，迄今港口内外得其夷坦如此，则船只出入便利，湾泊得所，纵遇天时不测，有所恃而无恐。在军兵，则舟师查缉，陡遇飓台得以就近收澳，而朝廷经制战舰可保。在商渔，则往来採捕，可以寄挠守风，险阻不虞。此乃一举两得，军民相宜，其于为国便民之道，或亦庶几其少补云，是为引。所有捐题衔名胪列于左：

监生李超明两罞，□景全、李振启两罞，黄信扬、李图振两罞，□□□、吴作舟两罞，□□□、石□□、何士贤、□□□、□□□、□□□两罞，□文贤 李佳珍两罞，□□□、吴方骏两罞，□□□、□永兴、周志全、□□□以上各棚助银四元，罞棚总理吴景西助银二元。

道光八年岁次戊子季秋下浣吉旦立

在建港者看来，建造北港主要有军事和商业两个目的，军事上方便"舟师查缉"，就近停靠；商业上方便"往来採捕"，遇险不虞。贺喜认为这次工程主要在于加深北港，"硇洲营所有的官兵都慷慨解囊，至少在记录上表示了支持"。并将碑文中的"罞"与津前天后宫乾隆二十九年铁钟铭文中的"罞长""招罞""罞丁"等字眼联系起来，认为"这显示当时渔民中已经有了罞长与罞丁的组织"。[①]碑文所提到的"罞棚（朋）"一般认为是集体捕鱼的经

---

① 贺喜：《流动的神明：硇洲岛的祭祀与地方社会》，李庆新主编：《海洋史研究》（第六辑），北京：社会科学文献出版社，2014年，第230—252页。

济生产组织。明代新安县令周希耀认为随"罟朋"出动的"料船"在海上可能"乘间行劫",因此建议编甲保,实施连坐法,"甲保一严,奸船难闪,则盗薮不期清而自清,盗源不期塞而自塞"。①屈大均同样以陆上人的眼光看待他们,"粤故多盗,而海洋聚劫,多起罟家。……或一二罟至十余罟为一朋,每朋则有数乡船随之酢鱼,势便辄行攻劫,为商旅害"。②雍正七年官府规定允许"蜑户"在"近水村庄居住,与齐民一同编列甲户,以便稽查……令有司劝谕蜑户开垦荒地,播种力田,共为务本之人"。③从罟朋组织捐资建设北港来看,此时硇洲岛的水上人家已经"编列甲户"。因为嘉庆十五年百龄奏称:"硇洲周围三十里,烟户二千七十余家;东海围……;广州湾……皆编列牌保甲长,造册备查。"④与前述康熙之前的"千余家"相比,道光年间硇洲已有"烟户二千七十余家",户口的增加应是水上人上岸定居的结果。

明清时期,硇洲岛的农业、渔业有所开发。万历《雷州府志》记录"布之品"中有葛布,"葛产高州府硐州,雷人制为布,甚精,旧入贡,今罢"。⑤屈大均也提及硇洲出产葛,"惟雷葛之精者,百钱一尺。细滑而坚,颜色若象血牙。名锦囊葛者,裁以为袍直裰,称大雅矣。故今雷葛盛行天下。雷人善织葛,其葛产高

---

① 光绪《吴川县志》卷4《经政·兵防》,第408—409页。

② 屈大均:《广东新语》卷18《舟语·蛋家艇》,北京:中华书局,1985年,第466页。

③ 《世宗宪皇帝实录》卷81,雍正七年五月壬申,《清实录》第8册,北京:中华书局,1985年,第79页。

④ 卢坤等修:《广东海防汇览》卷33《方略二十二·保甲》,陈建华主编:《广州大典》331,广州:广州出版社,2015年,第567—568页。

⑤ 万历《雷州府志》卷4《地里志二》,第48页。

凉、硇洲，而织于雷。为絺者绤者，分村而居，地出葛种不同，故女手良与沽功异焉，粤故多葛，而雷葛为正葛"。①可见，硇洲是闻名天下、作为贡品的雷葛原料供应地，硇洲形成本地种植业和手工业。李龙潜研究明清时期广东经济作物时指出新会蒲葵、东莞香树、吴川黄麻、高州葛、粤北桐、漆的种植，目的都是出卖牟利，这些经济作物经营的性质发展为以市场需要为主的小商品生产，标志着经济作物种植发展的新趋向。②硇洲现存地名也可以反映其耕种田地的历史，有学者研究揭示，广东粤西和琼雷地区多以"那"字地名表示水田或田地。③今天硇洲岛仍有不少以"那"字命名的地方，如那洞、那凡、那光、那甘尾、那昆、那昆仔、那林、那拢、那晏上村、那晏西村、那晏中村、那晏仔、那晏角等，这些地名大多分布在硇洲中心一带，与硇洲岛地势中间平缓适合种植的情况相符。康熙时期，硇洲特产除了葛之外，还有"石之品"中的"羊肚石，出硇洲海底，状纹如羊肚，可种花草，今迁"；"甲之品"中的"龙虾，出硇州"。④雍正《吴川县志》卷4《土产》罗列的硇洲特产增加了"鳆鱼，即九孔螺，产硇洲"。鳆鱼即鲍鱼。嘉庆时期举人吴河光曾写作《吴川竹枝词》记述家乡特产，其中一首云："硇洲马甲似荔枝，三月河豚上水时。更有沙螺清且旨，笑他

---

① 屈大均：《广东新语》卷15《货语》，北京：中华书局，1985年，第423页。

② 李龙潜：《明清广东经济作物的种植及意义》，载《明清广东社会经济研究》，上海：上海古籍出版社，2006年，第10—11页。

③ 司徒尚纪：《广东地名的历史地理研究》，《中国历史地理论丛》，1992年第1期。

④ 康熙八年《吴川县志》卷1《地纪志》，第20—22页。

坡老未曾知。"①可见清代硇洲已经以出产龙虾、鲍鱼、马甲（江瑶柱）、河豚、沙螺等海产品闻名，渔业开发已经形成。

明清硇洲岛的文化开发建设体现在庙宇的修造和书院重修上。天后是产生于宋代的航海者守护神，雷州半岛修建不少天后宫。其中硇洲岛津前天后宫是福建莆田南迁到此垦荒的吴姓先民在明正德元年修建。②该庙在咸丰六年重建，遗留至今主要有复古的"海不扬波"牌坊，乾隆年间铁钟，道光五年宝炉炉座、光绪六年吴川县硇洲司巡检葛诚敬献"海国蚨嵘"匾额。天后是沿海地区的常见海神信仰，这与硇洲岛作为海路枢纽的情况一致，是海洋文化的体现。陈良弼《水师辑要》记载："硇洲，直至海口约有三埃，水道至此必求天后，有杯准行，一日可到琼州"。③"杯"即"杯珓"，可见当时从海路到达海南岛要在硇洲岛的天后宫通过掷杯珓以决定是否开始启程。此外，明代硇洲曾修建"三忠祠"祭祀南宋忠臣文天祥、陆秀夫、张世杰。④今天硇洲岛仍存在纪念南宋三忠的庙宇，西园村平天庙纪念文天祥；黄屋村调蒙宫（大侯王宫、大王庙）纪念陆秀夫；孟岗村高岗庙纪念张世杰。嘉靖年间高州知府欧阳烈重建祥龙书院，《祥龙社学记》记录当时情况：

学在县南四都碙洲马鞍冈下，宋景炎幼主驻碙洲，海中

---

① 欧锷：《清代吴河光其人其诗》，湛江市政协文化文史资料委员会编：《湛江文史》第30辑，2011年，第243页。

② 陈立新：《湛江海上丝绸之路史》，香港：南方人民出版社，2009年，第147页。

③ 陈良弼：《水师辑要》，桑兵主编：《清代稿钞本》第四编第197册，广州：广东人民出版社，2012年，第443页。

④ 光绪《高州府志》卷9《建置二》，第124页。

黄龙见，改元祥兴，丞相陈宜中因建翔龙书院。至是知府欧阳烈悯其民远居海岛，颛蒙不事诗书，又为城市豪民、异境黠商欺骗无极，搜选子弟可教者六七人，请于督学蔡公，与之衣巾而作新之，修复书院，择师教育。父老咸忻喜趋事，访求旧址不获，遂图画硇洲形执进请裁度表位。余乃按图营基，拟马鞍之胜，把牛山之秀，帖宁川所千户王如澄董其工，后为堂三间奉先师，扁曰敷文堂，堂左右各一间为教读藏修之所，东西翼以书舍各五间，以便各生肄业。东以仁、义、礼、智、信，西以视、听、言、貌、思编号，前为牌门，扁曰翔龙小学。绕以墙垣，堂之后盘石嵯峨，建阁其上，扁之曰皇极阁。循脊分左右，龙虎圈内，小学四围空地俱取租备修理。是役也，费不歛而民自趋，力不劳而工自成。真时事之奇逢，海外一大观也。①

光绪年间此碑尚存硇洲马鞍山下，村民"俗误呼'宋皇碑'"。②从碑文可见，祥龙书院到明嘉靖时期早已废弃，"访求旧址不获"。知府欧阳烈为了使硇洲岛民不被"城市豪民、异境黠商"欺骗，修复书院教育子弟。不难看出，建造三忠祠是宣传忠君报国的忠义观，以"仁、义、礼、智、信"和"视、听、言、貌、思"命名书舍，这是儒家思想文化进入硇洲岛的展现。这与仕宦的支持分不开，如欧阳烈"念硇州不睹文教，立祥龙社学，训其子弟，拔其秀者充侧陋生育之庠校"。③雍正时期，祥龙书院是吴川

---

① 康熙《高州府志》卷9《艺文二》，第342页。
② 光绪《高州府志》卷53《纪述六》，第807页。
③ 万历《广东通志》卷52《郡县志三十九》，第1185—1186页。

18所社学之一。"嘉庆二十二年官民捐资修复（祥龙书院），有碑"。①但是今天已经看不到嘉庆时期的碑刻。明清时期硇洲岛的开发引起不少士大夫的关注，乾隆《吴川县志》卷10《艺文》收录了明清官绅吴国伦、盛熙祚、沈峻、欧阳培等为硇洲所赋诗作。教育的发展使硇洲岛培养出本土文人，如招成万长子招国栋、长孙招继祖均是监生，分别著有《淡斋诗集》和《浪迹草》。

综上所述，明清时期硇洲的开发存在复杂多样的面相。首先军事驻防得到强化，巡检司作为军事防御机构，兼任部分地方事务管理功能。硇洲营的设立是清初迁海后的产物，参与地方社会经济开发建设之中。海上贸易开发依然进行，清政府在此设立粤海关稽查口检查过往商船。海洋经济取得进一步发展，农业经济也在不断发展当中。这个时期，国家正统文化的代表儒家文化也通过建造"三忠祠"强调忠义观，通过修建书院传达儒家思想。水上人家通过国家的编保政策进入国家编户齐民体系，使硇洲岛的村落聚集形态基本形成，户口大幅提高，反过来推进硇洲岛的更大开发。

三、近代硇洲岛开发的拓展与转变

学界通常以道光二十年（1840年）作为中国社会从古代步入近代的分界线，近代中国通常指1840年鸦片战争开始至1919年五四运动这个时间段。近代中国社会产生剧烈震动，自然经济逐渐瓦解的同时开眼看世界，中国近海海岛的开发也向着纵深发展。近代硇洲岛得到更进一步的开发，并因法国租借呈现不同特色。

近代中国海疆政策的转变，政府已经很少将失控的沿海商人和

---

① 光绪《吴川县志》卷4《经政·学校》，第371页。

渔民作为"海贼"、"海盗"、"海寇"处理。海疆防御体系随之转变，近海海岛配置有新式铁炮军备，光绪七年环守硇洲口岸的那娘港、淡水港、津前三座新修炮台共安铁炮19尊。①

硇洲岛现存的同治和光绪年间的碑刻有助于我们进一步认识近代硇洲岛开发实况。现存北港村镇天府庙前的同治五年《告示碑》风化严重，碑文难认。相比之下，光绪年间的《告示碑》能辨认的字样稍多一点，如下：

> 钦加同知衔特授吴川县正堂加十级记录十次唐为出示禁革事。现奉府宪杨批据，茂邑□赵元赴辕呈称：□□□地理□偶到硇洲地方，伊之夫轿亦到硇洲住宿以便往来。不料硇洲有一夫头，备轿养□色□□□客往来□自带夫轿□人不得（口斗）杜，伊即查问土人。据称：凡有客人到硇，必□要用此处夫轿，□□轿过街路不□□□名□□□□。若□加远，饭食另给，工钱加倍。遇有□□□事，便然照数推□□□□□□□□请禁革。□□□□□硇洲地方有夫头把持，勒□□□非虚，殊属可恶。□吴川□查明严禁。□□□□□□□硇洲□巡检一□知照等。□□□□□□年在□饬间，随据监生吴继良、州同梁□汉、武生□□□胜□十甲首谭□□□□□□□□□□□窦明文、梁文□、方大富、谭□□、窦□□□□连等具呈，以硇洲□□□□□□□□□□□□□□□□□□□□□愈

---

① 佚名辑：《广东全省海图总说》，桑兵主编：《清代稿钞本》第四编第191册，广州：广东人民出版社，2012年，第247—248页。

索愈多，如过穷民势□□□□□勒石示禁。□□□□□□□□□□□□□□□□□□□□□所不容，□即查禁拘究，并札硇洲司将轿夫头□□□□□□□□□□□□□□□□□□□□□有夫头□□合行出示，勒石严禁。□凡示□硇洲附近□□□□□□□□□□□□□□□□□□□ 先□□公平给价永遵，不准再有夫头□母□□无□□□□□□□□□□□□□□□□□□□□□□宜禀遵毋违特示。赖之从仍取藉名居□勒□□也。光绪十□年□月告示。[①]

时任吴川知县为河南邓州人唐汝霖，任期是光绪十三年至光绪十七年。从残缺的碑文来看，硇洲岛上有一轿夫夫头垄断当地抬轿市场，如果路途加远，就要求"饭食另给，工钱加倍"，结果遭到茂名赵元的投诉，并通过监生、州同、武生、十甲首等请呈硇洲司将此轿夫头处治。吴川知县于是公示"禁革事"，要求"公平给价"，"不准再有夫头"。从中可以看到，近代硇洲岛在官府、地方士绅的合作之下调控市场，进行社会管理，保证市场公平。

与此同时，硇洲岛道路进行有计划的修整。现存同治七年《建修深井路碑》可以看出当时修路的基本情况。《建修深井路碑》正文短少，大部分是捐款者名单，抄录如下：

丁卯冬余偕同人共修康皇庙前路，拟将□局以后连深井一带，均使其平坦，无奈岁□云暮，经费难筹，是以暂缓其事，今春□绅诸君揖余而言曰："公修前路，美则美矣，愿终成此

---

① 转引自贺喜：《流动的神明：硇洲岛的祭祀与地方社会》。

美"。余曰："噫！固余素志微，君言余□□忽矣"。于是再集同人绅民劝□囊橐以修之，功成，聊志数言，勒诸贞岷，以垂永久。

钦赐花翎协镇衔佽先参府署硇洲营都府梁官印卓高捐钱壹拾三千、硇洲海关捐钱四千、钦赐蓝翎州同衔卓异侯陞即补县左堂硇洲分司王官印近仁捐钱贰拾千文、硇洲盐埠捐钱贰千、硇洲营分府即陞守府黄官印成龙捐钱叁千文、硇洲营总司即陞分府许官印凤耆捐钱叁千文、□□吴庆记捐钱叁千、梅菉史聚益捐钱陆千、将军第陈捐钱壹千、昭武第捐钱五千、沈悦盛捐钱拾五千、窦王美捐钱拾五千、陈尚进捐钱陆千、吴恒发捐钱陆千、李玉鳞捐钱五千、窦可兴捐钱四千；李信兴、高联兴、窦可复，以上各捐钱贰千元；

李明辉、李合兴、高义兴、陈宏发、陈元喜，以上各捐钱四百文；何启荣、陈尚中、黄光辉、黄光□、窦志辉、林炳山、邓朝贵、□益号、曾全新、何聚源、林玉鳞、邓朝隆、叶广彪、梁光朝、周良发、李进朝、尤和合、冯应图、黄启志、邓玉新、何振升、许金兴、欧连祥、何天成，以上各捐钱叁百文；梁光耀捐钱五百；梁发圣、高辉山、曾实珍、陈财源、林开祥、曾善安、刘国胜，以上各捐钱贰百文。

大清同治柒年岁次戊辰季春吉旦楚南王近仁书

从碑文可见"丁卯"年即同治六年硇洲巡检王近仁修建的沟路是康皇庙前路，由于"经费难筹"而无法连深井路一并修整。次年，王近仁召集同人绅民捐款修路，他自己捐钱两千文，使工程得以完成。值得注意的是，碑文记录了"硇洲海关捐钱四千"，硇洲海关应指前述粤海关硇洲稽查口。就笔者管目所及，粤西现存碑刻上不少关于粤海关捐钱支持地方修庙整路等公益事业的记载，如雷州城南康王庙的历次重建得到粤海关的支持，乾隆二年"粤海关雷州口弟子王重捐银拾两正"；乾隆四十七年海关司税范笠设立灯油柜"以作诞辰、元宵之用"；嘉庆十八年《康王庙田地碑》记录"雷州正税口部馆信士陈洪"等7人捐款。[①]乾隆五十五年《麻章墟重建北帝庙碑志》记录"粤海关捐花银二十员"[②]；道光八年《重建玉虚宫碑》记录粤海关捐银二十元[③]；光绪十九年《重建侯王爷庙捐题碑记》记录"黄坡粤海关"捐钱两千文。[④]可见，至少在乾隆至光绪年间，粤海关因为作为官方纳税机构积极参与粤西地方文化建设和公益事业。同时可以看出，硇洲岛开发建设中接受各方的捐资与大陆地方并无不同。此外，碑文提及"硇洲盐埠捐钱贰千"，则证明此地存在盐埠市场。

王近仁是湖南善化人，同治年间任硇洲司巡检，他"慈爱而廉明，硇洲居海外，素少读书之士，近仁修复翔龙书院，捐廉置产，以赡生徒膏火，聘贤师教之，且复修道路，设同善堂，硇人感德，奉其禄位于宾兴祠荐馨香焉"。[⑤]"复修道路"即是指前述的修复康皇庙前路、深井路的事迹。他开发建设硇洲的另一大措施是带头修复祥龙书院，增设田产补贴生徒。同治八年林植成撰写的《重修

---

① 湛江海关编：《湛江海关志（1685—2010）》，内部出版物，2011年，第84页。
② 谭棣华等编：《广东碑刻集》，广州：广东高等教育出版社，2001年，第463页。
③ 碑存湛江市麻章区玉虚宫，2016年年7月吴子祺抄录。谨此向吴子祺致谢！
④ 碑存湛江市坡头区麻斜侯王庙，2014年3月笔者抄录。
⑤ 光绪《吴川县志》卷5《职官传》，第453页。

翔龙书院碑志》[1]有所提及：

> 从来学校为人才风化之源，而书院又为学校所深资者也。考唐开元所建丽正书院，则书院之名实始于此。然当时不过馆词臣，藏典籍耳。至宋庆历中，石命天下州县皆立学校，设官以教焉。继辟书院，延通儒以广课士焉。而元明因之，我朝治教休明，特隆正学，于省会、府州县，立学之外，更致意书院。今陕乡穷壤，莫不有焉。实有以匡庠序之教，而不逮也。学校实取材于此，孰谓书院之建为小补哉？吴川之南有硇洲焉。虎石排乎三面，涛环于四周，斯亦海岛之绝险者也。当端宗之季，为元兵所迫，左丞相陆公、越国公张公、信国公文公，奉端宗由福而航粤。文信公屯兵江浦，为战守计，丞相陆公、越国张公，卜硇而迁。端宗享国未及一年，帝昺继立，登极礼成，有龙拏空而上，因改硇洲为翔龙县。凡政令纪纲，皆出陆、张二公之手。陆公日书大学章句以劝讲，遂建书院，名龙翔焉。夫以当日流离播迁，陆相尚关心于道学，盖其意以为古人有一成一旅，而恢复先业者，学校为兴贤育才之地，可忽视为要图欤？是陆相之建此，亦大学教之深人心也。书院历久，屡圮而迁。咸丰之初，硇绅窦熙捐资倡率，复迁于都司署之左山。但海飓频兴，瓦椽颓倒，父老呈请巡司王公，公惠受勤能，由文大令莫邑侯札下修之。士庶乐从倾囊，囊举聿成，栋宇三间，东西并列斋房，左为三忠祠，右为宾兴祠，布局则

---

[1] 碑存湛江市博物馆。碑文又见湛江经济技术开发区历史文化丛书编委会编：《东硇史谭——东海岛硇洲岛史略》，广州：岭南美术出版社，2014年，第139—140页。

与明嘉靖间大同而小异。自是课徒得所，礼聘贤师，则多士如林，蒸蒸日上，当亦不忘书院所来由。将见慕陆相之精忠，而□□早辨究陆相之理学，而心术以纯，则所处不愧为名儒，所出不惭为良吏，我国家右文兴化，知不限于偏隅，而选俊登贤，莫谓尘露，无裨于山海也。董事劝捐者，都戎陈君魁麟，上舍生陈君魁元，吴君士熙、李君光颢。亦兴其劳者，赞政白君登辉也。增贡生选用州判邑人林植成撰。

督修首事：沈邦宁　孔广文　方□兴　吴开爵　窦壮威

招步魁　□□□　窦壮文　周世标　黄绍珠

□□安　吴嘉树

十甲首事：谭士表　窦可敬　梁文炳　吴启信　梁明文

洪和拔　谭上信　窦美春　谭德政　陈宝宏

大清同治八年岁次己巳秋月谷旦立石

碑文提及咸丰初年，硇绅窦熙曾捐资将翔龙书院迁到都司署附近。窦熙为窦振彪之子，以父振彪恩荫知县，署泉州府同知。因为"海飓频兴，瓦榱颓倒"，到了同治八年吴川知县莫东奎和王近仁牵头倡议重建。道光年间状元、吴川吴阳人林召棠题写的"祥龙书院"，王近仁题写的"邹鲁之风"石刻至今尚存。王近仁"赡生徒膏火"的事迹见于同治八年陈仁皋撰写的《增捐书院膏火碑记》，如下：

自来文教之兴，由于学校；学校之隆，由于司牧。今少尉王公巡司硇洲，乌知非天遣以开斯文之运哉。夫硇洲一□□之区宏韬□□奋武以佐，兴朝名将，恒数数出□，文人学士，古今罕见，岂造物生□□以一偏抑亦□□文□□有如公之□□为怀振兴是力者，公名近仁，号寿山，楚南长沙府善化县人，□世有令德，为时良吏，本□□□以砺廉明，初下车，即欲昌隆学校，大启国家文明之治，奈书院倾圮，工程浩繁，艰于修复，旦夕焦劳，遂捐廉以倡率而实兴之，爰集绅耆□题领囊乐助，皆有急公慕义之情，申报□大令饬行共襄此举，□载于斯，乃得落成，□然□□得所延□□资，彼都人士无从获益，不亦虚糜修葺之费哉，而公乐□□□有加□□己再捐廉俸买受瓦铺壹间，交斋长首事递年批租以充书院膏火，可谓苦作善成矣，嘉惠士林，□□士子，人文自□蔚起为□□非浅鲜，他如路平崎岖，以恤行客，堂开同善，以悯五家，皆多德政，难以枚举，凡我同人□□□□□祠特享播之弦歌，勒之金石，不过涓埃之报，真乃力为辞谢，谦退不敢，自□□创宾兴一祠，奉禄位□座，中以硇洲先达配之，庶俎豆并香，垂诸永久，以志不忘大德云。邑人庠生陈仁皋敬撰。

记开：

买受史□□旧□□□□壹间，□买□□□拾两□□硇洲，土命坐落□□

大清同治八年岁在己巳冬月谷旦刊

以王近仁为首的仕宦以极大的热情积极参与硇洲岛的开发建设之中，使近代早期硇洲岛的开发有所拓展。然而光绪二十四年（1898年）之后，硇洲岛由于法国的租借走向了另一条发展之路。

17世纪以来法国开始在远东地区进行扩张，率先在印度建立起多处殖民据点，变越南为其殖民地，将中国海南岛及两广地区划为其势力范围。1898年4月，法国提出租借吴川县南三都的广州湾村坊作为"停船趸煤之所"，最终法国通过谈判谋取了包括东海岛、硇洲岛等在内的达1800平方公里的租地面积。[①]实际上，法国议租硇洲岛之前已经派兵占据硇洲岛，登岸竖旗，拆屋移炮，建造兵房。法国租借硇洲岛，受到全国关注，地方官员和硇洲乡民提出强烈抗议，1898年十一月二十七日硇洲"民人吴儒志、林廷怀、李荣合，十甲首李永安、方大富、林天成、谭有亮、吴光连、陈开基、陈宏窦、居民梁文龙、邝开久等禀称：窃蚁等世居硇洲，地瘠人贫，百计营求，难赡口食。乃法人来硇占地，日渐侵凌"，"侵凌"的表现有抢占淡水炮台后李邝二姓的旷地；在津前村调戏妇女；"街头买卖，不遵市价，恃强抢夺"。[②]1899年正月十五谭钟麟、鹿传霖上折称："硇州……一屿孤悬，形势尤为扼要。……查硇洲为高廉雷琼四府海道咽喉，若任法人据有其地，以强兵巨炮横梗其间，则四府声气断绝，粤省全局将不可问。"[③]媒体舆论也普遍认为硇洲岛孤悬海外，具有重要战略地位，如《申报》认为"硇洲炮台最为扼要，失此，则粤东一省重门洞开，海上兵权悉在外人掌握"；《循环日报》认为"硇洲岛为雷琼廉三府要冲，中国万难割弃，将来费一番蜃舍也"；《知新报》认为"高雷一带洋面，以

① 景东升、龙鸣：《广州湾简史》，景东升、何杰主编：《广州湾历史与记忆》，武汉：武汉出版社，2014年，第1—32页。

② 苏宪章编：《湛江人民抗法史料选编（1898—1899）》，北京：中国科学文化出版社，2004年，第78—79页。

③ 王彦威、王亮编：《清季外交史料》卷137，《近代中国史料丛刊·三编》第15册，台北：文海出版社，1985年，第2336页。

硇洲为最重……无硇洲则由省至琼之路绝"。①

法国占领硇洲岛，俨然以管理者自居。如"法人近日带兵往各乡绘图，清查民户丁口"；"法人在炮台傍边，折断民间所种树木，霸占民地，起造花园"；"在北港庄屋村起造石塔，以便广州湾轮船进至认识，免其触礁搁浅"，还在南港、南岭村起造石塔。②法国以武力强占硇洲，已是既定事实，清政府只好退步，"硇东两岛业经筑台久占，万难争回，不得已与法提议，将两岛允租，任由中国船只照常往来停泊，一律优待，并无留难等端"。③1899年，硇洲岛割让给法国成为广州湾租借地一部分。1900年广州湾租借地被划分为赤坎、坡头、淡水三起（区），第三区"由东海至硇洲，公署设在硇洲大街"，"所有界内墟市村庄事务应归各官公署办理"。④1904年越南河内出版的《印度支那年鉴》介绍广州湾第三区有4名法国人，4名越南人和61827名中国人，设置有司法机构混合法庭，驻扎有蓝带兵部队。⑤可见当时法国初步设置各类机构对硇洲岛进行社会管理。同时，法国当局对广州湾的人口和村庄数据进行统计，如1902年93村庄，12668名居

---

① 龙鸣、景东升主编：《广州湾史料汇编（第一辑）》，广州：广东人民出版社，2013年，第121、127页。

② 苏宪章编：《湛江人民抗法史料选编（1898—1899）》，北京：中国科学文化出版社，2004年，第80—81页。

③ 《德宗景皇帝实录》卷452，光绪二十五年十月上，《清实录》第57册，北京：中华书局，1987年，第968—969页。

④ 龙鸣、景东升主编：《广州湾史料汇编（第一辑）》，广州：广东人民出版社，2013年，第253页。

⑤ Annuaire général de l'Indo-Chine（1904）française Bibliothèque nationale de France, département Philosophie, histoire, sciences de l'homme, 8–LC32–38 (BIS).

民。[①]1918年，硇洲岛人口增长为15275名居民。[②]

景东升指出法国占领广州湾最初出于军事目的，后因计划搁浅转向经济目的。[③]法国对硇洲的开发建设服务于其军事目的，违背中国民众的意愿。法国为了将广州湾作为建设为军港，对军事航运基础设置建设较为关注。早在1898年8月，法国方面已经认为"这个岛（指硇洲岛，引者注）一向被认为是包括在租借地之内的。占领这岛屿是保证我们淀泊所得外来粮秣和看护外部浮标所必不可少的"。[④]1899年签订的中法《广州湾租界条约》第四款规定："在各岛及沿岸，法国应起造灯塔，设立标记、浮椿等，以便行船。并总设整齐各善事，以利来往行船，以资保护。[⑤]法国当局依照这款规定在硇洲马鞍山上修造了硇洲灯塔。硇洲灯塔整体以麻石叠砌而成，至今仍是南海海洋重要航标灯塔。时任印度支那总督保罗·杜美在一份报告中提及1900年批准设置广州湾灯标系统的公共工程项目，进行水文调查后，在硇洲北部设置灯标引航过往船只。[⑥]法国还通过建立法华学校培养法语人才。1909年法国当局关于广州湾第三区即硇洲岛的报告中提到淡水的一所法华学校，只有一位管

① Gouvernment Genéral de l'Indochine. Annuaire général de l'Indo-Chine（1902），Hanoi: Imprimerie d'Exteremе-Oreint, 1902，P606.

② Gouvernment Genéral de l'Indochine. Annuaire général de l'Indo-Chine（1918），Hanoi: Imprimerie d'Exteremе-Oreint, 1918，P319.

③ 景东升：《法租广州湾若干史实辨析》，《岭南师范学院学报》，2015年第1期。

④ 龙鸣、景东升主编：《广州湾史料汇编（第一辑）》，广州：广东人民出版社，2013年，第394页。

⑤ 王铁崖编：《中外旧约章汇编》第1册，北京：三联书店，1957年，第930页。

⑥ M.Paul.Doumer. Situtation de l'indo-chine(1897-1901), Hanoi: imprimeur-editeur,1902. 214-215.

理者，需要招聘越南人或中国人去任职。①郭寿华编著的《湛江市志》认为"时法人曾设立法文书馆一间，招集学童入学，津贴文具，免收学费，以期推行奴化教育"。②实际上，在1919年之前，作为法国租借地的硇洲岛开发极其有限。1912至1915年出任广州湾总公使的卡亚尔曾负责制订租借地开发计划，但是他抱怨广州湾是声名狼藉的流放地，自然条件差，交通不便，既不适合移民又不适合开发。③因此，包括硇洲岛在内的广州湾租借地被法国方面以不适合开发为理由，并未完全进行有计划的和全面的社会经济开发。

概言之，近代硇洲岛从传统中国海岛开发模式向租借地开发模式转变。前期中国地方士绅管理地方社会，调控市场，大力进行文化建设。后期由于法国租借硇洲岛之后重点进行军事基础设施建设，一定程度上忽视经济开发和文化发展，使硇洲岛的开发有所转向。

四、结论

综观全文，宋至近代硇洲岛开发体现了中国海岛开发过程中的国家政权与地方社会的互动。硇洲岛的开发在不同时期有不同侧重点，宋元时期早期开发中尤其注重自然地理位置所带来的军事防御功能，社会经济以海盗走私形式的海洋贸易为主。明清时期硇洲开发的拓展中，加强军事防御，同时渔业、农业生产有所发展，仕宦

---

① Territoire de kouang tchéou wan 3eme circonscripiton, Rapport politique mois de mai 1909,7,INDO/GGI/64357, ANOM.

② 郭寿华：《湛江市志》，台北：大亚洲出版社，1972年，第44页。

③ 郭丽娜：《论广州湾在法属印度支那联邦中的"边缘化"地位》，《史林》，2016年第1期。

积极推广儒家文化。近代硇洲岛的开发已经开始进行道路等基础设施建设，对文化教育也相当重视。法国租借的介入使硇洲岛的开发从传统型逐渐转变到近代殖民型。

从具体开发层面来看，硇洲岛硇洲的军事防卫功能长期存在，具有重要军事战略地位，因此成为南宋二王驻跸之地，在宋元明清时期在此设立巡检司和硇洲营，成为王朝剿灭海贼的场所，近代成为了法国的租借地。经济发展上，至少从宋代开始，硇洲岛的海洋事业已有发展，存在海盗贸易走私面目出现的经济活动。明清时期，硇洲岛的开发从一开始的渔业发展到种植业，符合当时中国海岛开发过程中多样开发模式。宋元以依赖海洋贸易为主，明清时期本地渔业和农业已有长足发展。近代因为法国的介入冲击了硇洲经济的发展。文化建设上，南宋二王驻跸硇洲岛这段史迹在硇洲岛开发过程中被不断利用和强调，成为硇洲岛开发中的历史文化资源。正如司徒尚纪指出，雷州半岛的海岛经过一定程度的开发，文化景观至为瞩目。硇洲留下宋皇井、宋皇村、宋皇坑、翔龙书院、三忠庙等历史文化遗址以及天后宫、天竺庵等民间信仰和宗教建筑。[①]从宋至近代硇洲岛开发的历史考察中也提示我们今天硇洲岛的开发应该充分利用其突出的区位优势发展经济，同时利用历史文化资源加强文化建设。目前将硇洲岛建设为国家级中心渔港和生态旅游海岛应是对其历史和现实的准确把握。

（钱源初，暨南大学文学院博士研究生）

---

① 司徒尚纪：《雷州文化概论》，广州：广东人民出版社，2014年，第186—189页。

L'histoire de l' ile Nao Tchéou de la dynastie Song à l'époque récente

QIAN Yuanchu

Depuis ces dizaines d'années, le monde historique fait de plus en plus de recherches sur l'histoire socio-économique de maritime chinois, celle qui souligne à l'évolution socio-économique maritime englobe l'histoire de l'exploitation littorale, des îles côtiers, de commerce maritime, d'imigration maritime etc. l'exploitation des îles maritimes à l'époque Ming et Qing a tiré l'attention de rechercheurs historiques.

Li de yuan indique que l'exploitation se change d' une seule modèle traditionelle à la pêche, à l'agriculture, au trafic maritime à l'époque Ming et Qing. Chen xianbo fait des recherche sur l'île Weizhou pour trouver l'influence de pouvoir d'Etat dans les îles côtiers.

Cet article vise à faire des recherches sur L'histoire de l' ile Nao Tchéou de la dynastie Song à l'époque récent, nous avons remarqué la spécialité de l' ile Nao Tchéou : premièrement, à la fin de la dynastie Song, cette île fut l'endroit de la rsidence de deux roi de Song ; deuxièmement, cette île était une partie de la possession française. L'août 2016, j'ai revenu à cette île en participant à la « recherche de

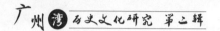

l'histoire et la culture de Koang-Tchéou » et j'ai trouvé cette fois-ci que des inscriptions bien conservées étaient très utile pour les recherches de l'histoire d' exploitation locale, alors, mon article va analyser l'histoire d'exploitation de l' ile Nao Tchéou de la dynastie Song à l'époque récente dans l'armé militaire, l'administration sociale, le développement économique et culturel etc.

1. l'exploitation à l'époque de Song et Yuan

L'île Nao Tchéou servit au transit dans le commerce sur la route de soir en mer, l'Empire chinois y fit des travaux militaire.Les deux roi se refugièrent dans cet île, leur arrivée a promu l'exploitation de l'île Nao Tchéou, l'école Xianglong fut établi au début dans cet île.

2. l'exploitation à l'époque de Ming et Qing(avant la guère d'opium)

Avec le développement de commerce maritime et l'immigration, cet île fut profonfemment exploité. Premièrement, sa force militaire a beaucoup développé, son organisation de défense se chargait aussi une partie des affaires locales, l'établisment du camp de Nao Tchéou commença au dynastie de Qing. Au fur et à mesure du développement du commerce sur la mer, le gouvernement de Qing y établit la douane pour controler les navires. L'économie maritime bien développa et l'agriculture aussi. A cette époque , le confucianisme, étant la doctrine politique officielle, insistait toujours la fidélité et le dévouement par fonder des temples et des écoles confusinistes. Les familles flotantes furent inscrits dans le système de la population d'état, des habitants agglomérés devinrent le village. La croissance de population accéléra l'exploitation de Nao Tchéou.

3. l'évalution de l'exploitation de Nao Tchéou à l'époque récente

L'exploitation montra une spécialité diférente à cause de la possession française. Les notables locaux organisaient l'administration locale et développaient le commerce et la culture avant la possession française, mais la France soulignait la force militaire et l'infrastructure de Nao Tchéou pendant sa possession.

4. Conclusion

L'exploitation de Nao-Tchéou de la dynastie de Song à l'époque récente reflète l'interaction du pouvoir d'état et la société locale, elle a de différentes parties capitales à l'époque différente. On estime la défense militaire et sa position géographique, son économie s'appuyait sur le trafic des bandits de la mer à la dynastie de Song. L'agriculture et la pêche ont développé et le confucianisme s'est propagé à la dynastie de Qing. On a donne une grande importance à l'éducation culturelle et l'infrastructure comme la route a apparu à l'époque récente. La possession française a fait l'exploitation de cette île changer du mode traditionnel au mode colonial.

En somme, sa fonction de défense existe depuis lontemps et joue un rôle très important dans le domaine stratégique. Elle était le lieu d'asile de deux roi de Song, le base militaire pour anéantir les bandits maritimes à la dynastie de Ming, Yuan et Qing, la possession française à l'époque récente. Economiquement, au moins à partir de Song, le commerce maritime s'est apparu et le developpement de l'agriculture et de la pêche à Ming et Qing reflète la variété de l'exploitation. Culturellement, l'histoire de deux roi de Song est toujours un preuve culturel, il existe beaucoup de sites historiques comme le puit de deux rois, le village de roi, l'école , le temple etc.

（QIAN Yuanchu, l'doctoral candidate de la Faculté des Lettres de l'Université de Jinan, Guangzhou ）

（岭南师范学院　张静译）

理论和综合研究

广州湾是"租界"还是"租借地"

◎费成康

1899年11月16日中、法两国订立有关广州湾①的国际条约，通常被称作《广州湾租界条约》。该条约内提及这一区域之处均用"租界"一词，共达10余次之多。该条约始终没有称之为"租借地"。②此种状况是迄今学术界称广州湾为"租借地"，但仍不时有著述称之为"广州湾租界""法租界"的原因。广州湾究竟是租界，还是租借地，值得辨析。

鸦片战争后的1845年，在上海初步划出了英商租地界址。1854年之后，上海的英、法、美三块外国人租地陆续发展成不受中国政府管辖的"国中之国"。不久后，这些区域被中国人称为"租界"。至二十世纪初期列强在华租界的全盛时期，在中国的十个通商口岸共有八个国家的22个专管租界和两个公共租界，③其中包括上海、天津、广州、汉口四个法租界。在法国人租借广州湾的1899

---

① 本文中的"广州湾"，均指自1899年至1945年法国租借的整个区域。

② 陈帼培主编：《中外旧约章大全》（第一分卷），北京：中国海关出版社，2004年，第1311—1314页。

③ 英、法、美、德、俄、日、比、意、奥等九国先后在中国开辟了25个专管租界。其中上海英、美租界合并成上海公共租界，天津美租界先是被交还给中国，后又并入天津英租界。另一个公共租界是厦门鼓浪屿公共地界。

年，中国政府对于租界的特性已有所认识。在此四年前，即1895年甲午战争结束之际，为了尽可能地挽回既失的权利，中国政府曾采纳署理两江总督张之洞的提议，以设立仍由中国管辖的"通商场"来阻止日本开辟专管租界。[①]至德国、俄国、英国开辟胶州湾、旅大、威海卫、香港新界等租借地时，所订立的中外条约中虽也出现"胶澳租界"等提法，但大多称它们为"租地""所租之地"。英国人也未称威海卫租借地和香港新界为"租界"，而是明确地将它们称作"租借地"（territory leased、area leased）。[②]不过，当时并非所有的中国官员等人都有分辨租界与其他类似租界的意识和知识，凡是被外国人租赁的区域都可能被他们称为"租界"，其中芜湖通商场曾被称作芜湖租界，庐山避暑地曾被称作庐山租界。可见，在当时的中国，广州湾被称作"租界"并不奇怪。此时法国官员等人对租界、租借地的认知也与华人近似。各地的法租界在法文中都被称作concession，在上述《广州湾租界条约》的法文本中，在该条约的名称中广州湾也被称作concession，即是使用了与租界相同的词汇。在该条约的正文中，也继续用concession一词来指称这一区域，只是有数处以"租借地"、"割让领土"（terrain loué、territoires cédés）来替代。[③]

　　从事实来看，由法国租借的广州湾与胶州湾、旅大、威海卫等租借地的情势基本相似，而与包括各地法租界在内的所有租界都有很大差异。

①　王彦威辑、王亮编：《清季外交史料》，外交史料编纂处，1932—1935年版，卷一一七，第7页。

②　《中外旧约章大全》（第一分卷），第1313、1314页。

③　《中外旧约章大全》（第一分卷），第1341—1344页。

差异之一，开辟动因。

法国租借广州湾，主要的目的之一是为了在中国建立海军基地。有关广州湾的中、法条约指出，广州湾是租与法国"作为停船趸煤之所"，在界内"法国可筑炮台，驻扎兵丁，并设保护武备各法"。[①]可见，法国系以开辟海军基地之名来租借广州湾。而德国租借胶州湾是为了在中国沿海开辟修造、驻泊船舰和存储物资之地，俄国租借旅大是为了使俄国海军在"中国北方海岸得有足为可恃之地"，英国租借威海卫是为了使英国在华北有合宜的海军基地。德、俄、英、法等国开辟在华租借地的动因是一致的。不过，法国人旋即背弃其租借广州湾的理由，决定不是将当地用作"停船趸煤之所"，而是作为一块殖民地。

租界并非军事基地，而是外国侨民特殊的居留、贸易区域。鸦片战争后，法国人得以在中国的通商口岸划定居留、贸易区域，最初依据的是订立于1844年的中法《黄埔条约》。该条约第二十二款规定，来华贸易的法国人在中国开放的广州等五个通商口岸居住，"无论人数多寡，听其租赁房屋及行栈贮货，或租地自行建屋、建行"，并可一体建造教堂、医院、学校、坟地各项。正是根据这一条约，法国驻沪领事于1849年4月与上海地方官员在上海县城北门外划定法国人的"租住之地"。[②]此后，陆续开辟的其他租界，包括法租界，也都是供外国侨民居住并开展中外贸易的区域。

差异之二，地理位置。

广州湾租借地本拟作为海军基地，因而与其他租借地一样，

---

① 《中外旧约章大全》（第一分卷），第1341、1343页。

② 英国国家档案馆：FO 228/910，道光二十九年三月十四日，苏松太兵备道告示。

并不位于通商口岸，而是位于包含天然良港的滨海地区。旅大、威海卫本来就是中国北洋水师经营多年的海军基地，胶州湾也是中国政府已高度关注并已派兵驻守的港湾。广州湾也有水深、港宽的海湾。为了驻泊舰队，这些港湾的海面直至附近海面都成了租借地的组成部分。有关广州湾的中、法条约规定，"湾内水面，均归法国管辖"，这些水面不仅包括港湾的海面，还包括划入租借地各岛附近的海面。[①]

包括法租界在内的所有租界作为外国侨民的居留、贸易之地，都位于通商口岸，并以该口岸的开埠作为租界开辟的前提。由于当时的中外贸易主要通过海上运输，即便在中国内地，船舶也是效率最高的运输工具，因而所有租界都位于江边、河边。其中上海法租界位于黄浦江畔，天津法租界位于海河之滨，广州法租界位于珠江中的小岛之上，汉口法租界位于长江岸边。因为在江面、河面上不能建造供外国侨民居住的房屋，因而所有的租界都未将濒临的水面划入界内。其中上海公共租界位于苏州河两岸，但这段河流不属于该租界范围。天津各国租界排列于海河两岸，但这段海河也不属于任何租界。

差异之三，占地面积。

租借地作为军事基地，需有一定的防御纵深。同时，德、俄、英、法等国都力图在瓜分中国的争夺中获得更多的利益，都尽可能地将更多的陆地和海面划入租借地，因而租借地的面积都十分宽广。在租借地中，广州湾的面积并不是最大的。有关该租借地的面积，有着数种有一定出入的记载。根据最早出版的中文方志的记

---

① 《中外旧约章大全》（第一分卷），第1343页。

载，其陆地面积为518平方公里，海陆共约2 100平方公里。[①]多数租借地的陆地面积都大于广州湾。最大的旅大租借地，陆地面积后来达3 400平方公里左右。[②]此外，胶州湾、旅大、威海卫三个租借地在其与内地的毗连处还可开辟在中文中称为"隙地"的军事缓冲区域。这些缓冲区域十分广阔，其面积为租借地的多倍。

较之租借地，租界实在是小得多。各租界在开辟时划定的面积大多为数百亩。最小的厦门英租界在扩展后的面积仅有24亩左右。[③]在法租界中，面积最小的是广州法租界，仅有66亩。面积最大的是上海法租界，在三次扩展后达15 150亩，超过天津英租界，成为全国最大的专管租界，仅次于面积达33 503亩的上海公共租界。[④]上海两个租界的总面积达48 653亩，即32.4平方公里左右。不过，至1914年各地租界正式扩展全部结束之后，全国所有租界的面积相加起来，总共只有50多平方公里，仅为广州湾租借地陆地面积的十分之一。

差异之四，租借期限。

广州湾与其他租借地一样，都有明确的租借期限。有关广州湾的中、法约章规定，广州湾租与法国，作为停船趸煤之所，"定期九十九年"。[⑤]99年的租借期限源起于德国对胶州湾的租借。俄国租借旅大的租借期为25年。英国租借威海卫的理由是抵制俄国，维持在华"均势"，因而威海卫的租借期与俄国租借旅大相同。法国

---

① 郭寿华：《湛江市志》，台北：大亚出版社，1972年，第4页。

② 程维荣：《旅大租借地史》，上海：上海社会科学院出版社，2012年，第50页。

③ 厦门市档案馆：财政局档案，第1时期，（原）第331号卷，第76、77页。

④ 《上海租界志》编纂委员会编：《上海租界志》，上海：上海社会科学院出版社，2001年，第98、101页。

⑤ 《中外旧约章大全》（第一分卷），第1341页。

要求租借广州湾99年，英国以法国租借广州湾，危及香港安全，要求租借香港新界的时间也是99年。由于英国系从1898年7月1日起租借香港新界99年，该租借地将于1997年6月30日租借期满。[①]这一事实成了中、英双方于20世纪80年代初开始就香港前途进行谈判的动因之一，并成了决定香港地区应于1997年7月1日回归祖国的原因之一。

　　租界并无涉及租借年限的规定。在各地租界陆续开辟之际，无论中国政府还是各租界开辟国政府都没有考虑过租界存在的期限问题。最早开辟的上海租界实行的是特殊的土地永租制，使得中国业主出租土地就如同绝卖。后来开辟的租界几乎都实行相同的制度。苏州、杭州、重庆三地日租界有所不同。在这些日租界，土地虽然也是永租，但租地人须每30年办理一次换契续租手续。如逾期未办，中国官府可注销租契，收回土地。[②]不过，中国政府所能收回的仍只是未办理换契的那些土地以供重新出租，并非能收回租界。在天津英租界的扩充界内，该租界工部局还颁发过为期999年的永租契，并规定期满后租地人的财产继承人还有权续租999年，[③]即他们约可承租到公元3900年。因此，在20世纪初期租界的全盛时期，它们似乎可以永远存在下去。

　　差异之五，行政制度。

　　对于租借地，租借地开辟国都任命了总督或行政长官，建立

　　①　《中外旧约章大全》（第一分卷），第1312页。

　　②　王铁崖编：《中外旧约章汇编》，北京：三联书店，1982年重印本，第一册，第677、692页；第二册，第3页。

　　③　尚克强、刘海岩主编：《天津租界社会研究》，天津：天津人民出版社，1996年，第43页。

在其领导下的行政机构。在法国租借广州湾后，法国总统即颁布政令，确定由法属印度支那总督负责广州湾租借地的行政。该总督任命的广州湾行政长官为当地最高行政官员，未久又设置一名副行政长官为其助手。行政长官有权制订各项行政和治安措施，负责监管本地公共秩序，指挥本地武装部队，并与邻近中国官员保持联系。其他租借地开辟国也都为租借地任命总督等官员，并组建以他们为首的行政机构。在香港新界，英国未再另行任命总督等，而是由以香港总督为首的港英政府兼辖。所有租借地都未召集当地的纳税人会议，组建由纳税人选举产生的市政委员会。

租界的行政体制可分为数类。法租界受本国政治制度影响，形成由当地法国领事为最高行政长官的格局，被称作由领事"独裁"的租界。即便如此，各地法租界都召开纳税人会的年会和特别会议，由符合财产等资格的纳税人选举产生市政委员会委员。该市政委员会在上海法租界被华人称作"公董局"，在天津法租界被称作"公议局"，在汉口等地法租界被称作"工部局"。法租界的市政委员会可议决租界每个年度的财政收入、支出的预算、决算，有关市政建设的各种事项，以及制订有关路政和卫生的章程等，只是会议的决议非经领事明令公布，不得执行。英租界特别是公共租界，被称作是实行侨民"自治"的租界。租界的纳税人会及由纳税人选举产生的市政委员会即工部局拥有更多的"自治"权利，当地的行政权包括巡捕房都由市政委员会来掌控。主要由租界开辟国的领事或外国侨民掌控的行政机构来行使行政管理权，便是租界与租借地及其他类似租界地区的主要差别之一。

差异之六，司法制度。

在租借地内，中外居民完全受租借地开辟国的司法管辖，即便是在中国享有领事裁判权的"有约国人"也不例外。同时，开辟国在各租借地内自设司法机构，这些司法机构的组织等都不同于中国的法庭，并都自成体系。在广州湾，法国人设置的司法机构有过数次变动。在清末民初时，当地设置由各乡名人组成的初级法庭，由法国人任庭长、华人任陪审员的混合法庭即会审公堂，以及由副行政长官负责审判的法国法院。[①]这些法庭与设在华界、由中国官员主持的法庭迥然不同。

虽然在拘捕、审判、刑罚等方面租界与华界的司法制度有所差别，但从整体而言，它们没有本质区别，即都是根据被告的国籍来决定受理案件的法庭和适用的法律。对于已在中国取得领事裁判权的"有约国人"而言，无论他们在租界还是华界内成为民事或刑事案件的被告，都不受中国的司法管辖，也几乎不受租界开辟国的领事法庭管辖，而是应由其本国领事法庭按照本国的法律来审判。华人在大多数租界内涉及民事或刑事案件时也都由当地华界的中国官府按照中国的法律来进行审判。在上海租界、汉口租界和厦门鼓浪屿公共地界，则设有中外会审公堂，审判华人为被告的各种案件。这些公堂虽然设在租界并以外国领事等官员为陪审官，但仍由中国委员主持，仍是中国法庭，并仍应依据中国法律来作判决。在四个法租界中，上海、汉口法租界都设有会审公堂，而它们与广州湾租借地以法国人为庭长的混合法庭也有显著的差别。

差异之七，税收制度。

在广州湾租借地，中国政府已不能征收任何捐税。此种情况与

---

① 法国埃克斯海外档案中心：CAOM，GGI，17946，Le Gouverneur général de l'Indochine，Arrêtè，No.2009，4 Juillet 1911.

其他租借地还有所不同。在胶州湾、旅大、威海卫等租借地，中国政府设有海关，向进出当地应该纳税的货物征收关税。在广州湾租借地，中国政府始终未设立海关，该租借地成为自由港，从海外进口及向海外出口的货物都无须向中国政府缴纳关税。同时，与其他租借地一样，中国政府也不能在当地征收其他捐税。其中地税是中国历代皇朝最基本、最重要的税收收入之一。在广州湾，中国政府对于划入界内的全部土地都不征收任何地税。其他租借地也如此。于是，中国政府便失去了所有租借地的地税等捐税收入。此种情况直至各租借地陆续被中国收回时都未发生变化。

在各地租界，除进出口货物须照章缴纳关税外，外国政府和外国商民通过永租、购买直至无偿占用的方式取得界内土地后，除了少量用于道路、沟渠等公共用地，仍须每年向中国政府缴纳地税。其中租赁上海法租界土地者每年须为每亩土地向中国政府缴纳地税1 500文制钱，其税率高于当地原来的地税。租赁天津法租界土地者每年须为每亩土地缴纳制钱2 000文，其税率更是高于原来的税率。不过，在天津法租界所缴地税只有一半交给当地中国官府，一半留作该租界的市政经费。①租赁汉口法租界土地者，则须依据中国政府原来在当地征收钱粮的税率，即每亩土地每年缴纳地丁银1钱1分7厘，漕米2升8合4勺。②于是，对于中国政府而言，土地划入租界之后，就不能自主地征收多种税款，但至少尚未影响地税收入。至一批租界已被中国政府收回、租界的根基已经动摇的1928年，经中外协议，各租界当局开始代表中国政府向界内华人征收印花税及烟

---

① 天津档案馆、南开大学分校档案系编：《天津租界档案选编》，天津：天津人民出版社，1992年，第100页。

② 徐焕斗编：《汉口小志》，盘铭印务馆，1915年，附外国人居留地第9页。

草税。到1936年，中国政府又在租界内试行所得税法。于是，租界作为中国境内特殊税区的状况有所改变。

通过对租借地与租界的对比，两者的差异便明显地显现出来。列强在中国开辟租借地与开辟租界的不同动因，导致了它们在地理位置、占地面积等方面的不同。在行政、司法、税收等方面，中国在租借地内比租界内丧失更多的国家主权，租借地已与被割让的领土相似。不过，租借地都有租借的年限，租界却似乎可以永远存在下去。中国的外交官员认识到租界和租借地的区别，始自民国初年。这些外交官从海外学成归来后，于1919年召开的巴黎和会上将"归还租借地"和"归还租界"分别列为"希望条件"中的两项，并对两者的特性有所阐述。[①]此后，中国的政治家、外交家、法学家和史学家通常都将租借地与租界区分开来。因此，再将两者混为一谈是不妥当的。广州湾是租借地，不是租界。

（费成康，上海社会科学院研究员，清史工程《租界志》项目主持人）

① 近代史资料专刊《秘笈录存》，北京：中国社会科学出版社，1984年，第171—176页。

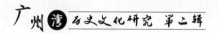

Kouang-Tchéou-Wan, «la concession» ou «le territoire à bail»

FEI Chengkang

Le 16 novembre 1899, la convention internationale concernant Kouang-Tchéou-Wan a été établie par la Chine et la France, on l'appelle la «Convention entre la France et la Chine relative à la concession de Kouang-Tchéou-Wan». Kouang-Tchéou-Wan est cité une dizaine fois comme une «concession» dans cette convention, au lieu de «le territoire à bail». C'est la raison pour laquelle jusqu'à présent on appelle Kouang-Tchéou-Wan le territoire à bail dans le cercle académique, il y a pourtant des ouvrages qui l'ont cité comme «la concession Kouang-Tchéou-Wan», «la concession française». Cela mérite d'être discriminé et analysé.

Après 1854, les concessions anglaises, françaises et américaines devenaient successivement «un état dans un état», non contrôlées par le gouvernement chinois. Plus tard, ces zones étaient appelées «les concessions» par les Chinois. Jusqu'au début du 20e siècle, l'apogée des concessions des puissances occidentales en Chine, il existait 22 concessions autoritaires et 2 concessions publiques des huit pays dans les dizaines ports ouverts chinois. En 1899, le gouvernement chinois a compris les particularités de la concession pendant la concession française de Kouang-tchéou-wan.

Quand Weihaiwei et les Nouveaux Territoires de Hong Kong ont été cédés aux Anglais, ils les appelait clairement les «territoires à bail» au lieu de «concessions». Cependant, tous les fonctionnaires n'ont pas pu distinguer la définition de la concession et celles d'autres territoires loués avec leurs connaissances et leur conscience à ce moment-là. Toutes les zones louées par les étrangers ont été appelées «la concession», parmi lesquelles, la place de commerce de Wuhu est appelée la concession Wuhu et la villégiature d'été de Lushan est appelée la concession Lushan. Il n'est pas donc bizarre d'appeler Kouang-Tchéou-Wan la concession. Les connaissances sur la concession et sur le territoire à bail entre les fonctionnaires français et chinois se ressemblaient à ce moment-là. Tous les territoires loués par La France étaient appelés en français la concession. En effet, les situations de Kouang-Tchéou-Wan loué par La France étaient à peu près pareilles à celles de Jiao-Zhou-wan, Luda, Weihaiwei etc, mais elles étaient assez différentes avec les autres concessions françaises et celles des autres pays. La première différence est la motivation. L'un des objectifs le plus important de la location française de Kouang-Tchéou-Wan, c'était pour établir la base navale en Chine. La concession n'est pas cependant la base militaire, c'est le lieu spécifique d'habitation et de commerce pour les ressortissants étrangers. La deuxième différence est la géographie. Le territoire à bail de Kouang-Tchéou-Wan ressemblait à d'autres territoires cédés, qui ne se trouvaient pas aux ports commerciaux, mais aux régions littorales avec le havre naturel. La troisième différence est la superficie

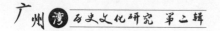

de l'occupation. Le territoire cédé avait besoin d'avoir une défense en profondeur comme une base militaire, c'était la raison pour laquelle la superficie des territoires cédés était assez vaste. C'était beaucoup plus large qu'une concession, la superficie du territoire à bail maritime et terrestre de Kouang-Tchéou-Wan mesurait environ de 2100 kilomètres carrés. La quatrième différence est le délai du bail. Kouang-Tchéou-Wan a eu une durée du bail clair comme les autres territoires cédés. La France a demandé de le céder pour 99 ans. Il n'existe pas pourtant de règles sur le délai du bail pour la concession. La cinquième différence est le système administratif. L'état qui a ouvert un territoire cédé, a désigné le gouverneur général ou le préfet, a établi l'organisation administrative sous sa direction. Après la cession de Kouang-Tchéou-Wan, le président de la France a promulgué immédiatement un décret pour commettre le gouverneur de l'Indochine française à la responsable administrative du territoire cédé de Kouang-Tchéou-Wan. Quant à la concession, c'était le consulat du pays d'ouverture ou les émigrants étrangers qui ont désigné l'organisation administrative pour exercer le pouvoir administratif. La sixième différence est le système juridique. Dans le territoire à bail, tous les habitants chinois et étrangers étaient complétement contrôlés par le pays d'ouverture du territoire cédé, même si les gens qui bénéficiaient la juridiction consulaire en Chine. En même temps, les pays d'ouverture ont installé leurs propres justices dans tous les territoires à bail. L'organisation de ces justices n'étaient pas équivalente avec le tribunal chinois et avait leurs propres systèmes. Dans le territoire à bail de Kouang-Tchéou-Wan, la justice a été mise en place. La septième différence est la fiscalité. Dans le territoire à bail de Kouang-Tchéou-Wan, le gouvernement chinois n'a toujours pas installé de douane, ce territoire devenait donc un port ouvert, les marchandises de l'import export via ce port n'étaient pas imposables par le gouvernement chinois. En même temps, le gouvernement chinois ne pouvait pas percevoir d'autres impôts dans cette zone. Au contraire, dans toutes les concessions, les marchandises d'import export devaient payer les droits de douane selon le règlement, en outre, les gouvernements étrangers et les commerçants étrangers voulaient obtenir la propriété foncière par location permanente, achat en voire occupation sans compensation, devaient acquitter des impôts fonciers au gouvernement chinois tous les ans, sauf que certaines acquisitions foncières ont servi aux terrains publiques, tels que la route et le canal etc.

En bref, cette comparaison entre la concession et le territoire à bail nous montre bien leurs différences. Les motivations différentes de l'ouverture des concessions et des territoires à bail, qui ont entraîné leurs différences sur le plan de géographie et de superficie etc. Au niveau de l'administration, de la justice et de la fiscalité, la Chine a perdu plus de souveraineté dans les territoires à bail que dans les concessions, les territoires à bail ressemblaient à la cession d'un territoire. Mais, tous les territoires à bail ont un délai limite. Il semble que la concession peut toujours exister. Au début de la République de Chine, les diplomates chinois ont commencé à distinguer la concession et le territoire à bail.

（FEI Chengkang, chercheur de l'Académie des Sciences Sociales de Shanghai）

（北京城市学院　欧阳慕弈译）

从广州湾殖民统治看中国拒抗殖民化的世界意义

◎陈立柱

一、广州湾是中国遭受殖民侵略的缩影

研究广州湾殖民的历史意义何在？是否可以将之放到近代中国半殖民化的历史过程中来加以认识？再进一步说，500多年的西方近代殖民、扩张与发展给世界带来加强联系的同时，对于人类未来还意味着什么？如果可以这样观照一个地方性的历史事实，它的意义就不会局限于某一点，就可能看到她在世界历史线条中的意义，或者延展出新的意义。所谓世界历史，不正是由一个个地方性的历史事实结构而成的吗？换一种说法，在用"显微镜"观照广州湾47年殖民史的同时，也需要用"放大镜"或"望远镜"照射广州湾的一段过去在中国与世界殖民史上可能有的意义。

广州湾（今湛江市一带）本是法国租借地（自1899年开始），但是法国政府将其交给在越南的法国印度支那殖民政府管辖，即用管理殖民地的方式管辖广州湾，在租借与殖民的纠结中，广州湾的社会治理与经济建设普遍被认为没有成效、失败的，在当地人民一再反抗与中国政府不断要求下，1945年归还中国。国内外学术界研

究广州湾比较注意其内部历史细节以及法国东亚殖民扩张，等等。这都是就广州湾的历史层面的研究。如果从近代中国遭受侵略的视角看，广州湾的殖民统治一定意义上可视为中国遭受西方殖民侵略的一个缩影。

二、广州湾对殖民化的抗拒是中华民族独立的象征

广州湾从租借之初到归还中国，47年间一直处在当地人民的反抗斗争之中，反抗行为形式多样，一度甚至形成很大的反抗浪潮，迫使殖民当局改变一些政策策略。这种顽强抗拒殖民化的行为，扩大一些说是中国没有完全殖民地化的主因。

客观上讲，中国面积广大，距离欧洲又很遥远（被称为"远东"），任何一个列强甚至"八国联军"联合起来也吞她不下，列强的租借与殖民行为对于中国可谓是"蚍蜉撼大树"。另一方面，主观的与文化的因素是更重要的。中国文化自身的特性，尤其是中国文化较早的成熟与稳定发展。这些主观的文化的因素是中国人民（也包括一些王公大臣）通过各种方式抗拒侵略、殖民、西方化的历史文化基础。具体可从清以来中国应对西方交往与殖民侵略的态度与方式上看出来：第一是国家政府和社会群众通过政治军事反洋教等等的形式顽强抵抗，甚至形成影响政府组织反对洋人的席卷全国的"义和团运动"；第二是中国人自觉主动应对西方的威胁与提出学习西洋的坚船利炮，表现为很早即提出"以夷制夷""中体西用""洋务运动"等；第三是与列强交涉综合考虑，如广州湾条约签署中，政府宁愿多给抚恤金也要防止法国日后借口再要地；第四是提倡改革、革命等多种方式解决保国保种问题；第五是最后认识到解决中国问题的方式是把马克思主义与中国实际相结合之道路的

选择上，可谓是近代以来各种救国方式的总结与发扬。

以上几个方面都是努力保持独立的同时又愿意接触学习新观念的表现，也就是说在"旧邦新命"的问题上，国人的思考与作为可以用"视野广阔、努力应对、不断革新"来概括，这使得中国尽管因为清政府的腐朽而走了一些弯路，整体上还是独立发展、在学习中不断进步的。近代中国历史是一个迅速翻新的历史，正在于中国人自觉反省意识的浓厚。这些又都与中国文化的独立性、成熟性、融合性等等密切关联。

中国近代反殖民的斗争方式在广州湾的抗法殖民的斗争中，或多或少，或隐或显地都有体现。这方面过去研究较多，不赘述。顽强抗拒殖民，保持了中国非殖民地化，换一种说法就是保证了中国国家主权与文化本体之独立性，从而使得中国在学习西方的过程中能保持自己的个性，俨然在西方之外成就了一个"他者"，为建构与西方世界不一样的一个新世界提供了保障。今天世界"向东看"，就是中国不断进步迅速发展的结果。而这一切都得益于中国的独立与自主。

三、从广州湾出发突破被遮蔽的历史

从世界历史的情况看，除了日本、埃塞尔比亚等特殊情况外，整个亚、非、美、大洋洲都成为了西方的殖民地，世界西方化了，或者说西方世界化了，西方成为了世界历史的主体，其他地方"停滞不前"甚至"野蛮"落后，只是西方历史的陪衬。所以多数世界史著作中，中国、印度、非洲等经常是附带性写一点（19世纪写作的多数世界史有时甚至忽略不计），这就深度遮蔽或说掩盖了世界其他族群共同体的文化创作及其价值，世界只有西方一种声音，只有一个体现西方中心主义的价值观，这个价值观在20世纪以来的代表就是美国人经常说的"普世价值"：美国的即普世的，其他地方的都是历史的即个别的，所以其他地方都要像美国看齐，美国意味着世界的未来，也就是其他国家的样板。这就是西方中心主义的典型表现，而普世史（universal history）就是这种逻辑的产物：它以基督教文化为背景，以普遍理性为支点，以历史不断进步为线索，以结构主义整体论为方法，将人类历史变成理性的游戏场，自由精神或生产方式的集散地，18世纪以来所有的世界史都以此为模型或主导意识形态，从而世界史成为西方中心主义的集中地也就不足为奇了。一些学者指出："我们还没有一部真正的世界史"，多数史学家公认的编写世界史的理论框架"还没有找到"，目前"是编不出一部令人满意的世界史的。"

西方中心主义的危害，最近几十年来大家都意识到这一点，然而一直难以根本改观，甚至当今西方世界的很多学者都深切感到需要批判西方中心主义而主动作为（历史界如麦克尼尔、弗兰克等等。其他学界也多有这种情况）。但情况依然是：批判西方中心主义者使用的方法常常也是西方中心主义的。斯塔夫里阿诺斯的《全球通史》是典型代表，他说他是站在月球而不是华盛顿、巴黎、德里或北京的角度关照地球，撰写世界历史，然而看过他书的人都会明显地感到他实际上是站在美国的角度看世界的历史，北京大学马克垚先生对于他的著作有专门细致的批评。他本人还写过一部《全球分裂：第三世界的历史进程》，一定意义上可以视为西方近代殖民史。冷战以后，西方中心主义在弗朗西斯·福山《历史的终结》，以及美国总统奥巴马到处宣传的"普遍价值"观中，都清晰地表现出来。

四、走出西方中心主义的怪圈

当今时代，首先要认识与理解西方中心主义的形成的过程，这就是要回过头来看它是如何一步步形成的。而回头看它的过去，一定意义上又可以说就是回顾这个西方向世界扩张发展的近代世界殖民的历史。因为"起源意味着本质"，正是这段历史造就了西方中心主义的出现、传布与不断深化的影响。

其次，深入研究中国何以止步于"半殖民地、半封建化"，以及今天迅速发展的因缘。从葡萄牙、西班牙最初对于中国的侵略算起，差不多三百年，西方列强持续不断地侵略夺取，只是得到中国的一些边地、岛屿，未能像吞并美洲、印度一样并吞整个中国。中国独立性的保持为后来的快速发展提供了保障。这个情况是需要深入研究的。广州湾人民坚持不断地反抗法国殖民，虽是中国人民反对殖民的一个微而小的例子，但是可以折射中国顽强反对殖民统治的决心与努力。

进一步地，中国人顽强反抗殖民统治的背后的文化因素也是值得关注的。比如，她的尊重民族国家的自我选择同时主张"和而不同"的共在意识，她的非西方性特质但不排斥西方的特点，她强调共通性而不是普遍性没有知性独断的意识，她强调世界共同发展共同富裕的发展权意识，她追求伙伴关系而不是组建盟国集团为自己在世界上的绝对优势地位而"平衡"别国，还有尤其重要的是她的天下相与观念建立在家国一体的基础上，蕴含着家的温暖，而不是在势均力敌与国家利益至上观的基础上，她率先在国家的层面上提出人类命运共同体问题，如此等等，都体现出这个文化背景中的家国情怀与世界大同的和平愿景。而这些是人类心智追求的最根本的所在。它支持了中国人民的反抗殖民，也是今天中国发展与未来世界和平的内在动力。

法国学者萨特曾说过："没有好的殖民者，也没有不好的殖民者。"今天已可改为："没有好的殖民者，也没有不好的被占领地。"德国史学家汉斯·梅迪克认为，"世界历史存在于微观历史之中，一个村庄里发生的事情可能具有全球性的意义。"从这个角度说，广州湾反殖民统治的历史意义或者也是可以深入发掘的。

（本文为发言纲要）

（陈立柱，华南师范大学历史文化学院教授）

广州湾研究中的史料问题：以法国文献为中心

◎景东升

摘　要：目前广州湾的研究成果在数量上并不太多，在论述问题上主要是受史料的局限，其中最为关键的则是法国文献资料，这些资料包括原始档案资料和已经面世的汇编资料及私人著述。对于这些资料需要我们投入大量精力进行整理，乃至翻译，在此基础上，才能重建广州湾租借地的历史。

关键词：广州湾；史料问题；法国文献；档案

近年来，作为专史或区域史，广州湾的研究越来越受到学术界的关注和重视，与广州湾渊源的现代城市湛江，其所在的地方政府也积极助推文化学人的努力，使其不断呈现出活跃态势。上海社科院的费成康研究员曾撰文指出，始自二十一世纪初期，广州湾地区的研究引入新史料，采用新视角，发掘新课题，已有后来居上之势。①这种认识不啻寄予深切厚望，重在披露新史料在广州湾研究中的重要作用。

一般说来，新的研究路径往往意味着新的史料需求，研究者需

---

① 费成康：《广州湾研究进入新阶段》，《岭南师范学院学报》，2015年第1期。

要找到更多的新资料才能实现其研究计划，当研究者试图建构一定时间内某一特定区域的历史时，毫无疑问，他需要首先掌握丰富的细部史料。对于广州湾而言，细部的史料自然应是来自于其主导国家法国的文献资料。长期以来，国内有关广州湾问题研究的滞后，主要原因则是法方资料尤其是档案资料的缺位。阙之，大规模的研究将无从展开。截至目前，国内鲜有系统性文章介绍广州湾方面的法国文献资料，对其研究和利用者亦是寥寥。

基于此，本文拟以法国文献为中心来讨论广州湾研究中的史料问题。借此抛砖引玉，以引起学界的重视。笔者先就广州湾问题及其史料的产生作一简要回顾，进而就其中的相关问题尝试进行梳理和解读。

一、广州湾租借地问题由来及主体史料的产生

广州湾租借地问题的产生是晚清政府积弱积贫的结果，但并非个案或孤例，相同性质的租借地计有五块，各地的具体情况也大同小异。中国在甲午战争失败后，列强遂图谋瓜分中国，德、俄、英、法等国先后强占中国优良港湾，划分势力范围。其中德占胶州湾、俄据旅大、英占威海卫和九龙，法国则提出租借广州湾，表面上欲作"停船趸煤之所"，实系作为其扩大在华权益时进行武力胁迫的海军基地。条约签于1899年11月，租期99年，在其租地内，法国一国享有管辖权。此后，该地被划归法属印度支那统辖，并建立一整套地方建制实施全面管理，直至抗战胜利后才最终被中国政府收回，前后近半个世纪。

广州湾自成为法国在华租借地和法属印度支那的一部分，反映其内容的记述便开始频繁地出现在官方和私人著述等文献里。内

容涉及政治、经济、文化、军事、司法、外交等诸方面，但毫无疑问，广州湾当局的记载应是最基本、最可靠，同时也是最丰富的资料。这些史料产生的基础便是中法之间条约体制所导致广州湾地区"治权"（条约中明确不妨碍中国对该地拥有的主权）的转移。于是法国在广州湾行使管理权的机构及其一切活动直接"生产"出了海量的史料。之所以说是海量，这里既有时间和空间的大跨度，也由于近代以来中国社会的变迁转型以及西方列强在远东扩张与冲突的复杂局势所致。

从行政机构上来说，广州湾租借地设置的最高行政机关为总公使署，其下设行政区（最初为三个区，后复设西营、赤坎二市），行政区内又设公局，被委托管理地方，每区有不同数目的镇组成。因此，又可视为三级管理组织。

从军事控制上看，广州湾驻有法国国防军，任命有武装总司令，也有从地方招募的武装力量，设有指挥机关、营房、军事医院、疗养院等。

从司法机构上看，广州湾设有调解委员会、一审法院、公共法庭和审查委员会，并设有中央监狱。

除此之外，还设有负责公共工程、医疗救援与公共卫生、公共教育、邮政通讯、金融服务等众多管理或服务部门。

上述机构在近半个世纪的时间内，留存了大量的文献资料，它们既是记录广州湾这段历史的第一手资料，也构成了广州湾研究的主体资料。我国"史料派"学者一向主张"用资料说话"，"寓论于史"。傅斯年先生也认为，史料越生越好，以免将后来的主观强加于人，不仅误读错解当时的人事，而且将丰富多彩的历史用一定的框架来局限，反而减少了其应有的内涵和价值。这些都强调了原始资料的重要性。桑兵老师曾撰文指出，"晚清以来，中外交通频繁，各国公私档案（包括政府的外交、殖民、移民、军事、商务部门，教会、公司、传媒、团体组织等机构，以及相关个人的文书），大量涉及与中国的关系。"①这表明近代史料不胜其烦，已不仅仅是国内资料的问题，而是直接与西方有关，因此在应对文献成几何递增的同时，还应关照中外。广州湾的资料问题便属此类。

按照1945年8月中法签订的《交收广州湾租借地专约》第三条规定，法国应将"一切登记簿、档案、契据以及其他公文"②交与中国政府。此间留存下来的档案资料自然应在交接之列。然而真实的情况却是相关的档案资料早已在广州湾移交中国政府之前被运回法国，到上个世纪70年代末，根据法国新实施的档案法，这批档案都已进入开放范围，但此后20年间，却少有人问津。中国档案部门亦没有与法国方面进行移交这些档案资料的协商，这直接导致国内广州湾档案资料的严重缺失。因此，对广州湾档案资料整体情况的掌握就显得既迫切，又十分必要，比如档案的具体数量、存放地，是否归档整理，是否保存完整等相关情况都是应考虑的问题。

二、广州湾法国文献概况及特点

有关广州湾的法国文献可粗略地分为两大类：一类是原始档案文献，即如上文所说广州湾当局因行使管辖权而产生的历史记录；另一类则是法国官方文书汇集和私人著述。近年来，随着互联网及数字化技术的快速发展，后一类文献已可借助网络进行查阅或下

---

① 桑兵：《晚近史的史料边际与史学的整体性——兼论相关史料的编辑出版》，《历史研究》，2008年第4期。

② 王铁崖：《中外旧约章汇编》（第三册），北京：中华书局，1957年，第1341页。

载。目前，在法国国家图书馆电子资源库中，我们以广州湾的法文书写形式"kouang-Tchéou-wan"为关键词进行搜索，可查询到401条资讯。其中，报纸杂志类262条，书籍类135条，图片类4条。[①]比较早的资料有：1898年、1900年分别由巴黎国立印刷厂出版的（法国）《外交部外交文件（1894—1898）》及《外交部外交文件（1898—1899）》两书，其中1898—1899年的文件详细记录了中法关于广州湾地区铁路修建需用土地的划界谈判情况；1906年法属印度支那政府编辑出版的《广州湾租借地》则属于介绍性质的资料。此前后出版发行的有关印度支那书刊达数十种，几乎都包含有广州湾的内容，但无论篇幅还是内容深度都极为有限。需要说明的是以上仅为法国国家图书馆网站提供的信息，相信法国其他地方网站或专业网站也一定可以搜寻到与广州湾相关联的更多信息。

在私人著述方面，有研究者找到了两位法国士兵的日记，一本叫《士兵苏伯曼战争回忆录》，出版于1910年。作者记录了自己参与占领广州湾作战的经历，其中零零散散地记着太多细节，多为不知地名和日期的战役。另一本日记出自方施华·摩列，此人1900—1901年被派往广州湾执行任务，在日记里记录了大量战友的死亡与埋葬以及与海盗的交锋等情况。[②]这些珍贵的记录反映了殖民主义给人们留下的痛苦回忆。最为重要的记述莫过于殖民步兵统帅、时任广州湾武装司令的阿尔弗雷德·博南格（Alfred BONNINGUE）撰写的《法国在广州湾》一书，该书于1931年出版，作者对法占

---

① http://gallica.bnf.fr/services/engine/search/sru?operation=searchRetrieve&version=1.2&query=%28gallica%20all%20"kouang-Tcheou-wan"%29&suggest=0

② Joel Montague, 肖丹：《黄略"门头事件"及广州湾最后的战役》，《岭南师范学院学报》，2015年第1期。

广州湾的原因、如何攻占广州湾，法国对广州湾的建设及其留居身份、国际法律地位等进行了详细描述，成为人们早期认识广州湾的重要读物。鉴于作者的亲历和职级，也使他的记载具有相当的史料价值。近年来，法国学者中广州湾研究的成果主要有伯纳·马托（Bernard Matot）的《白雅特城》，描述了二战期间广州湾的鸦片贸易及其因沿海的战略地位而表现的繁华景象；塔坦·古里耶（Tatin-Gourier）的《法国在中国的殖民征服——以广州湾为中心》（《La France coloniale à l'assaut de la Chine》一书则于2012年出版。这些著述在为我们展现其学术观点的同时，还提供了丰富的资料来源，也是广州湾研究不容忽视的参考书目。

事实上，较早研究广州湾问题的中国学者亦非常关注法国文献，早在上个世纪五十年代便翻译了前文提到的两份（法国）《外交部的外交文书》中的共计52份电文，后刊登于《广东历史资料》1959年第1期，披露了法国远东舰队最初占领广州湾及交涉谈判的情况。为了校对增补法国方面的珍贵文献，国内学者苏宪章曾前往北京、南京、上海等地图书馆查询，可惜亦未能最终统计到该部外交文件的具体册数。1984年和2004年，苏宪章先生虽两次校勘上述函电并收录于资料汇编中，但数量上并没有增加。此后数年间，国内便再未见到其他书写广州湾的法国文献，相关的研究也未见新史料的利用。

实现广州湾原始档案发掘和利用方面的突破，是从法国巴黎第七大学安托万·瓦尼耶（Antoine VANNIERE）先生开始的。2004年他完成了题为《广州湾与法国在远东殖民统治的困境》的博士论文，文中引用了大量广州湾的档案资料，全面展示了当代法国学者对昔日法国在华租借地的认识和思索，值得称道的是他对法文档案的收藏地、卷宗号进行了详细的标注，成为此后中国学者查阅和收集这些档案的指南。这些资料主要收藏于法国外交部档案馆、南特外交中心、普罗旺斯埃克斯殖民档案中心、越南国家文献中心、海军史料部以及巴黎对外事务协会等地。其中最为集中之地则是埃克斯的殖民档案中心。

2009年春，费成康先生受法国人文科学院基金会的邀请，前往法国搜集在华法租界乃至广州湾租借地的档案资料，后利用收集到的档案资料完成了其主持的清史工程《租界志》的修撰工作。在其查阅的小部分档案中便发现了许多未被中国学者认知的内容，如关于《中法广州湾租界条约》的效力问题，费先生通过档案得知该约并未完成批准、换约的缔结程序，属于未生效的条约。因此认为法国对广州湾的占据和统治甚至没有不平等条约为依据。[①]这不禁令世人惊诧，广州湾糊糊涂涂地被外人管辖了近半个世纪而国人竟浑然不知。

2011年至2013年间，在费成康先生、法国友人尹冬茗（Rihal）、安托万·瓦尼耶等人的帮助和指引下，笔者通过个人实地拍摄和延请留学生拍摄等方式，先后拿到了藏于埃克斯的档案资料近8万张，近400卷宗，每卷宗档案数量不等，少则几份，多则数千份。虽说都是以图片格式保存的文件，亦大体上相当于档案文献的复制件。

经过初步整理，这批档案文献资料呈以下特点：

第一，档案资料以法文书写为主，也有极个别英文资料，甚

---

① 景东升、何杰：《广州湾历史与记忆》，武汉：武汉出版社，2014年，序言，第3页。

至有少量中文资料（见图1）。法文资料主要有机打体、手写体、报刊体等，重要文件多有拷贝或复件。英文资料以机打体为主，中文资料多为手写体，亦有少量铅印字体。像国民革命军告士兵书，实际为广东革命政府为进行北伐战争而散发的传单，也被当局作为资料进行收存（见图2）。说明广州湾当局对中国政治形势的密切关注。

第二，档案资料进行了系统化的归类整理，相关联的内容原则上被归并在一个卷宗内，绝大部分档案编辑了目录索引，以方便查阅者快速了解本卷宗的基本内容。也有个别档案有涂改的痕迹，被酌加小纸条予以说明（见图3）。在一些文件中也存在不同颜色的笔迹，有的用铅笔标注或修正，也有的用红色笔迹划去等。档案的原始性得到了很好的体现。

第三，档案资料记录内容庞杂，绝大部分较为完整，有少部分残缺。保存下来的资料有各类公文、书信、政治形势报告、电报、统计表、预算报告、年度经济报告、规章制度汇编、也有一些书籍、剪报、照片（见图4）、地图、规划图、水文测绘图等等。这些构成了档案史料的最基本形态。

档案是原始的历史记录，被誉为"没有掺过水的史料"。中外档案皆有相似之处，上述所言手迹、印信、照片等，保留了档案形成者留下的历史真迹。档案史料所具有的原始性和客观性，使其有着其他史料所无可比拟的优越性。在历史学家的眼里，档案是"历史的粮仓"，他们视档案史料为历史研究之食粮；正因为如此，从古至今，档案史料普遍受到史学工作者的高度重视。人们渴望从档案史料中查找历史的蛛丝马迹和本真。广州湾的法文档案即承载着这样的使命。

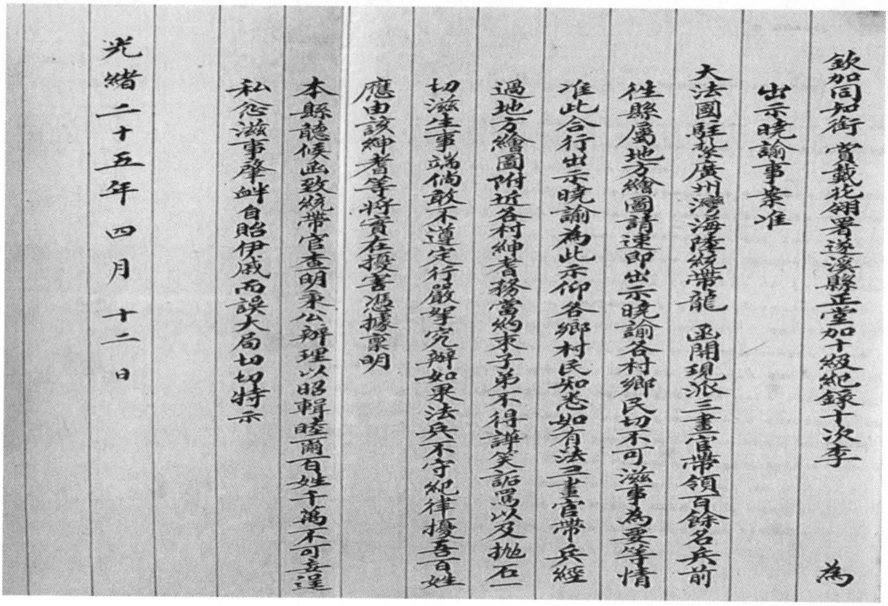

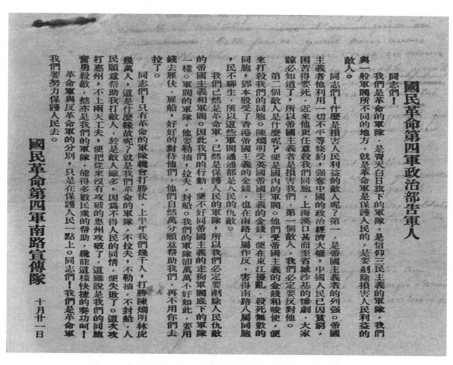

图1　遂溪知县李钟珏出示的晓谕

图2　《国民革命军第四军政治部告军人》文告

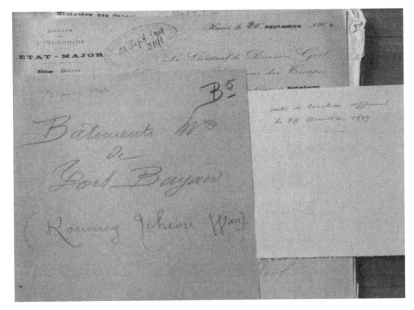

图3　小纸条标注的档案文献

图4　广州湾时期的惊湖（即今湖光岩）

三、借助法国文献资料认知历史细节的几个实例

法国档案文献全方位地记录了租借地的历史，也给我们提供了一个全新的认知视角。透过档案，我们看到了广州湾目前尚未被中国各界认知的历史风貌。

1. 关于广州湾的名称问题。在法国文献里，广州湾的名称拼写可谓复杂多样，目前已发现的计有：Quang-Tchéou-Wan；Kuang-Tchéou-Wan；Kouang-Tchéou-Wan；Kouang-Tchéou-Ouan；Quan-Chéou-Ouan；Quan-Chau-Wan；Koang-Tchéou-Wan等，甚至不排除还有其他写法；不过以"Kouang-Tchéou-Wan"写法最为普遍，被缩写为"KTW"。这些不同的写法主要出现在地图、明信片、书信、公使报告及电报、文件的扉页等处。据陈灵先生讲广州湾的写法有30余种。可以看出，法国对这块租借地并不重视，否则，怎么可能连名称也不能完全统一？可以推断对于绝大多数法国人而言，他们并不知道拥有这样一块租借地。1906年法国举办第一届殖民地博览会，专门设置了广州湾展馆供人们参观，试图引起法国资本家的关注和投资兴趣，终无实际效果。所以直到1931年，曾担任殖民军步兵统帅的博南格在其著述开篇中直言："尽管过去十年对法属殖民地进行了大力宣传，但仍然很少有法国人知道广州湾在1899年被中国以条约形式转让我们九十九年。"①这大致反映了法国本土对广州湾名称及其租借情况的认知。

2. 关于广州湾是如何被发现的问题。国内学者多依据湛江市首任市长郭寿华所编《湛江市志》的记载，认为早于康熙四十年（1701年），法国东印度公司的船只因躲避台风驶入广州湾，发现了这片深水良港，后绘图呈现法国王，这才引出后来的租借之事。该观点被瓦尼耶否认，认为"昂菲特里特"号的这段经历其实早已

---

① Alfred BONNINGUE: *LA FRANCE A Kouang-Tchéou-Wan*, PARIS, ÉDITIONS BERGER-LEVRAULT, 1931.p.v.

被法国政府所遗忘，与后来租借广州湾没有任何关系。①真实的情况则是甲午中日战争期间，法远东分舰队司令官博蒙少将在中国海四周寻找合适的驻军地点时，无意中发现了广州湾。瓦尼耶依据档案史料得出此观点，可信度自然会更高。此外，能够侧面提供佐证的是，法国租得广州湾后，为了纪念博蒙司令官，界内的特呈岛与北涯岛之间还命名了一个"博蒙特港"，并留有珍贵的历史照片。

3. 关于首府问题。法国文献资料显示，广州湾被租借后的最初数年间，首府设于麻斜，这从广州湾总公使发给印度支那总督或各职能部门函电的标识地点可得到印证。长期以来，国内始终未能搞清从麻斜迁至西营（即白雅特城）的真正原因和时间，甚至还有以坡头为首府的说法。实际的情况是：1908年9月，广州湾新任总公使塞捷提出迁移首府问题，10月下旬，印度支那驻军高级指挥官表示支持他的提议，认为此举可充分利用白雅特城闲置的军事建筑，并使该地成为法统治的唯一政治中心。为此，总公使向印度支那总督申请了8万美元的首府迁移费用，然而申请到了总督那里并没有立即答应，而是表示有待商榷，可惜塞捷只在任三个月便离开，这一愿望自然难以达成。为了尽快迁移至白雅特城，次年6月，下任总公使再次呈递总督报告，进一步地阐述了搬迁的原因，认为：从政治利益的角度看，麻斜河的右侧集中了军事力量，行政服务机构却放在麻斜河的左侧，使军事力量无法担负起保护其安全的职责；从经济利益上来看，赤坎到白雅特城的道路已铺设完备，迁移首府有利于商业繁荣，同时，将所有的行政机构集中在一起，

---

① 郭丽娜：《论广州湾在法属印度支那联邦中的"边缘化"地位》，《史林》，2016年第2期。

既节省支出，也有利于提高办事效率。①上述档案记录给我们展示了一个较为清晰的线索，虽然未能揭示首府迁移的确切时间，但至少说明应在1909年之后才完成首府的迁移工作。此外也从另外一个角度反映出了法国租占广州湾租借地功能发生的某些变化。比如大量军事建筑的闲置，说明武装力量的减少；完成租借地内道路的建设，特别是加强与商埠经济较为发达的赤坎埠联系，其经济功能更趋凸显，这也与法国试图建设广州湾成为自由港的政策相一致。

4. 广州湾各类政治、经济报告透视。在数量庞大的档案资料中，广州湾的各类政治、经济报告保存较为完整，详细记载了法国远东政策的实施情况。这类档案包括年度政治形势、季度政治报告、双月政治报告、单月政治报告等；还有按双月和季度、年度撰写的政治经济报告、政治与卫生报告等。上述这些报告均由广州湾总公使提供并附个人签名，被编号后发往印度支那总督府。从其报告编写的密集程度看，印度支那政府似乎也并未忽视这块租借地，公使大人及时向上峰汇报各种信息，既便于印度支那政府调整政策，也有利于辖地得到总督的支持。

在其季度政治报告里，一般情况下分列为政治情况、司法状况、公共教育、公共工程，财政预算等条目，各条目均有详情汇报。

1920年代是广东政局最为混乱的年代，毗邻广东海陆区域的租借地自有其特殊性，二者的交互影响成为广州湾当局政治报告记录的重要内容，这反映了法国对华政策因地方政局变化而作出的调整。当年第二季度的政治报告将清剿当地海盗情况放在突出位置让

---

① 法国埃克斯海外殖民档案中心：CAOM, GGI, Canton 66091.

我们看到了许多历史细节。报告指出：由于以BY-Xa（人名）为首的海盗团伙活动猖獗，使广州湾的安宁深受牵连。这些海盗团伙全副武装在广州湾临近地区洗劫村庄，抢夺钱财、掳掠妇女儿童，危害极大。白雅特城警卫队多次前往清剿，受警力所限，攻打海盗巢穴半月竟未能拿下。其后，在中国政府的要求下，两方力量通力合作，甚至不惜动用大炮才将海盗的堡垒摧毁，解救数十名人质。但海盗头目BY-Xa却逃脱，后继续活动于东海、硇洲与澳门之间，与其同党李龙、李孔、老花生（绰号）等仍然逍遥法外，并重返各自原先活动的地盘。为了确保租借地的安全，广州湾当局不得不采取强有力措施，一方面加强警卫力量的装备，配备了两门80-M型加农炮，增加V.B手榴弹库存；另一方面与中国政府在打击海盗方面密切合作，致力于剿灭使百姓深受其害的海盗。[1]除此，报告还密切关注了广东政局，认为海盗聚众为匪的背后有北洋军阀乃至南方军政府的影子，特意提到了龙济光、孙中山、唐绍仪、伍廷芳及唐继尧等人在广东地区的争夺。事实上，当年6月，孙与唐、伍等人发表联合宣言，声讨把持广东军政府的桂系军阀，主张恢复南北议和。[2]其间广东各地不时爆发军事冲突，海盗势力正是打着党派旗号，集结党羽，甚至不惜依附于南北，无疑加剧地方局势的动荡。作为法属印度支那的一块"飞地"，广州湾面临严峻的生存挑战，公使大人深表忧虑。特别是由于下属的监察失职，以致一些职员沉

① 法国埃克斯海外殖民档案中心：CAOM, GGI, Canton 64364 .照片编号DSC03506-DSC03526。

② 中国科学院近代史研究所中华民国史组、广东省哲学社会科学研究所历史研究室合编：《中华民国资料丛稿增刊第一集：孙中山年谱》，北京：中华书局，1976年，第180页。

溺于鸦片和赌博而负债累累，令人失望。当局不得不对安南职员和中国职员采取观察和监视举措，以确保行政机构的正常运行。

该份报告还详尽地记录当地建筑物的完成情况，包括赤坎宪兵站、赤坎公局、白雅特城本地临时医院、总公使官邸等项目的建设；以及扩大赤坎商埠的砌砖工程，甚至为在赤坎成婚的林氏夫妇建造的住房都一一记录在案予以汇报。这些详情为展开深入的学术探索提供生动的历史素材。

四、法国文献资料的研究与利用问题

从事历史研究的人都明白，任何人都做不到对史料绝对完整地掌握。因此，利用既有的史料来发现问题线索，进而对历史现象提出自己创新性的解释，就成为现实的历史研究路径。中山大学桑兵老师撰文指出：“治史如同摸黑盲行，导致本系综合性的历史研究日益支离破碎。而这一切，均与晚近史料边际的模糊紧密关联。”他主张“打破收藏、研究、出版各界相互制约的连环套，多快好省地大规模出版各类文献资料（包括电子化），使得不同地域、境遇的研究者处于大体平等的资料条件基础之上，改变那种以为历史的大体和真相还基本尘封于人所不知的秘笈之中的误解。”认为应“促使学人将研究重心由看得到转向读得懂，由借助外力条理材料转向理解文本史事的内在联系。”① 这里所说的“看得到”即是资料的占有问题，“读得懂”则是资料的研究和利用问题，实际上构成了学术研究这驾“马车”前行的双轮。国内早期广州湾研究遭遇

① 桑兵：《晚近史的史料边际与史学的整体性——兼论相关史料的编辑出版》，《历史研究》，2008年第4期。

的是前一个问题，当下面临的则主要是后一问题。表现在：

1. 由于书写语言的差异，广州湾法国文献研究利用的首要难题便是翻译问题，如若不进行语言文字的转换，即使这些法文资料藏于我们的档案馆、资料室、图书馆，对于国内大多数研究者而言，仍然无法进行有效利用。原因是看不懂。那么既然要翻译，问题就来了，是全部翻译还是选择性翻译？海量的档案资料全部翻译显然不现实，选择性翻译则有可能忽略掉重要的信息，此亦为两难抉择。与翻译选择相伴的还有资金问题，就目前的行市来看，这显然也不会是一个小数目所能解决的问题，除此之外还有时间、周期、内容翻译的准确度等，都是不得不面对的问题。也有人提出针对法文档案资料的妥善之策是梳理并摘译其中的重要内容，同时，在收集、摘译和利用法文档案的过程中，培养出数位既有史识，又有较高法语水准并愿意投身广州湾研究的中青年专家。[1]这一建议倒是有可取之处，对推动广州湾的研究也大有帮助。

2. 法国文献中的原始档案内容庞杂，读懂档案才是研究者的最终目标。如何在海量的档案资料找寻有价值的信息？这也是研究者必须面对和解决的问题。数年前，安托万瓦尼耶博士曾在信函中告知，广州湾的档案史料数以万计，记载的内容也包罗万象。言外之意，对任何一位研究广州湾中国学者都将是一个很大的挑战，除非研究者个人精通法语，又恰好有很好的历史专业背景。这样便可以得心应手地在丰富的法文史料中准确地提取有价值的信息并进行合乎客观历史事实的解读和判断。否则，便有可能陷入史料的汪洋大海而不着边际，以致难以理出清晰的头绪，甚至雾里看花，顿足

---

① 景东升、何杰：《广州湾历史与记忆》，武汉：武汉出版社，2014年，序言，第4页。

不前。此举一事例加以说明：1903年8月16日，一名居住在白雅特城的军需供应商人朗德里厄（Landrieu）致函广州湾行政总公使，向其诉说他前往黄坡购买大米供应军队的遭遇。他支付了购买大米的费用557银元，却因盗匪出没和当地政府的大米出口禁令未能顺利拿到这批货物并遭到了人身威胁，大米也被抢劫一空，为此请求广州湾当局补偿他的损失400银元，在新的招标中免除他的保证金。次日，广州湾当局便致书吴川地方官员，要求其出面了结这起事件，尽速赔偿军需商的损失957银元，并指责当地绅士向朗提供了虚假信息，诱使其预先支付，却又变卦失信阻挠交易，乃至威胁恐吓及挑衅法籍军官和冲击士兵。[①] 这些措辞相当严厉，反映出法占广州湾初期的强硬态度。记录这一事件的档案有几十份，非常详细，向我们披露了许多重要信息。比如广州湾周边的治安问题，广州湾管理者的生活物质供应情况，地方民众对广州湾的态度问题，外交交涉渠道等。这些信息对认知法占初期的广州湾无疑是一个很好的窗口。

3. 正确认识法国文献的立场问题。说到底，法国方面的记录终究是统治者的记录，其立场观点自然有其指向性。即使是档案史料，也存在内容真实和历史真实的问题，档案因为是原始记录所以真实，但这只能代表此档案具有历史真实性，不可理解为档案内容也是真实的。近代中国存在的租界、租借地、乃至其他形式的特殊区域，均为外国人主导，其记录必然融入了他们的价值观和思考逻辑，因此，在利用这些资料时也应对照中国方面的记载，甚至是第

---

① 法国埃克斯海外殖民档案中心：CAOM, GGI, Canton 317, 拍摄照片编码6442—6457。

三方的观察才能得出较为可靠的结论。

综上所述，本文探讨广州湾研究史料问题的落脚点有两个：其一是强调法国文献资料在广州湾这一研究主题中的重要作用，这就意味着，如果我们承认基本的学术研究规范前提，那么在此情形下，对于任何历史研究者而言，史料的发掘和整理都是一项重要工作。其二，我们也要注意到，所谓"史料"，有许多都是当时人的"创作成果"，其叙述脉络与内容均反映了编撰者或记录者的意图，因此，研究者在利用史料时需要防止落入编撰者或记录者的话语陷阱或思想框架。惟其如此，才有可能利用档案资料建构出一部信史。广州湾的研究也不例外。

（景东升，岭南师范学院法政学院副教授，广州湾研究所所长）

外国人在华居留地研究：
从广州十三行到沙面英法租界

◎［新加坡］陈　煜

在中国，广州是唯一一座口岸城市，曾经有过两种截然不同形态的外国人居留地，其建设展示了不同制度下的两种居住区规划与营建模式。

第一次鸦片战争（1839—1842）前，位于广州西郊的十三行，是外国人在中国大陆的唯一居留地，贸易季期间男性外国商民允许在此居留贸易。始建于1684年，十三行外国人居留地呈长方形，南临珠江，北边界为十三行街，东边界为溪流，西边界为商馆围墙，曾有两条南北向街道和一条小巷贯通界内。

这一居留地最初由中国行商出资兴建，出租给各国商人，大多按照国籍聚居，形成各国商馆。早期商馆建筑面江而建，商船停泊在商馆前，可以直接进入建筑。每栋沿街面窄，建筑进深大，建筑高两层，局部带屋顶平台，以内院分隔成若干进，设有办公、仓库与住宿，甚至图书馆。后逐渐向珠江填地，在商馆前形成长条形广场，除了东印度公司的英国花园，中央广场后来修建了美国花园。

第一次鸦片战争后，废除垄断的广东制度，允许外国人在华口岸城市居留贸易，英国人获得机会在此修建教堂，十三行逐渐成为较为稳定的外国人居留地。

第二次鸦片战争（1856—1860）的爆发导致广州民众的愤怒，1857年十三行被当地人烧毁。当时占据广州的英法盟军，迫使清政府填筑十三行旧址西南处的沙洲，以赔偿外国人在十三行火灾中的损失，为英法提供新的租界地。1861年填筑工程结束，形成沙面人工岛，以100英尺宽的水道与沙基相分离，通过两座桥与周围中国人区域相联系。沙面五分之四的土地永租于英国，其余五分之一永租于法国，作为两个国家的租界。

沙面租界以主干道和各级次要道路进行区块划分，沿珠江一侧设置公园和公共用地，其余土地进行分隔，除保留部分地块作为领事及公共用途，其余于1861年开始公开拍卖，永租于英籍民，开始英国租界的建设。由于法国人耗费大量财力于广州圣心大教堂的兴建，直到1889年才开始租界建设。

二十世纪初，沙面租界以其整齐的街道、西洋式建筑群，以及规范的租界管理，成为中国口岸城市中外国人居留地的典范。（发言稿摘要）

Guangzhou (Canton) was the only treaty port in China, which had two foreign settlements that represented very different modes of planning and building foreign settlements under dramatically changed foreign policies of the Qing Dynasty before and after the First Opium War (1839-1842).

Located in the *Xiguan* (Western Suburb) of Guangzhou, *Shisanhang* (Thirteen Hongs) was the only settlement where foreign males were allowed to live and trade in mainland China during trade seasons. The

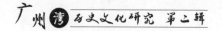

history of *Shisanhang* could be traced back 1684. This rectangular settlement was bounded by the Pearl River on its south, Shisanhang Street on its north, a creek on its east, and a boundary wall on its west. There were two north-south streets and one lane crossing the settlement. *Shisanhang* was initially built by the Chinese *Hangshang* (Hong merchants) and sub-leased to foreign merchants, who tended to stay together with their countrymen. Hence, *Shangguan* (Hong Building) was named after the respective country according to the nationality of the tenants.

In early days, the buildings of *Shisanhang* were constructed along the Pearl River, directly accessed by boats. Each building had narrow frontage and extremely deep depth. The building compound was subdivided into several units by inner courtyards. The building was usually two-storey high with some roof-top platforms. The building compound consisted of office, warehouse, living apartments, etc. Some even had libraries. While the waterfront was gradually reclaimed, a long and narrow plaza appeared in front of the buildings, where the English Garden was opened in front of the building of the British East Indian Company. Later, the American Garden was built at the center of the plaza.

After the First Opium War, the monopolized Canton System was abandoned, foreigners were allowed to reside and trade in China's treaty ports. The Britain got the chance to build a church in *Shisanhang*. Gradually, *Shisanhang* turned into a stable settlement for foreigners in Guangzhou.

The Second Opium War (1856 ~ 1860) triggered the anger of Cantonese. Unfortunately, *Shisanhang* was burnt down by the locals in 1857. The British and French Allied Forces occupied Guangzhou and forced the local government to reclaim *Shamian* (Sand Bank) that was to the Southwest of the old site of *Shisanhang*. When the reclamation project was completed in 1861, an artificial island was formed as new site for the British and French concessions. Separated from *Shaji* (Sand Ground) by a 100-feet-wide canal, *Shamian* had two bridges to connect with the neighboring Chinese area. Four fifth of *Shamian* was leased to the British and the rest to the French as their respective concessions.

A west-east boulevard and a few secondary roads cut the island of Shaman into blocks, while a ring road was opened along the waterfront. Facing the Pearl River, a park and other public facilities were planned. Other than the reserved public land, the rest was subdivided into several lots that were put up for auction in late 1861. The British nationals could perpetually lease the lots through holding crown deeds issued by the British consulate. The development of the British concession started since then. The French kept theirs concession undeveloped till 1889, due to the costly construction of the Cathedral in Guangzhou.

In the early twentieth century, *Shamian* became one of the model settlements in China's treaty ports, known for its orderly streets, western style architectures and systematic management.

（陈煜，新加坡国立大学建筑系助理教授）

清末天地会与列强

——以"广州湾事件"为案例

◎李平秀

甲午战争后，列强对中国的侵略加深，中国人民抗御外敌的斗争也加强，因此各地区发生了很多次反侵略斗争。天地会在广东亦进行一系列反侵略斗争，其中，光绪二十四年至二十六年（1898—1900）雷州府遂溪县的抗法斗争和光绪二十五年（1899）广州府东莞县的抗英斗争颇具代表性。[①]对此天地会的反侵略斗争，既往因资料的匮乏，故未引起研究者足够的关注。但可以肯定的是，列强入侵中国是天地会外部环境的最大变化之一，使得天地会在此前"反清"的主旨之外，又衍生出如何对待"列强进入"的主题，即近代中国社会"反封建"与"反侵略"的两大主题。[②]粤闽等沿海又是与外国接触时间最早关联最密切的地区，中外冲突、排外斗争也格外激烈，天地会内部对列强进入的不同反应和绝然两反的内部走向是考察天地会多重性格的重要因素。本文章试图通过光绪

---

① 魏建猷主编：《中国会党史论著汇要》，天津：南开大学出版社，1985年，第246—248页。

② 超英：《1898—1899年广东遂溪人民的抗法斗争》，《中学历史教学》，1958年第10期，第16页。

二十四至二十六年雷州府遂溪县抗法斗争的案例——"广州湾事件"来分析天地会的拒外问题。起事者所提出的"敢杀清皇、敢杀法鬼"两个口号，[1]颇值得注意，显示了其抗法反清的决心。关于天地会对抗法斗争的史料，在清朝档案和知县李钟珏个人文集等材料中零星留存，而以1957年中国史学会广州分会发起、中国科学院广州分院参与的"1899年遂溪人民抗法斗争调查工作团"（以下简称"调查团"）对参与者"抗法老人"的调查报告较为珍贵，这些都是亲历、亲见、亲闻所谓"三亲"资料。[2]该报告编辑出版后，至今未见学者们的系统利用和专门研究。这给本文章的撰写提供了较大的研究空间。

一、广州湾事件的始末

光绪二十年（1894），清朝在甲午战争败北后签订的马关条约，引起了列强划分势力范围及至瓜分中国的狂潮，即德国租借胶州湾，俄国租借旅顺口、大连湾，法国租借广州湾，英国租借威海卫、九龙等等。对此情况，梁启超在用"哀时客"的笔名来发表的《瓜分危言》一文中哀痛地提道："割地而曰借也，曰租也，可谓

---

① 阮应祺：《湛江遂溪抗法斗争》，广州：广东人民出版社，1982年，第5—6页。

② 中国史学会广州分会"1899年遂溪人民抗法斗争调查工作团"：《1898—1899年广东遂溪人民的抗法帝国主义侵略广州湾地域的斗争资料》上，《广东历史资料》，1959年第1期，第64—86页。最近2005年广东省人民政府文史研究馆馆员洪三泰对海头港村进行了实地调查。此后，以抗法斗争进行的海头港村遗迹地来名目，为文化财的保护而建议五个项目，见洪三泰：《关于历史上海头港村首次歃血盟誓抗法的调查》，《岭南文史》，2006年第1期。

亡国地新法也已矣。"①此间，法国租借广州湾旋即引发了抗法的斗争，其发端于光绪二十四年二月二十一日（1898.3.11）法国向清政府提出四项要求：

第一项，车里、云南、广西、广东等省，应照长江之例，不得让与他国；

第二项，中国邮政局总管，令法员充补；

第三项，由越南往云南省城，修造铁路；

第四项，在南省海面，设立趸船之所。②

因当时清政府受到各国列强政治、军事、经济方面的压力，于三月二十日（4.10）基本上默认或承认了上述要求。其中，第四项在照会上的具体内容是，"因和睦之由，中国国家将广州湾作为停船趸煤之所，租与法国国家九十九年，在其地查勘后，将来彼此商订该租界四至，租价将来另议。"③而从提出第四项的背景来看，法国既打算跟占据香港的英国维持对峙均衡关系，又想扩大在华南各省的权益，④因此，其所欲获得的具体地点选择为位于雷州府遂溪县和吴川县之间的广州湾。之后，清政府在法国提出的《关于广

---

① 哀时客：《瓜分危言》，横滨《清议报》第二十三册，光绪二十五年七月初一日，第1页。

② 《总署奏法国请租广州湾并建造滇越铁路谨拟办法折》（光绪二十四年闰三月五日），王彦威纂辑：《清季外交史料》卷一三一，台北：文海出版社，1964年，第4页。

③ 《总署致法使来照三端可允照办照会》（光绪二十四年三月二十日），《清季外交史料》卷一三一，第6页。

④ 阮应祺：《湛江遂溪抗法斗争》，第5—6页。

州湾的协议草案》（1898.5.27）的基础上^①，跟法国对租界范围的设定进行了反复协商。

可是，法国一方面跟清政府进行租界范围的协商，另一方面却开始派遣军队强行进入，试图武力占领。法方的第一次行动于光绪二十四年闰三月二日（4.22）在遂溪县海头开始进行。当时远东舰队分队司令吉戈特·德·拉比道里爱尔（G.D.La Bedolliere）海军中将呈海军部将柏拏特（Burnett）海军上将电：

> 我于今天——四月二十二日在广州湾之东南方位于雷州半岛上的一个被放弃的炮台上升起法国国旗。军队登陆时曾举行庆祝仪式，巴斯噶号、袭击号、狮子号在距离炮台六百公尺处排成行列抛锚，鸣放礼炮二十一响，邻近乡镇居民表示同情。^②

然而，此法方的电报内容与中方的记录有差异。据两广总督谭锺麟的奏折：

> 法人不俟勘界，辄驶兵轮三艘，泊雷州遂溪县属之海头洋面，不照会地方官径行登岸，占据炮台，竖立法旗，并于离台数十丈，建桩筑桥，意图永远占据，任意修筑，挖毁附近坟墓，人心已怀念恨。复纵法兵入村骚扰，反籍词民众哄闹，竟

---

　① 《关于广州湾的协议草案》，《法国外交文件（1898—1899）》第1号，第1—4页，转载于《广东历史资料》，1959年第1期，第106—108页。

　② 《1898年4月26日发呈海军部长电报》，《法国外交文件（1894—1898）》第67号，第52页，转载于《广东历史资料》1959年第1期，第102—103页。

施放枪炮伤毙村民，先后数十命，焚毁民室数百间。①

是时，隔广州湾与遂溪县相望的吴川县，"绅民禀诉，法人在硇洲强霸民地，淫虐妇女"，"遂溪县海头村绅民等来省控诉，法兵迭次焚杀伤毙民命，众心积忿"。②法军的后续行动不断，《知新报》对此报道：

> 五月初一日（6.19），法军越界至雷州府属遂溪县境之海头，踞炮台，掘濠沟，拆屋毁坟。百民号哭于道路，群骸狼藉于草野。诸乡父老，恐酿大祸，前往以理喻之，反触其怒，迭次燃枪炮轰击，伤毙共一百三十余人，内有合家九口均被炮毙者。断肢残脰，目不忍览，哭声薄云，耳不忍聆。③

法国武力占领广州湾一带发生的毁损坟墓、杀人放火、强夺土地、强奸抢掠等野蛮行径，激起遂溪县人民对侵略军的强烈抵抗。而法国军队更以残暴镇压应对之。据《清议报》报道，法军在光绪二十四年五月二十四日（7.12）杀害了60多名中国人，九月七日（10.11）中国人的死伤人数为38名，九月十日（10.14）火烧了

---

① 谭锺麟：《法人越占广州湾请速定界折》，《谭文勤公奏稿》卷二十，载于沈云龙主编：《近代中国史料丛刊续编》第三十三册，台北：文海出版社，1969年，第3页。

② 谭锺麟：《奏陈法人在硇洲情形片》，《谭文勤公奏稿》卷二十，第4页。

③ 《广东高雷两府人民与本馆书》，澳门《知新报》第八十一册，光绪二十五年二月初一日，第3—4页。

四百多间的草屋和三百多间的瓦房，杀害了两个老人。[1]遂溪县人民和法国军队的对抗在不断扩大。

从总体上看，遂溪抗法斗争发端于光绪二十四年闰三月二日（1898.4.22）法国军队武力占据遂溪县海头，止于光绪二十六年一月二十一日（1900.2.22）清朝批准广州湾租界条约，其间约一年十个月，可以分为两个阶段：以各村庄为主自发组织乡勇进行保家卫国斗争的初期阶段；光绪二十四年十二月二十六日（1899.1.27）赴任遂溪县知县的李钟珏组织团练，遂溪县人民进入官民携手的有组织斗争的后期阶段。其主要活动是对法军驻屯的兵营进行攻击，针对法国传教士的破坏教堂的反洋教斗争，除掉法国走狗汉奸的锄奸斗争等。[2]抗法斗争除了各地零散进行的数十次规模比较小的抗击外，还有参加人数从数百至千余名的，并以乡勇、团练等有组织的与法国军队的战斗，其规模较大者有：光绪二十四年的南柳战斗（5月、9月），沙沟战斗（9月），光绪二十五年的新埠战斗（9月），黄略战斗（9月、10月、11月），麻章战斗（9月、10月），赤坎战斗（10月），平石战斗（11月）等。[3]

李钟珏赴任遂溪县知县后，立即组织团练进行抗法斗争，其因在于如下的情况：在抗法斗争初期阶段时，各处自发组织乡勇展开

---

① 《杂文·大清广东高雷两府人民公启》，横滨《清议报》第十一册，光绪二十五年三月初一日，第9页。

② 超英：《1898—1899年广东遂溪人民的抗法斗争》，第16—17页；阮应祺：《湛江遂溪抗法斗争》，第16—86页。苏宪章：《遂溪人民抗法斗争史略（1898-1899）》，《湛江文史资料》第一辑，1984年，第30—42页。

③ 阮应祺：《湛江遂溪抗法斗争》，第25—31页、第50—53页、第56—60页、第67—71页。曾国富：《遂溪人民抗法斗争述略》，《广东史志》，1999年第2期，第26—27页。

斗争，但中心区域南柳村于光绪二十四年九月十日（1898.10.24）被法国军队完全烧毁，抗法势力遭受严重打击。并且，前任知县熊全尊为典型的贪官污吏，无意于抗法斗争。这样的情况让人民更加愤怒，终于导致麻章村绅士及候补知县冯绍琮等作为民众代表，赴广州拜访广东巡抚鹿传霖，要求替换知县，以抗法军，防御乡土。两广总督谭锺麟接鹿传霖的转报，同意要求，经过履行有关程序后，李钟珏从光绪二十四年十二月一日（1899.1.2）起出任代理遂溪县知县。[①]当时两广总督谭锺麟和广东巡抚鹿传霖命令赴任知县的李钟珏："激励人心，认真办团练。"[②]

从两广总督谭锺麟的立场来看，作为清朝大吏的他，不得不服从朝廷的决定，而向法国出让广州湾的租借；可作为守土有责的地方官，他又在奏折上提到租借地的确定使得民心不安，有可能导致严重的中外冲突，故而要求在协议签订之前法国军队从广东完全撤退。[③]对这点，法国驻北京公使毕盛（Pichon）对两广总督的态度表示不满，甚至向总理衙门警告如此处理会招致中法之间的军事冲突。[④]

---

① 广东遂溪人民抗法斗争调查工作组编著：《1898—1899年广东遂溪人民反抗法帝国主义侵略广州湾地区的斗争》，《学术研究》，1958年第1—2期，第46页；阮应祺：《湛江遂溪抗法斗争》，第42页。

② 上海历史文献图书馆藏：《李钟珏〈节略〉》，载于苏宪章、阮应祺编：《湛江文史资料》第三辑《湛江遂溪人民抗法斗争史料专辑（1898—1899）》，1985年，第225页。

③ 《粤督抚谭锺麟鹿传霖奏法人恃强越占情势迫切请旨速饬定界以弭衅端折》（光绪二十五年一月十五日），《清季外交史料》卷137，第3页。

④ 《法国驻北京公使毕盛先生呈外交部长得尔卡舍先生电》（1899.3.10），《法国外交文件（1894—1898）》第11号，第9页，转载于《广东历史资料》，1959年第1期，第111页。

　　在以知县李锺珏组织的团练为中心展开的抗法斗争后期阶段中，黄略村于光绪二十五年十月十四日（1899.11.16）被法国军队占领，又失去了抗法斗争的中心点。巧合的是，这一天钦差勘界大臣苏元春也代表清政府在租界条约上签字。光绪二十六年一月二十一日（1900.2.22），清廷正式批准了《广州湾租界条约》。[①]此条约共有七款，主要内容是清廷将遂溪、吴川县广州湾一带海陆面积约2,130平方公里的土地租借给法国99年。[②]此外，因遂溪县的抗法斗争，法国还要求将两广总督谭锺麟革职、知县李锺珏处以死刑、将领导抗法者判处死刑等七个追加事项。[③]清政府除了跟死刑有关部分外，对法国的追加要求全部予以接受。[④]此后，广州湾租借地在民国三十二年（1943）从法国手中转给日本，至民国三十四年（1945）日本战败，广州湾正式交还中国，直至目前为止一直被称作湛江市。[⑤]

---

　　① 《总署奏勘定广州湾租界谨呈条约请旨允准折》（光绪二十六年一月二十一日），《清季外交史料》卷一四二，第3—4页。

　　② 《中法互订广州湾租界约》（光绪二十五年十月十四日），《清季外交史料》卷一四二，第4—6页。

　　③ 《猛省录·法国广州湾事之要求》，横滨《清议报》第三十四册，光绪二十六年正月一日，第5页。

　　④ 阮应祺：《湛江遂溪抗法斗争》，第72—74页。

　　⑤ 1943年2月21日日本占领广州湾后跟法国缔结《共同防御广州湾协约》，将广州湾归属于日本。1945年8月15日日本有无条件投降，8月18日中国国民党在南京跟法国缔结《中华民国国民政府与法国临时政府交接广州湾租界地条约》，将广州湾再归属于中国。8月22日广东省政府接收中国国民党政府的命令，将广州湾租界地改变为省直辖市，名为湛江市。

二、遂溪县的社会经济

广州湾事件发生的遂溪县位于雷州府所属三县的最北端，东西两面跟海岸相连，向南跟海康县，向北跟高州府石城县，以及向东北跟广州湾和高州府吴川县临界。其中，抗法斗争中心的南柳、黄略、平石、石盘等，位处遂溪县的东北，溯广州湾而上，与石城县连接。至于该地区的社会经济状况，史料撮述：

法国鬼未来前，黄略乡有五、六千人，多数是穷人，无田无地，有钱人叫"大百姓"（指地主富农）。那时"大百姓"有：王子赤、王如龙、王老朋、王兰卿、王光华、后塞秋（绰号、名秋）、王起顺、王老端、王元丰、王采卿、王受亭、王志聪、劏牛日、王茂公、孔子太（绰号）。最有钱的是其中黄四娘（猷臣的父亲）有一千二百担租（每年收入），他主要是靠收租过活。其他的普通的"大百姓"大约也有三四架牛车，耕五十几万种地（一千至一千五百种为一亩），耕田约三担种（约等于耕地十余亩，坡地以甘蔗为单位，每亩约种一千五百种；田以种子为单位，每亩约十四斤）。雇长工二至四人，短工二三十人（每年计）。村中穷人替地主富农做长工或做短工，或租地主的田地来耕种。当时全村有四、五百人做小生意（小贩），有五百人靠赌博为生。穷人生活艰难，经常无法维持生活，未同地主做短工前，常常先向地主借钱维持生活，待做工后扣回。如果借欠得多，逼得将自己的田地卖给地主，或把自己的女儿卖给地主做奴女。村中的妇女是以织布来维持生活。[①]

上述引文是调查团在遂溪县黄略村第一次访问调查（1957.2.7）时整理的抗法斗争材料，出自当地义勇营什长王春源（89岁）和义勇王进（82岁）的口述。

据此可见：黄略乡约有五六千人，是比较大的乡村。临近的平石乡[②]和石盘乡[③]约有千人而已。在黄略，叫作"大百姓"的富户大部分出自王姓。从接着上述引文的其他内容来看，抗法斗争以前，知县徐恭敞想要选文秀才王老朋出任公局长（即乡长），因王老朋胆怯，老王公被推荐选出，公局长老王公死后，其子王缉堂继承其位，[④]可知公局长也一直由王姓宗族中人出任。除了上述两人，调查团访问的黄略抗法老人中，能确认的其他五人是王汝勉、王锡古、王伯登、王庭桂、王保全，也都是王姓。这明确显示了黄略是以王姓为大姓的宗族社会。大姓宗族在地方上有很大势力，类似的情形还有：作为抗法斗争初期阶段的中心地域，而有人口约五千名的南柳是吴姓聚族而居；[⑤]在抗法斗争前后，平石则由

---

① 《第一次访问抗法老人谈话纪录》（1957年2月6日），《广东历史资料》1959年第1期，第66—67页。

② 《平石乡抗法老人座谈会纪录》（1957年2月8日），《广东历史资料》1959年第1期，第78页。

③ 《石盘乡访问纪录》（1957年2月9日），《广东历史资料》1959年第1期，第83页。

④ 《第一次访问抗法老人谈话纪录》（1957年2月6日），《广东历史资料》1959年第1期，第67—68页。

⑤ 阮应祺：《湛江遂溪抗法斗争》，第19页。

郑鼎、郑子诗、郑子壮、郑莲如等郑姓充任乡长；[①]两三千人的麻斜可以视为张姓、黄姓、梁姓等大姓的天下。[②]尤其是在黄略，叫作"大百姓"的王姓富户，大体上保有约三百至五百亩田，而每年雇用两至四个人的长工和二十至三十个人的短工，其他许多人民耕作他们的田地。除了这些王姓的少数地主富农和其他多数贫穷的人民以外，乡民中约10%，即四五百人作小本生意买卖。这是内陆的情况。

在沿广州湾的遂溪县沿海地区的居民，则多从事渔业或盐田业维持生计。这一点，通过抗法老人提出当时东海盐田的价格相当于一千两的回忆，[③]以及法国军队占领沿海地域以后，因禁止渔业而产生大量失业者的报道中，[④]可以推测出来。在这些沿海的港埠还形成若干中小规模的商业区。其中，赤坎有比较大规模的商业贸易区。据《时务报》报道：

> 近处有一河道，直达广州湾河内。内有一埠名赤礉（即赤坎），商场甚广，与澳门、江门两处同为往来贸易之区。赤礉进口货物，以棉丝、洋布、鸦片烟为大宗，其余中国所需各货物，均有通往者。其出口之货，则油、草席两项最盛。此席在

---

① 《平石乡抗法老人座谈会纪录》（1957年2月8日），《广东历史资料》1959年第1期，第78页。

② 《东营访问纪录》（1957年2月11日），《广东历史资料》1959年第1期，第86页。

③ 《黄略村抗法老人座谈会》（1957年2月7日），《广东历史资料》1959年第1期，第77页。

④ 《广东高雷两府人民与本馆书》，澳门《知新报》第八十一册，光绪二十五年二月初一日，第4页。

南方作为打包及蒲帆之用，姑不具论。①

此引文为抗法斗争之前的情况，但法国势力大举入侵后，赤坎商业亦受严重影响。

> 查赤坎出货以油、糖、麸三项为大宗，三十年前，商务繁盛，每年销货价值千余万，每关榷税三四万；近来花生连岁歉收，油麸两宗大减，糖亦愈出愈少，每年出口总不过二百余万，关税仅征数千，商务之疲，难望起色。其进口货以火水、匹头、洋纱为大宗，然终岁所销，不过二、三十万。②

据上述记录来看，从同治末年至光绪初年，赤坎每年有1,000余万量的出口额，以及3～4万两的海关关税收入的商业发展，可是赤坎进入约30年以后就是抗法斗争前后时期，因一直凶作，而花生和油麸的生产量减少，糖的出口亦减少，每年出口额减少到百分之二十。故而可推测，这一地域内的商业非常沉滞。结果，抗法斗争前后以赤坎为商业舞台活动的中小商人，随着赤坎的商业消沉，在经济上受到相当大的打击。从此，占有黄略全体人口百分之十的小商人，往来赤坎市场而买卖商品，故黄略以外其他临近商人跟赤坎一样处于经济不景气。

---

① 《论广州湾地方详细情形》，上海《时务报》第五十六册，光绪二十四年三月十一日，第15页。

② 李钟珏：《禀陈赤坎地方未便开埠通商》，《逐良存牍》，光绪二十六年五月序，转载于中国史学会广州分会"1899遂溪人民抗法斗争调查工作队"：《1898—1899年广东遂溪人民的抗法帝国主义侵略广州湾地域的斗争资料》下，《广东历史资料》，1959年第2期，第68页。

　　总之，黄略等抗法斗争发生的地点在以王姓为中心的宗族社会。王姓之中，有少数的"大百姓"就是地主富农，也有大部分贫困的人民被大百姓雇用以务农维持生活。对中小商人来说，抗法斗争前后，随着商业地区赤坎经济停滞，面临着严重的不景气。因此，在抗法斗争发生的地域，除少数的地主富农层外，大部分人民处于贫困的社会经济状况，过着贫困的生活。当地还赌风流播，影响社会治安，遂溪县非常盛行"花会"和"白鸽票"的赌博。①由于"不法匪徒沟通衙役，开设花会"，知县李锺珏就发布将此严禁的告示，②并命令各地绅士处理此事。③有时，贫困大众还参加抢劫和盗贼活动，"在法国鬼未来以前，村中有几个人在外面做贼，在调埠村及附近庄向清朝政府告过黄略村一百余状，说黄略村人都是盗贼"。④李锺珏也称"遂溪县盗贼猖獗，抢劫掳捉时有所闻"。⑤

三、三点会的生存手段

　　遂溪县也是天地会活动的重要地区，早在嘉庆六年（1801）

---

　　①　花会是一种赌博，预赌者从三十四个古人名中猜一个，中者可赢三十倍于赌注的钱。白鸽票是一种古老的彩票，赛鸽时每只鸽子按《千字文》中的天、地、玄、黄等字顺序编号，赌鸽时所猜字号若与比赛结果相同，则为赢家。这都是流行于广东等中国南部地域的赌博。

　　②　李钟珏：《严禁花会白鸽票赌示》，《逐良存牍》，载于《广东历史资料》，1959年第2期，第70—71页。

　　③　李钟珏：《饬绅查禁花会白鸽票赌谕》，《逐良存牍》，载于《广东历史资料》，1959年第2期，第71页。

　　④　《第一次访问抗法老人谈话纪录》（1957年2月6日），《广东历史资料》，1959年第1期，第67页。

　　⑤　李钟珏：《县城开团练丁示》，《逐良存牍》，载于《广东历史资料》1959年第2期，第77页。

海康县天地会千余人大规模攻击雷州府城，便波及遂溪县。^①嘉庆九年（1804）遂溪县也开始组织天地会，发生会众符老洪结托海盗乌石二抢劫调塾村事件。^②自此起始，遂溪县天地会逐步发展，至1890年代前后，势力达到鼎盛，引发出一连串事件：

光绪十六至十七年（1890—91），在遂溪县西海地方发生以揭春亭、李帼汰、张藤沙等为首的天地会闹事，通过拜会结盟的形式，有"大哥""二哥""红棍""先生""草鞋"等组织体系，进行抢劫等活动。^③光绪二十一年（1895），在遂溪县和邻近的高州府石城县有"大哥"何帼纯组织洪义堂的活动。^④光绪二十三年（1897），刘芝草统率上千人的三点会众起事，组织内部设有"大王""二王""三王""军师""元帅""将军"等，在报怨仇的名目下，杀害石城县安铺炮台台勇毛经等六人和临近横山团局局勇黄锦灿等二人，又抢夺武器，发布告示，遂在石城和遂溪等县出现大规模起义。^⑤上述起事中所采行的组织方式、堂名会名，都是典型的天地会模式。可证，至1890年代，遂溪县包括邻近的石城县已

① 嘉庆《雷州府志》卷三《沿革·事纪二》，第43—44页；道光《遂溪县志》卷二《纪事》，第21页。

② 道光《遂溪县志》卷二《纪事》，第21页。

③ 朱寿朋编：《光绪朝东华录》第三册，光绪十七年年八月条，北京：中华书局，1953年，第2964—2965页；《两广总督李瀚章折》（光绪十七年年八月十日），中国第一历史档案馆编：《光绪朝朱批奏折》第一一八辑，北京：中华书局，1996年，第308—310页。

④ 《清德宗实录》卷三六二，光绪二十一年二月下条，北京：中华书局，第727页；庄吉发：《清代天地会源流考》，台北：故宫博物院，1981年，第160页。

⑤ 《清德宗实录》卷四零五，光绪二十三年五月条，第294—295页；《两广总督谭钟麟折》（光绪二十三年五月十二日），《光绪朝朱批奏折》第一一八辑，第678—679页。

经成为天地会活动的中心地区。无怪乎李钟珏在《逐良存牍》中提出地方官最首要解决的便是当地天地会组织——三点会的问题：

> 查高廉雷属三点会由来已久，历经查办，终未能绝根株。稍一疏虞，即暗长滋蔓延至不可收拾。逐邑东连吴川，北接石城，西界合浦，拜会之风渐染颇深。愚民罔知禁令，被诱入会习以为常。凡入会者曰做三点，不入会者曰做百姓，以一县计之，大约三点有四成，百姓尚有六成。然亦迭为消长，视乎禁令之张弛而已。[①]

三点会在民间的迅速蔓延，李钟珏将其因归结为禁令的弛缓，导致该地区民众无所约束普遍参与，入会者人数甚至占到总人口的40%，这是一个惊人的比例。

遂溪县民众纷起结社入会，还与该地区的社会经济环境有关。以黄略为例，当地的地主豪绅大姓独断乡村社会，穷人们无路可走，只得结社自保，天地会秉持扶危济困的原则，贫困民众纷纷加入，以此抗衡土豪富户，维持生存，通过会众团体的力量，公开强夺财物，劫富济贫，名曰"打单"。

> ⓐ有钱人不得入会。……团结起来向有钱人"开刀"。……初时很团结，曾经向财主打单，要多少，财主就要

---

① 李钟珏：《禀陈地方情形》，《逐良存牍》，载于《广东历史资料》，1959年第2期，第65—66页。

给多少，通常是四百或一千银元。①

ⓑ抗法后约有十年左右，才组织三点会。附近各乡都有人参加，有时晚间开会，白天散伙，都时穷人参加。……这个会经常向有钱人打单（勒索），有钱人如不按单拏钱，就要将他的子女捉去。②

ⓒ参加三点会的多数是穷人。李良田是文秀才，在石盘乡是很富有的，有一二百租，他没有加入三点会。③

可见，贫困人民入会后向经济富裕者以"打单"形式来公开强夺财物。打单的额数一般在四百至一千银元。这种状况在抗法斗争以后也继续进行，在ⓑ中提到民国成立前后向经济富裕者经常施行"打单"，如不遂，则直接抢劫富户的子女后要求财物赎回，所谓"掳人勒索"的行径。当然，勒索对象往往是跟上述黄略的王姓、南柳的吴姓、平石的郑姓、麻斜的张姓类似的大地主阶层，而且是掌控乡村社会颇有民愤的大姓。反过来，加入三点会的民众，往往是在被宗族社会疏离者、生活沦为赤贫者。

然而，在盗贼猖獗的遂溪县，三点会的"打单"活动与一般的盗贼行为有所区别。在ⓑ口述的抗法老人说，"三点会的目的是保家的，参加这个会以后，不会被贼劫"，而"三点会他们向有钱人打单（勒索），是不同于在路上去抢劫老百姓财产的强盗、

---

① 《第二次访问纪录》（1957年2月7日），《广东历史资料》，1959年第1期，第71页。

② 《华封圩抗法老人座谈会纪录》（1957年2月8日），《广东历史资料》，1959年第1期，第80页。

③ 《石盘乡访问纪录》（1957年2月9日），《广东历史资料》，1959年第1期，第83页。

土匪"。[①]为了对付穷人的"打单",富人们也组织"百人会",以形对抗[②],同时把铺头、团练局等也都统合起来[③]。如此一来,天地会的存在意义对此前学界的认知有某种纠正:即19世纪中期后在中国社会进行的军事化引起了"正统(即团练)和异端(即天地会)的等级组织"(Orthodox and Heterodox Hierarchies)[④],但至少在遂溪等地,我们可以看到,在宗族社会内部的经济不平等长期存在的情况下,下层人民参与天地会是为了寻求自我保护和生存。

四、三点会的状况

凡秘密会党结社,"入会"和"开会"十分重要,为了增强新入会者进入团体的第一印象,而特设程式化的仪式仪规,刻意营造神秘、庄严、隆重、肃穆的氛围。关于三点会入会仪式和各种问答、隐语等,有详细回忆:

> 三点会是抗法前十年的事。当时黄略的三点会领导者是王如瑞、王康、王营、王宰等人,参加群众有数百人,无分等级,有钱人不得入会。入会时要缴白银一元五角,不缴不得入会。会员曾经饮过几次歃血,第一次是本村乡贤祠(旧址今

---

① 《华封圩抗法老人座谈会纪录》(1957年2月8日),《广东历史资料》,1959年第1期,第81页。

② 《第一次访问抗法老人谈话纪录》(1957年2月6日),《广东历史资料》,1959年第1期,第67页。

③ 《第一次访问抗法老人谈话纪录》(1957年2月6日),《广东历史资料》,1959年第1期,第68页。

④ Philip A.Kuhn, *Rebellion and its Enemies in Late Imperial China*: *Militarization and Social Structure*, *1796-1864*, Cambridge: Harvard University Press, 1970, pp.165-175.

存），第二次在下田岭（即头层案），第三次是在清王阁（又叫老庙，在村边）。歃血盟誓：大家要同心协力，有困难互相帮助，团结起来向有钱人"开刀"，会员要互相尊重，不得"食花点相"（即不许食政府的花红，告发自己人）；不得"乱穿花鞋"（调戏妇女）。初时很团结，曾经向财主打单，要多少，财主就要给多少，通常是四百或一千银元。我是十九岁由王如瑞介绍参加的，那是第二次歃血，我的弟弟也是那一次参加的。为了保守秘密，会中有一本很厚的隐语傅，好多隐语是用动作表示的，会外人员是不懂的。如会员在谋一会员处留宿时，鞋子平放床前，表示将留住很久，几时走还不知道，如参差不齐乱放，就表示二三天要离开。女人叫"花鞋"，灯叫"孔明"，猪叫"毛瓜"；人多的地方，讲说不方便，则说"此处有鸡屎"；会员行路，将辫子绕在颈子上，同道人一见即知为会员。会员在路上相遇，还可拆开"义"字来对话，探问对方是不是会员，此如甲问："你是谁?"，乙答："无尾羊"。乙问："你是谁?"，甲答："我是我"。就用"无尾羊"的"羊"和"我"字合併为"义"字来表示大家是会员。抗法后该会改称为洪门会，新会员入会要过"洪门"，如果过去做过坏事，不坦白者，即被杀头。王如瑞和其他许多会员（如王春源就是），都参过抗法斗争。该会后来因组织不健全，个别会员曾进行过抢劫，同时会中领导人亦各自为政，不久便散了。①

---

① 《第二次访问纪录》（1957年2月7日），《广东历史资料》，1959年第1期，第71—72页。

据上述可知三点会的某些内情：

第一，有王如瑞、王康、王营、王宰等会首的黄略三点会在抗法斗争十年前的光绪十三年（1887）前后被组织起来，为确保团体会员间的义气相结而以歃血结盟来举行入会仪式，组织渐行扩大，有数百余人参加。经过十年左右的发展，成为黄略当地最有势力的会社。

第二，通过洪门等过关仪式以强固成员的组织观念，并规定"大家要同心协力""有困难互相帮助""会员要互相尊重""不得调戏妇女""如果做过坏事，不坦白者，即被杀头"等信条。以此要求会员之间的紧密团结，如违反条规，会员甚至要以自己生命为代价接受处罚。

第三，为解决日常生活中的经济困难，三点会利用组织的力量来进行强夺，所谓"打单"。即为劫富济贫，减少宗族社会内部的经济不平等状况，也为贫穷的人牟取生计，并且维系团体的存在。但三点会的抢劫与一般盗贼仍有区别。

第四，三点会为了维持结社的秘密，而以相当深的隐语簿等来进行会员之间的沟通。除将女子称为"花鞋"、将灯称为"孔明"、将猪称为"毛瓜"等日常生活类的隐语外，还以留宿时整理鞋子的方法及外出时辫发的模样来辨识会员并与之相见联络。尤其是在利用简单问答来确认三点会员的身份，使用分开繁体"义"字的"羊"字和"我"字。这种秘密联系的方式，大多记载于天地会内部遗传的会簿里。除此之外，遂溪县三点会也部分创新了会员之间秘密联系的方式。

最后，是关于"反清复明"思想的变化。作为不敢公开活动的秘密会党，其疏离乃至反对政府的倾向是毋庸置疑的，否则无须呈

"地下活动"的状态。上述回忆录中特别提到"不得食花点相"。调查团解释由于"食花"的意思是"食政府的花红"，意即会员不得收受清政府的钱或为政府工作。"点相"的意思是"告发自己人"①，意即如会员被官府逮捕，不得供出其他会员。秘密会党结社历来受到清政府的严查厉禁，专列《谋叛律》中②，故三点会强调了其会员不得为官府工作而得到钱财或不得因被逮捕而出卖自己组织的成员。上述回忆中，虽然并无直接提到"反清复明"的内容，但是根据该会的历史和活动宗旨来看，这点是不言而喻的。清朝官员对此也了然于胸，知县李钟珏就认定：

> 查是会之起，昉于国初，时胜国殷顽，托辞忠义，聚众抗拒，迄今览其相传口号，语虽不经，意有所属，沿及既久，本意尽失，流为匪类。③

作为清朝知县的李钟珏，在清朝政治环境下，在自己文集中直接提到"反清复明"这个词是不可能的。但李钟珏提到三点会起源于"胜国（即明朝）殷顽，托辞忠义，聚众抗拒"，也提到"迄今览其相传口号，语虽不经，意有所属"，所以李钟珏也是认为天地会本身是"反清复明"的结社。

---

① 陈崎主编：《中国秘密语大辞典》，上海：汉语大词典出版社，2002年，第960页。

② 光绪《钦定大清会典事例》，光绪十二年本，载于续修四库全书编纂委员会编：《续修四库全书》卷七七九，史部·政书类，上海：上海古籍出版社，1995年，第552—559页。

③ 李钟珏：《禀陈地方情形》，《逐良存牍》，载于《广东历史资料》，1959年第2期，第65页。

总之，三点会不允许其会员收受清政府的钱财，更不许为官府效力，即使被官府逮捕也不得坦白结社的组织和会员，为了隐蔽结社的组织而以隐语来进行会员之间的沟通，可以说根据黄略三点会的活动特点来看，其内部长期坚持"反清复明"的思想①。此团体在抗法斗争前后的遂溪县，已成为一种很强的社会势力在当地活跃。也是在抗法斗争中，"反清复明"在民族大义的氛围中出现了客观上的挪移。

五、三点会的抗法斗争

面对法军的暴行，天地会众愤而抗争。据遂溪县平石乡的调查，在平石乡抗法斗争中，郑拾（即郑景全）团聚了250人组成"平石营"，每五十人分为一营，共五个营，选出哨官郑章印、郑乔山、郑清吉、李良田、郑子诗等统带。据参与者郑元益和郑观寿的回忆，郑元益是三点会会员，而会首是红坎仔村的郑光泰，郑光泰领导三点会众人数更多，有500多人②。但三点会员是以个人身份而非团体来加入参加抗法斗争的。

当时黄略的三点会领导者是王如瑞、王康、王萱、王宰等人，参加群众有数百人，无分等级，有钱人不得入会……王如瑞和其他

---

① 据阮应祺的研究，"三点会习惯在集会时呼号动员会众，呼号内容随各个时期具体斗争目标不同而变化。当时遂溪县三点会呼号的内容是："敢杀清皇吗？——敢!""敢杀法鬼吗？——敢!"由此"三点会在抗法斗争中没有放弃反清的口号"。见阮应祺：《湛江遂溪抗法斗争》，第34页。由于阮应祺没有提出对此的证据史料，故他的见解只是单纯推定而已。

② 《平石乡抗法老人座谈会纪录》（1957年2月8日），《广东历史资料》，1959年第1期，第78—79页。

许多会员（如王春源就是），都参过抗法斗争。①

因为会首王如瑞和王春源等人的参加，也对其他会员加入有带动作用。会首在斗争中也自然而然地发挥了领导作用。

　　义勇兵还没有组织之前，法鬼已先来过石盘。目的是来探测地形。他们由人（汉奸）带路，坐火船到南坡上岸。他们有的骑马，有的徒步，穿黄色衣服，带着刀剑。曾有一次法鬼从门头港到平石测地形，乡民把二个法鬼杀死，斩了他们的头，交给李官（即李良田）。……法鬼入境时，三点会便举火招人入门头（即入会）。李贤华当时就加入了。三合会要开会时，便点火为号。开会时是说隐语，如牛叫藤，灯叫孔明，女人叫花鞋，鸡叫桔仔等。又如15、16、21、36、72、108等也是隐语。这些隐语都是外人不懂的。开会时说的话多数是要打法国鬼。②

在平石乡的五个营中，回忆人李良田所投的"营"均为石盘村人构成，而李贤山和李贤华以义勇身份来参加这个营。故上述回忆展示了当时三点会会员李贤华以个人身份来加入平石营抗法斗争的事实。特别是，展示了法国军队由汉奸带路测量包括石盘乡从门头港至平石乡的地势时，李贤华加入的盘石乡三点会召集会员开临时会，讨论进行抗法斗争。另据幼年参加抗法斗争后又加入石盘乡三

---

　　①　《第二次访问纪录》（1957年2月7日），《广东历史资料》，1959年第1期，第71—72页。

　　②　《石盘乡访问纪录》（1957年2月9日），《广东历史资料》，1959年第1期，第82—83页。

点会的陈标回忆，当时盘石乡存在以李元亮为会首的一二百人规模的三点会①。这个回忆表明李元亮率领的三点会有主动进行抗法斗争的可能性。

要注意的是，三点会的会员以及三点会团体进行抗法斗争时是否公开身份，这与三点会的参与方式有关。据上述，红坎仔村的会员郑元益和石盘乡的会员李贤华，不是参加本乡本村三点会的抗法斗争，而是加入到平石乡平石营的抗法斗争。这说明，在抗法斗争时，三点会会员乃至会首不想暴露三点会的身份。

三点会会员不敢以公开面目示人，而掩藏身份非公开地参加抗法斗争，此主要缘于：清朝从乾隆五十七年（1792）起，便在《大清律例》的《谋叛律》中列入天地会，而此律法处罚始终未被放弃②。太平天国以后，对各地发生的天地会等秘密结社特别是群体性事件，往往是一经发现，地方官员每每向朝廷奏报将主谋或参与者"就地正法"或施以刑罚③。另在抗法斗争中，当地官府在组织乡勇团练的过程中，也严防"会匪"介入，不许秘密会党以抗法斗争为号召渗透进具官方背景的地方组织：

> 凡自十六岁以下除平日拜会为匪及吸食洋烟者不选外，其余一律选为团丁，造册送县，在团丁册内挑选精壮朴实之人，

---

① 《桌东村访问纪录》（1957年2月10日），《广东历史资料》，1959年第1期，第83—84页。

② 《钦定大清会典事例》卷779，第552—559页。

③ 《请定盗案就地正法章程折》（光绪十一年十二月一日），《张之洞全集》第一册，第372—375页。

作为练勇，特请教习训练。①

此类严防"拜会为匪"者加入团丁的官府告示并不乏见。另据《严禁谣言示》也宣布：凡散布"各路会匪聚众拜会，声言欲与洋人为难"的谣言，以图煽惑人民，敛钱拜会，乘机抢劫，纠党拜会者，"一经拿获，定行照例惩办，决不宽贷，其各凛遵毋违，切切特示"②。政府官员在法国军队蹂躏辖区的情况下，并没有考虑利用先前反政府的会党来驱逐异族拯救国家危机。凡此种种，可以断定，当三点会的成员或个人或群体加入团练时，是隐瞒他们会党身份的。

此间，不仅三点会会员个别地支持在各地组织的乡勇团练，参与抗法斗争；而且，也有三点会群体性的卷入斗争的情形，如在黄略，以王如瑞为会首的三点会，便集体转变为乡勇及团练而参加斗争。又如在平石，以李元亮为会首的三点会，主动召集临时会议，进行有组织的抗争。此处，在外来侵略的大敌当前，三点会可以将原先对准清政府的矛头转向外国侵略者，在保卫家乡桑梓的同时，也保卫了清朝的旧有统治秩序，这是一个重要的转变，说明当中华民族与外国侵略者的民族矛盾上升成为主要矛盾的时候，会党可以民族大义为重，某种程度上的"捐弃前嫌"。但政府方面的举措则相对滞后，在外敌入侵面前，仍将内部矛盾置于首位，严格依循防范会党的旧有政策。

---

① 李钟珏：《县城开团练丁示》，《逐良存牍》，载于《广东历史资料》，1959年第2期，第77页。

② 李钟珏：《严禁谣言示》，《逐良存牍》，载于《广东历史资料》1959年，第2期，第74页。

在抗法老人的记忆里印刻着当时法国军队占领遂溪部分乡村后，三点会参加抗法斗争的史事。当时政府官员的言论对此不敢承认，但言词之间也不能完全否认：

ⓐ 海头村民与法兵争闹，被法放抢，毙十余人。次日，法人开炮遥击，焚毁房屋不少。会匪借题煽惑，乘机蠢动。①

ⓑ 会匪一节，先一次，村民鸣锣聚众千余人，后一次至台争闹，群集纷纭。法兵逐以为匪，其实聚则为匪，散则为民。②

ⓒ 近因界务未定，人心不安，各路会匪聚众拜会，声言欲与洋人为难，以图煽惑。……若其布散谣言，敛钱拜会，此乃不法匪徒希冀有事，乘机抢劫，亟应严禁。③

ⓓ 法人自占据广州湾后，……各土匪乘风而起，大有蠢然欲动之意。④

ⓔ 广州博闻报云：……五月下浣，有土匪数十人，借口义民，纠集亡命，往攻法之炮台，为法军所败，轰毙数人。⑤

ⓕ 去年十月，遂溪县属海头附近南柳村，因五斗米启衅，

---

① 《收两广总督电为转雷法外部持平办理华民兴法兵冲突然等事》（光绪二十四年六月八日），中国第一历史档案馆编：《清代军机处电报档汇编》第二十册，北京：中国人民大学出版社，2005年，第52—53页。

② 《收两广总督电为办理粤东海头村民被法兵毙命事》（光绪二十四年六月十三日），《清代军机处电报档汇编》第二十册，第96—97页。

③ 李钟珏：《严禁谣言示》，《逐良存牍》，载于《广东历史资料》，1959年第2期，第74页。

④ 《广湾近耗》，上海《申报》，光绪二十五年六月二十日，第2版。

⑤ 《广州湾纪要》，上海《申报》，光绪二十四年七月五日，第2版。

被法人用开花炮轰击，烧屋一百二十八家，百姓死者十七人，伤者三十余人。①

ⓐ和ⓑ是两广总督谭锺麟给军机处的电报内容，ⓒ是知县李锺珏发布的告示内容，ⓓⓔⓕ分别是在《广州博闻报》《申报》《知新报》记载的报刊内容。上述官方言论和媒体报道反证了三点会等会党加入抗法斗争的真确。当然，不乏污蔑的言词。例ⓐⓒⓓ记录会党利用混乱状况诱惑人民进行拜会敛钱，或者利用组织力量乘机抢劫，借此否定三点会参加抗法斗争的事实。但也不得不承认，三点会在当地的势力之大，活动之频繁，ⓑ的"会匪"即指三点会，ⓔ的"土匪"解释为"土著会匪"，意味着三点会，ⓕ的"五斗米"更是三点会的入会费用额数或者在入会仪式过程时设置的木斗里的米的象征，愈发明示出三点会。由此，ⓐ的会匪"乘机蠢动"，ⓑ的会匪"至台争闹"，ⓒ的会匪"聚众拜会，声言欲与洋人为难"，ⓓ的土匪"乘风而起"，ⓔ的土匪"借口义民，纠集亡命，往攻法之炮台"，ⓕ的"五斗米启衅，被法人用开花炮轰击"等等记录，都从另一侧面印证了当时当地三点会积极参加抗法斗争的历史事实。

可是，在当时的时代环境下，事件的记录者，多为识文断字享有话语权的官僚文人，在他们的眼中和笔端，三点会众都是些"会匪""土匪""五斗米"教众，总之，一概都是"匪"，即使三点会参加抗法斗争，在保卫桑梓的同时保护了政府，但无论如何这帮

---

① 《广州湾近事汇志〈岭海报〉》，澳门《知新报》第一百零六册，光绪二十五年十月二十一日。

人也不能脱出颠覆地域社会秩序谋叛"大清"社稷的"匪类"的圈子,他们绝对不是正统的势力而是异端势力。殊不知,这种当时社会对秘密会党正统和异端的看法,却如两广总督谭锺麟所言,含蓄地反映在"聚则为匪,散则为民"这句话中。此言一方面说明会党力量之广大,隐藏于民间,难于识别剿灭;另一方面也隐示某些官府中人对会党看法的潜移默变。

小结

通过光绪二十四至二十六年遂溪抗法斗争的事例可以确认:

第一,追迹遂溪县三点会展开抗法斗争的背景过程,发现三点会得以在遂溪县广泛存在的社会经济因素,是习称"大百姓"的富户豪强在社会经济方面一直称霸独断着乡村社会,另面,则存在着众多的贫困民众。这些下层民众,从嘉庆初年开始,结成三点会组织以图锄强扶困相互扶助共谋生计。结果是三点会在乡土社会中具有了愈来愈强大的势力,正如知县李锺珏所说,当地民众两分为有组织的三点会和无组织的老百姓,三点会便充分利用组织力量,对于土豪进行公开强夺,谓之"打单",这成为维系三点会组织生存的重要经济来源,黄略三点会的生存状况即是说明。天地会对经济富户的剥夺,是维持自身的生存手段,也是号召贫困人民大举加入的集结号和团聚力所在,还是在宗族社会内部经济不平等长期存在以及社会治安混乱的状态下,下层民众以结社聚团作为自保的手段。

第二,遂溪县三点会,通过入会仪式、日常联络乃至临时会议等,在结社内部形成"互助相帮"的社会功能和"反清复明"的政治思想,亦是天地会的典型组织形态,同时也是中国民间秘密结社的惯常礼仪规矩。三点会采行洪门的过关仪式和歃血结盟仪式，在相互扶助原则下，图谋会员之间的合作。并利用道光以来天地会实行的保证人制度，设定各种隐语以作会员之间的秘密联系之用，借此增加组织的神秘性并躲避官府的追捕，部分财产实行会员共有。而专门规定成员不得为清政府效力或接受政府钱财，如被捕不得向官府泄露组织和其他成员等，则明显地具有反对清政府的意向，延承了反清复明的主旨。

第三，遂溪县三点会积极参加抗法斗争，说明会党在外侮日亟的情势下，对既往反清复明方针适时的某种程度的修正，他们甚而或个体或群体的参与到有政府背景的乡勇团练中去，在"保家卫国"的同时客观上保救"大清"，这与义和团时代"扶清灭洋"的口号一脉相承或先发其声，这是一个重要转变。但此转变只是在列强入侵的威胁远远超出国内矛盾的时候偶然出现，从常态来看，"反清"依然是天地会等会党长期坚持不懈的目标。在天地会等会党暂时转移斗争目标之际，清政府仍然施行"防内甚于防外"的政策，坚持对会党严查厉禁的旧规。在此形势下，三点会首领和会员只能隐瞒其会党身份而参加御外斗争。因为此类"隐瞒"，加上政府官员的有意讳言，故在官员或报刊的言论中很少承认会党参与了抗法斗争，只能从其只言片语中透露出历史的真相，其中的"会匪""土匪""五斗米"等言词，正好作为三点会参与抗法斗争的反证脚注。

（李平秀，韩国忠北大学校人文大学史学科副教授）

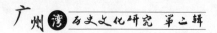

Tiandihui à la fin de la dynastie Qing et les Puissances occidentales
——dans le cas de «les événements de Kouang-Tchéou-Wan»

LI Pingxiu

Après la guerre sino-japonaise en 1894, l'invasion des Puissances occidentales en Chine était approfondie, la lutte du peuple chinois contre les ennemis étrangers était aussi renforcée, lutte qui s'était produite plusieurs fois dans toutes les régions. Dans la province du Guangdong, Tiandihui a exécuté une série de luttes contre l'agression parmi lesquelles la résistance contre la France en 1898-1900 dans le Xian de Suixi et contre l'Angleterre en 1899 dans le Xian de Dongkuang de la préfecture de Guangzhou était le plus représentative. A cause du manque de données, la résistance de Tiandihui contre l'agression n'a pas pu attiré suffisamment l'attention des chercheurs. Mais ce qui est certain est que l'invasion des puissances étrangères en Chine est l'un des plus grands changements dan l'environnement extérieur de Tiandihui, changement qui a poussé Tiandihui à s'engager dans "la lutte contre l'agression des Puissances", outre sa tâche primitive de la "lutte contre la dynastie Qing". Dans ce cas, Tiandihui était chargé de la lutte anti-féodale et de la résistance contre l'agression. Par l'intermédiaire de «les événements de Guangzhou» dans cet article, nous cherchons à analyser la lutte contre l'agression étrangère de Tiandihui. Les données historiques sont basés sur les rapports des enquêtes sur «les personnes âgées dans la lutte contre la France» qui avait expérimenté, vu et écouté cette résistance eux-mêmes.

Depuis le 22 Avril 1898, les troupes françaises ont occupé le district de Haitou du Xian Suixi. Le 22 Février 1900, le gouvernement a approuvé le traité de concession de Kouang-Tchéou-Wan pendant environ un an et dix mois. Cette guerre comprenait plusieurs grands conflits organisés de force tels que: le combat de Nanliu, de Shagou, de Xinbu, de Huanglue, de Mazhang, de Pingshi, etc. Tous ces conflits étaient classés dans «les événements de Kouang-Tchéou-Wan» .

Le village, centre de la lutte contre la France, était relativement grand : d'environ cinq ou six mille personnes dans le district rural de Huanglue, cinq mille dans le district rural de Nanliu, presque mille dans le district rural de Pingshi et de Shipan. Et les forces de clan étaient aussi influentes dans ces districts qui avaient l'air d'une société de clan. En ce qui concerne le nom de famille, WANG était le plus nombreux dans le district de Huanglue, WU dans le district de Nanliu, par rapport à ZHENG dans le Pingshi, deux ou trois mille personnes avait ZHANG, HUANG et LIANG comme leur nom de famille. Pendant ce temps, les habitants de ces régions se sont engagés dans la pêche ou de l'industrie du sel pour vivre, à l'exception de quelques couches de propriétaires et les paysans riches, la plupart des personnes étaient dans des conditions

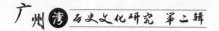

socio-économiques pauvres, le climat social local était mauvais, et on jouait beaucoup le jeu d'argent.

C'était dans un tel contexte où les organisations souterraines de la société avaient la possibilité de développer dans ce quartier. Selon les souvenirs des personnes âgées, Tiandihui était organisé plus tôt dans ces régions locales, ayant provoqué plusieurs fois des problèmes. Dans les inégalités économiques au sein des sociétés de clan pendant longue temps, comme Tiandihui respectait les principes de l'aide des pauvres et des faibles, beaucoup de pauvres ont participé à Tiandihui, afin de lutter contre les riches, pour survivre. Ce phénomène était devenu une réalité locale à laquelle on devait donner de l'importance.

Au début, l'organisation de Trois Points, ayant la pensée de «l'anti-Qing et rétablissement de Ming», a refusé de coopérer avec les autorités. Mais avec le développement de la situation dans la lutte contre la France, la pensée de l'anti-Qing a connu un détournement objectif dans l'atmosphère des intérêts nationaux. Vers 1899, face aux atrocités de l'armée française, Tiandihui a lancé la résistance avec colère. Bien sûr, les membres de l'organisation de Trois Points se sont engagés dans la lutte contre la France à titre personnel et non pas du groupe, mais le chef de l'organisation a joué un rôle de direction qui n'était pas ignoré.

Il n'est pas difficile de voir que l'organisation souterraine, face aux ennemis agressifs, a tourné son fer de lance de sa pensée de «l'anti-Qing» vers la lutte contre les envahisseurs étrangers, pour défendre le pays natal, mais aussi pour défendre les règles anciens de gouvernement de la dynastie de Qing . C'était un changement important, indiquant quand la contradiction entre la nation chinoise et les envahisseurs étrangers était devenue la contradiction principale, Tiandihui a mis les intérêts nationaux en avance, même dans une certaine mesure d'«oublier les griefs passés».En revanche, les initiatives du gouvernement Qing étaient à la traîne face à l'invasion étrangère, en mettant les contradictions internes au sommet, et en se conformant strictement aux mesures anciennes de garde contre les organisations souterraines.

(LI Pingxiu, professeur associé de l'Université nationale de Chungbuk en Corée du Sud)

（岭南师范学院　李紫燕译）

宗族与革命：对广州湾革命的新思考

◎唐朗诗

摘　要：传统观念认为作为"旧封建组织"的宗族是近代中国革命动员所要克服的障碍，但是广州湾的革命史表明，地方宗族与革命动员之间存在着交结缠绕的复杂过程。宗族在广州湾革命史上扮演着极为重要的角色，尤其是在共产主义革命中起到重要的动员作用。对宗族关系的利用不仅成为共产党革命动员的有力手段，同时也可以为自身革命活动提供保护网络。广州湾革命史揭示了宗族与近代中国革命的关系，为剖析近代中国的历史脉络与变迁提供了典型的个案。

关键词：广州湾；宗族；革命；政党动员

一、研究问题与文献综述

位于中国南端雷州半岛上的广州湾是鲜为人知的法国租借地。1899年广州湾彻底沦为法国的租借地，经历了长达46年的殖民统治。直到1945年二战结束后广州湾主权才归还中国。1946年1月国民政府将广州湾改置为省辖市，并将其改名称为"湛江市"，隶属广东省政府管辖。1949年中华人民共和国成立之后，湛江市行政区划与管辖范围虽经多次更改，但"湛江市"此一名称仍保留至今。

在周锡瑞最近编写的著作中，谢楚宁将抗战时期的广州湾比喻为"中国的卡萨布兰卡"。与卡萨布兰卡一样，广州湾成为战时的避难所，它在香港沦陷后更是一跃成为连接国统区与沦陷区的唯一运输通道。但战时广州湾派系纷争、龙蛇混杂，每个人争权夺利，生活醉生梦死，完全没有爱国之心。[①]诚然，在日军的强力占领下，"灰色广州湾"的多数普通人对此保持沉默。但是，正如卡萨布兰卡中纳粹与反纳粹暗中进行较量，众声喧哗中的广州湾同样存在着罗志田所说的作为"乱世潜流"的民族主义。[②]众所周知，在近代中国民族主义运动中，中国共产党扮演了极为重要的角色，那么在广州湾革命史上，中共又是发挥了何种作用？它在广州湾又是如何进行民族革命动员的？

当然，目前学界对中共革命动员此一问题已有充分的讨论。早期传统观点认为中共采取土地革命和阶级动员的方式而获得了最终胜利。[③]但是胡素珊的研究却发现，土改并不必然促使农民参与革命，因为"农民想要留在家里，耕种新分到的土地"，因此"由斗争运动和重新分配财产引发的新生阶级觉悟并不像声称的那样，直接带来与国民党作战所需要的特定方面的支持"。[④]詹姆斯·约翰

---

① ［美］周锡瑞、李皓天主编：《1943：中国在十字路口》，陈骁译，北京：社会科学文献出版社，2016年，第339—364页。

② 罗志田：《乱世潜流：民族主义与民国政治》，北京：中国人民大学出版社，2013年，第1页。

③ 胡绳主编：《中国共产党的七十年》，北京：中共党史出版社，1991年，第209—210页。

④ ［美］胡素珊：《中国的内战：1945—1949年的政治斗争》，启蒙编译所译，北京：当代中国出版社，2014年，第378页。

逊则认为是中共采取了"农民民族主义"动员,从而帮助中共取得革命胜利。他的分析指出,由于日本的侵略使得农民产生出民族主义情感,同时中国共产党放弃了激进的土地革命而改为减租减息,迎合了农民的民族主义情感,获得了农民广泛的支持,从而赢得了农民革命。①但对此争论的问题是,在农民民族主义的条件下,为什么得益者不是国民党而是共产党?尤其当时国民党处于统治地位,是受到国际承认的"合法"政府和抗日的领导者。②马克·塞尔登认为并非农民民族主义起作用,真正原因是中共实行的社会经济改革和政治改革,比如税制改革、减租减息和鼓励互助的社会改革,以及统一战线、差额选举和吸收党外人士参与政权等措施。③但若观察广州湾的革命发展史,已有的解释并不完全适用于广州湾革命。

在考掘广州湾革命史之时,笔者发现一个有趣的现象,作为地方的传统组织,宗族在中共革命中起到重要的动员作用。到了今天,一些革命老区中乡村宗祠变成了革命遗址,甚至成为爱国主义教育基地。自从新文化运动以来,宗族制度已经被知识分子认为是封建专制时代的遗物,束缚了个体人的自由,并阻碍了中国的现代化进展。共产党则从马克思主义政治经济学角度批判了乡村宗族制度,认为宗族制度是建立在地主对农民的经济剥削上,只有通过土

---

① Chalmers A. Johnson, *Peasant Nationalism and Communist Power: The Emergence of Revolutionary China, 1937—1945*, Stanford: Stanford University Press, 1962, pp.15-19.

② [美]马克·塞尔登:《他们为什么获胜?——对中共与农民关系的反思》,南开大学历史系中国近现代史教研室编:《中外学者论抗日根据地》,北京:档案出版社,1993年,第610—611页。

③ [美]马克·塞尔登:《革命中的中国:延安道路》,魏晓明、冯崇义译,北京:社会科学文献出版社,2002年,第262页。

地革命与阶级斗争才能解除对农民的压迫。不过，在广州湾的革命发展史中，宗族与共产主义革命竟然是非常密切地结合在一起。中共的革命动员为何会采取这种不同于以往解释的方式？这些无疑是值得探讨的问题。

二、广州湾的宗族历史：以张氏和钟氏为例

据现有的资料记载，早期高雷半岛的土著为古百越的雷人，古籍多称为"骆越人"。但是，从唐代开始就有来自福建（尤其是福建莆田）、河南等地的民众源源不断迁移到此地，逐渐取代了少量土著。人口迁移的原因有很多，比如唐代朝廷有计划地"徙闽民于合州"（当时合州辖雷州半岛大部分地区），也有民众为逃避战乱而大规模南迁，还有一些人是因为到本地为官宦满期后定居于此，或是航海经商聚居于此。①笔者田野调查所获得的民间文书，如族谱等都有纪述到祖先从福建莆田移民于此，并建立起宗族之过程。宗族在高雷地区的乡村社会扮演着中心的角色。按照士大夫的标准建立起来的宗族模式，修祠堂、编族谱、置族田、举行标准化的祭祖仪式，通过这些手段，整合出一个个"以血缘的关系维系的，具有强烈的士大夫文化象征和很广泛的社会功能的地域性组织"。②高雷地区"巨族多建祠堂合祭，新妇谒祠，子姓毕集，有尊祖聚族

---

① 陈立新：《湛江人的根——湛江古代开发与莆田移民》，《湛江文史资料》第十八辑，1999年，第67—70页。

② 刘志伟：《在国家与社会之间：明清广东地区里甲赋役制度与乡村社会》，第31页；以及黄海妍：《清代以来广州城中的合族祠——以全国重点文物保护单位陈氏书院为例》，《中国古都研究（第二十三辑）——南越国遗迹与广州历史文化名城学术研讨会暨中国古都学会2007年年会论文集》，第55页。

之义"。①

宗族，不能简单地被看成是"膨胀的家庭"诸类的血缘—亲属组织，而是确实发挥重要作用的"政治与地方组织"。②宗族作为一种将民众组织起来的地方制度形式，是在明代中期之后才真正确立起来的。科大卫和刘志伟认为，华南地区宗族制的发展实践，是宋明理学家利用文字的表达，改变国家礼仪，在地方上推行教化，建立起正统性的国家秩序的过程和结果。③这个发展过程，是从北宋的礼仪改变开始的，地方官员在地方推行国家的正统祭祀礼仪，并发展出由理学家提倡的地方性礼仪。④到了明代嘉靖年间地方社会发生了关键性的变革。在"大礼议"的宫廷斗争中，夏言上疏朝廷乞诏庶人也可以冬至日祭祀始祖，并提出天下臣工都应该建立家庙。此奏折正中嘉靖帝下怀，嘉靖十五年（1536）朝廷诏令天下臣民可以祭祀始祖。⑤朝廷诏令"允许祭祀始祖，即等于允许各支同姓宗族联宗祭祖"，又由于允许在家庙祭祀始祖，则家庙必定向"联宗祭祖的大宗祠方向发展"，"于是嘉靖、万历年间形成大建宗祠祭祀始祖的普遍现象"。⑥此后修建家庙形式的祠堂逐渐在地

---

① 万历《雷州府志》卷五，《民俗志》。

② ［英］弗里德曼：《中国东南的宗族组织》，刘晓春译，上海：上海人民出版社，2000年，第2页。

③ ［英］科大卫、刘志伟：《宗族与地方社会的国家认同——明清华南地区宗族发展的意识形态基础》，《历史研究》，2000年第3期。

④ ［英］科大卫：《国家与礼仪——宋至清中叶珠江三角洲地方社会的国家认同》，《中山大学学报（社会科学版）》，1999年第5期。

⑤ ［日］井上徹：《中国的宗族与国家礼制：从宗法主义角度所作的分析》，钱杭译，上海：上海书店出版社，2008年，第87—127页。

⑥ 常建华：《明代宗族组织化研究》，北京：故宫出版社，2012年，第28—29页。

方社会普遍化。

这也就是科大卫所指的"民间社会士绅化"或郑振满说的"宗法伦理庶民化"过程。因此，明代家庙普及的礼仪改革，加之县级政府的行政改革，尤其是里甲制的推行，从而造就了宗族制社会。这个16世纪才催生出来的"新社会"，一开始就是由士绅主导的社会，也被后来研究者视为"传统中国社会"。[①]在高雷地区，宗族制社会也是在这样的大背景下形成的。

就以广州湾的张氏宗族为例，张氏宗族世代居住于高州府吴川县麻斜村。[②]在殖民地广州湾时期麻斜曾被改名为"东营"，殖民地初期法国人曾将广州湾行政总公署设立于此地。麻斜村，三面环海，地理位置险要。清代朝廷曾在麻斜村码头建立炮台以作防卫，设"把总一员，兵二十名"。[③]由于该码头便于泊船避风，也常常成为海盗停船上岸攻掠之地。当地志书曾记载，清嘉庆初年，麻斜就遭遇过一次较大规模的海盗攻击，当时驻守麻斜炮台的将士在这场战争中伤亡惨重，"炮台把总房士升移炮下沙滩，筑围攻打。贼诈作村民上岸，潜后斫之碟其尸"。[④]也正是地理位置重要之原因，麻斜村就被法国人看中，以作行政公署建设用地，但是却遭到当地张氏宗族的顽强抵抗，以至不得不将行政公署搬离此地。

---

① ［英］科大卫：《皇帝和祖宗：华南的国家与宗族》，第174—176页；郑振满：《明清福建家族组织与社会变迁》，北京：中国人民大学出版社，2009年，第172—183页。

② 据光绪《吴川县志》记载，麻斜在吴川县城"西南七十里，张姓世居，分数村"；麻斜渡口将吴川县与遂溪县两地连通起来，与遂溪县海头渡口隔海相望。参见光绪《吴川县志》卷一，《坊都》及《津梁》。

③ 光绪《高州府志》，卷十七，《经政五·兵防》。

④ 光绪《高州府志》，卷四十九，《纪述二·事纪》。

从明代至今不断续写的《麻斜村张氏族谱》记录了张氏宗族的发展历史。明代的进士、张氏家族第六世孙张光在《张氏创修族谱序》中云：

> 惟忆我始祖，讳苍显公，字映汉，号河荣，别号陶源，宋进士钦点翰林，原籍福建省莆田县珠玑巷，官授雷州刺史，历任九载。解组时，因胡元扰乱不能携眷回闽，遂卜居吴川麻斜。公生三子，长公讳洞徵，岁进士，任琼山教谕；次公讳洞渊，优贡生，莅文昌通判致仕，卜居遂邑朴扎；三公讳洞玄，郡庠生，卜居茂名蓝溪。祖虽一人，孙居三县，譬如水之千流万派同出一源，木之千枝万叶同根一本。倘无族谱详明，则弥分弥远，逾众逾离。而欲知其本源之所在者，未有不叹其考据之无由矣。今光与兄讳贞，托荫祖先共叨进士，倘昭穆不彰，是谁之咎？况礼义由贤者出，光虽不敏，其责难辞，故不揣粗疏鄙陋，载笔效劳，序次宗祧，详明昭穆。由是自始祖以至百世统绪相承、尊卑有序，知后有孝子贤孙览斯谱者，庶不致上失其本，下失其续。①

从张光的叙述中可得知，张氏宗族的祖先原籍福建莆田，其始迁祖张苍显原本任宋朝雷州府刺史一职。九年后张苍显卸职，准备还乡之时，却遭遇王朝更替，政局动乱，最终被迫定居于广东吴川麻斜村。依据族谱叙述，张氏宗族始祖张苍显虽然早已定居于麻斜村，但并不意味着张氏宗族就已经形成。因为宗族的形成需要经历

---

① 《麻斜村张氏族谱·张氏创修族谱序》，今藏于广东省湛江市坡头区麻斜村。

几代人的制度化过程，就如刘志伟所指出的，"宗族的建立是一系列仪式性和制度性建设的结果。现代人读族谱资料，往往会产生一个错觉，就是把迁移和定居的祖先作为宗族历史的开创，其实宗族的历史是由后来把始祖以下历代祖先供祀起来的人们创造的"。[①]

我们看到，张氏家族从第一代到第五代间并没有建立制度化的宗族组织，其子孙后代也很容易就移居到其他地方，这段时期可称为"地方开发期"。到了明代初期，情况才发生了变化。第六代子孙张光及其兄长张贞开始编纂族谱，[②]系统追溯家族的发展史，并强调族谱具有与国史相提并论的重要性，"族自有谱犹国之有史也"。这显然是受到了理学家道德理论及地方实践的影响。因为对于一个宗族而言，族谱是非常重要的，理学家鼓励修族谱和建立宗族，其目的是"确保宗族中的家在社会上都能起道德作用"，他们"赞扬族谱在维持族中家庭的礼仪秩序方面所扮演的功能，并让宗族在地方社会中扮演维持社会和谐的角色"。[③]当然，族谱的撰写也可能采用一种理想化的手法，尤其是妄攀附会宋代以前的名人将相，有意美化宗族的早期历史，因此，关于宋代以前的历史记载实质上有很多传说的内容（见下表）。

① 刘志伟：《传说、附会与历史真实——珠江三角洲族谱中宗族历史的叙事结构及其意义》，收入王鹤鸣等主编：《中国谱牒研究：全国谱牒开发与利用学术研讨会论文集》，上海：上海古籍出版社，1999年，第151页；及刘志伟：《历史叙述与社会事实》，《东吴历史学报》，第14期，2005年12月，后收入《在国家与社会之间：明清广东地区里甲赋役制度与乡村社会》，第238页。

② 据族谱记载，张贞，字宗盛，号民爱，谥温良，永乐甲申年恩科进士，任云南安宁州同知；张光，字炳，号锦亭，谥温惠，永乐丙戌年进士，任广西阳朔县知县。

③ ［美］包弼德：《历史上的理学》，王昌伟译，杭州：浙江大学出版社，2012年，第210页。

麻斜张氏宗族发展系谱表

世次	系谱	族谱记载	历史背景
一世	苍显	由莆田迁吴川	宋以前：传说时代
二世	洞徵 、洞渊、		
三世	洞玄		宋元间：地方开发期
四世			
五世			明代：编户入籍；
六世	光、贞	修族谱、建宗祠	建立宗族，儒家礼仪庶民化

（资料来源：根据《麻斜村张氏族谱》绘制）

　　符合朱熹《家礼》设计的"张氏大宗"祠堂也被建立起来，张氏宗祠分内、中、前共三进。前进有中、左、右三门，中门横额书有"张氏大宗"，左门额有"支分闽水"，右门额有"裔出莆田"；内进则为祭祀厅，供有祖先神主牌位。[①]祭祖时间及仪式也按照理学家制定的标准化程序，"家必有庙，庙必有主。月朔必荐新，时祭用仲月，冬至祭始祖，立春祭先祖，仲秋祭祢祖。忌日迁神主，祭于正寝。忌日而祭者，未忘本也，凡事死当厚于生也"。[②]弗里德曼指出这种集体祭祀活动是需要经济资源即族产来维持的，没有土地或者其他财产予以支持，"房"是不可能产生以及维持不断增加的代际和稳定的结构。[③]因此，随着祠堂的出现，特定的田产也被划出来作为集体祭祀的固定费用。因此，屈大均所

---

① 《麻斜志》，内部编印刊物，1996年，第20页。

② 《麻斜村张氏族谱·祠堂祀》。

③ ［英］弗里德曼：《中国东南的宗族组织》，第62—63页。

描绘的修祠堂、编族谱、置族产、固定时期举行祭祖仪式等标准化的宗族模式在明代的麻斜村已经形成。[①]

距离麻斜村不远的九有村也出现类似的发展情形。九有村为钟氏家族定居之地，曾经在1936年的抗税斗争中发挥过重要作用。九有村钟氏祠堂的碑刻上详细记载了祖先移居此地的历史，"吾祖先裔出河南，派由新会至吴阳，支分九有。待遇公立为一世始祖。公字时举，号文敦，赐进士，任学正，诰封奉直大夫，生于宋孝宗淳熙九年壬寅正月廿八日，寿八十一岁，终于宋理宗景定三年八月初三日。……明朝武中正七年建'钟氏大宗'于九有村，赤公献出一百二十石租田给大宗为祖尝，作每年春秋二祭、清明扫墓及奖学之资"。[②]从此一记载可看出，到了明代，钟氏宗族从此具备了制度化的组织模式。

从以上的宗族发展历史来看，这些宗族在宋代就已经定居了下来，但是它们对高雷地区的制度化支配地位，其实是明朝时期的产物，这和罗威廉对湖北省麻城县的研究结论几乎是一样的。[③]明代之后，这些家族也一直致力于维持宗族的制度化，以求在面对外部环境变化时依然长盛不衰。

三、广州湾乡村中的宗族与政党动员

广州湾的乡村宗族在革命年代同样发挥重要的作用，尤其是

---

① ［明］屈大均：《广东新语》卷十七，"宫语·祖祠"，北京：中华书局，1987年，第464页。

② 碑刻《九有村修缮大宗序言》，藏于广东省湛江市坡头区九有村。

③ ［美］罗威廉：《红雨：一个中国县城七个世纪的暴力史》，李里峰等译，北京：中国人民大学出版社，2013年，第71页。

在共产主义革命中起到了工具性的动员效果。广州湾及其周边地区的民族革命之史实，清晰地展现了宗族对政党动员的重要影响。当然，这种影响可能是积极的，也可能是消极的，关键在于政党是如何运用的。

因为广州湾的共产党员一直置身于恶劣的白区或沦陷区环境之下，所以党组织的生存对于他们来说是首要考虑的任务。因此，从广州湾乡村的宗族与革命关系来看，首先，在乡村熟人社会中，共产党不但可以利用宗族关系来动员同族成员，而且也可以凭借宗族等传统地方组织来保护自身生存；其次，从宗族与革命的关系来看，宗族并不必然与民族革命相冲突，反而可以经过中共对其内涵和意义进行改造而与中共意识形态相适应。这恰是广州湾地区与其他已经取得控制权的根据地之间的差异之处。

由于宗族观念、地缘意识普遍存在于广东乡村，因此早在"暴动"时期，广东省委就鼓励下级党组织在工作困难的乡村中依靠多种传统社会关系来发展党组织和吸收党员，例如通过同乡邻里关系、亲友关系、结拜兄弟关系、"做教馆先生或教拳头"等方式。[1]当然，这种利用血缘、地缘关系等发展方式也会带来不良后果，例如"导致党员的分布明显带有村落性和宗族性"，以及农民反过来利用革命力量进行宗族械斗。[2]早期广州湾及外围地区的返乡革命知识分子凭借同乡、同族关系来进行秘密串党和革命动员。

---

① 《中共广东省委扩大会议党的问题决议案》（1928年4月13日），中央档案馆、广东省档案馆编：《广东革命历史文件汇集》甲9，广州：广东省档案馆，1989年，第227—228页。

② 王奇生：《革命与反革命：社会文化视野下的民国政治》，北京：社会科学文献出版社，2010年，第191—193页。

在那些依靠同族关系动员顺利的乡村中，农民运动就发展得很红火，加入共产党的村民亦很多，这些村庄甚至被称为"红心村"。

在宗族观念兴盛的村庄中，同族成员非常讲究人情仗义，同时返乡革命知识分子由于受过知识教育在同族成员中拥有更高的权威和尊敬，因此，这些权威资源有助于知识分子宣传的革命思想得到认可。革命者利用宗族关系进行革命动员的方式主要有三：一是动员同族中的同龄青年参与革命，因为同龄者关系较为密切，沟通较为容易，且青年人易受新思潮之影响；二是动员地方精英，如开明绅士、地主、宗族父老，透过地方精英来动员民众与获取革命资源；[①]三是利用宗族内传统的组织与资源来进行革命活动，比如宗族小学、兄弟会、族产等。

比如前文提及的广州湾麻斜村之革命动员正是涵盖了这三种方式。麻斜村为单姓张氏宗族村庄，人口众多。从1902年开始，该宗族曾经多次开展反对法国殖民斗争，因此给后人留下了引以为豪的历史记忆。但是到了抗日战争前夕，中共革命动员才开始渗入麻斜村。1933年原中共南路特委彭中英利用私人关系将共青团员彭焕民介绍到麻斜小学任校长一职。麻斜小学设立于麻斜张氏宗祠之中，为张氏子弟提供免费小学教育。彭焕民以小学为基地，却采取国民政府教育部编印的教科书，并秘密传播反帝抗日书刊。1938年主张抗日的原国民党第十九路军张炎将军回乡视察麻斜小学，演讲完毕

---

① 陈耀煌认为在早期乡村革命中，中共一直是透过地方精英来动员农民，因此未能真正渗入底层社会，但从土地革命后期到抗战时期，中共与地方精英的关系经历了从"合作到控制"的转变过程，中共学会了如何控制地方精英为革命之所用。参见陈耀煌：《共产党·地方精英·农民——鄂豫皖苏区的共产革命（1922—1932）》，台北：政治大学历史系，2002年，第455—457页。

后当场赠词"救国新基",并赠送抗日书刊和500大洋给学校以资勉励。[①]当然,麻斜村的抗日救亡活动还得到了麻斜村开明绅士张明西的大力支援。

同时期在广州湾益智中学加入共产党的张创,据中共广州湾支部指示返回家乡麻斜村开展革命动员工作。张创返乡后,首先动员其伯父张斗文加入抗日统一战线中。[②]当时的张斗文就任麻斜公局长一职,在麻斜宗族中地位显耀。张斗文的女儿后来亦加入共产党,也积极说服她父亲保护共产党的革命工作。因此,在抗日和解放战争时期,麻斜党支部动员张斗文建立起"白皮红心"两面政权。根据当时麻斜村一位革命者后来的回忆:"做过法国公局长和国民党保长的张斗文,他的女儿张雪英和地下党派来的人都做他工作,所以他对地下党的活动也是睁一只眼闭一只眼。如果没有上层人物的掩护,麻斜地下党也是站不稳的。"[③]

在后来的当地史料记载中,麻斜村利用宗族的力量组织起抗日同心会和抗日联防保卫队,同时也有不少人在革命动员下,加入了中共南路抗日部队。[④]事实上,在广州湾的乡村中,抗日联防区的队伍常常是驻扎在村庄的宗祠,因为这些是村庄共同活动的公共场所。[⑤]

---

① 彭焕民口述(1989年6月2日),《湛江市坡头区麻斜办麻斜村抗日战争时期革命史及证明材料》,内部材料,1989年。

② 《麻斜志》,内部出版物,1996年,第44—45页。

③ "张本(86岁)口述记录",湛江市霞山区,记录人:赵彩青、吴子祺,2014年11月8日。

④ 《湛江市坡头区麻斜办麻斜村抗日战争时期革命史及证明材料》,内部材料,1989年。

⑤ 冻山:《南路解放区巡礼》(1946年2月),《广东革命历史文件汇集》甲49,第2—4页。

同样据位于广州湾东北部的九有村的宗族革命史记载，从一九四五年开始，钟氏宗祠就成为了中共革命的据点。中共党员在宗祠里组织群众开会，宣传共产主义革命思想，此后建立了长期联络的秘密交通站。一九四六年后，九有村又在大宗内建立起小学，该村的党员钟志雄、钟亚邦等人以小学教师身份为掩护来进行革命活动。革命知识分子利用宗族关系来动员群众，并成功取得了宗族的资源支持，钟氏大宗甚至慷慨地将祖尝贡献出来支援共产党的茂电部队。①

从麻斜村和九有村的个案可以看出，对宗族关系的利用不仅成为共产党革命动员的有力手段，同时也可以为自身革命活动提供保护网络。的确，对于中共地下党来说，传统的社会关系网络是保护自身生存的重要因素。②因此，在广州湾的广大乡村中，宗族成为了反对国民党进村"清剿"、保护共产党的有力手段，"对于K的清乡屠杀，则以维持地方治安，维持宗族观念来反对K的借口清乡，实质进行奸淫劫掠，以消极的怠工、阻扰的方式反对"。③

在那些动员取得成功的乡村中，共产党往往得到了宗族内部上层人士的支持。比如前文所提及的麻斜村共产党员得到了富商张明西的各种资源支持。位于广州湾西营区的菉塘村的动员经验同样如此。

根据族谱记载，菉塘村的林氏宗族祖先大约于宋元鼎革之际移居此地。中华人民共和国成立前，全村约三百余户，一千二百多

---

① 根据2015年1月28日笔者对湛江市坡头区九有村的调研发现。
② 黄道炫：《扎根：甘肃徽县的中共地下党》，《近代史研究》，2012年第6期。
③ "K"即指国民党。参见温华：《关于粤桂边根据地的工作报告——粤桂边的形势和当前的方针》（1947年2月24日），《广东革命历史文件汇集》甲49，第37页。

人，全村生活水平较为低下，受过教育的村民也寥寥无几。①抗战爆发后，在广东省委的指示下，中共粤中特委派林林到广州湾工作，吸收箓塘村知识青年林其材入党，并于1939年4月在箓塘村建立中共广州湾支部和箓塘交通站。林其材致力于将村中的私塾改造为一间新式教育的小学，并命名为"世基小学"，聘请党团员或左派知识分子担任授课教师，其中最为著名的教师当为作家夏衍和陶行知儿子小陶陶。1941年夏衍和小陶陶到箓塘村隐蔽，待机去香港避难，便在该村小学执教和建立"小先生制"。②在建立小学的过程中，林其材得到了宗族父老和开明士绅林华奎的大力支持。林华奎一直出资援助该小学，并担任小学校长一职。③而对于那些"反动上层人物"，党组织则"领导群众清算了贪污、勒索的反动保长，派林兴高当保长，把保甲政权掌握在人民手中"。④

随着革命的深入，越来越多农民被动员加入到党组织中，抗战结束后中共广州湾支部在箓塘村成立了箓塘党支部直接领导箓塘村革命活动。在箓塘党支部的努力下，抗战至解放战争时期，该村组织起一支拥有一百多人的地下游击小组，其开会和训练地点就设于箓塘村宗祠之中。⑤箓塘村的党组织活动已呈半公开化，即使大

① 《箓塘村简史》，中共湛江市箓塘支部编：《丹崖凝碧——箓塘交通站四十六周年暨世基文化室成立、烈士陵园落成纪念专刊》，1986年，第60—61页。

② 林梓祥：《世基小学——一所革命的学校》，湛江市霞山区政协文史组编：《碧海丹心——箓塘革命斗争史专辑》，1998年，第69页。

③ 《箓塘世基小学校史》，中共湛江市箓塘支部编：《丹崖凝碧——箓塘交通站四十六周年暨世基文化室成立、烈士陵园落成纪念专刊》，1986年，第51页。

④ 《箓塘村简史》，中共湛江市箓塘支部编：《丹崖凝碧——箓塘交通站四十六周年暨世基文化室成立、烈士陵园落成纪念专刊》，1986年，第65页。

⑤ 《中共箓塘支部史迹》，中共湛江市箓塘支部编：《丹崖凝碧——箓塘交通站四十六周年暨世基文化室成立、烈士陵园落成纪念专刊》，1986年，第49页。

部分村民并没有直接加入党组织中，但也会自觉为党组织活动掩护。据当地的革命者回忆说："村里有关革命宣传的书有些埋在村后山岭的大油缸里，需要看时再把书挖出来，还有些压在祠堂神像底下，不易被他人发现。村里的群众非常支持革命，常常为我们放哨送信。有一次，一股敌人将到村边，林华卿急中生智，以求神为名，抱着菩萨冲到村里报告，使革命同志得到安全隐蔽。"①

曾经介绍菉塘村林其材入党的广州湾支部创始人陈以大在后来的回忆中写到，"由于得到了群众和当地知名人士支持和掩护，菉塘交通站虽处在敌人鼻子底下，过往人员、物资很多，但十年来，一直很安全"。②

麻斜村、九有村和菉塘村的个案清晰地说明了宗族与中共革命之间存在着协调的关系。裴宜理在《安源：发掘中国革命之传统》中提出"文化置位"（cultural positioning）的概念，就体现了中国共产党在大众动员过程中，是如何采取灵活的手段来运用传统文化资源，对"一系列符号资源（如宗教、仪式、修辞、服饰、戏剧、艺术等等）的战略性运用在政治说服中所发挥的作用"，从而使得"中国革命的个体发展与苏维埃的原型模板迥然相异"。③抗战和解放战争期间广州湾乡村中共产党对宗族和乡村规则的改造运用，留给我们的启示是，共产党确实能够因地制宜地通过传统的乡村组织和规则将它的革命纲领和群众的日常生活需求相结合，从而能够

---

① "林铁（90岁）口述记录"，湛江市霞山区菉塘村林氏宗祠，记录人：唐朗诗，2015年2月1日。

② 中共湛江市委党史研究室编：《中共在广州湾活动史料》，广州：广东人民出版社，1994年，第128页。

③ ［美］裴宜理：《安源：发掘中国革命之传统》，阎小骏译，香港：香港大学出版社，2014年，第4页。

扎根下来。正如安东尼·史密斯所指出的，"民族主义常常'栖身'于其他意识形态和信仰体系，并且借助它们来达到民族主义的目的"，"究竟是民族主义帮助'充实'了其他意识形态，还是被其他意识形态所充实，这并不重要，这是随着历史的变迁而变化的"。①

四、结论

近代以来，孙中山对宗族主义的批评最为流行，被许多人所接受。孙中山认为正是中国人的宗族观念过盛而压倒了民族认同，导致中国人一盘散沙，从而无法组织起来建设民族国家。②如果我们用社会抗争理论来分析的话，宗族认同并非是阻碍政治运动发生的原因，即使人们具有强烈的民族认同，也会出现搭便车的困境。

但是并非如孙中山等人所言，广州湾的宗族与革命历史清晰说明，至少到了宋、明代之后，地方社会已经通过宗族制和儒家礼仪紧密整合进大一统的国家政制之中。我们也看到广州湾地区宗族制社会的形成对地方民众的民族认同与革命参与具有关键性作用。因此，广州湾的历史表明，在近代民族主义兴起之前，地方社会的民众已经形成了统一的国家认同和华夏民族认同，最重要的是，这种前现代的认同背后具有稳固的社会结构基础。在广州湾，这种社会结构基础就是宗族制。广州湾的反殖民主义和共产主义革命历程也证明了宗族认同与民族主义认同并不对立冲突。

---

① 〔英〕安东尼·史密斯：《民族主义：理论、意识形态、历史》（第二版），叶江译，上海：上海人民出版社，2011年，第27页。

② 孙中山：《三民主义·民族主义》，《孙中山全集》第九卷，北京：中华书局，1986年，第185页。

广州湾革命史亦说明了中共仅仅依凭反帝国主义宣传和阶级革命话语不足以动员农民。同样，农民民族主义情感不会自动转化为革命行动，也需要中共革命知识分子采取智慧的方式进行动员，才能使得农民参与到建立一个新的民族国家进程中来。正如安东尼·史密斯所指出："在既定的群体中，即使民族感情没有表现在所有人身上，也无论如何要在民族主义者之中体现出来。这是因为民族感情所起的作用是将该群体中主动的、有组织的部分与被动的、分散的、通常占据更大人口比例的部分连接起来。"①

因此，在动员农民参与革命过程中，革命知识分子扮演的正是该群体中"主动的、有组织的部分"之角色。而"民族主义与阶级革命的作用在于确立农民参军的合理性与必要性，影响并约束着农民的思想与行为"，但是只有"采取契合农民心理的方法"才能动员农民参与革命。②广州湾及其周边地区的革命史清晰地反映出，只有中共充分利用了地方宗族的力量，同时采取"大众民族主义"的策略，③从而嵌入基层社会，将民众真正动员起来参与到革命中。

（唐朗诗，史学博士，华东理工大学社会与公共管理学院讲师）

---

① ［英］安东尼·史密斯：《民族主义：理论、意识形态、历史》（第二版），叶江译，上海：上海人民出版社，2011年，第6页。

② 齐小林：《当兵：华北根据地农民如何走向战场》，成都：四川人民出版社，2015年，第446—447页。

③ Zhao Suisheng, *A Nation-State by Construction: Dynamics of Modern Chinese Nationalism*, Stanford: Stanford University Press, 2004, p.27.

译文：

Clan et révolution: nouvelle réflexion sur la révolution de Kouang-Tchéou-Wan

TANG Langshi

Résumé: Selon le concept traditionnel, en tant que «vieilles organisations féodales», les clans constituent un obstacle qu'on doit surmonter dans la mobilisation révolutionnaire de la Chine moderne et contemporaine. Mais l'histoire révolutionnaire de Kouang-Tchéou-Wan montre que les clans locaux et la mobilisation révolutionnaire sont étroitement liés l'un à l'autre. Le clan joue un rôle extrêmement important dans l'histoire révolutionnaire de Kouang-Tchéou-Wan, en particulier dans la mobilisation de la révolution communiste. Les clans non seulement deviennent un moyen puissant dont les communistes tirent profit, mais aussi fournissent à ceux derniers un réseau de protection pour leurs activités révolutionnaires. L'histoire révolutionnaire de Kouang-Tchéou-Wan relève la relation entre le clan et la révolution de la Chine moderne et contemporaine. Elle constitue en effet un cas typique pour analyser l'évolution et le changement de l'histoire de la Chine moderne et contemporaine.

Mots-clés: Kouang-Tchéou-Wan; clan; révolution; mobilisation révolutionnaire

(TANG Langshi, docteur en science politique, maître de conférence de la faculté de l'administration publique de l'Université des sciences et technologies de la Chine)

（北京城市学院　惠娟译）

晚清以来粤西廉江的鼠疫及其防治

◎郑美鸿

摘　要： 晚清以来，鼠疫从云南等地传入廉江，给廉江社会经济生活带来严重影响。鼠疫传入廉江以来，清政府和民国政府未能采取有效措施遏制其蔓延，建国后在党的领导下鼠疫防治工作取得很大进展。在不同的历史时期，政府和人民群众的防治应对措施各不相同，因而其防治效果也全然不同，其经验教训值得我们总结吸取。

关键词： 鼠疫；廉江；防治

廉江县位于广东省西南部，雷州半岛北部，与广西接壤，濒临北部湾。廉江县旧称石城县，属高州府，1914年改石城县为廉江县。鼠疫是由携带鼠疫杆菌的老鼠、旱獭等啮齿类动物传染给人类所引起的烈性传染病。1877年鼠疫开始传入石城县，1952年廉江县控制了鼠疫的流行。学界关于鼠疫研究成果不少，其中有关粤西鼠疫的主要有冼维逊的《鼠疫流行史》[①]，记述了包括粤西在内的广东省各地区鼠疫流行情况。沈荣煊主编出版的《广东鼠疫》[②]记载

---

① 冼维逊：《鼠疫流行史》，广东省卫生防疫站，1988年。
② 沈荣煊：《广东鼠疫》，广州：广东科技出版社，2005年。

了湛江市辖各县（市、区）鼠疫流行情况。郭天祥和孙碧霞合写的《近代雷州半岛鼠疫疫源新论》一文探讨了雷州半岛地区鼠疫疫源情况①。然而，廉江县作为鼠疫流行的重灾区，目前有关晚清以来该地区的鼠疫的传入以及政府的应对措施的研究尚不够全面具体，因此笔者主要参考县志、当时人的记载、民国报纸等，从该地区鼠疫的传入、流行情况及其防治措施等方面进行深入探讨，以补充对廉江县鼠疫研究的不足，对当今的公共环境卫生整治提供借鉴意义，提高人民的医疗卫生意识。

一、廉江鼠疫的传入和肆虐

吴宣崇字存甫，广东吴川人，记载道："光绪十六年冬间，鼠疫盛行，疫将作则鼠先死。……先是同治年间，此证始于安南，延及广西，遂至雷廉沿海城市，至是吴川附城作焉。明年正月，梅绿、黄坡及信宜东镇皆有之。"②当时石城县由高州府管辖，在光绪《高州府志》中亦有关于鼠疫的记载：

> 先是（光绪）十六年十一月至是年二月，吴川城内外疫，去男妇七八百人，黄坡墟亦二三百人。二月、三月，信宜东镇墟及村落疫近千人。二、三、四月，梅菉市疫三千余人。三、四、五月，郡城内外疫近三千人。石城及安铺墟疫七百余人。茂名之大路坡墟疫三十人。电白之水东墟疫近三十人，村落不多有，然俱先疫鼠，而人随之所疫，多小孩、妇女、工役人

---

① 郭天详、孙碧霞：《近代雷州半岛鼠疫疫源新论》，《湛江师范学院学报》，2009年第2期。

② 吴宣崇：《治鼠疫法·原起》，参见《鼠疫汇编》，1897年羊城翰元楼藏版。

等。人心皇皇，亲知不通音问。……案：上二条在成稿截止后，然变出非常，故附录记之。①

上述史料中关于鼠疫传入廉江县的路径描述基本相同，鼠疫最初是由广西传入雷廉，再到信宜黄坡等地。廉江县最早发现鼠疫是在安铺南郊坡贞塘村（今属河堤镇牛皮塘管理区），1885年传入安铺墟中大街。②有关鼠疫是如何传入安铺主要有三种说法：越南海防有个高州同乡会，把病、溺死的人或因鼠疫死亡的人，捐资收敛送回乡里。1885年，这个同乡会将百余具骸骨运回安铺，由死者家属认领；无人认领的葬于安铺豆豉村山岗上。第二年春天，安铺就发生了鼠疫；廉江举人黄基中到印度支那探望华侨，运回了历年死于鼠疫80多具华侨骸骨，停放在安铺附近山岗上让人认领，无人认领者则葬于安铺附近，翌年安铺即发生鼠疫。③三种说法，孰是孰非，难以定论，但都一致表明安铺鼠疫是从外地传入的。

鼠疫在1885年传入安铺墟内后逐渐扩散到今属龙湾、横山、河堤、廉城、石城、雅塘、石岭、营仔、车板、高桥、青平、石颈、新民、吉水等镇辖的64个管理区294条自然村（街），流行至1951年底。④民国《石城县志》记载："光绪十七年春大疫，城厢及安铺尤甚，毙七百余人。俱先疫鼠而人随之；光绪二十三年夏疫；光绪二十四年秋七月大疫，城厢尤甚；光绪二十五年六月疫。"⑤鼠

---

① 光绪《高州府志》卷末《订误》，清光绪十一年刊本。
② 廉江市卫生局编：《廉江市卫生志》，北京：中国社会出版社，2000年，第203页。
③ 廉江县安铺镇志编纂小组编：《安铺镇志》，湛江市第一中学印刷厂印刷，1986年，第250页。
④ 廉江市卫生局编：《廉江市卫生志》，北京：中国社会出版社，2000年，第203页。
⑤ 民国《石城县志》卷十《事略》，民国二十年铅印本。

疫在民国《石城县志》中的记载不多，而有关的防治措施以及对鼠疫的认识亦未找到，从上述资料亦可得知鼠疫病在城市比乡村流行严重。"鼠疫者鼠死而疫作，故以为名，其症为书所不载，其害为斯世所骇闻，乡复一乡，年复一年，为祸烈矣，为患久矣。"[①]鼠疫的流行季节从冬天开始大致到端午节才告息，感染者十有八九死亡，故当地人称之为"年冬病""发人瘟"。

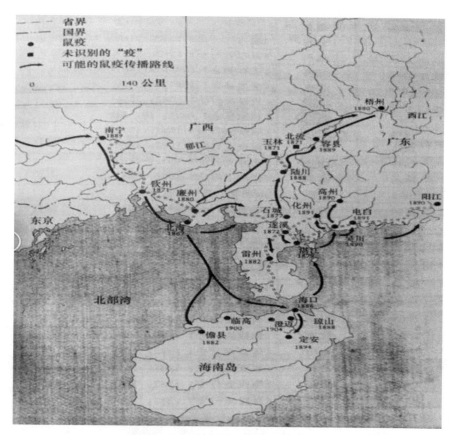

粤西运输路线沿线鼠疫传播路线图

（来源：［美］班凯乐著，朱慧颖译：《十九世纪中国的鼠疫》，北京：中国人民大学出版社，2015年，第71页）

———————————

① 罗芝园：《鼠疫汇编·原序》，1897年羊城翰元楼藏版。

廉江县自1877年发生此病至1952年，共流行75年之久。先后有284条自然村发生流行，分布现属行政区域9个镇54个管理区（居委会）。根据不完全统计，发病6049人，治愈80人，死亡5969人。[①]另外根据《中国医史》征引的材料，有位叫Thoulon的西方人当时在石城县活动，称1880年石城鼠疫流行，4000人中死了1000人。1915至1919年流行更为剧烈，比较严重的有县城、安铺、石领、营仔、横山等地。[②]该名西方人所称的死亡人数与建国后统计的鼠疫鼠疫人数具有明显的偏差，但也在一定程度上也反映了当时鼠疫死亡率挺高的。附上廉江市鼠疫流行统计表。[③]

廉江市鼠疫流行情况统计表

流行阶段	发病人数（人）	死亡人数（人）	病死率（%）
初期（1872—1889年）	15	15	100
持续流行阶段（1890—1949年）	5863	5863	100
疫情控制阶段（1950—1952年）	171	91	53.22
总计	6049	5969	98.68

鼠疫病在廉江县流行的75年中，曾发生过三次大疫发作：第一次发生于1891年，在安铺墟、廉城墟和里屋湾村（今属河堤镇）、

① 廉江县鼠疫防治站编：《廉江县鼠疫流行史调查工作总结报告》，1957年。

② 转引自赖琼：《近代以来雷州半岛鼠疫的流行与防治》，《广东医学院学报》，2013年第5期。

③ 湛江市地方志编纂委员会：《湛江市志》，北京：中华书局，2004年，第348页。

上村（今属龙湾镇）等地流行肆虐，民不聊生，共感染703人，无一生还；第二次发生于1894年，在陀村（今属雅塘镇）、曲塘村、许村（今属龙湾镇）等地爆发流行，患者500人全部死亡；第三次是1901年，在廉城及今属龙山镇内的中路头、明窝、埇塘、曲塘、东边坡、加修塘等村；今属横山镇的上乙曹、双头透、边山等村；今属河底镇的欧家塘、大尾埇、新村、双塘等村暴发流行，共发病1030人，全部死亡。除此三次大流行外，1892年、1910年、1911年、1915年、1917年、1940年、1942年、1943年、1945年、1947年、1948年、1949年、1950年等13个年份中，在现属行政区域的安铺、横山、河堤、廉城、龙湾、雅塘、石岭、营仔镇内都有过局部的流行。每年发病都在90到160人之间，得病者除1950年有35人治活外，其余年份的全部死亡。① "1894年陀村一带暴发流行，发病400多人，全部死亡。1901年，廉城及今属龙湾、横山、河堤等镇旧疫区暴发流行，发病1030人，无一存活。"②除上述13个年份外，其余年份则是散发流行，每年发病在90人以下，除1951年有45人治活外，其余年份的亦是全部死亡。

安铺墟是廉江县的鼠疫病重灾区，当时有位名叫苏道南的写了一篇描述安铺鼠疫惨状的《鼠疫行》："东死鼠，西死鼠，人见死鼠如见虎。鼠死未几日，人死如墙堵。三人同行未十步，忽见两人横截路。昼死人，莫敢数，白色惨淡愁云护。夜死人，莫敢哭，疫鬼吐气摇灯绿。四更风起灯熄灭，人鬼尸棺暗同屋。鸟啼不断，犬吠时闻，人含鬼魄，鬼吐人神……白日逢人疑作鬼，黄昏见鬼反

---

① 廉江市卫生局编：《廉江市卫生志》，北京：中国社会出版社，2000年，第204页。

② 廉江市卫生局编：《廉江市卫生志》，北京：中国社会出版社，2000年，第204页。

是人。"^①这首诗生动地描述了当时鼠疫对安铺人民带来的沉痛伤害。"安铺鼠疫从光绪十一年（1885年）发生后从未中断，其中以光绪十七年、民国十七年（1928年）、民国二十四年（1935年）的疫情最严重。据统计，安铺在建国前患鼠疫病户达90%以上。西街居民许氏（峤和祥店）一户，17口人，颇有资产，因连年患鼠疫死去大部分人而倾家荡产。东街陆公益一连三代都死于鼠疫。更有甚者是中街的陈家汉一户七人，全部死于鼠疫，最后连入屋盗窃的歹徒也染鼠疫死于其家，造成一家七口累尸八具的惨状。"^②鼠疫所造成的危害上及富裕之家下至贫贱之户，轻则倾家荡产重则性命不保。人民群众携老扶幼四处逃跑，富裕人家逃到了廉城、湛江或者北海城市；穷人逃过九洲江，在北岸搭起简陋瓦房或茅寮暂住；走投无路的只能听天由命。全镇的商户关闭，学校停课（安铺中学每年端午节后才正式上课），一片萧条，酷似死镇；二、五、八圩期也是中午成圩，下午二时散圩。^③农村疫区人逃田荒，无人耕种，逃命者一直要待到端午节后才敢搬回来谋生。

二、清末和民国时期的鼠疫防治

（一）清末鼠疫的防治

"石城为越扬裔，土属岭南之南，《投荒录》云：岭南方盛

___

① 廉江县安铺镇志编纂小组编：《安铺镇志》，湛江市第一中学印刷厂印刷，1986年，第251页。

② 廉江县地方志编纂委员会编：《廉江县志》，广州：广东人民出版社，1995年，第675页。

③ 廉江县安铺镇志编纂小组编：《安铺镇志》，湛江市第一中学印刷厂印刷，1986年，第250—251页。

夏倏阳倏雨，大雨倾注倏赫日，故炎热甚于北土，即春秋之季亦多暖少寒。旧志云：县境西南濒海多郁蒸多湿热。"①石城县多"山障"，地势低洼，气候湿热，易滋生细菌，加之当时人们缺乏卫生意识和科学知识，使鼠疫得到蔓延。鼠疫患者发高烧，面红烦渴，渐至腋窝、腹沟隆起结核或肿块，呈紫红色，若错过治疗时机，便无可救药。现实中对鼠疫的无助转而为求神拜佛"打幡""打醮"②之类的驱邪送瘟神活动。石城县属于南疆边陲，清政府对其鼠疫防治不够重视，所幸的是粤西民间医生在长期防治鼠疫的实践基础上不断总结经验教训，撰写著作防治鼠疫。

吴宣崇著有中国目前所知的第一本鼠疫专著《治鼠疫法》③。在该书的《原起》中记载了当时人们对广东鼠疫病状的认识："人感疫气，辄起瘰疬，缓者三五日死，急者顷刻，医师束手。间有大斑割血，用大苦寒剂得生者，十仅一二而已。……四月后，则瘰疬者鲜死，死者又变焦热、衄血、黑斑诸证。初有知广西雷廉之事者，劝诸人亟逃，人皆迁之。久之祸益剧，乃稍信前说，见鼠死则尽室以行，且多服解毒泻热之品，由是获免者甚众。越端午乃稍稍息。"④吴宣崇根据发病的情况，认为疫气为"地气"。他指出："同一邑也，城市者死，山林者免焉。同一宅也，泥地黑湿者死，铺砖筑灰者免焉，暗室蔽风者死，居厅居楼者免焉。况一宅中婢女

---

① 民国《石城县志》卷二《舆地志下》，民国二十年铅印本。

② 廉江县安铺镇志编纂小组编：《安铺镇志》，湛江市第一中学印刷厂印刷，1986年，第251页。

③ 吴宣崇：《治鼠疫法·鼠疫原起》，参见《鼠疫汇编》，1897年羊城翰元楼藏版。

④ 吴宣崇：《治鼠疫法·鼠疫原起》，参见《鼠疫汇编》，1897年羊城翰元楼藏版。

小儿多死，坐卧贴地，且赤足踏地也；妇人次之，常在室地；男子静坐，又次之，寡出不舒散也。"①从中我们可以看出吴宣崇已经认识到通风的环境有利于避疫。同时，他也列举了一些预防鼠疫的方法：

> 避之之法，当无事时，庭堂房屋洒扫光明，厨房沟渠整理洁净，房屋窗户通风透气，凡黑湿处切勿居住。闻近邻有死鼠，即要时时照察，埋鼠时掩鼻转面，勿触其气，如误触其气，急取逆风吹散之……并宜时用如意油拭鼻，以辟邪气，家中人不可坐卧贴地，奴婢小儿俱要穿鞋，农人亦宜穿草鞋，以隔地气……疫势稍急，即宜遽避，得大树下阴凉当风处为妙……或泛舟水上尤妙……雷廉十余年，凡船户及疍家，即渔户棚，从无犯此证者……倘无处可避，则每日全家男女，俱出屋外有树木处高坐吹凉，夜间回家，任要开窗透风。且用极幼细之沙厚铺床底，讲房间拆开见天，自然平安。②

从上述材料我们可以得知吴宣崇提出预防鼠疫的方法不仅要保持室内外清洁卫生、不仅提出通风透气有助于避疫，而且还指出处理疫死者尸体、死鼠均应在通风环境下进行，并且避免接触。在治法方面，吴宣崇主张此病为"热毒在血分，以凉血解毒泻热为

---

① 吴宣崇：《治鼠疫法·鼠疫原起》，参见《鼠疫汇编》，1897年羊城翰元楼藏版。

② 吴宣崇：《治鼠疫法·避法第一》，参见《鼠疫汇编》，1897年羊城翰元楼藏版。

主"。①但是吴宣崇以攻为主的治法疗效尚不是很理想，他指出：
"疫初起时，其势尚轻，投药易效。疫既退时，其势渐轻，投药亦
效。惟疫气大作之际，不论何症，均非药所能奏功。且用药时其脉
洪壮者有效，脉微弱者难救，为其毒重而不能受攻故也。必以逃避
为第一关。"

清同治、光绪年间广东石城人罗汝兰以吴宣崇的《治鼠疫法》
为蓝本，再结合个人防治鼠疫经验，著有《鼠疫汇编》。在对鼠疫
病因认识方面，罗汝兰认为病因不仅是地气，也有天气，不但从口
鼻入，也从毛孔入。在治法方面，他指出：

> 偶见《医林改错》一书，论道光元年京师时疫，日死人无
> 数，实由热毒中于血管，血壅不行。夫已壅不行，必然起肿，
> 予始恍然焉。盖鼠疫一症，初起红肿结核如瘰疬，或忽起于不
> 自知，或突起于所共见，其溃者流淤血，非热毒成淤之明验
> 乎？其甚者热懵而毙，非热毒淤血攻心所致乎？②

罗汝兰认为鼠疫是"热毒成淤攻心所致"，故结合个人防治鼠
疫经验他提出了"解血毒，清血热，活血瘀"③的治疗原则。1894
年传刻《治鼠疫法》并运用其治法的地方，疗效均较理想，如"石
城以坨村、石岭一方为最，城内安铺及各乡次之；化州以新安一方
为最，州城及各乡次之；廉府以城厢内外为最，山口、北海及各

---

① 吴宣崇：《治鼠疫法·医法第二》，参见《鼠疫汇编》，1897年羊城翰元楼
藏版。

② 罗汝兰：《鼠疫汇编·再续治鼠疫方序》，1897年羊城翰元楼藏版，第2页。

③ 罗汝兰：《鼠疫汇编·原起论》，1897年羊城翰元楼藏版，第2页。

乡次之；琼府以海口为最，海田及府城次之；雷府以平石为最，城厢及各乡又次之。"①罗汝兰本人也亲自在坨村施治，"（光绪）二十年（1894年），予族陀村，感次症者数百，用之全效……二十一年，陀村疫复作，按治未效，加药方效。"②罗汝兰的治法疗效比吴宣崇大有进步，他的防疫鼠疫经验在广东、福建两个鼠疫区流传甚广。

晚清时期，清政府内交外困，地方政府也不够重视，并未有应对鼠疫流行的实际性措施。多是依靠粤西本土的吴宣崇、罗汝兰等民间中医，结合自身防治鼠疫经验而总结出的初步的避疫方法和中医药方，但是避疫停留于通风透气等基本防治措施，未达到对鼠疫的科学认识和治疗。且当时人们缺衣少食，大部分人缺乏科学卫生知识，封建迷信，对环境卫生不太注意，导致廉江鼠疫蔓延数十年之久而未能彻底防治。

（二）民国时期鼠疫的防治

民国初期，广州等大城市开始把鼠疫防治纳入了政府的职能范围。封建迷信活动盛行，地痞神棍趁机敲诈人们。民国政府主要采取了以下措施防治鼠疫：

1. 政府禁止迷信活动及宣传防疫知识。

面对封建迷信活动的盛行，危害社会治安，政府公布禁令禁止迷信活动。如：

> 廉江县政府布告……一应即布告严禁建醮游神。各□乡镇

---

① 罗汝兰：《鼠疫汇编·复病治法》，1897年羊城翰元楼藏版，第27—28页。
② 罗汝兰：《鼠疫汇编·再续治鼠疫方序》，1897年羊城翰元楼藏版，第2—3页。

长如有核准或徇情不报，请上级制止者应予惩处；二发动有名
望之地方人士及知识分子广为宣传，切实开导以破除人民迷□
权心理；三如有建醮游神之基金者，应提拨办理当地公益慈善
事业，嗣后不准藉定务须注意贯彻执行，毋稍怠忽除分电外合
行电□遵照办理仍将办理情形□时□报。①

廉江县政府在禁止"建醮"、游神等迷信活动的同时也依靠报
刊向大众宣传鼠疫防疫知识，在《廉江民报》中续刊《介绍鼠疫症
的豫（预）防及疗法》一文，详细介绍了治疗鼠疫的药方"肺鼠疫
方""腺鼠疫方""鼠疫性败血症方""解毒汤"等。②

2. 开展卫生扫除运动。

鼠疫在广东的广泛传播，逐渐引起政府的重视。民国三十五
年政府公布《广东省三十五度夏令卫生运动实施纲要》，主要包括
"人员召集及训练""防疫注射""举办清洁大扫除""整理水
源"等方面。③为响应省政府号召，翌年廉江县警局召开冬令卫生
会议。

"警局为维持冬令卫生彻底整洁市区范围及防疫"④，民国
三十六年廉江县警局召开冬令卫生会议："一定本月十八日为清扫
洁大除……举行清洁总检查；二关于清洁办法，各机关学校由各主
管人员督导自行清洁，商户由镇公所转饬各保甲长负责按户晓论清
洁……；三关于清洁检查惩奖，由警局会相各机关派员负责检查；

---

① 《廉江民报》，民国1946年5月5日。
② 《廉江民报》，民国1946年6月3日、9日、16日。
③ 《廉江民报》，民国1946年4月14日。
④ 《群言报》，民国1947年1月19日。

四关于卫生宣传……。"①政府动员各机关学校等进行卫生清洁，不仅有各机关等主管人员监督卫生工作，而且还实行检查后奖惩、进行卫生宣传的办法来推动该运动。在实际清洁中会议要则也得到落实，"各街道昨经清理完竣，市容为之一新，尤其西门内之阴沟，早经闭塞，每当大雨时对于西台岭一带之水，无法消流，附近铺户易予受灾，亦经浚通，为利不浅云"。②

廉江县政府在鼠疫流行区开展清扫运动，民国三十七年石岭鼠疫流行，"该乡长黎谦堂，乃于本三月三十七日召开清洁运动大会，□出席计，有各机关学校民众七百余人，由黎乡长谦堂宣布召开清洁会议，继由县清保会李组长德芳演说，旋即挨户检查清洁举办大扫除云"。③可见，民国时期政府比较重视地方的卫生情况和鼠疫传播情况。

3. 成立赠诊所，注射疫苗。

1938年，西区署据报安铺发现鼠疫流行，电报广东省卫生处，即派欧阳慧总科长和国际联盟防疫委员会派驻中国代表人法国人杜鲁到西区署与负责人一起去安铺了解鼠疫状况，向广州湾西营医院借一些疫苗回安铺注射。④但最后因疫苗有限，只有少部分人注射了。

1941年在安铺建立过"南路鼠疫防治所"⑤，有编制5人，负责南路8个县的防治任务，但每年只打少量鼠疫防疫针，却没有真

---

① 《群言报》，民国1947年1月19日。

② 《群言报》，民国1946年10月27日。

③ 《群言报》，民国1948年3月19日。

④ 《群言报》，民国1947年3月23日。

⑤ 廉江市卫生局编：《廉江市卫生志》，北京：中国社会出版社，2000年，第206页。

正的有效措施，1944年9月日军占领安铺后停办。1946年，廉江县政府在县西街设立赠诊所，并且聘请地方名医多人按时到诊所赠诊（每天上午六时至八时，下午一时至三时）。①

民国时期，政府对廉江县的鼠疫情况采取了一些防治措施，并取得一定的成果。1921年12月12日，粤军第七路黄强司令抵达安铺，他记载："十五廉江县长黄德华，自廉江见，并谈商协缉股匪事宜。安铺有海关一所，地颇洁净，故以该处为行营。安铺东通遂溪赤坎，北通廉江广西，西通廉州，故商旅极盛。"②但总体上，由于当时战乱不休，政府自顾不暇，经济凋零，医疗设备落后，医药缺乏，政府无充足的人力物力全力组织人民去抵抗鼠疫，从而不能根治鼠疫。

三、鼠疫的根除

新中国成立以后，在政府的大力支持之下，廉江鼠疫得到了根治。1950年2月，中央防疫队27人到廉江县安铺镇开展鼠疫防治工作，并取得很大成效。建国后为控制鼠疫流行主要采取了以下措施：

1. 成立领导机构，开展爱国卫生运动。

1950年，国家派来了中央防疫大队，省军政卫生鼠疫防大队和区委、镇委组成安铺防疫领导机构，成立镇和各街道防疫委员会，动员群众开展大搞室内外环境卫生的群众性爱国卫生运动。1951年1月，广东省第二鼠疫防治队派出防疫人员到安铺镇进行防治。在

---

① 《廉江民报》，1946年5月5日。
② 《黄司令官造雷平匪实纪》，雷州道南印务局，1922年，第12—13页。

中央防疫队和省鼠疫防治队的指导下，各地开展了清洁室内外卫生和灭蚤灭鼠为中心的卫生防疫运动。省鼠疫防治队在田头村（今属安铺镇管辖）设立"鼠疫病临时隔离医院"，发现鼠疫病人及时隔离，接收鼠疫病人医治，救活了大批患者。1952年疫情得到控制后，还成立了廉江鼠疫防治站，继续进行鼠疫病流行病学调查和疫源监测，继续在疫区开展灭鼠、药物灭蚤、打鼠疫预防针及鼠疫查源工作。[1]

安铺镇在防疫联合委员会领导下，制定防疫规划，卫生公约；定期大搞室内外卫生，粉刷墙壁，清理历年积垢藏污池洼、沟渠、垃圾堆、塞鼠洞、灭蚤、灭蝇、灭蚊虫；禁止随地吐痰、丢果皮、抛物屑、严禁放养禽畜，认真改进水井，建设化粪池，粪便集中发酵无害化处理，以消灭药源体和寄生虫卵，填平低洼地，消灭蚊虫滋生地，植树造林，培植盆景，以美化环境，建立环卫站，取消历史遗留下的粪池，配备人员专管公共厕所及清理各街道的垃圾，使卫生工作有人管；不准牛车随便入街，入街牛车要备有牛粪袋。后来还采取措施，设置果皮箱，痰盂，垃圾桶，新建蓄粪池等。[2]经过卫生大整顿，安铺镇市容一改过去肮脏不堪的形象，且鼠疫得到积极控制。

2. 在疫区进行大面积药物灭蚤。

每年在鼠疫流行季节之前，政府组织人员对发生过鼠疫的旧疫区周围的村庄（街），进行1到2次的药物灭蚤。1950到1952年由于药物缺乏，灭蚤工作采用烧燎方法，先把家里的家具搬出，在地面

---

① 廉江市卫生局编：《廉江市卫生志》，北京：中国社会出版社，2000年，第206页。

② 廉江县安铺镇志编纂小组编：《安铺镇志》，湛江市第一中学印刷厂印刷，1986年，第259页。

铺上20到30厘米的干稻草，由内向外点火燃烧，优点是造成地面高温，使蚤、卵等地面的昆虫烧死，效果很好。①

1953年起使用广东省鼠疫防治所加工的DDT、666粉，免费发给疫区户灭蚤。控制性灭蚤，对疫村及周围1到2.5公里内村庄灭蚤，控制疫情的流行和蔓延。

3. 进行人工捕杀与药物毒杀相结合的大规模灭鼠。

1952年后灭鼠工作在县爱国卫生委员会的统一部署下，由县鼠疫防治站技术指导，结合农业生产的作物保护和除"四害"运动，每年都在春秋两季进行突击药杀已成为灭鼠制度，不断研究创新方法，首先消灭滋生地，收到显著效果。并采用定期药物捕杀和组织群众用捕挖熏灌堵等方法进行经常性的人工灭鼠。全县的灭鼠毒药，采用百分之零点一敌鼠钠盐毒谷，每户一至二市斤，首创饱和投药法（又称连续投药法），即投药后不再收回，每房两堆，每堆二十克，隔天检查，取食完的加倍补充，直至毒饵无消耗为止（一般投药十至十五天即没有消耗而达到饱和）。②此外，还提出四不漏（即填不漏街，街不漏户，户不漏间，地不漏块）的措施，每天敌鼠的钠盐毒谷饱和投药，灭鼠率百分之百。

在建国初期，用红海葱、安妥等药物，于旧鼠疫区（2.5公里内）进行灭鼠。1956年使用磷化锌，既安全效果又好，此药一直用到60年代。

4. 在人群中普遍注射鼠疫疫苗，增强人群对鼠疫的抵抗力。

1950年初，东街一家发现有鼠疫死人。防疫队立即来到现场，

---

① 廉江市卫生局编：《廉江市卫生志》，北京：中国社会出版社，2000年，第207页。

② 廉江市卫生局编：《廉江市卫生志》，北京：中国社会出版社，2000年，第206页。

宣布疫区，劝导那家人到防疫收容室，严加封锁隔离，由于防疫队采取有效措施，结果鼠疫不再扩展。[①]安铺镇政府认真贯彻中央"预防为主"彻底消灭鼠疫的指示，依靠群众大搞防疫工作。1951年到1952年初，举办了两期防疫训练班，培养了26008名防疫骨干，号召人民进行防疫注射，增加身体抵抗力，降低发病率。[②]在这些骨干的带头下，防疫措施得到进一步落实，防疫工作越来越好。

1951年，廉江县的鼠疫消灭了，城镇恢复了以往的勃勃生机。1952年12月在北京召开的第二届全国卫生会议上举行隆重的颁奖典礼，安铺镇被评为全国卫生丙级模范，得到毛泽东主席题词的奖旗和两千万元奖金（旧人民币）。1953年又被评为广东省乙等卫生模范，荣获锦旗一面和一千万元（旧人民币）奖金。[③]

四、结语

鼠疫从1877年传入廉江县，流行了75年之久，从暴发到扑灭，不同时期的政府和人民采取了不同的防治应对措施。晚清政府对廉江县疫情不够重视，且当时社会落后封闭，只能依靠一些民间中医结合自身防治鼠疫经验去医治病患，缺乏对鼠疫的科学认识，导致疫情的蔓延；民国时期，政府虽对鼠疫的传播有一定的警惕和防治措施，并取得了一些成绩。但总的来说战乱不止，政府无充足的人

---

① 廉江县安铺镇志编纂小组编：《安铺镇志》，湛江市第一中学印刷厂印刷，1986年，第258页

② 廉江县地方志编纂委员会编：《廉江县志》，广州：广东人民出版社，1995年，第676页。

③ 廉江县安铺镇志编纂小组编：《安铺镇志》，1986年，湛江市第一中学印刷厂印刷，第258页。

力物力全力去组织人民抗疫，故虽取得一些成效，但却还不能根治鼠疫；建国后，政府以专业防治和群众运动相结合的方式，开展全民性的消灭鼠疫运动，最终扑灭了鼠疫，其鼠疫防治经验值得后人汲取。

（郑美鸿，华南师范大学历史文化学院硕士研究生）

译文：

Peste et sa prévention à Lianjiang de l'ouest du Guangdong depuis la fin de la dynastie de Qing

ZHENG Meihong

Lianjiang se situe au sud-ouest de la province du Guangdong et au nord de la Péninsule de Lei-Tchéou et confine à Guangxi, au bord du golfe du Tonkin. Lianjiang s'appelait Shicheng en appartenant à Kao-Tchéou-Fou et a changé Shicheng en Lianjiang en 1914. La peste est une épidémie due à un bacille porté par les animaux rongeur, comme souris et marmotte, qui affecte les êtres humains. La peste a commencé à s'introduire dans la ville de Shicheng en 1877 et a été contrôlée en 1952. Elle s'y répandait depuis soixante-quinze ans et faisait du mal au peuple. Pendant les différentes périodes historiques, les préventions du gouvernement et du peuple étaient aussi distinctes, ainsi leurs effets étaient différents.

Pendant la période de l'empereur Guangxu des Qing, la peste a commencé à s'introduire dans la ville de Shicheng qui appartenait à la frontière du sud, le gouvernement de Qing n'a attaché pas une grande importance à la prévention de la peste, en plus le peuple avait la pensé féodale et superstitieuse, la peste se répandait donc largement. Les médecins folkloriques de l'ouest du Guangdong ont fait le bilan des

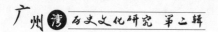

expériences acquises sur la base de la pratique de la prévention à long terme de la peste et ont écrit des ouvrages pour la prévenir et guérir. WU Xuanchong venant de Wuchuan du Guangdong a écrit *Traitement contre la peste*. Il s'est aperçu non seulement que l'environnement ventilé a favorisé la prévention de la peste, mais aussi a proposé de maintenir une bonne hygiène de l'intérieur et de l'extérieur, de traiter les cadavres humains ou les souris morts infectés dans l'environnement ventilé et d'éviter de les toucher. Mais il a accordé la priorité à l'attaque comme moyen du traitement, son effet n'était pas bon. LUO Rulan venant de Shicheng du Guangdong a pris *Traitement contre la peste* de WU Xuanchong comme source et l'a combiné avec son expérience de prévention de la peste, il a donc écrit *Recueil de peste*. Son effet du traitement était meilleur que celui de WU Xuanchong. Son expérience se répandait largement dans la province du Guangdong et du Fujian.

A la fin de la dynastie de Qing, le gouvernement de Qing restait dans l'état difficile de l'intérieur et de l'extérieur. Les gouvernements régionaux n'ont attaché pas de l'importance à la peste, et ils n'ont pas donc pris de mesures efficaces. Principalement, des médecins chinois folkloriques, comme WU Xuanchong et LUO Rulan, ont mis en œuvre des moyens élémentaires et des remèdes de médecine traditionnelle chinoise avec leurs propres expériences. Mais c'étaient des mesures basales de prévention, par exemple ventilation, ils n'étaient pas capables de connaître scientifiquement la peste et son traitement. D'ailleurs, les gens n'avaient pas les vêtements et les nourritures suffisants, la plupart des gens manquaient de connaissances hygiéniques, avait la pensé féodale et superstitieuse et négligeaient la hygiène de l'environnement. En conséquence, la peste se répandait pendant dix ans et elle n'était pas prévenue et guérie.

Au début de la République de Chine, comme la peste se répandait largement dans la province du Guangdong, le gouvernement l'a prise peu à peu au sérieux. Le gouvernement des grandes villes, comme Guangzhou, a inclus la prévention de la peste dans le cadre des ses attributions. A ce moment-là, la superstition était en vogue, des malfaiteurs et le défilé des divinités locales ont profité de l'occasion pour extorquer de l'argent aux gens et mettre en danger la sécurité publique. Le gouvernement a interdit les activités de superstitions, comme sacrifice taoïste et défilé des divinités locales, et il a diffusé les connaissances de préventions de la peste au peuple à travers la presse. Ensuite, le gouvernement a déclenché une campagne de nettoyage sanitaire. Tous les fonctionnaires ont mis à l'œuvre pour nettoyer et chaque département a désigné un responsable pour la contrôler et appliqué le système de récompense et de punition. D'ailleurs, le Bureau de prévention de la peste de Nanlu a été établi à Om-Pou en 1941 et a offert les vaccins gratuits. Mais à cause des vaccins limités, il n'y avait qu'une minorité de gens pour s'injecter. En 1946, le gouvernement de Lianjiang a proposé d'offrir une clinique au médecin réputé pour traiter les malades gratuitement.

Au début de la République de Chine, le gouvernement de Lianjiang a pris des mesures de prévention et a obtenu un bon résultat. Mais, globalement, à cause des guerres incessantes, le gouvernement n'avait même pas le temps de s'occuper de ses propres affaires, l'économie a régressé, les équipements médicaux étaient en retard, il manquait les médicaments, le gouvernement n'avait pas les ressources humaines et matérielles pour résister à la peste. On ne pouvait pas l'éradiquer.

Après la création de la nouvelle Chine, la peste a été éradiquée à Lianjiang dans le soutien du gouvernement. En février 1950, l'équipe de prévention de la peste de l'autorité centrale où il y avait 27 personnes a promu la prévention de la peste à Om-Pou de Lianjiang et a obtenu un grand effet. Après la création de nouvelle Chine, afin de contrôler la propagation de la peste, le gouvernement a prit les mesures suivantes: premièrement, l'organisme de direction établi a déclenché un mouvement patriotique pour l'hygiène publique; deuxièmement, on a exterminé les puces avec les médicaments à la zone frappée par la peste ; troisièmement, les souris ont été exterminé à une grande échelle avec les médicaments par les gens. Au moyen de combinaison de la prévention professionnelle avec le mouvement des masses, le gouvernement a déclenché un mouvement d'extermination des souris par le peuple tout entier. Enfin, la peste a été exterminée, l'expérience de sa prévention a mérité d'être assimilée par la génération.

（ZHENG Meihong，l'étudiant de master à faculté de l'histoire et de la culture de Université Normale de Chine du sud，Guangzhou）

（北京城市学院　王珊珊译）

广州湾历史遗产资源利用研究

国民政府对湛江港新规划之探究

◎张波扬

摘　要：抗战胜利后，中国国家独立进程取得历史性的进展，湛江港的建设发展真正纳入至国家层面的规划之中。由于结束了列强割据的局面，西南地区被纳入一体化建设，这充分反映了民族独立对国家规划发展的重要性。不过，湛江港的建设进程也体现出复杂的四角关系：美苏国共分别成为复杂局面的影响因子，美国与国民政府联合制苏，国共内战最终导致港口建设搁置。此后，这一区域的发展蒙上了冷战时代的阴影。

关键词：湛江港；国民政府；建港计划

湛江港原名为广州湾，位于广东省雷州半岛海域范围之内，从古到今都是重要的地区性大港口。其优越的地理位置而为列强所觊觎，曾长期沦为法属殖民地，并为日军于1943年所短暂占领。1945年8月18日，国民政府与法国政府在重庆签订《中法交收广州湾租地专约》，恢复中国对广州湾的主权，并改名为湛江市。抗战胜利后，中国国家独立进程取得历史性的进展，湛江港的建设发展真正纳入至国家层面的规划之中。

一、湛江建港工程的筹备

港口与铁路之间互为依存的紧密联系，但凡修建港口必定要有完善的铁路予以配备，方可最优地发挥外向海洋与内向腹地的共振效应。湛江建港计划的实施过程中，铁路建设与港口建设齐头并进，互相影响。

第一，来湛铁路的修筑。湛江修建大港的设想并没有在孙中山之《建国方略》中有所阐述，也有出于革命统战层面的考虑。[①]孙中山先是在实业计划有修建渝（重庆）、钦（钦州）铁路干线之议，后铁路干线计划变更为由兰州起，经天水、成都、贵阳、柳州以达湛江西营，全长3700公里。囿于湛江仍为法属殖民地，孙中山的建港设想既不便提出又没有实施的合适时机。时至1938年，法国忙于欧洲迫在眉睫的战事而无暇东顾。中国已与日本全面开战，国民政府以抗战需要为名，开始对柳州至湛江铁路的来湛路段测量施工，也即广西来宾到湛江的路线。随着日本侵略至华南地区，修路工程陷于中断。

抗战胜利后，国家百废待兴，国民政府顺应人民意愿也制定一系列发展经济的措施。国民政府颁布的《战后第一期铁路计划》中，以"开发西南"为由，决定修建来湛铁路。来湛段全长401公里，为施工方便起见乃设桂（广西）境和粤（广东）境两工程处（隶属交通部湘桂黔铁路工程管理局），桂境占300多公里，粤境占59公里兼办港口工程。1946年12月中旬，成立来湛段桂境铁路工

---

① 孙中山不将湛江港纳入建港计划内，可从三个具体方面理解：第一，孙中山希望与西方国家实现经济上的合作；第二，法国对孙中山革命运动多方协助，广州湾（即湛江港）可作革命工作之跳板与掩护地；第三，避免引起法人的反感与刺激法人的情绪。参见郭寿华：《湛江市志》，台北：大亚洲出版社，1972年，第50页。

程处。次年2月，来湛段粤境铁路工程处也在湛江西营（今霞山）成立。其后，粤境铁路工程处组织两个测量队对粤境铁路进行分段测量。第一测量队从湛江西营向北勘测，经赤坎、黄略、遂溪、马头岭而达廉江；第二测量队自廉江出发，经过塘口、大洞岭、焦坡、石角止。同时，测量队还草测了廉江至东营处麻斜、湛江至海安的铁路支线。

截至国民政府垮台，整个来湛铁路工程仅是广西境内部分桥梁择要施工，完成少量桥墩。国民党残余势力败退台湾前，关于铁路和港口的规划材料也大多遭销毁。

第二，建港计划的制订。湛江港口自形成以来就商旅往来不绝，其域内的徐闻港是否为古代海上丝绸之路的始发港仍存争议，而其重要之商业港口地位由此可见一斑。法国强租广州湾（湛江港旧称）后，实行自由贸易港口政策，以致"商人趋之若鹜"。抗日战争爆发后，湛江港一度成为唯一自由对外通商的口岸，出口物资额于1940年达1000多万美元。[①]1943年3月，湛江港沦陷后受限于日本帝国主义的封锁禁运政策，港、市衰退。抗战胜利后，湛江港贸易才开始复苏。1945年10月，时任湛江市市长郭寿华向国民政府行政院提出"开放湛江市为我国西南商埠案"。12月6日，国民政府开放湛江市为对外通商口岸。1946年5月28日，国民政府行政院工程计划团中外工程师6人（内有美籍2人，为宋子文从美国聘请而来）由主任汪菊潜率领从南京飞粤视察海港事务，于5月31日乘海雄轮抵湛江，翌日由市长郭寿华陪同测量湛江港口，拟在湛江开辟

---

① 《湛江港口》（湛江文史资料第十四辑），中国人民政治协商会议广东省湛江市委员会文史资料研究委员会编，中国人民解放军第四二三二工厂印刷，1995年2月，第8页。

自由贸易港，港口可让一万五千吨轮船靠泊。经过一年多的时间，湛江建港工程勘察测量的设计工作完成。1947年7月，湘贵黔铁路来湛段粤境工程处出台《湛江建港计划》。

湛江建港计划中，国民政府对于湛江港战略定位是具有国际化视野的，并且对其港口功能规划也十分明确。总的来说，湛江港发展方向和发展进程越来越受到国家层面的重视，对后来港口的发展有一定的促进作用。国民党政府和美国政府策划在湛江建军港、商港的计划和准备修建马歇尔大道（即由湛江起点通往欧洲的铁路线），使这个港所起的作用和战略地位，才引起历史性的变化。①

二、湛江建港之系列规划

湛江建港之系列规划，都表明了中央政府和地方政府是从国际视野着眼来审视港口的地理位置。还有，商港、军港都予以了较为详尽的规划，足见湛江港口战略容纳性之强。

（一）优越的地理方位

勘探结果认为："本港水深，足供世界任何巨轮停靠。""中央鉴于西南经济建设上之重要，为谋完成贯通西南西北大动脉，乃有兴筑由湛江直达兰州铁路之建议，于是湛江港口之开辟，不仅国人寄予莫大之期望，亦为世界人士所瞩目。盖以其位置上握兰广干线之咽喉，为西南通内陆之门户，地理形势优越，足与世界各名港

---

① 《湛江港口》（湛江文史资料第十四辑），中国人民政治协商会议广东省湛江市委员会文史资料研究委员会编，中国人民解放军第四二三二工厂印刷，1995年2月，第39页。

相将，将来完成于国家经济国防价值之重大，固不待智者而后明也。"[1]国民政府中央方面对湛江港进行展望的基础上，地方政府也有了稍为更进一步的发展设想。1947年12月湛江市市长、建筑工程专家柯景濂主持草拟的《新港口计划》写道："湛江市得天独厚，地理环境居我国海岸线之最南端，与海南岛隔海对峙，遥作屏障，海港深阔，堪与香港、越南争短长，无论军事、商业、运输，均有其相当价值。时人高瞻远瞩，辟作军商海港，接以铁路，贯通内地，其吐纳腹地，深达粤、桂、滇、黔、川、甘、陕等。"[2]湛江港优越的地理方位日益受到重视，其所具有现代潜质与国际潜质的发展概貌逐渐明晰。

美国政府与国民党政府共谋计划建筑马歇尔铁路线，以湛江为起点，经柳州通重庆出兰州到伊犁。关于马歇尔铁路线的战略作用，国民党国防部新闻局《国防月刊》专稿"国防建设在湛江"一文中有所披露：由海参崴起经西伯利亚贯通欧洲全土的中东铁路，早已修通，可是一旦东西方关系破裂，第三次世界大战爆发，说不定新式帝国主义（苏联）将从我国东北、西北入侵。那么，有了马歇尔铁路线，那时候的湛江，不唯是纯粹我国商港，而将是国际的军事、经济、交通中心。[3]

（二）建港规划的主要内容

国民政府对湛江港的总体规划设计，对港口的腹地功能规划大大扩充，还对增加军港功能予以具体的规划。"其时湘桂铁路已

---

① 陈立新：《海上丝绸之路史》，香港：南方人民出版社，2009年，第335页。

② 陈立新：《海上丝绸之路史》，香港：南方人民出版社，2009年，第335页。

③ 沈荣嵩：《湛江港古今战略地位》，见中国人民政治协商会议湛江市委员会文史资料研究委员会编：《湛江文史资料》第十二辑，第115页。

由衡阳通柳州，柳州至来宾亦已通车，而黔桂铁路又已由柳州西面
入黔。至来宾以南之路以及由黎塘至贵县之支线，原已局部修筑，
交通部商决将黎贵支线延长，经兴业、玉林而至湛江，并在西营建
筑港口与码头。"①更是提及"来天成铁路及川黔铁路筑成，此港
将为西北经川黔出口之一大港口，不特西北西南多得一海口，而
且此港之自然优越条件亦可充分利用"。②湛江港的战略地位在二
战中有所体现，日军占领时曾用作侵华据点与配合南进军事战略，
美军亦曾拟为登陆中国作战基地。③铁路计划修及湛江地区，为湛
江港的开辟提供了便利及进一步发展的基础。《建港计划》关于军
港选址是这样叙述的：鸟冠河东端井头村至竹头村，及巴蒙港南端
东特呈村附近，均筑横具（有土字旁）堵塞以减流砂淤积，并可增
加本港航道流速，维持水深，鸟冠河湾内，拟辟作选船区及船坞，
并加以浚深，为船只避风区域，巴蒙港辟作海军基地，港湾内可作
舰只，修理及避风处所，两岸可充海军船坞。上北涯西门口一带，
充海军基地行政及仓库之用，特呈岛宜作海军训练基地。④建港计
划考虑的事项颇多，而且施工任务庞大，各方面设施条件要跟进。
按照湛江港口的建设规模来进行预算，航道宽度的浚挖数量要达
到二百六十万立方公尺。⑤在造船渔业海军专用码头未计入的前提

---

① 湛江港汇编资料之二：《国民党对湛江港将来发展设想》。

② 湛江港汇编资料之二：《国民党对湛江港将来发展设想》。

③ 湛江市档案馆藏资料：桂铭敬：《湛江港建设计划大要》，载于《工程季刊》
第二期，具体年份待复查，第13页。

④ 湛江港汇编资料之二：《国民党政府在湛江的建港计划》。

⑤ 湛江市档案馆藏资料：桂铭敬：《湛江港建设计划大要》，载于《工程季刊》
第二期，具体年份待复查，第10页。

下，港口的进出口总吨位为每年二千四百万。[①]估计进出口货物有百分之六十须使用仓库，并假定仓库收容能力每年每平方公尺年均四十吨，合计须建360,000平方公尺。[②]除了此外，还要航标、临港铁路、轮渡、供水方面予以配套，可见湛江港要建设成世界性的港口要经历庞杂的过程。面对庞大的工程规划，国民政府将建港工程分为三期：第一期工程以配合筑路器材运输急需及繁荣港市为目的；第二期工程以发展湛江港使成世界二等港为目的；第三期工程以发展湛江港为世界头等港为目的。[③]

三、关于湛江建港计划的总述

中国结束了列强割据的局面，西南地区纳入一体化建设，也反映民族独立对国家规划发展的重要性。再且是，国民政府依托以重庆为陪都的西南地区赢得抗日胜利，西南地区的政治地位与战略价值予以凸显，必然在政治经济国防等方面予以重视。1947年出版的《湛江概况》记述：湛江于"抗战之后，不仅为本省南路门户，且成为我国西南唯一之重要口岸"。[④]二战结束后，战争的阴霾随着两大阵营的形成而并没有消散。开发湛江港进而挖掘西南地区应付国家总体战争的潜力，从而增强国家国防安全感。这与后来新中国

---

① 湛江市档案馆藏资料：桂铭敬：《湛江港建设计划大要》，载于《工程季刊》第二期，具体年份待复查，第10页。

② 湛江市档案馆藏资料：桂铭敬：《湛江港建设计划大要》，载于《工程季刊》第二期，具体年份待复查，第11页。

③ 湛江市档案馆藏资料：桂铭敬：《湛江港建设计划大要》，载于《工程季刊》第二期，具体年份待复查，第13页。

④ 陈立新：《海上丝绸之路史》，香港：南方人民出版社，2009年，第334—335页。

"三线建设"应付可能潜在的对苏战争亦有相似之处。

湛江港建设进程也体现了复杂的四角关系：美国与国民政府联合制苏，国共内战导致港口建设搁置。由此可见，区域性的地方历史深深捲入了大历史的发展进程中，披上了冷战时代背景的外衣。二战后，苏联迫使国民党政府默认其在东北的势力范围，无论对民族情感抑或军事应对方面而言，湛江港方面的建设有政治、国防层面的重要意义。二战后，列强在中国划分势力范围的局面基本终结，国民政府与美国的紧密合作，既与美国扶植中国扩大其在远东的影响力有关，亦是国民党对强邻苏联的疑惧施展以夷制夷之故技。况且，湛江港毗邻东南亚地区，周边国家大多数都曾是朝贡体系的属国。通过湛江港更为密切地发展这些国家的关系，可以增强中国的影响力。这也是表面上被奉为"四强之一"的国民党中国，期许成为名副其实的强国之必经路。

对于湛江建港计划，也一定程度反映了国民党施政没有重心，希图左右逢源，而结果无所适从。当时忙于准备内战，对湛江港的规划建设也仅为一纸空文。其宏大的建港计划，无疑是迎合地方人民久乱思治的和平建设愿望，但最终难免有画饼之嫌。凡此计划因当时经费困难，来湛段铁路工程进展既缓，港工遂无法积极动作。①湛江建港计划是一个极为庞大的工程，国民党对地方的影响力有比较有限，并且对基层的动员能力又更显薄弱。国民党战后对于解决中共的问题是诉诸武力，同时却对建设做较长远的规划，无疑是没有作总体战争的准备。这也充分地表明了国民党施政方针存

---

① 湛江港汇编资料之二：《国民党对湛江港将来发展设想》。

在内在的矛盾性。最后,国民党政权兵败如山倒,其建港计划亦成黄粱一梦。充其量而言,国民政府时期的湛江建港计划为后来湛江新港的建设起到了一定的铺垫作用。

(张波扬,华南师范大学历史文化学院硕士研究生)

译文：

Recherche sur le programme du nouveau Port de Zhanjiang élaboré par le Gouvernement National

ZHANG Boyang

Le Port de Zhanjiang, anciennement connu sous le nom de Kouang-Tchéou-Wan, se trouve à l'intérieur de la mer de péninsule de Lei-Tchéou de la province du Guangdong. Il est un grand port régional qui occupe une place importante de l'antiquité aux temps modernes. Convoité par les grandes puissances, il est envahi et gouverné par la France pendant une longue période dans l'histoire et est occupé par le Japon en 1943 dû à sa situation géographique très avantageuse. Le 18 août 1945, à Chongqing, le gouvernement national a signé avec le gouvernement de France la «*Convention entre le Gouvernement Provisoire de la République Française et le Gouvernement National de la République de Chine pour la rétrocession du Territoire à bail de Kouang-Tchéou-Wan*» dans laquelle la Chine a repris l'exercice de la souveraineté de Kouang-Tchéou-Wan et l'a intitulé ville de Zhanjiang. Après la Guerre Anti-japonaise, l'indépendance de la République Populaire de Chine a connu un grand essor historique dont ont bénéficié la construction et le développement du Port de Zhanjiang.

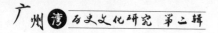

I. Préparation des Travaux de la Construction du Port de Zhanjiang

Après la Guerre Anti-japonaise, l'ensemble de la Chine était en construction. Le gouvernement national a élaboré une série de mesures économiques selon la tendance publique. Le gouvernement national a promulgué le *Projet de chemins de fer de la première phase après-guerre* dans lequel on a décidé de construire le chemin de fer (Laibin-Zhanjiang) sous le prétexte du développement du sud-ouest de la Chine. Le chemin de fer (Laibin-Zhanjiang) s'étendait 401 kilomètres. Pour faciliter la construction, le gouvernement a établi deux services de chemin de fer (appartenues au Bureau des travaux ferroviaires du Hunan, Guangxi et Guizhou du Ministère des Transports et des Communications) qui se trouvaient respectivement dans la province du Guangxi et du Guangdong. La partie de Guangxi s'étendait environs 300 kilomètres et la partie de Guangdong 59 kilomètres. De plus, le Service de Guangdong s'occupait en même temps des travaux du port. Le Service de chemin de fer (Laibin-Zhanjiang) du Guangxi a été fondé vers la mi-décembre 1946 et le Service de chemin de fer (Laibin-Zhanjiang) du Guangdong en février 1947 au Fort Bayard (Xiashan d'aujourd'hui). Ensuite, le Service de chemin de fer de Guangdong a organisé deux équipes topographiques pour faire une mesure sur la partie du chemin de fer de Guangdong. La première équipe est partie du Fort Bayard vers le Nord et a parcouru Tche-Kang, Wong-Liok, Soui-kai, Matouling et est arrivée à Lianjiang. La deuxième est partie du Lianjiang, a parcouru Tang Kou, Dadongling, Jiaopo et s'est arrêtée à Shijiao. Parallèlement, les équipes topographiques ont fait un levé préliminaire sur la ligne secondaire Lianjiang-Ma-ché (Dongying) et celle de Zhanjiang-Hai'an. Jusqu'à l'effondrement du gouvernement national, c'était une partie des ponts importants de la ligne de Guangxi qui était en construction et une partie qui s'est achevée. La plupart des documents et programmes de chemins de fer et de ports ont été détruits par les restes des forces du gouvernement de Guomindang.

En général, l'orientation et le processus du développement du Port de Zhanjiang reçoivent de plus en plus d'attentions du niveau national, ce qui permet de favoriser le développement du port plus tard. Le gouvernement national avait envie de travailler avec le gouvernement des Etats-Unis pour construire un port militaire, un port commercial et une avenue Michel (un chemin de fer desservit la ville de Zhanjiang et l'Europe), ce qui ont privilégié ce port une position importante et stratégique ainsi qu'un changement historique.

II. Une série de Programmes de la Construction du Port de Zhanjiang

Selon le programme général du Port de Zhanjiang élaboré par le gouvernement national, le gouvernement a projeté d'élargir la fonction commerciale du port et fixé un plan concret sur son rôle comme port militaire. «En ce moment-là, le chemin de fer Hunan-Guangxi a desservi la ville de Hengyang et Liuzhou qui était desservi la ville de Laibin. Alors que le chemin de fer Guizhou-Guangxi dont la partie se trouvait à l'ouest de Liuzhou s'est achevé. La ligne dans le sud de Laibin et la ligne secondaire Litang-Guixian ont été anciennement construites. Le Ministère des Transports et des Communications a décidé de prolonger

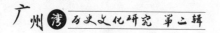

la ligne Litang-Guixian qui desservirait la ville de Xingye, Yulin et Zhanjiang et de construire le port et le quai au Fort Bayard.» On faisait une mention «qu'un jour une fois que le chemin de fer Tianshui-Chengdu et celui de Sichuan-Guiahou avaient été construit, ce port deviendrait un grand port principal qui desservirait la région nord-ouest et celle de Sichuan-Guizhou. En outre, ce port possède une situation géographique avantageuse.». La place stratégique du Port de Zhanjiang s'est montrée au cours de la Deuxième Guerre Mondiale. Pendant l'invasion japonaise, le Port de Zhanjiang était considéré comme une position d'ennemi du côté de Japon et une base d'opération par laquelle l'Armée Américaine avait envie de débarquer en Chine. Le plan de construction de chemins de fer à Zhanjiang offre une occasion favorable et une base solide pour le développement du Port de Zhanjiang. Selon le *Projet de construction du port,* on a décrit l'adresse du port militaire comme : A partir de l'est du Fleuve Wuguan, du village Jingtou à Zhutou, jusqu'au sud du Port Bameng, soit près du village Techeng d'est, sur lesquels construiraient des digues pour draguer les eaux, augmenter la vitesse du port et maintenir la profondeur des eux. A l'intérieur du Fleuve Wuguan bien dragué, le gouvernement avait envie d'établir une zone de choix de bateaux et un dock. Le Port de Bameng était considéré comme base naval où le gouvernement compterait construire et réparer les bateaux ainsi qu'établir les docks aux deux côtés. La partie de Beiya et Xi'kou est considérée comme base administratif et entrepôt naval ainsi qu'Ile de Techeng comme base d'entraînement naval.

III. A propos du Récit général sur le Programme de Construction du Port de Zhanjiang

Quand la situation de la Chine partagée par les grandes puissances est terminée par la République Populaire de Chine, la région sud-ouest s'est intégrée à l'intégration de la Chine, ce qui reflète l'importance de l'indépendance du pays sur le développement du plan à l'échelle nationale. Selon *Panorama de Zhanjiang* publié en 1947, «la ville de Zhanjiang est devenue non seulement la porte principale du Sud de Guangdong, mais aussi le port important et unique dans le Sud-ouest de la Chine après la Guerre Anti-japonaise.». Après la Deuxième Guerre Mondiale, la brume de guerre ne dissipait pas étant donné de l'opposition des deux pôles mondiales. Il était significatif de développer le Port de Zhanjiang en vue d'exploiter le potentiel de la région sud-ouest qui était capable d'augmenter la force militaire chinoise et d'accroître la sécurité du pays. Ce qui ressemble beaucoup à la politique «Construction des Régions moins Développées» élaborée par la Nouvelle Chine afin de préparer pour la guerre potentielle entre la Chine et l'Union Soviétique.

Le processus de construction du Port de Zhanjiang reflète également la relation quadrangulaire compliquée : les Etats-Unis se sont alliés avec le gouvernement national pour restreindre l'Union Soviétique ; la Guerre Civil faisait mettre de côté la construction du port. Il s'ensuit que l'histoire locale d'une région s'est mêlée dans le développement de l'histoire mondiale et était couverte de la situation de Guerre Froide. Après la Deuxième Guerre Mondiale, l'Union Soviétique a obligé le gouvernement de Guomindang reconnaître son gouvernance

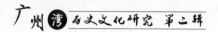

dans le Nord-est de la Chine. Dans ce cas-là, la construction du Port de Zhanjiang portait un sens significatif dans le domaine politique et défensif aussi bien pour la passion du pays que pour la préparation militaire. La situation de partage de Chine se terminait après la Deuxième Guerre Mondiale. Dans telle circonstance, le gouvernement Amérique a choisi de coopérer avec celui de Guomindang. Dans un part, les Etats-Unis avaient envie d'élargir son influence dans l'Extrême-Orient ; Dans un autre part, le gouvernement national voulait emprunter son ami puissant pour effrayer son voisin puissant qui le faisait craindre.

Cependant, à cause de manque de frais, le chemin de fer (Laibin-Zhanjiang) s'est développé très lentement et les ouvriers ont travaillé négativement. Le programme de construction du Port de Zhanjiang était un travail immense, alors que le gouvernement national avait très peu d'influence sur la gouvernance régionale et sur la motivation des ouvriers. Tout au plus, le programme de construction du port à l'époque de gouvernement national a annoncé dans une certaine mesure la construction du nouveau Port de Zhanjiang.

(ZHANG Boyang, l'étudiant de master à faculté de l'histoire et de la culture de Université Normale de Chine du Sud, Guangzhou)

（北京城市学院　石晶丹译）

租借地研究对湛江城市发展的启示

◎龙　鸣

摘　要： 中国近代史上曾出现五块租借地，时至今日，学界对这五块租借地的研究状态和研究成果上各有不同，与之相关，五地的城市发展也体现出较大的差异。正确认识租借地史和重视租借地研究，对当今的城市发展具有重要意义。

关键词： 租借地；广州湾；城市发展

"租借地"是1898—1899年陆续出现在中国的一种不平等条约的产物，包括胶州湾、旅大、威海卫、新界和广州湾五地。五个租借地皆位于沿海地带，具有重要战略意义，德、俄、英、法、日等国曾先后对其施行统治。五地的租借时间分别为24年、57年、32年、99年和46年。

租借地与租界和割让地有相近之处，概念易于混淆，且常被笼统称为"殖民地"。与割让地如台湾相比，租借地在条约中明确写明主权仍归中国。与遍布中国几十处的租界相比，租借地的特点有：特定的历史背景，体现列强"均势外交"思维；面积较大，且包含城区、市郊和海域；由单一承租国全权管理；有明确租借期限等。由此可见，租借地的概念不应与割让地和租界相混淆。此外，五个租借地之间也互有不同之处，如统治结构和法律制度。

一、中国租借地研究概览

整体而言，我国租借地研究处于起步阶段，虽然在一些问题探索和方法理论上有所建树，但仍有很大的提升空间。刘利民在其著作中对百余年来租借地问题研究的综述中，划分出晚清、民国和建国后三部分，建国后的研究又包含三个阶段。他指出，20世纪90年代以来租借地问题研究，在研究视角、研究内容和整体研究上有了较大突破，并将这一时期研究成果分为地方史研究、中外关系史研究、国际法和专题性研究四类。在肯定当今学术界研究特点的发展趋势上，也指出在某些研究问题以及研究理论与方法上需要进一步深入和加强，租借地研究存在"资料问题仍是制约租借地研究走向深入的瓶颈"等不足[①]。

尽管租借地整体研究日益受到重视，参与研究的学者也不局限于本地，但不同租借地城市的研究水平仍有相当明显的差异。租借地研究的重要基础和突破口当属资料收集无疑，通过深度挖掘租借地资料，既可以起到保存延续作用，更可以作为论文和著作等成果产生的基础，转化为研究成果。

与曾经同为租借地的城市如大连、青岛相比，湛江的广州湾租借地研究可以说是一片"洼地"。租借地史料的收集起步于上世纪80年代，包括青岛市档案馆和青岛市城建档案馆在内青岛官方已编

---

① 刘利民：《列强在华租借地特权制度研究》，长沙：湖南人民出版社，2011年。

有《德国侵占胶州湾史料选编》^①、《帝国主义与胶海关》^②、《胶澳专档》^③和翻译《胶澳发展备忘录》^④等高水准的资料汇编，而且还注重为公众提供便利的查档服务，并有专门的陈列展览。在此基础上，至于学者的研究论著则更为丰富，八九十年代之交已出版的《中德关系史文丛》^⑤中有多达16篇相关论文。90年代以后注重考察德国对胶州湾租借地的现代化经营；1998年德国学者赫尔曼.基.希瑞（Hermann J. Hiery）提出反对继续从政治史的角度来研究，认为要从日常生活史和人类学的角度来研究中国人和德国人在德占青岛的文化接触和交流，对此作出新评价^⑥。而在其他学科领域如建筑学，国内有关青岛租借地的研究成果也较为丰富。总体而言，官方编纂的史料对这些研究所起的作用至关重要。

　　大连在旅大租借地研究方面，同样取得了丰硕的成果。首先得益于地方管理者和学界的重视，《大连近百年史》^⑦、《旅顺日俄监狱实录》^⑧等全面性和资料性的书籍得以出版，而且旅大租借地

　　① 青岛市博物馆、中国第一历史档案馆、青岛市社会科学研究所编：《德国侵占胶州湾史料汇编》，济南：山东人民出版社，1996年，第1—8、11、17、22—23页。

　　② 青岛市档案馆编：《帝国主义与胶海关》，北京：档案出版社，1986年。

　　③ 黄福庆主编：《胶澳专档（光绪二十三年—民国元年）》，台北："中央研究院"近代史研究所，1991年。

　　④ 青岛档案馆编：《青岛开埠十七年——〈胶澳发展备忘录〉全译》，中国档案出版社，2007年。

　　⑤ 赵政玫主编：《中德关系史论丛（第一辑）》，北京：中国建设出版社，1987。刘善章、周荃主编：《中德关系史论丛》（第二辑），青岛：青岛出版社，1991年。

　　⑥ H.J.Hiery und H.—M.Hinz（Hg.），*Alltagsleben und Kulturaustausch：Deutscheund Chinc senin Tsingtau 1897—1914*. Berlin 1999，p.23−27.

　　⑦ 顾明义主编：《大连近百年史》，沈阳：辽宁出版社，1999年。

　　⑧ 郭富纯主编：《旅顺日俄监狱实录》，长春：吉林出版社，2003年。

的研究也与日俄侵略东北和近代中外关系等大层面的研究相结合，多次召开大型国际学术会议，很大程度上推动了学术研究和城市知名度的提升。在国内核心期刊上，关于旅大租借地的论文也不鲜见，这与旅大租借地受关注的程度可以说互为因果。

威海卫的租借时间较短（32年），其定位为英国海军的给养和休假基地，发展程度有限。即便如此，威海卫租借地的研究也并不落后，除了出版地方文史资料外，威海有关方面还斥巨资派遣学者到英国和南非等地搜集并编译外文资料，与国外相关领域学者建立良好关系。得益于档案资料的丰富，《米字旗下的威海卫》[①]、《英租借时期威海卫法律制度研究》[②]。

新界作为香港殖民地的北部延展，租借地的特点相对来说并不突出。值得注意的是，曾任新界理民官的夏思义（Patrick H. Hase）在所著的《被遗忘的六日战争——1899年新界乡民与英军之战》[③]中，大量运用包括碑记、牌位、口述历史在内的民间资料作为研究素材，重视田野考察，对英国人接收新界时与乡民爆发的冲突做了深入的研究，体现了另一种研究思路。

二、租借地研究对城市经济文化的促进

青岛、大连和威海等地的租借地研究不仅在基础资料搜集和整理方面下了大力功夫，同时也打破思维定式，超越狭隘的民族主义历史解读，从新的角度来认识租借地历史。

---

① 张建国、张军勇：《米字旗下的威海卫》，济南：山东画报出版社，2003年。
② 邵宗日：《英国租借时期威海卫法律制度研究》，北京：法律出版社，2011年。
③ 夏思义著、林立伟译：《被遗忘的六日战争——1899年新界乡民与英军之战》，香港：中华书局，2014年。

租借地的存在，当然是中国人必须面对的一段受欺凌、受污辱的历史，对此，我们应该牢记历史的悲剧，并且从中吸取深刻的教训，避免此类悲剧重演。同时，我们也应该看到，租借地也是历史上西方现代文明对古老东方文明的强行切入，在此过程中既伴随着激烈的碰撞，也带来了先进的技术、管理经验和思想，促进了租借地乃至中国的近代转型。虽然承租国的外国人早已离去，但他们也为租借地城市留下了鲜明的文化交流印记，时至今日，这些因子多已与城市发展融为一体，并成为城市的鲜明特色。比如青岛，多年来注重保护德式建筑，并在深度研究的基础上做出高标准的旅游开发，八大关、总督府、栈桥等地早已成为知名的旅游景点。一些富有历史文化内涵的近代建筑，也进行了修复活化，如胶澳帝国邮局原址活化为特色旅游邮局和书店。而租借地时期的一些产业也进一步"发扬光大"，声名远播的青岛啤酒不仅为青岛市上缴丰厚利税，对青岛城市知名度的提升和旅游产业的带动也起着不可忽视的作用。

至于东北的重要门户城市大连，同样注重租借地历史研究，并以之来助推城市发展。大连有关方面多年前提出一个口号——"一个旅顺口，半部近代史"，无论是在学界还是旅游开发上都极具宣传效应，打响了了大连的城市品牌。应该注意，这种概括性的话语，恰恰是建立在一定的研究基础之上，反映了大连政府对城市历史的重视和善用。

事实表明，凡是重视历史研究和文化开发的城市，都发展的比较好。相反，忽视历史研究，或以片面或偏激的态度面对历史的城市，往往失去自己的根基和特色。有句话说得好："乱拆，肯定不懂历史，乱建，肯定急功近利。"许多城市为不懂历史的盲目性和急于求成的功利性所驱使，在迅速发展中变得面目全非，出现了李克强总理在《政府工作报告》中所批评的现象："千城一面"。习近平主席有言："历史是现实的根源，任何一个国家的今天都来自昨天。"① 对于租借地历史的认识，国内走过了一段负评为主到客观评价的道路。时至今日，重新认识租借地史，重视严谨的租借地研究，正确对待多元文化在租借地的汇流，有助于发掘历史遗产，从而促进城市经济和文化的发展。

三、反思广州湾研究

湛江的广州湾租借地研究大略可分为两个时期，其一这上世纪80年代起至本世纪初，湛江政协文史委陆续编辑出版《湛江文史》，前十辑中较多登载有关广州湾租借谈判、抗法斗争、黄赌毒"三害"横行、统治机构设置和商业发展等问题的文章，撰稿人多为亲经历广州湾时期老人或文史工作者。这些文章资料性较强，为后来的研究提供一定的基础。但是受那个时期"斗争意识"的影响，过于强调租借地内的"压迫与反压迫"，租借地的真实历史图景被严重简化。

所以，与其他租借地城市相比，湛江在租借地研究方面处于落后的状态。刘利民在其《列强在华租借地特权制度研究》一书中，如此概括："在所有租借地中，广州湾租借地是最被人忽视的，有关广州湾租借地的形成及统治情况研究较为薄弱。就法国租借广州湾的过程来说，除文史资料一些回忆文章和中外关系史著作涉及广

---

① 《在布鲁日欧洲学院的演讲》，新华每日电讯，2014-04-01（2版）。

州湾租借地外，专题论文很少。"① 笔者认为，出现这种现象的原因是，在资料整理方面，许多档案仍未公开，翻译外文资料得到的支持力度有限；在学术交流方面，目前多是自发组织，政府几无关注和提供便利，更没有发起大型的学术会议；在科研方面，项目立项较少，而且限制较多。总体而言，政府仍未充分意识到广州湾租借地研究的价值和对城市发展的意义。

虽然广州湾租借地是近代列强入侵中国的表征之一，但绝不能将广州湾历史等同于"耻辱的符号"而将其抹除。应该认识到，尽管广州湾由法国人统治，但位居统治地位的法国人及其从属的越南人不过千人，仅占广州湾人口的少数。广州湾与内地联系紧密，租借地内外的华人商民为广州湾的发展贡献了最大力量。可以说，广州湾更应属于中国人民创造之下的成果，并奠定了当今湛江发展的格局。

反观湛江市的广州湾研究和城市发展，不仅滞后于青岛、大连等地，而且二者的相互促进作用远未得到发挥，其原因之一是地方主政者和学界缺乏重视。改革开放以前，经历近代"反殖民主义"斗争的人们思想上未能超越时代的局限，对于广州湾历史研究和近代建筑的保护，湛江市地方领导人一直不够重视。可反观青岛、大连等地对待租借地研究和其城市发展的良好相互促进作用，湛江应要反思过往的广州湾研究及历史态度。

近年来，广州湾研究的第二个时期业已拉开序幕，民间和学界对于广州湾历史关注度不断提升，广州湾研究也成升温之势，重新认识广州湾的呼声也日益清晰。从2011年湛江师范学院龙鸣、景

---

① 刘利民：《列强在华租借地特权制度研究》，长沙：湖南人民出版社，2011年。

东升两位学者赴法国搜集广州湾资料开始，广州湾研究逐步进入学术研究阶段，研究成果不断涌现。龙鸣、景东升合作编撰《广州湾史料汇编》①第一辑已经出版，披露了一些之前从未为研究者所用的外文资料，而其余各集也将陆续出版。文博单位方面，除了在相关展览上做了不少工作，还出版《广州湾记忆—近代建筑篇》②和《赤坎古商埠》③本著作，对广州湾的优秀历史建筑和赤坎的发展进行了较好的梳理。

与此同时，地方报刊也以广州湾为报道热点，《湛江晚报》等媒体多次发表广州湾人物和建筑相关的文章，具有一定的参考价值，其多次刊载有关新闻报道和采访等，亦引起广泛的社会关注。而广州湾研究会、湛江往事书吧和广州湾青年会馆等组织的兴起，不仅带动更多市民认识广州湾，进行一系列活动挖掘本土文化，并参与广州湾研究。由湛江往事书吧编的《讲，广州湾：法国租借地的多元人生》为广州湾口述史专题读物，登载了九篇口述史全文和七部分主题摘录，具备一定的资料价值。而广州湾研究会所出版的学术文集《广州湾历史与记忆》④更是这一趋势的反映，此书既包括本地学者的研究文章，亦有学者翻译的文献资料，研究视角得到很好的拓阔，展现了湛江多位学者合作的成果。此外，广州湾研究会在2014年7月举办"广州湾历史文化论坛"，邀请到上海、广州

---

① 龙鸣、景东升主编：《广州湾史料汇编》（第一辑），广州：广东人民出版社，2013年。

② 叶彩萍、冯兆平：《广州湾记忆——近代建筑篇》，广州：岭南出版社，2012年。

③ 湛江市赤坎区文化新闻出版局编：《赤坎古商埠》，北京：中国文联出版社，2013年。

④ 景东升、何杰主编：《广州湾历史与记忆》，武汉：武汉出版社，2014年。

和江门等地学者出席，对广州湾研究的交流起了促进作用。

需要注意的是，这一阶段内地方主政者提出"学青岛，找差距"，这反映了政府、学者和民间向青岛学习的自觉表现，也在一定程度上带动了湛江的广州湾租借地研究。随着社会文化需求的提升，社会各界愈加关注广州湾相关议题，市政建设方面亦开始重视挖掘广州湾历史文化，如法式风情街和广州湾大道等。

四、结语

一座城市的可持续发展，离不开对历史的尊重与承续。租借地是中国近代历史上不平等条约的一种特殊产物，它的历史中包含了中国人的屈辱，但同时也是文明交往的重要窗口。租借地城市凝聚了中西方多元文化的智慧，我们没有理由再去忽视或有选择性地解读。超越狭隘的民族主义情绪，以深入的思考和严肃的态度看待租借地研究，正是城市发展所需要的。

而进一步深化和拓展租借地研究，则必定呼吁租借地城市加大对资料收集的投入，注重历史文化的保护和正确认识租借地历史和租借地研究。有学者就指出："城市保护更新的最终目的是为了城市更好地发展，保护与发展始终是历史文化名城的主旋律。成功的城市保护可以有效推动城市经济与社会发展。同时良好的城市发展也可以保障城市文化事业，促进保护工作走上新台阶，实习真正意义上的城市可持续发展。"[1]

---

[1] 刘敏：《青岛历史文化名城价值评价与文化生态保护更新》，重庆：重庆大学城市规划与设计研究院，2004年。

　　展望未来，政府和学界应投放更多精力于租借地研究，双方进行良性互动。其所能带来的研究成果和社会关注将为城市的可持续发展增加更好的支撑，帮助城市更好地展现独特的韵味和风貌。

　　　　　　（龙鸣，岭南师范学院教授、雷阳文化研究所所长）

广州湾历史文化资源的传承与善用

——湛江市霞山区的探索和启示

◎陈敬中　吴子祺

摘　要： 湛江市霞山区主城区的前身是法国租借地广州湾的首府西营，法国人管治西营期间城市建设初具规模，文化交汇印记鲜明，历史文化资源丰富。近年广州湾历史文化资源开发和利用的初步实践以官方为主，社会力量也有自发参与，已初见成效，但仍有很大的提升空间。推进地方立法能保障历史文化资源的传承和善用，支持学术研究有利于历史文化资源的挖掘和转化，动员社会广泛参与则能调动社会力量，促进长远良性发展。

关键词： 广州湾；霞山区；文物古迹；地方立法

一、源自广州湾的历史文化积淀

霞山区主城区的前身是广州湾①的政治军事中心西营（Fort Bayard，又称白雅特城）。法军自1898年4月登陆海头汛以来，

---

① 广州湾是近代法国在华租借地（1898—1945）。广州湾租借地略小于今湛江市市辖区范围，地域原属雷州府遂溪县和高州府吴川县。租借地内西营是政治军事中心，赤坎为商业中心。法国统治期间，广州湾隶属于印度支那联邦。

西营便是战略要地。法属印度支那总督颁布的1900年1月27日法令奠定了广州湾的行政制度①，由法属印度支那联邦派出总公使（administrateur en chef）管治广州湾租借地。1900年，首府初设港湾东岸的麻斜（俗称东营），隔海相对的西营是驻军基地，这也是"西营"得名之由来。而西岸北面的赤坎是租借地内最重要的商业港埠，三处城区在早期一度并立。1910年至1911年，首府迁往西营，废麻斜市，从此形成了政治军事中心西营和商业中心赤坎两城相对的格局。②自此以后，西营被确立为广州湾法当局的首府。法国人统治广州湾的四十多年间，在西营留下鲜明的风格。今天霞山区遗存的广州湾历史文化印记，正是湛江新八景之"法国遗风"的重要组成部分。

西营城区的建设主要来自法当局和华人两方面。由于西营是广州湾的政治和军事中心，法国人按照棋盘式街道格局进行规划建设，在北半部集中建造了多座公共建筑以及供其官员和眷属居住的住宅。法国是老牌殖民主义帝国，但正如保罗·杜美③写道："这将会是一段有趣的经历……法国第一次统治中国居民，在广东这个有

---

① *Répertoire général alphabétique du droit français* (Tome 32).Paris: Larose et Forcel, 1924 :1.

② 1901-1911年的《印度支那年鉴》(Annuaire général de l'Indo-Chine)记载，1900-1910年首府设在麻斜。根据印度支那总督1911年7月4日改组行政与司法法令，广州湾地方行政制度由"区制"（circonscription）改为"代表制"（délégation），参见Gouvernment Genéral de l'Indochine. *Annuaire général de l'Indo-Chine*（1912），Hanoi :Imprimerie d'Extereme-Oreint, 1912: 907-908. 首府由麻斜迁往西营，应是根据1910年3月29日的法令。参见*Répertoire général alphabétique du droit français. Supplément*(Tome 8). Huiles minérales-Libération conditionnelle. Paris : Larose et Forcel, 1930，p.663.

③ Paul Doumer（1857—1932），法国政治家、外交家，1897—1902年间任法属印度支那总督，1900年曾视察广州湾。

名的敏感和动荡地区。"①广州湾租借地对法国而言是陌生的,需因地制宜进行统治。华人在西营南半部建设商业和居住社区,被法国官员称为"quartier chinois"（中国区）②,虽建筑景观不同,也符合法当局的城市规划和市政要求,反映西方文化扩张其实力,为本地文化带来的冲击。

1911年首府迁到西营后,法当局开展集中建设,副公使兼理西营市政。此后,总公使署、监狱、国防军（俗称红带兵）和警卫军（俗称蓝带兵）兵营等多座建筑落成。1913年《时事新报》如此描述西营市容:"白雅特城为广州湾至首府,位居马溪（麻斜）河之左岸。白雅特城位置极佳,宜于商业,筑于一堤之上。气候尤宜于卫生,风景绝佳,建筑物甚为美观,道路亦极齐整。"③

政府机关在西营设立,社会服务机构也随之完善。1903年,维多尔天主教堂建成。约1922年,延续法华学校（Ecole Franco-Chinoise）办学的安碧沙罗学校（College Albert Sarraut）在杜美路建成。同年,广州湾首家面向华人服务的爱民医院落成启用。1926年,东方汇理银行和东洋电灯公司（又称"越南电力公司"）在西营投资设立分支机构。1935年,法国女修会Catechists Missionary of Mary Immaculate在西营海边开办圣约瑟夫孤儿院（St Joseph's Orphanage,俗称育婴堂）,1936年,美南浸信会在比利时路开办基督教堂。1942年,马迪运动场（今霞山体育场）④落成启用。由

---

① Paul Doumer. *Rappport: Situation de l'Indo-Chine(1897—1901)*.Hanoi: F.H.Schneider, Imprimeur-Edieur, 1902: 117.

② Alfred Bonningue. *La France à Kouang Tchéou Wan*, Paris: Éditions Bergre Levrault, 1931.

③ 《法人广州湾之经营》,《东方杂志》第十卷第十一号,内外新报,1913.

④ 该命名是为纪念1941年7月至1942年4月在任的广州湾总公使Louis Marty。

于广州湾租借地隶属于印度支那，与印度支那东京地区有长期而稳定的联系，西营有数量不少为法国人服务或经商的越南人居住在西营，他们在西营建造"圣爷庙"和越南会馆，①并"移植"了一些越南风格建筑，体现了文化交流和融合。这一系列市政、宗教、商业、教育、金融建设，对传播西方文化发挥了一定作用，也为湛江后来城市建设奠定了一定的历史基础。②广州湾的种种建设，法国人自诩为"教化使命"（civic mission），也直接和间接向人们传播和渗透其文化，对广州湾文化的多元性起促进作用。

西营公共建筑所在街道表

原名	今名	建筑
霞飞路	海滨大道南（应指解放东路口至延安路口段）	总公使署、副公使署、邮政电报局、安菲特理德号纪念碑
福克大马路	民有路北段	无线电台、西人医院、爱民医院、马迪运动场、监狱
杜美街	民治路北段	安碧沙罗学校、军人医院
比利时街	延安路	东方汇理银行、福音堂、崇道小学
巴士加路	海滨大道南（应指解放东路口至海滨西二路口段）	东洋电灯公司西营电灯局
比利基场前	青岛路	维多尔天主教堂、金鸡纪念碑
工程街	土木路	工务局、越南会馆

（资料来源：韦健：《大广州湾》，东南出版社，1943年，第14—19页）

---

① 韦健：《大广州湾》，东南出版社，1943年，第18—19页。

② 司徒尚纪：《雷州文化概论》，广州：广东人民出版社，2015年，第51页。

　　行政与军事中心西营无疑是广州湾内最具"法式风情"的区域。法当局在西营引进颇为现代化的市政设施，西营公共建筑大多具有鲜明的西方建筑风格，这些建筑和设施集中同一街区内，其庭园式景观使西营市区富有殖民地风貌。旅经西营的时人如此描述："海滨一带，有一排整齐的红色洋房，靠东一带，还点缀着绿的树木，这红墙绿树之地，正是法国经营这土地的根据地——西营……西营地方虽小，但那街道之整洁雅致可就足以令你惊叹不置。那些街道是那样的宽宏和雅静，短的红墙，院内院外的花木是那样的栽植得恰到好处，看了你真会相信'法国人是爱美的高贵的民族'。"①

　　1920年代，随着西营市区的发展和市政建设初具规模，越来越多的华商在西营经营，形成了以贝丁马路（今逸仙路）、丹社街（今汉口路）、布端街（今东堤路）、水浸街（今爱国路）、扩流街（今东堤一横路）、洪屋街等街区为范围的华人商业居住区。其中，由于法当局在贝丁马路栽种"法国枇杷"（大叶榄仁），贝丁马路便有"枇杷街"之称。贝丁马路是广州湾时期西营最主要的商业街，既有中国商人经营的各种商铺，也曾有殖民者所传来的西点、咖啡和啤酒飘香其间，这条往东通向海边的街道承载着老一辈霞山人的历史记忆和怀旧思绪。②1924年，广州湾商人在西营集资利用海头港荟英祠开办益智小学，1926年扩办中学③，是广州湾

---

① 王雪林：《广州湾一瞥》，申报周刊合订本二卷八期，1937，第162页。

② 湛江往事书吧：《广州湾：法国租借地的多元人生》，内部资料，2014，第15页。

③ 王成伦：《益智中学校从创办时期到五周年纪念成绩展览大会》，《益智声》，1929年第五期，第2—3页。

华人办学的开端。《南路日报》、《广州湾日报》等曾在广州湾发行，反映这一时期社会风气渐开。

广州湾时期，赤坎是租借地的商贸中心，华商势力强大，为了改变这一局面，法当局在西营建设港口。1912年起，法当局在西营筑有突堤式兼栈桥式码头一座，全长334.7米，前沿水深3米，设有系船、照明和供水设备。1932年在栈桥码头右边建设堤岸码头及帆船避风塘各一。①而交通建设方面，西赤公路（西营—赤坎）；西太公路（西营—太平）连接海岸西岸各重要市镇。②西营与周边地区连通形成路网：西赤公路与廉遂公路、遂安公路相接，西太公路与雷茂公路（雷州至遂溪茂雷渡）相接。公路是法国在广州湾的建设较有成绩的一项，广州湾时期形成的路网奠定了湛江市公路建设的基础，一些公路至今沿用。

总而言之，广州湾时期法当局在西营的城市建设，以及港口、公路和机场建设已初具规模，城市格局已基本成型。1938年，西营"有马路十余条，四通八达颇为宽阔，马路两旁遍植树木。洋房亦甚整齐，淡黄色墙壁与深绿色树叶相映，表现一种法国情调"。③1958年，西营改称霞山区。由于湛江港的建设和市府大楼（今湛江市人大和政协办公楼）的落成，解放东路向西延伸，形成了霞山老城区的中轴线，城区呈南北对称、向海湾辐射的格局，城市风貌甚具南国海滨特色。

而抗法斗争和新民主主义革命活动，也在霞山区留下丰富的遗产。法军在海头汛登陆并驻扎后不久，其侵略行径就遭到中国民

---

① 吴均：《湛江水运志》，内部资料，1989年，第21页。
② 郭寿华：《湛江市志》，台北：大亚洲出版社，1972年，第97页。
③ 陈玉潜：《广州湾及南路各地调查》，内部资料，1938年。

众的反抗。1898年6月19日，吴邦泽、吴大隆等率南柳、海头港、蒗塘、洪屋等村五百多人袭击西营的法国驻军。7月，各村队伍在南柳村吴氏宗祠和上林寺举行歃血誓师大会，号召民众群起抗法。[①]11月19日，抗法民众袭击海头炮台的法军，并在两日后遭到法军报复焚村。[②]虽然抗法斗争无法改变1899年清政府与法国签订《广州湾租界条约》的现实，首举义旗的吴邦泽早在1898年7月牺牲，但抗法先烈的英勇事迹极其爱国精神一直得到纪念，构成广州湾历史文化的一部分。1984年，以吴邦泽为原型的"一寸山河一寸金"塑像在赤坎寸金桥公园建成。1992年，南柳村在吴氏祖祠兴建南柳人民抗法誓师旧址纪念馆，被评为广东省文物保护单位。新民主主义革命时期，以蒗塘村交通站为中心，西营是中共的重要交通站。1957年电影《椰林曲》即取材自1939年南路革命志士利用西营的便利条件，从香港转运电台送到琼崖抗日独立总队的真实故事。[③]

二、历史文化资源开发和利用的初步实践

建国后很长一段时间革命史观影响人们认识历史的态度，"广州湾"被视为某种负面的过去，其历史文化资源得不到应有的重视，甚至遭到人为破坏。随着近年来对广州湾历史文化的重视，霞山区尤其是原西营城区的历史文化资源也得以开发和利用，主要体

---

① 苏宪章：《湛江人民抗法史料汇编（1898—1899）》，北京：中国科学文化出版社，2004年，第2—4页。

② 龙鸣、景东升：《广州湾史料汇编》（第一辑），广州：广东人民出版社，2013年，第382—384页。

③ 中共湛江市霞山区委党史研究室编：《中国共产党湛江市霞山区历史》第一卷（1922—1949），北京：中共党史出版社，2015年，第59页。

现在2013年以来官方主办和主导的各项工作中。

1. 法式风情街的建设是广州湾历史主题旅游开发的先行实践。2013年，湛江市政府在霞山区海滨大道南启动法式风情街项目，由湛江市旅游投资集团投资建设。在缺乏严谨论证和充分研究的情况下，霞山"法式风情街"项目启动，范围为海滨大道南海滨西二路路口至海滨大道南与青岛路相交处共计约800米的路段，此路段楼房临街外立面和一楼商铺按照"欧陆风情"进行改造装饰，2014年5月完工并开放使用。

建成以来，法式风情街招商不甚理想，业态单一，街区未能真正体现文化特色。尽管法式风情街近来树立多组西洋人物塑像，霞山区有关部门曾在法式风情街和观海长廊举办啤酒节大巡游等多项活动，但文化内涵仍显不足。其根本原因可能在于，该路段真正的广州湾时期建筑仅有总公使署、邮政电报局、绿衣楼（又名"警察署"或"法军指挥部"）和东洋电灯公司厂房旧址等几处，其余基本是上世纪七八十年代所建的宿舍楼，广州湾时期的建筑大多被拆除，街区原有风貌早已不存。更令人痛心的是，法式风情街动工建设前不久，湛江市第二人民医院内的爱民医院旧建筑竟不顾民众关注而拆除，舆论强烈反弹，而其他历史建筑至今仍未得到修缮和活化。法式风情街难现"法式风情"给人的启示是，在政府财力人力物力有限的情况下，展现广州湾历史文化的当务之急应是维护和活化历史建筑，而不是仿古"造古"。

2. 节庆活动是文化交流和展示的重要平台。2014年起，霞山区政府在农历春节举办"广州湾民俗文化节"活动。连续三年活动期间，民俗艺术及歌舞表演、书画摄影展和非物质文化遗产展等内容交汇呈现。主办方有意识地展示本土特色文化，邀请了湛江市各县区的非遗团队前来表演、展示。其中包括多项国家级和省级非遗项目，包括吴川飘色、遂溪醒狮和东海人龙舞等。这些节目观赏性较高，颇受观众欢迎。2016年中秋期间，在人流密集的霞山区民享路步行街举办中秋文化节，其中广州湾研究成果展和图片展在湛江尚属首次，集中展示了广州湾的研究成果。活动还展映了七部广州湾题材影片[①]，邀请部分影片主创主演团队到场交流，吸引了大批市民前来观看。这一系列丰富的节庆活动，带动了民众更直接地认知广州湾历史文化。

3.举办展览和讲座是普及历史知识的有效方式。2013年10月《图说广州湾历史——法国原版图片陈灵收藏展》在广州湾法国公使署旧址一楼举办，展出海外收藏所得的珍贵广州湾时期明信片，丰富了广州湾藏品展示的层次和内容。同时，公使署旧址二楼的复原陈列也正式开放，生动地展现法国官员在公使署办公和生活的场景。而实物和图片资料包括广州湾的行政机构、军警建制、宗教、金融、商业、工业、市政建设、邮政、教育、文化、市井风情等内容，为观众展示广州湾时期的社会概貌。值得一提的是，美国学者Joel Montague捐献广州湾总公使哥特黎使用过的墨水台和法国勋章等文物，为复原陈列增色不少。[②]

2016年，霞山区文新局主办的"百姓讲堂"、"道德讲堂"举办了几期广州湾主题的讲座，有关广州湾的包括：与广州湾研究会合作，邀请岭南师范学院龙鸣、景东升两位老师就广州湾历史做全景式讲解；与广州湾历史研究资讯青年团队发起的"广州湾历史

---

① 《广州湾历史文化影片吸引眼球》，《湛江晚报》，2016年10月12日。

② 《美国学者Joel Montague昨向我市捐赠广州湾时期文物》，《湛江晚报》，2015年3月10日。

文化考察行"合作，邀请多位人文学科专业博硕士就他们2016年8月在原广州湾租借地范围内实地田野考察的经验和心得进行交流分享；组织广东海洋大学南路红色革命研究所和市党史研究室专家学者，到各机关、学校和社区讲述中共革命历史。

4. 历史图书是研究和推广历史文化的载体。2015年10月，中共湛江市霞山区委党史研究室编著的《中国共产党湛江市霞山区历史》（第一卷）出版。该书内容跨越1898年法国强租广州湾至1949年解放军解放湛江，重点记述了新民主主义革命时期，在中国共产党的领导下，霞山（西营）地区人们进行反帝、反封建、反官僚资本主义的革命斗争史。[①]2013年《霞山区志》出版，是记载霞山区发展变迁的权威志书。[②]霞山区的一些村庄也编写本村史志。如《特呈岛志》《霞山村纪事》《丹碧凝血》《南柳村》《新村村志》等，反映了基层对本地历史的重视。而2005年印行的《爱我霞山——霞山革命斗争史青少年读本》则面向中小学生进行爱国主义教育。

5. 历史遗迹是历史文化的重要传承。1898—1899年抗法斗争旧址上林寺在1960年被公布为广东省重点文物保护单位[③]，多年来一直是宣传革命斗争精神的重要地点。2011年，上林寺被列为全国第一批宗教界爱国主义教育基地，是广东省的首处。[④]而在当年

---

① 中共湛江市霞山区委党史研究室编：《中国共产党湛江市霞山区历史》第一卷（1922—1949），北京：中共党史出版社，2015年，第5页。

② 湛江市霞山区地方志编纂委员会编：《霞山区志》，广州：广东人民出版社，2013年。

③ 霞山区有国家级文物保护单位1处，省级文物保护单位1处，市级文物保护单位6处。

④ 《上林寺喜获宗教界爱国主义教育基地称号》，《湛江晚报》，2011年7月22日。

的抗法战场海头港村，一座"抗法誓师大会"雕塑也在2012年落成。①近年，菉塘村和新村都注重修缮革命烈士墓园，以传承爱国精神。其中，菉塘村革命烈士陵园是霞山区内多所大中小学清明和国家公祭日祭拜的定点。然而，也有一些不尽如人意之处。如南柳村抗法先驱吴邦泽墓多年来得不到有关部门重视，已成"黄土一堆，荒草萋萋"，甚至一块墓碑都没有。吴氏后人对此颇有怨言，令人唏嘘。

回顾过去数年与"广州湾"有关的实践，我们可以看到，霞山区政府和社会各界已开始重视广州湾历史文化资源，并有多方面多角度的成果产出。尽管这一阶段较有影响力的活动都是官方主导主办，我们也可以看见民间人士的积极参与。2011年来湛江市往事书吧和广州湾青年会馆等团体推动青年关注本土历史文化；2014年广州湾古玩城开业，是上世纪90年代建成的霞山岭南古玩市场的有益补充；广州湾题材微电影、绘画和歌曲②不断涌现；广州湾明信片等文创产品以及贝壳画等手工艺品走向更广阔市场……无不展现着广州湾历史文化在当代的活力。值得一提的是，贝壳画以本地海产贝壳为画板，素材来自历史建筑和海湾大桥等现代精品建筑，极具地方文化特色，颇受各界欢迎。

三、启示和展望

从整体来看，对于租借地历史的认识，国内走过了一段负面评价为主到客观评价的漫长道路。时至今日，重新认识租借地的历史

---

① 《湛江企业家捐建抗法纪念雕塑》，《羊城晚报》，2012年7月27日。

② 以广州湾为题材进行绘画创作的画家主要有阎大均、柯艺兴和陈瑾；歌曲创作的有叶文健《广州湾甜水歌》和粤G80组合《广州湾》等。

文化，正确对待多元文化在租借地的汇流，有助于发掘历史遗产，从而促进城市经济和文化的发展。青岛、大连对租借地时期历史文化的善用，足以成为湛江借鉴的先进经验。[①]霞山区在广州湾历史文化资源的开发和利用的尝试也积累了一些经验。

2011年龙鸣教授和景东升博士赴法国寻找广州湾档案以来，学术研究推动了各界对广州湾历史文化的关注，传承广州湾历史文化已成社会共识。湛江市赤坎区、霞山区和坡头区都开始注意挖掘和利用当地有关广州湾的资源，在文化活动和旅游开发上取得一定成果。但也不能否认，无论是政府还是民间，当今广州湾历史文化资源的开发和利用较为涣散、粗糙和浅显，欠缺深刻的艺术性和创造性，社会参与度尚不高。同时，由于缺乏资金支持和学者广泛参与，广州湾历史研究仍处于"初级阶段"，进展较为缓慢，效果不明显。政府不够重视，学术研究不够深入，社会参与度不高等短板仍制约着广州湾历史文化资源的传承和善用。

展望未来，为了更好地利用广州湾历史文化资源，就霞山区而言，有关部门社会团体和民间可以从多方面提升文化活动和文化产品的内涵和影响力，善用广州湾历史文化资源。

首先，推进地方立法是传承、开发和利用广州湾历史文化资源的首要之义。在重视城市特色的当下，为了合理开发和利用广州湾历史文化资源，政府有必要将广州湾历史文化定调为霞山文脉的主流之一，应在决策和施政层面以及发展战略中明确发展传承和善用历史文化资源的思路和理念。在城市建设方面，宜利用法式风情街

---

① 龙鸣、吴子祺：《租借地研究与湛江发展》，《岭南师范学院学报》，2015第1期，第155页。

和逸仙洪屋历史街区进行建设改造，构建现代滨海旅游观光商圈。

历史文化的传承和善用能否深入开展，很大程度上取决于资金投入，资金短缺是目前深入开展历史文化工作遇到的主要困难之一。以文物古迹保护为例，这一项工作需要政府及法律的支持，而资金是文物古迹保护得以持续下去的重要因素，法律的规范性、强制性和稳定性，与雄厚的资金相结合，是推动文物古迹保护工作的重要保证。湛江市已于2015年获批地方立法权，为了解决文物保护投入不足、执法不严和针对性不强等问题，仅靠现行《文物保护法》的宏观规定是远远不够的，亟需通过地方立法来明确各方保护历史建筑的责任，以及为利用和活化历史建筑做出清晰指引。在推进立法外，政府还需从霞山历史街区肌理出发，制定既能保护历史古迹，又能延续和展现本土历史文化的城市规划。我们希望，祝宇先生顶住"丢乌纱帽"的压力保护法国公使署旧址的"危情时刻"①不再重演，今后杜绝令人痛心扼腕的人为破坏历史建筑事件。

其次，学术研究是挖掘广州湾历史文化资源的重要来源，也是"广州湾"品牌长远发展的知识支撑。历史文化资源由潜在优势转化为现实优势，关键在于研究。迫切需要政府为历史文化研究提供鼓励和支持，设立专项资金，成立相应的专门研究支持机构，组织出版广州湾历史文化丛书。对于研究人员以及民间团体和学会，政府应通过购买服务、立项扶持、拨付出版费用、奖励研究成果等手段调动其积极性。鼓励他们深入研究本土历史，梳理历史脉络，挖

---

① 祝宇被誉为"保护法国公使署旧址第一人"。1986年，湛江市政府拟拆除广州湾法国公使署旧址，时任文化局长祝宇力阻。祝宇和同事在施工人员动手之际获省文管会批件，并得市长批示签字，最终保全旧址。2013年，法国公使署旧址被公布为全国重点文物保护单位。

掘文物背后的故事，为开发利用文化遗产提供历史依据。同时，各方还需做好研究成果转化，借助现代展示技术和手段，及时组织好相关陈列展览和旅游导览，把文化遗产的精彩故事讲述得更加生动直观。[①]近年来广州湾历史研究呈不断升温之势，研究角度、层次和成果都有了相当的拓展，实证研究和理论探索方面都取得一定成果。但对于政府公务人员、一般历史爱好者和关心历史文化的民众以及本市以外的人们来说，广州湾研究的"能见度"十分有限。换言之，广州湾研究尚未达到官方和社会形成有效互动。

因此，各级政府应该从人、财、物三方面支持广州湾历史文化学术研究的开展。政府应重视推进驻湛高校开展广州湾研究，加强与国内外尤其是法国的学术联系。岭南师范学院已成立广州湾研究所，宜助力其发展为广州湾研究的基地，并调动职责部门跟进扶持。一方面应资助学术成果的出版，另一方面也要引导学术走向公众，更好地传播历史文化。2007年起，广东海洋大学在霞山区开展了"广州湾艇仔歌的复活工程"，业已取得阶段性成果。[②]这种学术研究与非物质文化遗产传承结合的成功经验，可作为未来工作的参考。据悉，未来四年霞山区将策划推出系列通俗历史文化丛书，广州湾历史文化将是重中之重。

其三，鼓励社会力量参与，并与政府形成良性互动，能促进广州湾历史文化资源的开发和利用。由于政府人力财力有限，与其大包大揽，不如向社会"赋能"，给予政策以释放民间积极性：推动社会力量参与文物古迹的保护和活化，向社会购买服务，保障其

---

① 蒋湛明：《关于推进历史文物古迹保护立法的建议》，未刊稿，2016年。

② 姜程：《广州湾艇仔歌引进高校的科学性传承》，《黄河之声》，2015年第15期，第47—48页。

使用政府建筑和私人建筑的权益，合理吸纳社会资本投资运作；将广州湾历史文化资源进一步转化为生产力，给予优惠创业政策，扶持创业者开发创意产品以充分挖掘文化价值；对于利用广州湾历史文化资源进行创作的艺术家和进行文化保育的民间人士，政府也应予以发展引导，一方面鼓励他们收集和记录历史文化，另一方面助力其产生经济效益，以谋长远良性发展。扶持社会力量开发和利用历史文化资源，与国家和广东省文化部门的有关工作会议精神①相合，不应置之不顾。有关霞山法式风情街的品质提升，以及邮政电报局和警察署旧址等文物古迹的修缮和利用的工作中，政府和国资开发单位应更注重发挥平台作用，引进民间资金和创意人才参与运营。

广州湾历史文化是霞山区的重要底蕴和公共记忆，传承和善用广州湾历史文化资源是霞山"首善之区"发展战略的重要根基，也符合民众的殷切期望。开发和利用广州湾历史文化资源，能促进广州湾议题得到更多关注，产生更好的社会效益，更好地传承广州湾历史文化。当官方和社会形成传承、开发和利用广州湾历史文化资源的合力，并变成一个多方积极参与的议题时，广州湾的品牌效应便能得到更好的发挥，在全国乃至海外传播影响力，从而为广州湾历史文化造就"永续发展"的有力支撑，点亮霞山区的未来发展之路。

（陈敬中，湛江市霞山区文化广电新闻出版局局长。吴子祺，香港中文大学历史系硕士研究生）

---

① 2016年9月27日，广东副省长蓝佛安在全省文物工作会议表示："……充分挖掘文物资源价值，加大文博单位创意产品开发力度；着力提升文博事业惠民水平，鼓励社会力量参与文物保护。"（广东省文化厅公众服务网http://www.gdwht.gov.cn/plus/view.php?aid=42637）

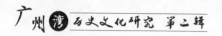

Héritage et utilisation appropriée des ressources de la culture historique de Kouang-Tchéou-wan
——L'exploration et l'inspiration du district Xiashan de Zhan Jiang

CHEN Jingzhong WU Ziqi

La forme originelle du quartier principal du district Xiashan était Xi Ying, le centre politique et militaire de Kouang-Tchéou-wan. Le camp ouest était le point stratégique militaire, depuis Avril 1898–le débarquement du bord Hai Tou Xun de l'Armée française. En 1900, le capital était établi au quartier Ma Xie au bord sud de la baie qui fait face à, l'autre côté de la mer, le camp ouest–la base de la garnison, c'est pourquoi on l'appelle Xi Ying (camp ouest en Pin yin). De 1910 à 1911, on abolit le quartier Ma Xie et déménagea le capital à Xi Ying, il forma donc une structure opposite entre Xi Ying le centre politique et militaire et Kan Cheng le centre commercial. Désormais, Xi Ying fut désigné comme le capital des autorités juridiques de Kouang-Tchéou-wan. Pendant une quarantaine d'années de domination, la ville de Xi Ying fut bien influencée par les Français. Aujourd'hui dans le district Xiashan, on garde la marque histoire de Kouang-Tchéou-wan qui fait une partie des huit nouvelles vues de Zhan Jiang, On l'appelle le Style français.

La construction de la ville de Xi Ying est faite par deux grandes partie, l'autorité française et les Chinois. Puisque Xi Ying est le centre politique et militaire de Kouang-Tchéou-wan, l'autorité française y déploya la construction centralisée, le vice-ministre se chargeait simultanément de la municipalité. Les Français planifia la construction de la ville selon la structure de la rue du système rectangulaire, et construisirent intensivement beaucoup d'édifices publics et de résidences, ainsi la légation générale, l'église catholique, la prison, le camp de la force de la Défense nationale et du gardien etc. au nord. Les chinois construisirent les quartiers commerciaux et résidentiels, malgré les architectures paysagères différentes, c'était bien conforme à l'urbanisme et aux demandes gouvernementales des autorités. Ces constructions reflétaient la force de l'expansion de la culture occidentale qui frappa la culture locale.

Après 1920, l'école, l'hôpital chinois, l'usine électrique, la banque, l'orphelinat et d'autres organisations du service social furent installés l'un après l'autre. Cette série de buildings municipaux, religieux, commerciaux, éducatifs, financiers, qui fonctionnait dans la diffusion de la culture occidentale et jeta les certaines bases historiques pour les constructions urbaines subséquentes de Zhan Jiang. Avec le développement la ville de Xi Ying et l'envergure initiale de la construction municipale, de plus en plus des commerçants chinois exploitaient leurs business à Xi Ying, ce qui entraîna la prospérité des zones commerciales comme la rue de Bei Ding Ma Lu etc. ainsi que la lutte contre les Français et la nouvelle révolution démocratique laissa

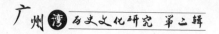

patrimoine historique riches dans le district Xiashan.

Au fur et à mesure de la considération des cultures historiques de Kouang-Tchéou-wan ces dernières années, les ressources des cultures historiques du district Xiashan, voire celles de la ville Xi Ying ont été exploitées, cela se reflète sur les travaux organisés par l'autorité depuis 2013. 1. la construction de la rue de style français est la pratique préalable de l'exploitation du tourisme thématique sur l'histoire de Kouang-Tchéou-wan, mais elle est insatisfaite. La rue de style français ne montre pas le style français, c'est qu'à défaut de main-œuvre, de ressources matérielles et de financement, la tâche la plus urgente, c'est l'activation et l'entretien des monuments historiques pour témoigner la culture historique de Kouang-Tchéou-wan, au lieu de créer l'antiquité en imitant l'antiquité. 2. "«La fête culturelle des folklores de Kouang-Tchéou-wan» est le symbole d'activités de la fête qui sont une signifiante plate-forme de communication culturelle et d'exposition. 3.L'organisation des expositions et des conférences sont des moyens efficaces pour populariser les cultures historiques. On a déjà organisé «Présentation des histoires de Kouang-Tchéou-wan avec illustration---exposition des collections de Chen Ling qui expose des images originales.» 4. La publication de la série des livres, la recherche et diffusion des cultures historiques. 5.Il faut protéger des vestiges historiques et succéder des cultures historiques.

La nouvelle connaissance des cultures historiques des territoires à bai et le bon traitement envers le mélange des cultures diverses dans la concession contribuent à faire valoir des patrimoines historiques qui peuvent mettre l'économie et la culture en plein essor. Ces derniers jours, la transmission des cultures historiques de Kouang-Tchéou-wan est devenue une vision commune. Mais aujourd'hui, l'exploitation et l'utilisation des ressources culturelles historiques de Kouang-Tchéou-wan sont non seulement relâchées mais aussi rudes et superficielles. Il y a encore beaucoup de défauts comme le manque de valeur artistique profond et sa participation sociale est basé. En même temps, à défaut de soutien financier et d'intervention des experts, la recherche des histoires de Kouang-Tchéou-wan est débutant et elle avance lentement dans effet masqué.

D'abord, la chose la plus importante pour la transmission d'exploitation et d'utilisation des cultures historiques de Kouang-Tchéou-wan est d'avancer la législation. Il faut préciser les responsabilités de chacun pour protéger les monuments historiques en légiférant, ainsi que l'on guide clairement l'utilisation et l'activation des monuments historiques. Ce que le gouvernement doit encore faire est de partir des structures du quartier Xia Shangdi et d'élaborer un urbanisme qui peut non seulement protéger des monuments historiques mais témoigner des cultures historiques locales.

Ensuite, la recherche académique exige beaucoup la fourniture d'encouragement et soutien du gouvernement. L'établissement des fonds particuliers, la fondation des institutions correspondante aux soutiens des recherches et l'organisation de la publication de la série de livres des cultures historiques de Kouang-Tchéou-wan, ce sont les plus urgents. Pour les chercheurs et des groupes et associations civiles, le

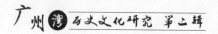

gouvernement doit mobiliser leurs enthousiasmes à travers de certaines mesures comme achats de service, soutiens de la loi, affections de fond pour le sous de publication et prix pour le résultat des recherches. Afin de provoquer la base histoire d'exploitation et l'utilisation des héritages d'histoire, il vaut les encourager à chercher l'histoire locale.

Finalement, l'encouragement de l'enrôlement de la société et la formation d'interaction mutuellement avantageuse avec le gouvernement peut pousser l'exploitation et l'utilisation des ressources culturelles historiques et Kouang-Tchéou-wan. En conséquence de manque du main-d'œuvre et de capital du gouvernement qui peut donner les droits au public à travers des politiques pour libérer le dynamisme folklorique au lieu de se charger de tout. Lorsque la société et l'officiel conjuguent leurs efforts à propos d'héritage, d'exploitation et d'utilisation des ressources des cultures historiques de Kouang-Tchéou-wan et qu'il devient un sujet participé amplement, l'effet de marque de Kouang-Tchéoy-wan va être très utile. Il propagera son influence en Chine même à l'étranger. C'est ce qui fournissent fortement l'achèvement du développement éternel des cultures historiques de Kouang-Tchéou-wan. Et la future progressive du quartier Xiashan sera allumée.

(CHEN Jingzhong, directeur du Bureau de la presse et de la culture du Xiashan district, Zhanjiang Ville. WU Ziqi, étudiant de master de département d'histoire à l' Université chinoise de Hong Kong)

（北京城市学院　欧阳慕弈译）

广州湾历史城区及历史建筑的保护与利用

◎蒋湛明

摘　要：广州湾时期的建筑样式融合了中式建筑样式和欧式建筑风格，是反映湛江近现代历史与文化传统的重要载体。清末时期的广州湾的房屋建筑形式以砖木结构的建筑为主，融合了广东各地的建筑风格。广州湾被法国租界期间，出现了哥特式和仿罗马式的法式建筑。并且中国传统建筑体系和西方建筑文化形成了错综复杂的碰撞和交融。然而，在现代快速的城市化进程中，广州湾时期的历史城区与历史建筑的保存却面临着严重的危机，主要问题有：单位人口居住密度大，公共设施陈旧落后，安全及卫生条件堪忧；居住人口老龄化、复杂化；年久失修，建筑本身老化。在对历史城区和历史建筑的保护发展过程中，需要建立一个由政府部门、专家学者、社会公众组成的"三位一体"的运行机制，将会起到事半功倍的效果。即政府宏观把控，专家学者作专业指导与智力支持，民众和社会力量参与保护、规划和管理。这种自下而上积极参与、自上而下科学引导的有机结合，可以使历史城区和历史建筑的保护更加效率化、开放化、透明化。对单体建筑的保护方法宜采用完整保存、风貌保存或精华保存的形式。处理好"保护"与"发展"之间的关系，广州湾的历史城区和历史建筑才既能延续下去，立足当代，又能连接未来。

关键词： 广州湾；历史城区；历史建筑

一、引言

广州湾是湛江市明清时期形成的名称，是广东、广西、海南的交通要塞，经广州湾可直通西南各省，南下可达越南，历史上是战略的"天南重地"。1899年11月，在法国的胁迫下，清政府签订了《中法互订广州湾租借条约》，把广州湾租借给法国99年。1905年法国将西营（现湛江市霞山）设为首府，另划分四大行政区进行管理，即赤坎区、坡头区、东海区和硇洲区[①]。经过一段时间的发展，广州湾逐渐形成了西营和赤坎双城市中心模式，西营为政治中心，赤坎则为商业中心[②]。1943年3月，日法两国签订了《共同防御广州湾协议》，广州湾为日军占领。1945年8月15日，日本投降。8月18日，中法政府签订《交收广州湾租借地条约》，法国将广州湾租借地正式归还中国[③]。8月22日，广东省政府奉国民政府之令，以广州湾租借地辟为省辖市，定名"湛江市"。

近代史上法国殖民者租占广州湾时期，一方面是对雷州半岛的政治压迫、经济掠夺、文化侵略；另一方面也带来了先进的西方文化，对本区域社会、经济、文化的产生了强有力的冲击。特别是在

---

① 中国人民政治协商会议湛江市委员会文史资料研究委员会编：《湛江文史资料》第9辑(法国租借地史料专辑)，1990年。

② 《广州湾的交通》，《申报》，1938年12月7日。

③ 《广州湾的交通》，《申报》，1938年12月7日。

在建筑和城市规划方面，给湛江留下了许多值得借鉴的遗产。①

广州湾时期的建筑样式融合了中式建筑样式和欧式建筑风格，是反映湛江近现代历史与文化传统的重要载体。然而，在现代快速的城市化进程中，广州湾时期的历史城区与历史建筑的保存却面临着严重的危机。许多建筑由于年久失修，卫生条件差，配套设施不完善，已经被荒弃。一些建筑由于多户杂居或沿街商铺改造，内部结构和外立面造型已被破坏。此外，大量的历史建筑迫于土地开发的压力被拆除重建。广州湾历史城区的消失，不仅仅只是一座院落或是一栋建筑的消失，而是伴随其产生的一段文化、一段历史的消亡，凝聚在历史建筑上的集体记忆与文化认同也随之失去了寄托。历史环境保护、文化资产活用、地方特色维护等课题是城市生态发展、历史传承不可或缺的因素。如何处理好历史建筑的可持续性保护与利用，成为摆在我们面前一个无法避免、刻不容缓、亟待解决的问题。

二、广州湾时期建筑特色

西洋文化的新观念、新艺术与中国传统建筑及艺术的碰撞、融合，产生了中西混合的广州湾近现代建筑。

清末时期的广州湾的房屋建筑形式以砖木结构的建筑为主，并集闽、潮、广、高、雷各地建筑特色于一地，往往在一栋建筑物中融合了广东各地的建筑风格②。这时期的建筑布局基本上以四合院

---

① 陈烈等：《雷州半岛经济社会与资源环境协调发展研究》，北京：科学出版社，1997年。

② 梁金木：《湛江建筑志》，北京：中国建筑工业出版社，1991年，第18—24页。

为主，并出现了富有东南沿海一带建筑特色的联排式民居，一户占用一间至两间面宽，单层或两层，彼此共用山墙，联檐通脊，一连串地并联在一起，类似竹筒屋。住宅造型与装饰简单，木制斗拱与阳台偶有简洁装饰。

到了广州湾被法国租借期间，出现了大量以石头、混凝土为建筑材料的、重视主体意识、强调个体观念的法式建筑，既有高、直、尖为特色的哥特式建筑，又有浑厚雄壮、装饰华丽的仿罗马建筑。随着时间的推移，中国传统建筑体系和西方建筑文化形成了错综复杂的碰撞和交融。湛江市区的建筑从以前的砖木结构发展为混凝土结构，从四合院式的平房发展为造型多样的楼房。当时的建筑大多为2~4层的钢筋混凝土或砖石结构的楼房，形式多样，明快大方，活泼简洁，不严格遵守西式建筑的某一特定形式，常常在一栋建筑上混同了不同种类的部件，力求创造出某种既反映西洋式样，又符合本土建筑风格的建筑①。

位于湛江市赤坎区泰安街15号的杨益三纪念堂，就是民国时期一座典型的中西混合式建筑。杨益三（1872—1924），遂溪县黄略文车村人。清宣统二年（公元1910年）孙中山之胞兄孙眉受孙中山派遣，秘密潜入广州湾，筹建同盟会机关，结识并发展杨益三成为广州湾的第一位同盟会会员。杨益三以经商为掩护，发展同盟会会员，并为革命积极筹措经费。后人为缅怀杨益三支持孙中山推翻清朝统治，在他的故居旁建造了杨益三纪念堂。该纪念堂始建于中华民国二十三年（1934），坐西南向东北，为两层法式砖混结构，平屋顶，共有两层，面宽9米，进深9.8米，占地面积约90平方。纪

---

① 王冠贤、魏清泉：《湛江历史建筑特征及保护》，《规划师》，2003年第3期。

念堂入口处有两根罗马式白色石柱，柱头带有丰富线角，梁上刻有菱形和花卉图案纹饰，门楣采用蓝琉璃瓦装饰。二楼正面为柱托券顶式巴洛克山墙，罗马式窗上刻有精美纹样。院门横额上有时任国民政府主席林森题词"光大"两字，门后有时任广东省公安厅厅长的何荦题词"继往开来"，正门横额刻有"益三公纪念堂"六个大字。该栋建筑目前为湛江市文物保护单位。

三、广州湾历史城区与历史建筑现状与所面临的问题

经过近百年的洗礼，广州湾时期的建筑都已"历经沧桑""饱受风霜"，当前的使用状况，不容乐观，存在诸多亟待解决的问题。

（1）单位人口居住密度大，公共设施陈旧落后，安全及卫生条件堪忧。

随着城市规模的逐步扩大发展，湛江市人口也随之激增。中华人民共和国成立前的湛江市，经常出现十多平方米的房屋中住着老少三代或几户人家同住一栋老房子的局面。为了协调生活起居，这些住户私自在院子里搭建厕所、厨房，严重破坏了历史建筑原有的内部结构和布局。

以湛江市市级文保单位杨益三纪念堂为例，该纪念堂原设计目的并非民居。然而中华人民共和国成立后业主几经易手，不仅在很长时间内作为民居使用，而且原业主还在院内私自搭建厨房和厕所，院落杂乱无章，卫生条件极差。此外，由于年久失修、屋面坍塌，木柱腐蚀，漏雨现象严重。院内设有1个污水池，污水经由厕所地下管道排出去。下水设施不畅通，污水横流，气味难闻。

（2）居住人口老龄化、复杂化。

近年来，由于新城区的迅速发展与崛起，导致城市经济、政治及生活重心东移，原住民尤其是年轻人陆续在其他区域买房，从老街中迁出。目前居住在老街居民，总体来看分为两类，一类是外来务工人员；另一类原住居民中的中老年人。因为来外来务工人口流动性大，素质参差不齐，再加上管理不到位，使得老街的居住环境日益恶化。此外，居住人口的老龄化，致使建筑缺乏及时有效的维护。

（3）年久失修，建筑本身老化。

广州湾历史城区的建筑，迄今大多已有近百年左右的历史了。这些建筑在建成后，就缺乏必要的日常维护与修缮，再加上湛江属沿海地区，经常受到台风侵袭和咸潮侵蚀，许多建筑的各组成部分已出现了严重的老化和腐蚀问题。例如，墙皮出现不同程度的脱落，楼板、栏板的砂浆出现松动、裂缝，钢筋外露、梁柱松脱，建筑内木走廊和楼梯的木板材料老化、甚至有不同程度的腐烂等等，情况已经相当严重，随时可能出现坍塌的危险。有些建筑历史上有过非专业的修补，但是其危险性依然存在，甚至有些已破坏了原有的风格。

四、广州湾历史城区及建筑保护建议

自上个世纪二三十年代起，梁思成等学者带头引进国外的保护经验，结合中国现状，提出了对历史建筑保护"修旧如旧"的观点，推进了我国历史文化街区的保护。上世纪八、九十年代间，吴良镛教授在借鉴国外先进理论的基础上，结合中国实情，提出对历史建筑保护实行分区域规划"小规模渐进式"的改造思路。在尊重居民生活文化、院落建筑文化的基础上，结合居民现代生活的多方面需求，提出街区"有机更新"的观点，也由此逐步探索出一个国内初期较为完整的、与街区格局相适应的保护体系与旧城发展策略。随着社会的发展，历史文化街区的保护在制度上也日趋完善，2005年，中华人民共和国建设部制订了《历史文化名城保护规划规范》，制度条例和导则性的管理方法被明确建立起来，这为我国历史城区的保护提供了权威性的可借鉴的框架模本。

但在历史建筑保护的具体实践中，还没有一套比较完善方式方法，需要大家的共同探索和深入研究。目前从国内外的经验来看，对历史城区和历史建筑的保护发展，建立一个由政府部门、专家学者、社会公众组成的"三位一体"的运行机制，将会起到事半功倍的效果。即政府宏观把控，专家学者属于作专业指导与智力支持，民众和社会力量参与到保护、规划和管理。这种自下而上积极参与、自上而下科学引导的有机结合，可以使历史城区和历史建筑的保护更加效率化、开放化、透明化。

按照这个由政府部门、专家学者、社会公众组成的"三位一体"的运行机制，广州湾历史城区及建筑保护可以按照以下步骤和方法实施：

（1）政府主导，确立原则。政府及相关部门负责制定和完善相应的历史文化街区和历史建筑的法律、条例，并负责组织有关专家对历史建筑进行分级，明确风貌建筑保护范围，以此作为历史文化街区和历史建筑保护工作的基本指导方针；组织开展广州湾时期建筑的调查登记工作，对历史建筑的具体位置、所有权、格局以及建筑的外部和内部特点、尺度、结构、材料和色彩等进行详细的调查登记。

（2）社会参与，形成合力。政府在统一规划的基础上，应积极指导和大力支持组织社会力量广泛参与历史文化和历史建筑的保护，对广州湾时期建筑群遗产进行有步骤的合理开发利用，按照"市场导向、企业运作、政府扶持"的原则，充分调动公众积极性并利用民间资金来进行对广州湾时期建筑群的保护。

（3）循序渐进，突出重点。根据先易后难原则，选择有重大历史价值和相对完整的建筑作为切入点，作为重点保护对象。具体做法是：对单体建筑的保护方法宜采用完整保存、风貌保存或精华保存的形式。对于一些保存非常完整的历史建筑，且内部的装饰与线脚也完整的被保存下来，不仅要保存好它的风貌，还要保存好它的功能，即完整保存。这种做法我们已有先例，如位于湛江市赤坎区民主路广州湾商会馆，仿法国钟楼样式设计，二层钢筋混凝土结构，外立面保存得非常完整，内部的装饰线脚也十分的讲究，保存完整，所以在改造中仅拆除周围的乱搭乱建就使建筑焕然一新。

（4）实事求是，合理取舍。在历史建筑的保护中，有的建筑外部保存完整，但内部已经遭到严重破坏或原有的功能不能适应现代社会，需要进行风貌保存。在改造的过程中要保护好建筑的外立面，以及一些具有特色的构造，但是内部的功能要重新置换。例如杨益三纪念堂，外立面保存较为完整，但内部损毁严重。在改造的过程中，将外部修复如旧，但内部功能可根据现代展览馆的布局重新布置，将其改造成纪念辛亥革命意义的纪念馆。而对于外部与结构都遭到损毁的历史建筑，我们只能取其精华，保留其有价值的地方，进行精华保存。

五、结语

广州湾既有深远的中华传统文化，又曾是法帝国主义的殖民地。从清末到民国漫长的几十年岁月中，广州湾形成了自己独特的中西混合建筑体系。广州湾时期的历史城区和历史建筑，是城市极其宝贵的资源。我国当前现代化建设的发展过程正在慢慢侵蚀着城市这片历史文化区域。在这样的人文危机下，不仅引起了社会的严肃反思，人们的文化保护与传承意识也跟着越来越强。希望在政府、学者和公众"三位一体"的运作方式下，处理好"保护"与"发展"之间的关系，使广州湾的历史城区和历史建筑既能延续过去，立足当代，又能连接未来。

（蒋湛明，湛江市古迹保护协会会长，建筑设计工程师）

La protection et l'exploitation de la ville historique et des bâtiments historiques de Kouang-Tchéou-Wan

JIANG Zhanming

Pendant l'époque de Kouang-Tchéou-Wan, le style d'architecture alliant le style architectural chinois et européen était le reflet important de l'histoire moderne et les traditions culturelles de Zhanjiang. A la fin de la dynastie Qing, les logements étaient construits principalement en brique et en bois, en mettant en seul endroit les caractéristiques architecturales de Min, Chao, Guang, Gao et Lei, en mélangeant souvent les styles architecturaux de différentes régions du Guangdong dans un bâtiment. L'aménagement architectural de cette période était en général la cour carrée, puis avaient émergé les maisons en rangée riches en caractéristiques architecturales le long de la côte sud-est : Une maison a occupé un ou deux faces de large, une seule couche ou deux, en partageant un pignon, un contrebas et le toit. Les maisons se reliaient en parallèle, semblable aux maisons en tronçons de bambou.

La forme et la décoration des logements était simple, les arcs en bois et les balcon avaient occasionnellement une décoration simple. Pendant la concession de la France, à Kouang-Tchéou-Wan avaient émergé les architectures françaises du style gothique et romane. Le système architectural traditionnel chinois et la culture architecturale occidentale avaient formé une collision et un mélange complexes. Toutefois, dans le processus de l'urbanisation très rapide aujourd'hui, la préservation des quartiers historiques et des bâtiments historiques de Kouang-Tchéou-Wan est confronté à une crise grave. Les principaux problèmes sont les suivants: Premièrement, la grande densité de la population résidentielle, les installations publiques usées, la sécurité et les conditions de santé inquiétantes, ce qui peuvent être reflété spar Mémorial Yangyisan, établissement de la protection culturelle de la ville de Zhanjiang. Deuxièmement, le vieillissement et la complication de la population d'habitat. Ces deux faces conduisent à un manque d'entretien rapide et efficace des architectures. Troisièmement, les bâtiments n'ont pas été réparés depuis de nombreuses années et ont connu un vieillissement lui-même.

Un conseil : Pendant le processus de la protection et du développement des quartiers et des bâtiments historiques, il est nécessaire d'établir un mécanisme de fonctionnement de «trinité» composée des services gouvernementaux, des experts et des savants, et du public social, mécanisme qui va jouer un effet multiplicateur. Le gouvernement est dans le rôle du macro-contrôle, les experts et des chercheurs dans le cadre de l'orientation professionnelle et d'un soutien intellectuel, le public et les forces sociales participent à la protection, à la planification et à la gestion. Cette participation active bottom-up, ces conseils scientifiques de haut en bas peuvent protéger les quartiers

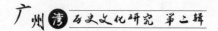

et les bâtiments historiques plus efficace, ouvert et transparent. Les bâtiments doivent être protégés sous la forme complète, d'apparence ou d'essence. Il nous faut mener à bien la relation entre «protection» et «développement», pour que les quartiers et les bâtiments historiques de Kouang-Tchéou-Wan puissent continuer le passé, avoir un pied dans le présent et connecter l'avenir.

(JIANG Zhanming, président de l'Association pour la protection des monuments historiques de Zhanjiang)

（岭南师范学院　李紫燕译）

Architectures de concession et de territoire: le patrimoine du partage?

（租界与租借地的建筑：共享的遗产？）

[FRA] Dorothée Rihal

在中国的法租界或是租借地兴建的建筑可以说具有一些特殊之处。这里的建筑有的可以说是一丝不苟、极其工整地复制了法国本土建筑的样式，展示了迥异于中国本土的另一种建筑文化和理念，也有的则是结合本土建筑的特征，创造了中西混合的建筑风格。而且无论是在上海、天津，还是汉口和广州湾，这些建筑都拥有一个共通的历史——大量的建筑先是在法国人当政期间所兴建的，建成后其中大部分建筑的使用者是中国人，后来它们被交还给中国，再后来建筑的用途也开始出现或多或少的变化。到了今天，随着中国城市化的进程以及很多老城区的改造，对这些非中国传统式建筑遗产的甄别和保护的问题也渐渐凸显了出来。虽然保留而不是摧毁这些建筑已经成为今天的一种共识，但是哪些建筑应当得到保护？如何保护？建筑遗产是否应当恢复其原有用途还是应当赋予新的用途？建筑最初的兴建者、今日的使用者或是建筑保护管理部门等有关方面在建筑的保护中应当或者可以承担什么样的角色？这些问题可以说依然未能得到比较充分的解答。在我看来，此类建筑遗产可以说是一种共享的遗产，所以我以下的发言将以汉口租界的建筑遗产为例，从共享的遗产这个角度出发，对在此类建筑遗产保护中所涉及到的上述一些问题展开讨论。（发言提纲）

（Dorothée Rihal，chercheur associé de l' Institut d'Asie Orientale de Lyon，France. 中文名尹冬茗，法国里昂东亚研究院副研究员）

广州湾纪事

叶浅予"逃难广州湾"之漫画

◎胡贤光

1937年中日战争全面爆发，我国沿江沿海的上海、南京、广州、海口等港口城市相继失守，特别是香港沦陷后，海上交通基本被切断，广州湾（今湛江市）由于是法国租借地的特殊身份，成了当时中国唯一可以自由通商的对外港口，一跃成为出入中国的商业重镇和航运中心，在第二次世界大战中扮演了重要角色，是中国及世界反法西斯同盟的重要海上通道，与空中通道"驼峰航线"、陆上通道"滇缅公路"齐名，是战时中国军事和生活物资的重要补给线，是世界反法西斯战争的重要门户。各地难民从上海、广州、香港纷纷逃难到广州湾这一战时避难所，大批抗日志士、政经要员、文化精英得以在广州湾避难喘息，继而安全转移到桂林、重庆等抗战后方。如陈寅恪、梅兰芳、夏衍、叶浅予、高剑父、陈香梅、赵少昂、马师曾、红线女、薛觉先、沈永椿等。这些国家级著名人士汇集于此，使广州湾的政治、经济、文化艺术获得空前繁荣，为本地留下了丰富的文化遗产。

关于人们当年逃难广州湾的历程，大家见到的多是回忆录之类的文字记载。今天，笔者有幸收藏到一套叶浅予先生当年逃难广州湾绘制的《从香港到桂林》漫画图片，描述其夫妇逃难全过程，为我们留下一份珍贵的抗战时期广州湾逃难手绘线路图。

叶浅予（1907—1995）浙江桐庐人，中国著名画家。抗战爆发后，上海文艺界成立了中国文艺界救亡协会，叶浅予先生担任漫画工作队队长，负责组织漫画家绘制抗日救亡漫画，他曾在上海、南京、武汉、长沙、重庆等地多次举办抗日救亡画展。1937年的12月13日，侵华日军侵入南京实施长达40多天灭绝人性的大屠杀，30万生灵惨遭杀戮，人类文明史上留下最黑暗的一页。1938年8月，为了向国内外人民揭露日本侵略者的滔天罪行，受国民政府政治部三厅委托，叶浅予先生专程携带收集到的原始资料图片赶赴香港督印《日寇暴行实录》一书，这是一部十六开本画册，分为烧、杀、淫、劫四类，较为全面地揭露日本侵略者的罪行。在香港期间，叶浅予先生筹办了抗日宣传画刊《今日中国》，在艰苦动荡的时局中先后出版了10期。绘制有《明天》《香港受难》等多部漫画，并多次举办个人画展，宣传抗日救亡。在港期间叶浅予先生由宋庆龄先生介绍，认识刚从国外归来的著名舞蹈艺术家，后称中国舞蹈之母的戴爱莲女士，并喜结良缘。1941年12月太平洋战争爆发，日寇突袭香港，为逃避日本人的魔掌，他和戴爱莲女士冒着飞过身旁树顶的枪弹，混杂在难民的行列里，在好心同胞的掩护，历尽艰辛，平安返回内地。

为此，叶浅予先生专门绘制了一组《从香港到桂林》漫画，以特殊的表现手法，清楚、形象、具体地描述他们夫妇逃难的全过程，为我们留下一份珍贵的抗战时期广州湾逃难历史图象，同时也给其他人提供非常有价值的交通线路图。

以下按照图1—图6的顺序予以展示。

图1　从香港坐船到广州湾，从西营坐汽车到赤坎

图2　从赤坎步行到玉林，戴爱莲女士则坐轿

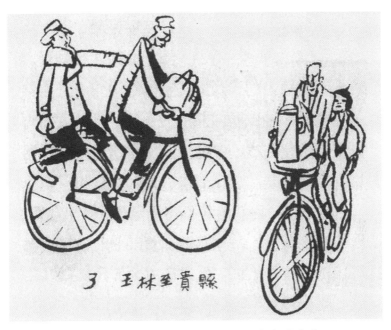

图3　从玉林坐自行车到贵县（今贵港市）

图4　从贵县坐船到石龙镇

图5　从石龙坐汽车到柳州

图6从　柳州坐火车到桂林（大后方）

（胡贤光，湛江市广州湾历史民俗馆馆长）

广州湾时期曲艺现象寻视

◎朱卫国

　　广州湾，始名于明末。原指南三岛外海一带的渔村、海湾等。1898年4月，法国借口"停船趸煤"向清政府提出租借广州湾要求，次年11月，法国胁迫清政府签下《广州湾租界条约》，将赤坎、霞山（西营）硇州一片陆地水域统称为广州湾，并入印度支那联邦管辖范围，开始了长达四十多年的殖民统治。1937年，中日战争全面爆发，国内各大城市相继沦陷。广州湾由于法租界的特殊背景，偏安一隅，成了当时中国唯一可自由通商的航运中心。广州、香港等地的商人和曲艺名伶为逃避战难，汇集于此，亦促进了这一商埠重镇的经济贸易和文化繁荣，形成了广州湾时段的曲艺文化现象，具有一定的史学研究价值。

　　中国的曲艺，源远流长，种类繁多。自唐朝起已十分盛行。现时的曲种达三百多个。曲艺是各类曲种说唱艺术的总和。以说唱为主，衬托表演动作，运用不同的场景，道具和器乐，去叙述故事，表现人物，诉说情感，反映生活。曲艺说唱兼有一人多角的特色，并与民间音乐、歌谣和地域方言相互联系，交融渗透。部分曲艺还兼容两重属性，即可以从属地方戏剧唱腔，又可分离自立为另一曲种。湛江的曲艺主要有粤曲和南音、木鱼、卖鸣调、雷州歌、白揽快板、莲花板说唱、东海嫁及白戏、黎戏、戏的木偶唱腔等，其旋律优美悠扬，易学易唱，为广大民众所喜闻乐见。广东曲艺以粤曲为主，流行于粤桂两广，香港、澳门、欧美及东南亚华人粤语的广大地区。粤曲是粤剧的主体唱腔，以梆黄、牌子、小曲、音乐和地方歌谣为唱腔结构。按角色行当，音色唱法分为大喉、平喉和子喉。演唱注重声线，音质、气息、运腔和韵味。要求字正腔圆，声情并茂。粤曲以高胡、二胡、洋琴、月琴、秦琴、琵琶、三弦、大阮、笛子、洞萧、喉管、唢呐等民乐及板鼓、锣钹等击乐为伴奏。

清末民初，商人李秀然在赤坎率先开设李家园曲艺茶座，聘请一班演艺俱佳的女伶登台演唱。后随西方文化涌入，手摇留声机和粤曲、广东音乐唱碟兴起，富人大户争相购机买碟，自娱享受，引作时尚。许多商家也值此将留声机摆放门店柜台，日夜播放，以求娱悦顾客，招揽生意。二十年代初期，广州湾商贸发展，人口增加，原有的横堂卖唱，琵琶馆和曲苑歌坛复兴渐旺。横堂卖唱，是以个体或父女、夫妻、爷孙、师徒的两三人成伍。琴师为亲属长辈，主持弦琴伴奏，需要时亦随唱帮腔。唱曲多是女子、姿色平凡、衣著简朴。若是失明艺人则配戴墨镜作饰。唱横堂多为职业谋生，长年累月行走于横街小巷、乡村墟场、食店摊档、商铺客栈卖唱。曲目多是贺岁颂神、劝世教化、伦理道德、悲欢离合。一般是按曲取酬，收入微薄，居无定所，生活艰辛。琵琶馆是自备场地，陈设简单，备座椅清茶香果，供客人听曲品食。馆主由称作妈妈的老板掌控。招集一批有姿色会弹唱的女子或买来少年女孩，自小承师授艺。操此业与江浙苏杭的民间评弹相似，须自弹自唱，以琵琶、月琴、洋琴为弹拨乐器。伶人衣着光鲜，略施脂粉，行规是卖艺不卖身。曲苑又称歌坛，即在酒楼饭馆开设一小歌台，于茶座餐宴上演唱助兴，以招徕食客，提高茶位餐费，用作酬金。曲苑歌班一般有十多人，伶人和乐手可职业或客串兼职。一是由酒楼老板自聘乐队歌伶，按劳分配。二是由班主组织人员，再与酒楼签订合约，以求收入保障。歌坛艺员讲究行头包装，服饰亮丽，大方得体。乐队长衫或西服，歌伶穿旗袍或长裙晚装，扮相俏丽，佩戴饰物。其演唱伴奏水平均高于唱横堂和琵琶馆，广受好评。时至三四十年代，二战爆发，中日战争烽火漫延，日军侵占广州、香港。许多曲艺名伶艺人逃难至广州湾，借居于赤坎三民路、大德路一带民房。为求生计，再重整旧业。如享誉曲坛的歌伶平喉唱家郭湘文、首席金钟马秀珍、头牌子喉伍丽嫦及郫飘絮、扬菊、徐茵、黎紫等名伶和知名乐师陈乐平、潘浩、曾九、陈萍等组团结班，许多本地艺人亦加盟合作。这几支阵容大、名气盛、演艺佳的曲艺团队，活跃于赤坎和霞山两地，在南华、大中、京都、宝石及南天、京华、中央等各大酒楼、戏院增设曲坛，加演夜场，装置音响彩灯，五光十色，更显富丽堂皇。老板为扩大宣传提升品位，四出张贴海报街招，派发"号外"传单。标明歌班名伶主唱，头架乐手及具体曲目。时下达官名媛、商贾贵妇、市民曲迷纷纷前来捧场助兴，赠送花篮贺匾，派发利是赏银，车桥盈门，宾客满座，呈现出一派娱乐升平的繁华景象。曲班为顺应潮流，乐队增配小提琴、大提琴、小号、萨克斯、定音鼓等西洋乐器，致中西合璧、音域雄浑、气势张扬。名伶个个艳妆娇丽、气质不凡，给人以高雅雍贵之感。演唱的多是省港流行的传统粤曲。如《万世流芳》《爱花情果》《无价美人》《夜半歌声》《陈公骂曹》《偷祭潇湘馆》《魂断蓝桥》等，还吸纳"茉莉花""四季歌""仙姑算命""何日君再来"等江南小曲、流行歌调，以丰富曲艺演唱。为配合抗战时势，撰词编曲，借古喻今，创作多首曲目，如《热血英魂》《还我汉江山》《英雄义举》，鼓励民众不忘国耻，团结一心，奋起抗战。引起媒体极大关注，民众广为称誉，轰动一时。一九四三年，日军侵占广州湾，两年后日本宣告投降，迎来了八年艰苦卓绝的抗日战争胜利。当时国民政府收回法国租借地广州湾（现称湛江市），随后发布公告：凡在本市执业的舞女、歌伶须一律登记，纳税交费。否则，停业查办。此时，从广州、香港来湛的歌伶艺人，大都已陆续返回原地，前来登记者仅有数人。原本地唱横堂，琵琶馆、曲苑歌坛艺人也相继改行或另谋出路，曾经兴旺一时的广州湾曲艺演唱活动，自此日趋清淡。一九四九年，国民党因挑起内战，民心背向，终败走台湾。同年十二月，湛江市解放。

曲艺是我国非物质文化遗产的宝贵财富，历史悠久，异彩纷呈。始源于民众，兴盛于民间。抹去岁月的尘封，还原记忆影像，寻视研究广州湾时段的曲艺文化现象，对曲艺这一活态遗存的传承发展，提升走向有着现实和深远意义。

（朱卫国，湛江市民俗文化研究会会长）

La recherche sur les spectacles populaires pendant la période de Kouang-Tchéou-Wan

ZHU Weiguo

Dans les années de la fin de la dynastie de Qing et du début de la République de Chine, le commerçant LI Xiuran a ouvert d'abord dans le district de Chikan une maison de thé pour jouer des spectacles populaires de la famille LI. Il a embauché un groupe de jeunes filles compétente pour chanter sur la scène. Puis, avec l'afflux de la culture occidentale, la montée du phonographe à manivelle, des chansons cantonais et des disques de la musique cantonaise, les gens riches ont acheté des CD pour s'amuser, à la mode. A cette occasion, de nombreuses entreprises ont mis sur le compteur du magasin un phonographe qui émettait jour et nuit, pour amuser les clients et exciter leur vente.

Début de la vingtaine, avec le développement des affaires, l'augmentation de la population, les chants dans le cross-hall, le jouer de la guitare chinoise dans le pavillon, et le chant dans le milieu des chansons étaient de plus en plus prospères. L'équipe du chant croix-hall était composée de deux à cinq personnes, sur la base individuelle, de fille et père, de mari et femme, de maître et apprenti. Le maître du violon chinois était la parenté aînée, qui présidait l'accompagnement de la

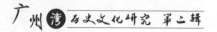

harpe et du violon et chantait quelquefois en cas de besoin. Les chansons étaient exécutées la plupart du temps par les femmes assez ordinaires, en robes simples. Si c'était un artiste aveugle, on portait des lunettes de soleil comme ornements.

Le chant dans le croix-hall était le plus souvent comme une profession pour gagner leur vie, les chanteurs ont joué pendant des années et des mois dans les grandes avenues et petites ruelles, dans les foires rurales, dans les restaurants et les stands d'épicerie, dans les magasins et les boutiques d'auberge. Les chansons étaient la plupart du temps sur la louage de Dieu, la félicitation de nouvel an, la persuasion et la civilisation, l'éthique, séparations et réunions. La rémunération était généralement payée par le nombre des chansons. La salle du luth était préparée par les joueurs, avec les meubles simples, du thé et des fruits au siège fournis aux auditeurs. La salle était contrôlée par la patronne appelée la mère qui recrutait un certain nombre de jolie femme sachant à jouer de les équipements musicaux et à chanter, ou achetait des petites filles pour hériter la technique du maître. Ce métier était similaire au jouer populaire dans la région de Jiang Zhe Su Hang. Le joueur devait chanter lui-même et jouer du luth, du violon de Lune, du violon étranger en même temps. Les acteurs s'habillaient avec beauté, maquillaient un peu. Les règles de ce métier : les joueuses donnaient des représentations en public, mais elles ne se vendaient pas.

Qu Yuan（曲苑）, aussi connu comme le milieu des chanteurs, soit l'ouverture d'une petite scène dans les restaurants où les acteurs chantaient dans le banquet pour ajouter le plaisir, attirer les clients, et d'augmenter les frais de thé comme une gratification. L'équipe de Qu Yuan avait généralement une douzaine de personnes dont les acteurs et les musiciens pouvaient travailler à temps partiel ou comme invité. Le propriétaire du restaurant pouvait recruter les chanteurs et les musiciens avec la répartition selon le travail fourni. Autrement, un responsable organisait l'équipe qui signait un contrat avec le restaurant, afin de garantir un revenu. Les artistes de musique faisaient attention aux costumes, à l'emballage et à l'habillement beau, généreux. Le chef d'une fanfare portait la robe de bande ou costume, les chanteuses étaient vêtues d'une robe chinoise ou d'une robe du soir, avec jolie apparence et des ornements. Les chanteuses de Qu Yuan chantaient mieux que celles de la Croix-salle ou du Pavillon de la guitare chinoise .

Après l'éclatement de la Résistance, de nombreux artistes et chanteurs provinciaux et de Hong Kang avaient fui vers Kouang-Tchéou-Wan pour gagner la vie, puis reconstruire son ancien métier. En coopérant avec les artistes locaux, ils avaient formé plusieurs équipe de chant. Au support des commerçants, ces équipes de chant s'est développé d'une façon rapide et active sur le marché du Kouang-Tchéou-Wan. Pour s'adapter à la mode, les fanfares ont été équipées d'un violon, une violoncelle, une trompette, un saxophone, des timbales et d'autres instruments de musique occidentaux, afin que les équipement chinois et occidentaux se combinent harmonieusement.

Les chanteuses, avec le maquillage fort et joli, un tempérament extraordinaire, présentaient une certaine élégance. Ce que les chanteuses interprétaient, c'étaient en général les chansons cantonaises

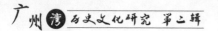

traditionnelles populaires dans la province du Guangdong et dans la région de Hongkang. En outre, on a absorbé d'autres chansons populaire du Jiangnan, comme le "Jasmine", les "quatre saisons", le"diseuse de bonne aventure,", "quand venez-vous à nouveau", pour enrichir les chants. D'ailleurs, afin de faire le lien avec le temps de la guerre, les artistes ont écrit des mots et des musiques en parlant du passé pour désigner le présent. Ils ont composé plusieurs chansons de la Résistance pour encourager les gens à ne pas oublier l'humiliation nationale et à lutter contre les ennemis japonais.

En 1945, le Zhanjiang nouvellement créé a annoncé: Tous les danseurs et chanteurs pratiquant dans la ville seraient nécessaires à s'inscrire et à payer la taxe. Sinon, ils devraient arrêter leur activités et accepter le poursuivre en justice. A ce moment-là, les artistes venant de Guangzhou et Hongkang sont retournés dans leur région originale, seulement quelques personnes sont venues pour s'inscrire. Ceux qui travaille dans la croix-salle, le pavillon de la guitare chinoise et le milieu des chansons ont détourné ou trouvé au autre métier. Les activités prospères auparavant du chant se sont diminué petit à petit.

(ZHU Weiguo, vice-président de l'Association d'étude sur la culture folklorique de la province du Guangdong, président de l'Association d'étude sur la culture folklorique de la ville de Zhanjiang)

（岭南师范学院　李紫燕译）

位卑未敢忘忧国

——郑香山公以笔抗法二三事

◎陈达兴

一、以笔为匕首投枪，将法兵赶出新场大宗

1898年4月22日是（清光绪廿四年闰三月初一日），法兰西大帝国派遣远东舰队三艘军舰，载兵五百侵占我广州湾，继占南三全岛以及麻斜、海头。农历9月，法侵略军后续部队到达之后，进一步扩大占领范围：东至吴川黄坡大岸渡；南至硇洲岛；北至调顺岛和石门圩；西至遂溪万年桥。法兵每到之处，占地毁坟，烧杀抢掠，激起务地人民的强烈反抗，其中最著名的是：南柳、海头、黄略、麻章、麻斜人民的反抗法帝侵略的斗争。

1899年11月16日（清光绪廿五年十月十四日），腐败无能的清政府和法国签订了丧权辱国的《广州湾租界条约》。租界划定以后，法帝将原驻租界外的法兵缩回界内，分驻各港口、码头和交通要塞。其中有一百多人移驻坡头镇新场渡口（此渡是坡头直通南三岛的交通要津，从明朝初年超便建立汛台派兵驻守）。法兵在帐篷中住了十多天后，便大摇大摆地拔帐移驻新场村郑氏大宗，直至清光绪廿六年二月，法兵全无迁出之意（当时法在新场渡口边三

墩的兵房已建好）。反而大耍大法国殖民者威风，抓鸡捉狗，耀武扬威。

村民目睹此状，非常气愤，但国衰民弱，无能为力。族长及村中老大眼看就到二月十四日春祭佳期，法兵毫无退出之意，如何是好？大家商量之后，想起时在麻斜教馆的郑香山。郑香山是新场郑族分支后裔，早已迁居郑屋岭村，但他出自书香世家，在郑族威望特高，每年大宗祭祖，写对联、祝文、主持等事务必请他参加。去年他曾于麻斜大王公庙前贴出《禁抢米担檄》，有效地制止了黄衍祥等无赖在麻斜渡抢南三、遂溪等地灾民所买度荒粮食的罪恶行径，挽救了大批灾民的生命，在吴、遂两地大名远扬。大家一致认为，要把法兵赶出大宗非他不可。于是派人到麻斜西山文阁馆把香山公请回新场村共商此事，公时年61岁。

公回到新场村后，与族长和恩职老人郑恒元、郑志宗、郑吉荣等人商量如何赶法兵出大宗事。有人提出召集郑族数千人强行将法兵赶出大宗；有人建议从祖尝中抽出部分资金贿赂营官请搬出。香山公经一番深思熟虑后明确反对这两种意见。第一，武力驱赶行不通。法兵洋枪洋炮，武器精良，一百多人个个凶悍蛮强，用武必导致兄弟伤亡，很不合算，且租约签订未久，闹起来得不到清政府的同情和支持。第二，贿赂营官更不是办法，即使把全部祖尝作贿金，法国鬼也看不上眼，何况花光祖尝后，春祭资金何处来？灾荒未过，升米几百钱，筹钱谈何容易？还是另想办法吧。于是执笔凝思，写出了《呈法兵退出大宗禀》。其文曰：

具禀新场村恩职老人：郑恒元、郑志宗、郑吉荣合众等，

为联名恭请移兵回营事：

建祠堂为棲神之所，营盘乃驻勇之区，而宗祠所以报本，我等始祖乡进士，官任琼山学教谕，自卜居厥地以来，上下三村，支派藩衍，建祠特享，不忘本也。兹值二月十四日春祭之期，思欲崇德报功，而大法官兵寄寓此祠，我等未敢擅便冒犯。若未在三墩建造兵房，我等不敢直诉。而兵房之工已竣，请暂迁移，俾我等得以序昭穆而联宗支，设衣裳而荐时食。倘得如所请，不特我等感恩，先灵也戴德矣。

切赴：

大法国三划官麾下伏乞恩准施行！

写好后，示众宗人看过，即封好亲自带到法帝东营洋意公馆呈递（当时法总领事馆设麻斜）。东营法总领事官看后，见所言在理，无可挑剔，且三墩兵营确已建好，再不撤出必大失民望，对驻兵不利。于是下令法兵撤出大宗，移驻三墩兵营。

郑族村民得以顺利于二月十四日举行合族春祭，无不额手称庆，赞颂香山公不费民力，不花钱财，挥笔疾书数行便把法兵赶出大宗。

二、阻抗法国征收人头税

1912年（中华民国元年），法帝驻广州湾殖民主义者乘中国改朝换代之机，将总公署从坡头圩搬迁至西营（即今霞山）。随即废除了与清政府在《广州湾租界条约》中所订的："税务项一律照旧，以钱粮为惟正之供"的章约，出台了《广州湾新税务法》。根据这个新税务法，各种税收数额均数倍增加，并新增了地丁税、枪炮税、圩市场件落地税等税项。当时盗匪横行，民不聊生，今又欲加身税（即人头税），岂不是将民置之死地吗？于是群情激愤，纷纷赶来抗议。公时年75岁，馆寓麻斜志道书室，身任吴川县坡头郑氏乡正职，见此情此景，义愤填膺，遂为民请命，奋笔疾书《阻法国开收身税呈词》，呈送坡头法当局并转呈西营总公署。呈词全文如下：

> 为民不聊生，乞准免收身税事：
>
> 窃该处民贫地瘠，饿殍堪怜。自苏公[宫]保与贵国划界以来，特立章约，税务项一律照旧，以钱粮为惟正之供。而清政钱粮，每种一斗，缴钱三十八文，今则每斗纳银三毫，兹又示界内加银一千元。清政并无地丁、枪炮及圩市落地物件税务，今则各项皆承税矣。旧时食盐、鸦片虽有纳税，今则承以公司，其价倍蓰，而使利权专归批收者。章约之墨迹未干，种种税外加税，民已不堪供命，不特无以示信于民，而且贻笑于邻国。况者今遍地土匪，捉人勒赎，杀人报仇，劫掠村庄，抢夺耕牛，不分昼夜，至路无人迹。水面则拦江截抢，船户不敢往来。绅等虽欲募勇逡巡，而空拳握手，军械勇费俱无，时事如此。加税未已而新税又来，又欲开收身税，则是驱民纳诸罟镬陷阱，何以聊生？伏乞痛念民艰，免收身税，恩同再造，德戴二天矣！为此，联乡匍叩。
>
> 切赴：
> 二画大官台前，转洋总公使台前恩准施行。
> 西一千九百一十二年六月递

呈词有理有据，依法抗争，痛斥法国殖民主义者"章约之墨迹未干，种种税外加税，民已不堪供命。"义正辞严地申明这种做法"不特无以示信于民，而且贻笑邻国"，击中了法帝的要害，迫使法公署取清了坡头地区人身税的征收。后直至1936年殷多东为法帝驻坡头公使是，宣布实施"义务公役法"，变相征收人头税，激起坡头人民的强烈反抗，爆发了震惊中外的"三月三"抗法抗税斗争，此是后话。可见香山公只凭一管笔，便赢得了坡头人民免征二十四年人头税的胜利，实在是难能可贵！

三、揭露法国驻坡头公局通事劣迹，维护坡头人民生命财产安全

法国强租广州湾的43年中，强制推行殖民主义政策，对我湛江人民实行残酷的殖民统治：军事上残暴屠杀，杀害我平民数以百计；政治上迫害待，勾结地方军阀杀我共产党人、革命志士和反抗外族侵略压迫之人士；经济上剥削勒索，巧立名目横征暴敛，搜刮民脂民膏；思想上腐蚀毒害，放纵邪恶犯罪，匪盗横行，烟馆妓馆林立。更有甚者，从地方招来一批无赖充当公局（又叫保安局）的大小头目，实行以中国人治中国人的殖民统治。这批人豺狼成性，蛇蝎为心，恃势淫骗，保匪攻良，贪污受贿，豪饮宿娼，栽赃串案，五毒俱全。如当时坡头公局旦初、法官文轩、通事钱泮江等，就是这类人。他们劣迹昭彰，荼毒生灵。对他们的恶行，人们敢怒不敢言。公目睹此种种，忿满难平，暗中召集坡头正气文人及陈、许、黄、莫、李、郑等大姓大族有威望的族长商议，搜集贪官污吏劣迹，由公执笔写出了《贴坡头通事劣迹》檄文，抄写多份，贴于公局门口和正街、鱼街、鱼亭等处，识字者大声朗读，百姓踊跃围观，轰动了整个坡头圩，法公使得知后派人抄录回去，调查核实后

撤掉钱泮江职务，其他法国走狗也有所收敛，坡头人民得到了喘息一时的机会。《贴坡头通事劣迹》全文如下：

具贴禀人，南二南三士农工商军民人等，为恃势淫骗，保匪攻良事：

窃惟黜邪崇正，民生之情性皆然；攻匪保良，绅老之见闻最确。今有大法国坡头通事钱泮江者，目不识丁，形竟肖丑，豺狼成性，蛇蝎为心。入局以镇侯旦初为羽翼，上堂以心铭文轩为爪牙。到塘博村，调钟鲁之妻；在坡头圩，戏韩细胆之女；迁四甲祠，合赞臣为鸦片之鬼；住五丰铺，交静山作绦子之儿。陈阿光乃有死之著匪，得银四百，包赤坎之失主无言；钟毓华是淡水之魁枭，索钱廿千，致南寨之局绅扫面。忌胡文进之牌红，恶陈栋村之衣绿。领吴吉符之财，包揽其敢买私货；欠车大贵之债，不许其捉罚洋烟。赶德兴回家，打席吃薯；望各轩出圩，做酒送菜。打土生迁怒陈星衢，立讨鬼头两个；诒尧臣去索潺鱼寿，即要七角卅块，黄屋之石狗赶来；无钱一文，麻登之沙牛牵去。带公使入辑五之家，覥其新妇两；结兄弟住忧心一之屋，叩其老母九头。吃田头儿银一百，替赞臣除水三分；得地聚村钱三千，越五葵甫咬一口。放邓道基勒钱廿千；索李文元，洋银四十。抢三合窝大王公之杉林，灭十甲内武爷之香灯。占公局为聚宝之盆，胆兵勇作运财之鬼。良善无钱交，索纸阻拦；贼匪有礼送，文书即行。借练局当金糠，娶侧室作钱树。以妾运财，不免龟公之号；用弟接客，嫡成羔子之名。无法无天，不伦不类。劣迹四方共悉，淫行百姓皆知。事事非虚，言言是实。神人共怒，天地不容。死子冤以报于目前，夺妾债即还夫身后。此时虽当局之通事，来日定做跪路之乞儿，兹幸逢巡案大人莅临，如天如日，此人不革，属地无皮。或投豺虎，或喂狗猪，或解四肢，或枭元首。则人人祷祝，代代公候。

上赴。

郑香山公生平简介。公出生于1839年（清道光十九年），姓郑，名之枬，字让卿，号香山。祖父宗元，字履亨，号乾峯，覃恩晋锡文林郎。父超廷，别字个臣，号卓卿，成均进士。公童年随父驻馆习读，由于资性聪颖，十八岁时四书五经倒背如流，琴棋书画无所不熟，诗词联赋样样精通。二十岁起赴县试中庠生，后屡试于高州，可惜生于满清末代，时局动乱，试场暗黑，官场腐败，屡试不第。加上公疾恶如仇，不向世俗屈服，只好重操祖父旧业，设帐舌耕。从42岁起，直至79岁从未间断。执教37年，遍及高廉粤西各地，弟子数以千计，其中不少高徒。目前坡头很多村庄有国学底蕴的家族，其祖辈无不是公之门生。公一生交游甚广，深交的有陈兰彬、陈乔森、林诒燕、林树槐、林枝连、黄文英、陈富潮、周华彬、李树蓍、钟志亨、陈育恙、周兆熊、陈宗昌及郑族大批文人。故父丧时举人陈乔森亲自致祭，亲撰祭文，谋文跪于灵前宣读，其与公之深交可知。当时退休居家的陈兰彬大使亲撰对联一副相赠，以赞颂公以清贫淡朴之身去教授吴川学子，令人感奋。

联曰：水纹笛簟凉如许，云碧纱橱薄欲无。

公虽贫穷，地位低微，但不愧为人师表。公以中国进步文人所共有的"国家兴亡，匹夫有责"为己任，以儒家的"修身、齐家、治国、平天下"为座右铭，关心国家兴亡，关心民族存亡，关心民族事业，维护宗族团结，痛斥社会腐败丑恶，广交朋友，独善其身，处处表现了中华民族传统和高尚品德。公一生所录、著的文、典、诗、词、联、赋、文数千万言，天文、地理、历史、文物、名人无所不包，给后代留下一笔宝贵的文化遗产，可惜数经劫难，十损八九，诚可叹也！今所剩的只是凤毛麟角，但对探讨粤西地区的风土民情、历史、人文、地理，还有不可估量的作用。公的确是清末民初粤西地区的一位著名文化名人。

（陈达兴，湛江市南三岛历史文化学者）

广州湾近代教育开拓者陈学森

◎骆国和

法殖民者侵略广州湾初期，为巩固其殖民统治，整个教育基本上蒙罩着殖民地色彩。1908年法人在麻斜（后迁西营即今霞山）开设培训法语的安碧沙罗学校，后又在赤坎设立法华学校，除当局开办服务法人的学校外，其他学校寥寥无几，居民子女很难有入学机会。当时，一些有识之士和爱国开明士绅，冲破藩篱，兴办华人社团学校或私人学校，当中陈学森是杰出的先驱者之一。他不仅身体力行创办中国人自己的学校，而且呼吁号召社会士绅共同善举，为华人子弟兴师重教不遗余力。他创办的培才中学别树一帜，饮誉省内外，对当地的教育影响极其深远，对促进湛江日后教育事业的发展与提高，作出积极贡献。陈学森创建的培才中学，在湛江教育史上写下重要的一页。

一、创建培才小学

陈学森（1893—1952），霞山区北月村人，湛江地区知名人士陈学谈胞弟。早年，陈学森闯荡商界，颇有成就，跻身广州湾名流。童年时，他曾入读私塾，惟未能接受现代学校教育，深感缺乏教育之苦楚，加之目睹法国实行愚民政策，不顾本地居民子女入学受教育，致使华人子弟成为文盲而愤愤不平。本与教育不沾边的他，决心开办华人子弟学校，兴师育人，传承中华文化。其兄陈学谈也久有此意，两人相议一拍即合，决定合力捐出办学所需的主要资金，发动社会士坤筹集，创办中国式学校。他们得到地方开明士绅的大力支持，组成校董会，定名"广州湾私立培才小学"，推举陈学森担任董事长。清代状元林召棠的后人动员邑人把部分赤坎高州会馆租赁给培才小学办校，学校聘请东海人、留法学生庄润德为首任校长，于1937年9月正式开学。1939年增办培才初级中学和幼稚园，由于学校办得好，发展很快，入学人数由开办时的287人到1939年增至750人，是当时广州湾规模最大，学生人数最多，师资力量最雄厚的学校，令法国广州湾当局也刮目相看，写下了广州湾华人办校光辉的一页。

陈学森生活朴实，不善矫饰，厌恶繁文缛节，在陈家兄弟排行第三，有"孤寒三少"之称，但办学却慷慨解囊，出资大方，毫不吝啬，一片热忱。办校过程中，他事必躬身，添置设备、聘请教师等方面，付出了辛劳和费尽苦心，为日后培才的发展，打下坚实基础。

二、开办培才中学

培才初级中学开办后，学生毕业将面临升中，为便于学生进入高中，陈学森决定把培才建成完全中学。为加强校政管理，1939年，陈学森送女儿陈玉燕到上海大夏大学教育系深造。1941年2月，陈玉燕学成归来，出任培才中学校长，也奠定了陈玉燕的从事教育事业的一生。新校舍建在赤坎鸡岭，1942年9月正式启用，更名为"广州湾私立培才中学"。时下，广州湾属中央侨委会管辖，

1943年12月，侨委会批准培才中学高中部立案，并发给钤记。陈玉燕不负父望，亲力亲为，从严办学，坚持"传统与创造并重"的教学理念，把我国传统教育和外来先进教育揉合在一起，改变广州湾墨守成规的任教或办学一潭死水的旧教育局面，在当时文化教育十分落后的法租界树起一面旗帜。陈玉燕出任校长直至湛江解放，前后时间长达9年。其影响力仍伸延至今，湛江一中校园中央竖立有陈玉燕校长的铜像，受师生缅怀景仰。

培才新校址占地60亩，共设24个教室，急需师资。当时，我国沿海地区相继沦陷，广州湾暂偏安一隅，大量难民踊入。1941年底香港沦陷，走难中来了不少教师、教授、学者、留学生，陈学森礼贤下士，盛情邀请名师任教，甚至亲自远道相迎。著名音乐家黄友棣、哥伦比亚大学教育硕士何中中（女）、密歇根大学毕业的王乃春；中山大学、金陵大学毕业的陈继尊和何世明；画家郑昌中、吕寿琨等仰慕陈学森的为人和热心教育，应聘到培才中学任教，为办校提供了数量足和质量高的师资。此外，学校设施也十分完备，拥有设备较齐全的理化实验室、生物标本室、教学仪器室、体育室，配有钢琴和管弦乐器的音乐室及藏书颇丰的图书馆。在那个年代，拥有这么多设备的学校在广东省是极其罕见的。陈学森还在学校实行资补助学金制度，使众多的市民阶层及农村的优秀子女能入校就读。提倡"培才人一家亲"，把学生视为子女。

在陈学森的苦心经营下，培才以其显赫的办学成就名冠粤西，成为享誉全省的"南路学府"，在海外也有一定影响。从创办至1948年止，四届高中的毕业生中，就有103人考上清华、交大、中大等高校或留学美国。正因培才名气大，慕名求学的学生各地都有，甚至远至广州、海南、广西等地，开创了湛江教育新的里程。

培才中学多次受到时下广东省教育厅、国民政府的中央侨委会、教育部嘉奖。1942年12月，蒋介石还为学校题写校名"培才中学"，书写培才校训，可见该校不同凡响。

三、抗战时期的培才中学

抗日战争时期，培才师生同仇敌忾，积极抗日救亡。陈学森支持学生教师走出校园，到社会进行救亡活动。学校成立歌咏队、戏剧队进行抗日宣传，不仅在校内演唱，还深入到群众中演出；高年级的学生星期日，还定期在赤坎盐埠街路口刊出抗日救亡墙报，影响很大。培才学校组建南路第一支管乐团走向社会为抗战呐喊；成立粤西第一个大型歌咏合唱团传播大众呼声；创作诞生湛江第一支正规校歌《培才颂》，激励学生"我们要任重致远，我们要发奋图强，我们是更生的力量……"培养学生报国精神。

1943年日寇占领广州湾，陈学森坚持办学，鼓励学生勤奋学习，学好本领，效报国家。为保护培才校舍和学生的安全，日夜操劳，呕心沥血。当时，盟军飞机多次轰炸广州湾日军设施，为避免误炸，陈学森联络国民政府，教育部以中字07448号代电请空军饬属注意保护培才校舍的安全。学校配合在校舍屋顶写书惹人注目的"培才中学"中英文巨型大字，让盟军空袭不误炸学校。

陈学森虽是校董事长，但平时对学校十分关心，学校每有较大活动必亲临现场：还经常到学校了解情况，观看学生开展课外活动。对成绩优秀的贫苦学生给予资助帮扶。在抗战的艰苦环境下，培养学生爱国和集体精神，促使学生爱国爱校，团结友爱。还经常举行丰富多彩的课外活动，注重学生德、智、体全面发展。1944年8月，国民政府教育部对培才"努力抗战教育"予以传令嘉奖。培才名噪一时，学生也以是培才人而自豪。

抗战胜利后，广州湾建市，培才改称"湛江市私立培才中学"。1952年2月，并入湛江市第一中学，更名为湛江第一中学，属省一级学校。

陈学森被誉为"培才之父"，1946年10月，广东教育厅对陈学森办学成绩予以嘉勉。同年11月，校园内曾竖立他的铜像，表彰他的建校劳绩。

四、热心地方公益活动

陈学森热心办教育，为改变当时文化教育十分落后的广州湾法租界作出积极贡献。此外，陈学森早在1935年便捐资创办赤坎育婴堂，收留遗弃在街头的孤儿。1939年起，为了适应难民的需要及目不识丁市民的福祉，他创办了培才义校，既免学费，还供给纸张笔墨和书籍，数年之间使失学儿童和成年人2000多人受惠。1946年，赤坎游泳棚的扩大兴建也得力于他的赞助和支持，同年8月，举办湛江市市首届水上运动会，为推动日后湛江的游泳跳水运动普及和发展打下基础。

陈学森曾出版一本名为《对社会的一点意见》的著书。全书12000多字，对社会各方面的问题，如婚姻、殡葬等提出了改革意见，提倡礼仪从简和生产节约，很有社会见识。此外还对教育问题发表过一些专题文章，其中一篇《多年来我对教育事业的意见》，在当地教育界影响较大，是广州湾地区首次系统性教育理论论文。对于促进本地区教育事业的发展与提高，具有一定意义。

陈学森给人们留下热心公益，热心教育的良好口碑。中华人民共和国成立后，1950年7月，陈学森作为特邀代表从香港回湛参加市人民政府召开的第二届各界人士代表会议。他返港后，十分关心培才的发展及湛江的教育事业。他了解到新中国对教育事业的高度重视，非常高兴。据他的一些朋友透露，他很想常回湛江看看，继续致力为家乡教育作贡献。可惜疾病缠身，终不能如愿以偿。1952年9月，陈学森早年英逝，终年59岁。

（骆国和，湛江市历史文化学者）

广州湾《大光报》的招嫖广告及其折射的社会图景

◎静恩英

作为法租界的广州湾抗战时期偏安一隅，随着各类人口的大量涌入，广州湾出现了短暂的繁荣。1943年2月日军侵占雷州半岛，而当时广州湾重要报纸《大光报》（粤南版）在迁往信宜前的最后两个月（1943年1月、2月）间一反常态公开登载了一些招嫖广告，折射出战乱时期的广州湾社会奢靡、绝望与最后的疯狂，同时也透视出报纸经营者的以营利为目的投机心理。（文章摘要）

The Prostitute Ads Published on *Da Guang* and Its Reason

Jing-Enying

（ The Journalism and Communication Department of Guangdong Ocean Univerisity ）

Abstract: As a safe corner during the World War II, Guangzhouwan attracted many sorts of people from the other sectors of China, as a result, then, the economy of Guangzhouwan increased abruptly during that short period. The Japanese troop invaded Leizhou and the Guangzhouwan in Feb.1943, just before which, the prominent Newspaper *Da Guang* (South Guangdong Version) published many Prostitutes'ads. This abnormal phenomenon shows the prosperity, the luxury and dissipation lives of Guangzhouwan and the profit-seeking thoughts of the mangers of the newspaper.

Keywords: *Da Guang*; Prostitute ads; Guangzhouwan; Social Picture

（静恩英，广东海洋大学文学与新闻传播学院副教授）

译文：

Annonces de prostitution publiées sur Da Guang de Kouang-Tchéou-Wan et leur image sociale reflétée

Jing Enying

Résumé: Pendant la période de la Guerre de résistance contre l'agression japonaise, le territoire à bail français—Kouang-Tchéou-Wan se trouve au coin de la Chine. Avec l'afflux de différentes populations, il retrouve une prospérité éphémère. En février 1943, l'armée japonaise a envahi la Péninsule de Leizhou. Néanmoins, à ce moment-là, un important journal de Kouang-Tchéou-Wan, Da Guang(la version de Guangdong Sud), a affiché publiquement quelques annonces de prostitution dans les deux derniers mois avant d'être déménagé à Xinyi (janvier et février), ce qui reflète la somptuosité, le désespoir et la dernière folie sociaux de Kouang-Tchéou-Wan en période de guerre, ainsi que la spéculation des propriétaires de journaux dont le but est lucratif.

Mots-clés: Kouang-Tchéou-Wan；Da Guang；annonce de prostitution；cause.

（JING Enying，professeur associé de l'département de journalisme de l'Université Océanique de Guangdong）

（北京城市学院　惠娟译）

法国电信专家博罗尔曼由广州湾赴沪主持无线电台

◎梁政海

  1916年1月1日，法国外交部向法国无线电公司购买了位于上海顾家宅无线电台。1918年初，法国方面调电信专家博罗尔曼由广州湾来沪主持无线电台。博罗尔曼将电机改良，增进接收电信的能力，于是该电台能接受6000英里以外的讯号。博专家与巴黎议定，每日由里昂发电，传至上海，发电时间在欧洲为夜间10点，而在上海则为清晨6时，因此往往战讯在欧洲未发表之前，就传到上海，上海居民与欧洲居民几乎能同时接读战事报道，此时各报都特辟"法国无线电"一栏来容纳这种新闻。

  上海里昂间通报成功的时候，同盟国战线已遭协约国战线的最后包围而力尽势蹙，所以顾家宅电台所报告的都是趋向"和平"的消息，而这消息正为怵于久战的外侨和已经参加协约国战线的吾国国民急于知道的，而这最快速的报告世界新闻的无线电台乃大受市民的欢迎，国人也由此而留心国际时事起来。因为路透社在中国享有独占发稿权，得以垄断中国新闻通讯事业长达30多年。另一方面，由于路透社的刺激，从20世纪初开始，中国人自办通讯社起而仿效，加之其他外国通讯社的介入，路透社的垄断局面才能打破。

之前，由于国内通信能力落后，据上海报纸的记载，向来只注重东亚一隅，对于国际新闻，不过从隔期的外国报章杂志上翻译一点，聊备一格而已。自欧洲大战发生后，始留意求取欧洲消息的灵通。上海华文报纸所用路透社电讯，平时每月给费百元，此时加给一倍。欧战讯息，由于顾家宅电台的改进，欧洲各地的战况及时收讯，讯息及时获得，为中国人打开了一扇了解国际时事的窗口。

翻开历史册页，清朝时期的1871年，路透社伦敦总部派科林兹（Henry W.Collins）到上海，1872年他组织了该社远东分社，这是中国最早的通讯社，主要目的是搜集中国各地的消息供给总部，并就近直接向《字林西部》独家发稿，《字林西报》刊登路透社远东分社提供的稿件时，特别标时"路透社特别供给字林西报"字样，这被看作是外国通讯社在华对报纸直接发稿之始。在此之前，中国与外界无直接的新闻电讯往来，新闻传送缓慢，与欧洲的电讯联系一般多经香港转到新加坡，或经西伯利亚转往欧洲，新闻缓慢。

自从法国电信专家博罗尔曼由广州湾奔赴上海改良了法国无线电公司的顾家宅无线电台后，增强了发信息功能，使上海乃至国内的新闻媒体以及国民能及时地、更多地了解世界各地特别是欧洲的战况的同时，也了解了各地的经济信息，并从侧面了解到当年法国租借地广州湾的官方通信能力，已能与欧洲传送信息，从中可窥见一斑。

（梁政海，湛江市历史文化学者）

会议综述

中外广州湾研究的汇通

——"首届广州湾历史文化国际学术研讨会"综述

◎陈国威　吴子祺

广州湾是近代法国在华唯一租借地（1898—1945），是今广东省湛江市的前身，地理范围略小于湛江市市辖区。长期以来，由于档案文献等史料的欠缺，学界没有对广州湾历史文化资源进行全面的挖掘研究。随着岁月的冲刷和时间的流逝，这段历史给人留下颇多遗憾，使得今人对广州湾的方方面面缺乏认识和了解。2016年12月10日至13日，由岭南师范学院岭南文化研究院和粤西濒危文化研究协同创新中心主办的"首届广州湾历史文化国际学术研讨会"在岭南师范学院举行。此次会议旨在搭建平台，汇聚力量，促进合作，共同深化广州湾历史文化研究，为加快地方社会管理创新和驱动发展提供理论指导、智力支持和文化自信。来自法国、美国、日本、新加坡、中国香港以及北京、上海、广州等地的五十多名专家学者出席研讨会，岭南师范学院副院长李江凌教授、岭南文化研究院常务副院长王钦峰教授、上海社会科学院费成康研究员、湛江市社科联主席邵锋和法国图尔大学塔坦·古里耶（Tatin-Gourier）教授、美国学者乔尔·蒙塔古（Joel Montague）先生等在开幕式上先后致辞。会议在广州湾租借地的特殊性、广州湾与环北部湾海上航线及邮路、广州湾前史、抗法和法国统治期历史的研究、广州湾历史文化资源的开发利用等诸多方面取得了进展。

一、关于广州湾租借地特殊性的研究

作为中国近现代史的一部分，租界、租借地一方面反映了中国陷入半封建、半殖民地社会的历史过程，另一方面也揭示了中国传统社会进入了近代化和城市化进程的一面。由于上海、香港等地租界研究的深化，租界史和租借地史已成为当今社会的一门显学，上海几乎每年都有以租界史为主题的学术研讨会召开，相比较而言，广州湾历史研究却在全国诸多租界和租借地研究中相对滞后。但这并不代表广州湾租借地及其特殊性问题没有受到学界的关注。

此次研讨会上，围绕广州湾租借地的历史特殊性问题，国家清史纂修工程《租界志》项目的主持人、上海社会科学院费成康研究员指出，从事实来看，由法国租借的广州湾与胶州湾、旅大、威海卫等租借地的情势基本相似，而与包括各地法租界在内的所有租界都有很大差异。如，法租广州湾的目的是在中国建立海军基地而非经营贸易，其行政制度、司法制度和税收制度等亦与传统租界不同，广州湾租借地还存在占领面积较大、期限较长等特点。简而言之，租借地与租界对比，两者有较大差异，租借地比租界丧失的国家主权更多，租借地几乎与被割让的领土相似，这是广州湾租借地的特殊一面。

来自法国马赛的安托万·瓦尼亚尔（Antoine VANNIERE）博士则认为，广州湾既不完全是租借地，也不完全是殖民地，对于法国或驻地殖民官员来说，广州湾具有介乎两者之间的双重身份特征。同时由于法中两方意见不合以及存在各自不同的利益混杂其间，这种双重身份的天平不停地左右摇摆。但不可否认的是，若从现代化史观角度看，租借地时期广州湾人口的显著增长、城镇建设和商业发展，租借地与香港、海口、海防等周边港口所建立的紧密联系以及商人群体的崛起等现象，都具有积极意义。研讨会开始前，安托万先生的博士论文《广州湾租借地：法国在东亚的殖民困境》（上、下两卷，暨南大学出版社2016年）中文版首发式同日进行，此书是基于他在1997—2004年间攻读巴黎七大历史学博士学位时所写毕业论文修改而成，它以时间脉络为序，以"纪事本末"为论述体例，利用大量法国官方档案资料，系统地梳理了广州湾租借地的历史。而吴子祺先生则通过叙述1921—1922年粤军与法国在广州湾剿匪合作的过程，一方面说明粤军与租借地法当局和华人绅商共同合作，在维护地方安宁方面所发挥的作用，另一方面揭示了中国军队进入租借地越界剿匪、自主行动所彰显的领土确权意义。

华南师范大学陈立柱教授则把一个地方性的历史事实上升到中国文化根性和世界历史观照的高度，并为彰显广州湾租借地历史文化研究的可能性而提出如下研究思路：广州湾租借地的殖民化对于中国文化而言具有怎样的意义？把广州湾租借地放在近代中国殖民化过程中看究竟意味着什么？把广州湾的殖民化放到世界殖民史中看意味着什么？他认为广州湾租借地是近代中国遭受西方殖民侵略的一个缩影，而殖民的不成功则既是中国人民进行顽强反抗的一个结果，也是中国文化仍然具有强大独立性和坚强根性的一个象征。

在中外学者关于广州湾租借地特性研究的侧重点方面，岭南师范学院岭南文化研究院王钦峰教授认为，当今海外学者尤其是法国学者的广州湾研究主要是为了对法国历史和19至20世纪的殖民主义和帝国主义政策进行反思，并力求发掘那段历史的本来面目，而中国学者的学术使命则在原来政治批判和文化批判（批判西方的殖民主义和帝国主义）的基础上，重点转向文化研究、文化建构和历史文化资源的保护，同时也致力于追寻那段历史的真相。中外学者关于广州湾特性的研究虽有一定的不同，但却呈现出较多的趋同之处。由王钦峰教授主编的"法国租借地广州湾学术译丛"正反映了沟通和连接中外学术的一种努力。他同时指出对于广州湾历史文化特殊性的研究应当在跨学科系统发掘、整理和研究资料文献的基础上进行。

二、关于广州湾与环北部湾海上航线及邮路的研究

从地理区域来讲，北部湾地区包括了中国华南经济圈内的广西沿海、广东雷州半岛、海南省西部和越南北部，从历史上看，广州湾则与环北部湾各地区存在密切联系。在广州湾时期，广州湾与中国华南经济圈、印度支那和欧美国家的经济联系往往以航线和邮路的形式而得以体现。

此次研讨会上，中外学者纷纷从历史角度对广州湾在环北部湾地区的地理重要性给予了肯定。香港大学历史系副教授伯特·贝克（Bert Becker）博士聚焦于以东京航运公司为代表的法国航运公司经营"广州湾—海防航线"和"广州湾—香港航线"的历史。在其会议论文《法国租借地广州湾及其轮船邮递航线（1900—1918）》中，他一针见血地指出，东京航运公司经营广州湾航线，实与法属印度支那当局开拓广州湾有"一荣俱荣，一损俱损"的密切关系。印度支那当局若认为广州湾应当在其经济圈中发展作用，广州湾贸易线则繁荣；如印度支那当局不重视，则广州湾贸易线就会走向衰

落。这种观点与湛江海关张惠玉女士的观点具有类似性，后者认为广州湾这一区域的海关设置存在着摇摆性，时重时轻，这是因为中国中央政府对广州湾在区域经济中的重要性把握不准。贝克先生通过使用来自法国海外档案中心（埃克斯-普罗旺斯）、德国外交部政治档案馆（柏林）、捷成及谢逊历史档案馆（丹麦奥本罗）等的档案史料，详尽地论述了1900至1904年印度支那殖民当局让东京航运公司包揽其军事运输业务并给予大量津贴，为该公司带来盈利的种种举措。法属印度支那与广州湾海上贸易的繁荣显著地提高了环北部经济圈的贸易量！

加拿大籍华人、来自广东金融学院的陈灵教授则从航空邮政的角度论述了广州湾在近代法国环北部湾殖民经济圈的作用。他通过对20世纪20和30年代广州湾国际航空邮路的艰难开通过程的梳理，分析了广州湾在环北部湾的重要作用，指出河内——广州湾——香港等国际航空邮政的开通，既促进了"中国内地至欧洲形成稳定的国际联运航空线路"，亦使"它成为当时唯一可以对外通商通信的航线，解决和舒缓了大量聚集在广州湾的中外贸易人员和物资进出口的需要，同时也解决了西南地区对外邮政联络沟通的需要。"陈灵教授这篇论文的引人注目之处是使用了大量的实物史料——首航封、实寄封、邮票、邮件等，从某种意义上讲，这种分析方法为史学研究提供了一个新的角度！与之类似的研究者还有何杰先生。

与陈灵教授重点分析抗战以前不同，何杰对抗战时期广州湾至遂溪的国际邮路进行了考证。他提出，在1942年滇缅公路被日军切断，驼峰航线尚未建立之时，广州湾作为国际大通道为抗战运送了大量物资，广州湾租借地在中国抗日战争中的地位不容忽视。早在1939年，来自广东省银行的调研报告就曾提及："广州湾在南路未与各省沟通公路以前，仅为南路数县出入口货物所经之门户，但自抗战十余月间，西南公路遍设，本埠与广东、广西、贵州、四川各省，均有陆路可通，广州沦陷后，湖南、湖北之交通，亦经广西，而南下于此。广州湾现已成为我国各省极大出海港口，谓为国际路线，亦无不可，其对于我国贸易运输上之重要性，不言而喻。" 现在何杰这篇文章采用实物与档案（既有官方档案，亦有实寄封，包括挂号信件、航空信件等）相结合的论证方法，再次论及抗战时期广州湾租借地作为中国国际大通道的历史地位问题，等于从另外一个角度对1939年的这篇调研报告做出了回应。

三、关于广州湾前史、抗法和法国统治历史的研究

广州湾是一个历史名词，也是一种历史记忆。1899年11月，在法国胁迫下，清政府与法国签订了《广州湾租借地条约》，自此以后，"广州湾"的名字进入了人们的视野。1945年，国民政府收回广州湾，并将之改名为湛江市，随后"广州湾"回到了人们的记忆之中。这段租借地历史或许由于史料问题，或许由于情感问题，一直没有得到学界重视，而以往的研究也大多倾向于关注广州湾地名的内涵及抗法斗争方面。而此次会议则在广州湾前史、抗法斗争、法国统治广州湾研究及史料利用等许多方面均有所拓展。

研讨会上，有学者在广州湾地名前史和抗法斗争问题上做出了进一步的深化和开掘。陈立新认为，由于海防的关系，广州湾一名在明清方志及图经上频繁出现。而通过分析唐代"广州通海夷道"，及结合现代卫星图加以辨析，则不难发现，广州湾在唐初即为海上丝绸之路的重要节点，它的前身是"九州湾"，陆名沿革于九州岛，"九州岛石"作为"广州通海夷道"的航海地标至今

已有1300多年历史。何斯薇则综合各方史料和观点，考察了"广州湾"和"白雅特"得名之由来。美国学者乔尔·蒙塔古（Joel Montague）与肖丹女士合写的会议论文《法国商船"安菲特里特号"兴衰史》属于广州湾的前史研究，他们根据船上随行耶稣会士所写的日记，证明安菲特里特号（l'Amphitrite）作为法国国王路易十四试图开拓中国贸易的先遣者，的确曾因偶遇暴风雨袭击而于1701年搁浅于广州湾达六个月之久，搁浅地位于今南三岛靖海宫附近沙滩。而1940年广州湾法当局在白雅特城（Fort Bayard）修建安菲特里特号纪念碑，则意在彰显向虎视眈眈的日军宣示法国具有先期发现权和统治权的意义。

在抗法方面，韩国忠北大学李平秀教授以口述史与文献资料为据，试图通过"广州湾事件"来分析天地会的拒外问题，论证了在外来侵略大敌当前背景下，三点会等秘密组织将原先对准清政府的矛头转向了外国侵略者，在保卫家乡的同时，也保卫了清朝的旧有统治秩序。这种情况说明，当中华民族与外国侵略者的矛盾上升成为主要矛盾时，会党可以民族大义为重，某种程度上"捐弃前嫌"，相对而言，清政府方面在外敌入侵时仍将内部矛盾置于首位，严格依循防范会党的旧有政策，则显得举措滞后了。郭康强通过使用国内档案史料分析了"平石事件"，认为事件的发生是地方政府对团练失去管控的表现，但其爆发与恶化却被法国方面所利用，从而促使广州湾勘界的交涉局势发生了转折。

围绕法国统治广州湾初期法当局的治安管控问题，法国图尔大学古里耶教授（Jean-Jacques TANTIN-GOURIER）在文章中重点使用日记文献进行了卓有成效的探讨。古里耶教授长期关注弗郎索瓦·莫拉（François Morlat）军士在1900—1901年被派驻广州湾期间所写的日记及相关资料。他在会上借用"亲历者"弗郎索瓦·莫拉的记述，提出了一个有趣的观点：法国当局通过公众舆论所宣传的"广州湾局势趋于稳定"的说法，与莫拉亲见亲闻的当地民众反抗当局暴力镇压的实际情况相悖。古里耶教授认为，莫拉军士的日记有助于直观分析法国殖民当局的种种言行不一的行为，揭露其"平定"之说所潜藏的危机和困境。古里耶教授通过这位低阶军人对印度支那和广州湾驻军生活的细致描写，借用亲历者的角度，可以让我们重新审视保罗·杜美的殖民战略。

来自湛江海关的张惠玉女士从制度史的角度，论述了广州湾所在区域在贸易史上的重要性。她认为，无论是作为中国海上丝绸之路始发港之一，抑或是作为元朝时八大对外贸易口岸之一，还是作为粤海关成立后七大正税口之一，广州湾这一区域在中国对外贸易史上都非常重要。张女士的论文还叙述了中法在广州湾租借地设置常关的纷争过程，从另一角度阐释了租界与租借地的区别。论文还从专业角度给我们理清了总口、正税口、稽查口和挂号口的区别。谭启滔先生则以"广州湾走私与缉私的历史片断"为题，论述了广州湾区域的重要性，其论文摘录了当时任职雷州关职员林乐明的回忆录。林氏是当时海关缉私的见证者，其回忆难能可贵，目前学界较少见到。涉及这方面内容的还有陈充、符铭、钱源初、杨明珠等人的文章。钱源初从海洋史和硇洲岛开发的视角，论述了广州湾区域海外贸易的历史，其中采用了大量田野调研得来的碑刻资料等。陈充则从党史角度阐释了广州湾在南路革命史上的重要性。

还有不少与会者研究了广州湾的商业组织、宗教和文化等方面。岭南文化研究院陈国威博士结合档案资料、口述史料、碑刻资料以及报刊史料等，详细地分析广州湾商会组织的结构特征。他指出广州湾通过完善的组织结构与占领者政府和国内政府合作，行使维护商业秩序、维护商人利益等职责，扩大了商会的权力网络，加大了商会在租借地的影响力。他认为商会是城市发展史不可或缺的一部分，它在城市现代化进程中所起的积极作用是不可抹杀的。这似乎是对上述法国学者安托万博士观点的一个回应，安托万博士认为，法国在广州湾的存在慢慢引导了广州湾社会经济结构的重组和城镇的现代化进程。香港浸信会神学院宗教学者王培基在论文中通过书信史料给我们构建出基督新教在广州湾的存在情况，梳理了基督教在广州湾的传播史，校正了不少之前一直流传的错误。围绕文化名人与广州湾的关系，凤群教授通过使用黎民伟家族的私人档案，溯及"中国电影之父"黎民伟的父亲黎兆昆在广州湾的经历。凤教授详细说明了黎民伟为何在香港沦陷后举家避居广州湾，考究了黎民伟一家在广州湾的系列活动，为广州湾文化史留下了特别珍贵的一页，深化了抗战时期文化名人与广州湾关系问题的探讨。与之类似的还有陈祥军关于夏衍与广州湾关系的论文，该文分析了夏衍在抗战时期与广州湾的两次交集并非出于偶然：它反映出当时广州湾独特的历史特点，作为抗战"第三号孤岛"的法国租借地具有优越便利的地理位置等。

与上述问题相关，史料问题成为了研讨会上的新话题。景东升博士从国内外档案史料的角度，指出了广州湾档案史料所具有的原始性和可观性以及与其他史料相比所显示的优越性，有助于研究者深入探明和认知广州湾历史的细节。他认为善用法国档案建构信史，既需要有良好的法文阅读能力和相关的历史知识，也要谨防落入编撰者或记录者的"话语陷阱"和"思想框架"。这次会议上，利用新的海内外史料拓展广州湾研究也时时得到体现。除了上述李平秀教授对于口述史料有所利用外，档案、日记、回忆录等史料的应用多有所体现，从而将广州湾的研究领域扩大化了。

四、关于广州湾历史文化资源保护与利用问题的研究

近年来，随着国内城市化进程的不断加快，相关历史文物遗迹受到了严重的破坏。如何有效地保护地方历史文化遗迹，让历史文化遗迹为现代社会服务？这可以说是学界关注的一大热点问题。这次广州湾历史文化国际学术研讨会亦有多篇论文涉及该问题。

来自于日本法政大学的建筑学博士ONDA Shigenao（恩田重直）研究员，研究亚洲建筑史和城市史多年，他通过近年来实地考察所收集到的广州湾地区骑楼资料的展示，给我们提供了专业制作出来的测绘图片以及数据资料，详尽说明了广州湾地区骑楼的建筑特色，呼吁我们珍惜历史遗产。陈煜博士是新加坡国立大学建筑系助理教授，她通过分析广州十三行和沙面英法租界的研究个案，指出在目前城市化的热潮中，我们对待历史建筑应该慎重，对广州湾时期的历史建筑我们应该进行造册登记，并请专业人员参与城市规划。来自法国里昂东亚研究院（IAO）的尹冬茗（Dorothée Rihal）副研究员长期关注近代外国在华租界，对汉口法租界有深入研究。在研讨会上，尹冬茗分享了她对汉口租界的研究，提出了地图的研究方法，以及关注建筑遗产保护的学术关怀，对广州湾研究颇有借鉴意义。

有多名湛江市内学者关注该问题。湛江古迹保护协会的蒋湛明会长指出，广州湾时期的建筑样式融合了中式建筑样式和欧式建筑风格，是反映湛江近现代历史与文化传统的重要载体，但由于种种原因，广州湾时期的历史城区与历史建筑保存却面临着严重的危

机。他提出要化解这一危机，需建立一个由政府部门、专家学者、社会公众组成的"三位一体"的运行机制，只有把"保护"与"发展"两者关系处理好，历史建筑才可以得到保护。陈敬中先生则通过湛江市霞山区的个案，分析了"广州湾历史文化资源的传承与善用"问题，作为一个文化官员，他通过介绍处理历史遗产方面的某些做法，指出历史遗产是可以促进城市经济和文化发展的。同时他也指出，目前有关广州湾历史文化资源的开发和利用较为涣散、粗糙和浅显，欠缺深刻的艺术性和创造性，社会参与度尚不高。另外他指出，通过地方立法来明确各方保护历史建筑的责任也是目前比较迫切的任务。而湛江市民俗文化研究会会长朱卫国先生分析梳理了广州湾时期的曲艺现象，提出挖掘广州湾时期的流行曲艺，以丰富湛江市的文化建设。

综观此次会议，可发现呈现出以下几个特点：其一，研究者群体呈现出地域和职业多样化的趋势。除了本市研究人员之外，对广州湾研究感兴趣的学者既有来自于欧美、东南亚、日韩、港台等地的学者，又有来自于北京、上海、广州等地的国内学者，这些学者中既有高校专职科研人员和教师，又有企业和社会民间学者等，彰显了广州湾研究的魅力。其二，史料方面出现多类型喷涌的态势。一直以来，国内广州湾研究滞后的主要原因是可搜寻到的广州湾时期的档案文献的缺乏，但这次国外学者的相关论文显示，广州湾的政府档案史料不仅数量较大，而且涉及面广。同时国内学者亦从口述史料、报刊史料、民间日记等方面从另一角度给予资料支持，为以后的广州湾研究预留了巨大的空间，从而促使广州湾研究进一步地走向学术化和实用化。其三，研究队伍呈现出年轻化的趋势，广州湾研究后继有人。这次广州湾会议除有部分前辈学者参加之外，还吸引了不少来自于北京大学、暨南大学、南京师范大学等高校的青年学子，如此研究态势，反映了广州湾研究日益受到了更多人的关注，显示广州湾研究后继有人。总之这次广州湾国际学术研讨会规模宏大，中外学者云集，讨论深入，成果丰富，是一次真正意义的国际性的广州湾研究学术盛会。与会的五十多位中外学者相识交流、切磋讨论，为广州湾历史文化和中国租借地史研究作出了可贵的努力。

此次会议除收到四十多篇中外论文之外，还在新书发布会环节发布了四本广州湾著作，包括王钦峰、余伟民主编的"法国租借地广州湾学术译丛"的前三部——《广州湾租借地：法国在东亚的殖民困境》（安托万·瓦尼亚尔著，郭丽娜、王钦峰译，暨南大学出版社2016年版）的上、下卷和《白雅特城：法兰西帝国鸦片销售时代的记忆》（伯特兰·马托著，李嘉懿、惠娟译，暨南大学出版社2016年版），以及景东升、龙鸣主编的《广州湾史料汇编》第二辑（广东人民出版社2016年版）。

（陈国威，岭南师范学院岭南文化研究院、岭南师范学院粤西濒危文化研究协同创新中心副教授。吴子祺，香港中文大学硕士研究生）